国家社会科学基金项目资助

秦国崛起与责任伦理

王兴尚
王曦璐 著

陕西新华出版

陕西人民出版社

图书在版编目（CIP）数据

秦国崛起与责任伦理／王兴尚，王曦璐著. —西安：陕西人民出版社，2023.1

ISBN 978 – 7 – 224 – 14779 – 7

Ⅰ. ①秦… Ⅱ. ①王… ②王… Ⅲ. ①中国历史 – 研究 – 秦代 Ⅳ. ①K233. 07

中国版本图书馆 CIP 数据核字（2022）第 248044 号

责任编辑：左　文
封面设计：姚肖朋

秦国崛起与责任伦理
QINGUO JUEQI YU ZEREN LUNLI

作　　者	王兴尚　王曦璐	
出版发行	陕西人民出版社	
	（西安市北大街 147 号　邮编：710003）	
印　　刷	陕西汇丰印务有限公司	
开　　本	787 毫米×1092 毫米　1/16	
印　　张	22. 5	
字　　数	324 千字	
版　　次	2023 年 1 月第 1 版	
印　　次	2023 年 1 月第 1 次印刷	
书　　号	ISBN 978 – 7 – 224 – 14779 – 7	
定　　价	78. 00 元	

目　录

前　言

　　秦国由古国、方国、王国、帝国不断崛起的原因，学术界有三类观点：一是司马迁提出的"天时论"，即秦襄公立国后，秦国在关中特有的天时、地利、人和条件；二是林剑鸣提出的"制度论"，即秦国用商鞅变法，实现了政治、经济、军事制度的历史性变革；三是王子今提出的"技术论"，即战国时期，秦国在水利、交通、军械等技术层次的优越。上述"天时论""制度论""技术论"三种观点，对于揭示秦国崛起之谜具有理论开拓意义。但是，三种观点偏重于美国学者约瑟夫·奈所提出的"硬权力"因素研究，而对秦国崛起原因中的"软权力"因素研究，则留下了较大理论空间。

　　秦国崛起的文化"软权力"因素。秦国由古国、方国、王国、帝国不断崛起的过程中，除了天时、制度、技术"硬权力"因素之外，宗教、哲学、伦理"软权力"因素发挥了重要作用。秦国不断崛起的宗教前提，即"五帝志业宗教"。秦国的宗教"一花开五出"，从周人至上神"昊天上帝"的天命信念宗教演变为秦人白青黄赤黑五帝志业宗教，这是秦国崛起的宗教信仰前提。司马迁曾对秦襄公祭祀白帝的行为发出惊叹："位在藩臣而胪于郊祀，君子惧焉！"（司马迁：《史记·六国年表》）秦国崛起的理论基础，即"秦国公利哲学"。秦国哲学博采百家之长，从周人的古典儒家哲学演变为秦国法家学派的国家公利哲学，这是秦国崛起的理论基础。秦国崛起的社会行动规范，即"秦国责任伦理"。从周人"以德配命"的天下德治责任伦理演变为秦人"以法为教"的国家法治责任伦理，这是秦国强势崛起的伦理原因。尤其是商鞅变法，秦国否定了《诗》《书》《礼》《乐》的价值，肯定了农耕军战、富国强兵的价值，并通过法、律、令的成文法形式，确立了严密的法治责任伦理规范，用以命令、约束、控制秦人的社会行动。从此，秦国区别于关东六国，成为典型的法治国家。"夫慕仁义而弱乱者，三晋也；不慕而治强者，秦也。"（韩非：《韩非子·外储说左上》）由此，秦国走向富强之路。根据克莱因方程式，秦国崛起中的政治、经济、军事"硬权力"因素与秦国崛起中的宗教、哲学、伦理"软权力"因素，并不是简单的加数"和"关系，而是乘数"积"关系，所以，秦国崛起的宗教前提、哲学基础、伦理原因，具有"四两拨千斤"的文化权衡作用。

　　秦国责任伦理是"软权力"中的核心因素。秦国崛起的宗教、哲学、伦理"软权力"中，五帝志业宗教是信仰的力量，秦国公利哲学是理论的力量，秦国责任伦理是社会行动规范的力量。可是，无论信仰的力量、理论的力量，都要变成社会行动规范或者伦理规则，用以调节全体秦人的社会行动，使得个人行动符合群体规范的公共秩序。所以，秦国责任伦理是"软权力"中的核心因素。秦国由古国、方国、王国、帝国不断崛起的四个阶段中，对应着四种责任伦理形态：1. 古国阶段，秦国责任伦理形态是生存责任伦理。秦人远祖伯益曾经参加大禹治水、能饲养鸟兽，被舜帝赐姓为"嬴"；秦人东迁之后，其后裔非子为周孝王养马有功，被封于"秦"，成为周王室"附庸"；秦襄公与戎狄进行生命搏斗，"勤王有功"被封为诸侯。嬴秦人通过世世代代的生存竞争、生命搏斗，建立了诸侯国，这是秦国生存责任伦理形态下实现的第一次崛起。2. 方国阶段，秦国责任伦理形态是德治责任伦理。在秦穆公时期，任用百里奚等"三谋人"施政，秦国积极吸收宗周文化，"尊王攘夷""东平晋乱""西霸戎狄"，通过"修德行武"，确立了秦德治责任伦理，实现了第二次崛起。3. 王国阶段，秦国责任伦理形态是法治责任伦理。在秦孝公时期，任用商鞅在秦国实行变法，依法治国，赏信罚必，设立军爵粟爵奖励耕战之士，设置什伍连坐以惩治不法之徒，建立了秦国法治责任伦理体系。从此秦国国富兵强，"四世有胜"，终于在秦惠文王、秦昭襄王时期实现了"王天下"的理想，这是秦国的第三次崛起。4. 帝国阶段，秦国责任伦理形态是术治责任伦理。秦始皇任用李斯、尉缭、蒙恬、王翦等人，扫平关东六国，然后北伐匈奴，南征百越，建立了中央集权制，在全国设立了郡县行政机构，实现了天下统一。这是秦国第四次也是最后一次崛起。可是，在天下统一之后，秦始皇、秦二世用齐燕方士的"政治巫术"，以及韩非、李斯的"督责之术"建立了秦国术治责任伦理。秦始皇及二世皇帝"仁义不施"，迷信"政治巫术"，滥用"督责之术"，"自群卿以下，至于众庶，人怀自危之心，亲处穷苦之实"（贾谊：《新书·过秦论》）。给新兴的秦帝国埋下了灭亡祸根。

　　秦国责任伦理的基本结构经历了漫长的演变历程。秦国在由古国、方国、王国、帝国不断崛起的过程中，秦国责任伦理结构不断生成、发展、完善、嬗变，衍生了秦国责任伦理四大要素：其一，秦国责任伦理主体，从"成秦人""附庸""大夫""诸侯"一直到"秦王""皇帝"，秦国责任主体具有特殊的生命意志、计算理性、霸道气质、王者气象。其二，秦国责任受体，从中央四方五帝、周朝王室、社稷盟邦、帝国江山，一直到庶民百姓，都是秦国责任主体为之承担责任的受体。其三，秦国责任伦理的内容与机制，主要是通过生命搏斗、礼乐德治，一直到刑名法治，以赏罚"二柄"的选择性激励，发展国家公利，不断防范和铲除分利集团；通过农业富国、军事强国，成就"帝王之业"。其四，秦国责任伦理规范，尤其是通过"商鞅变法"建立的秦国法治责任伦理规范最具有典型意义：通过家庭分户制度，秦国建立了小家庭基本责任单位，于是形成家庭责任伦理。通过什伍连坐制度，秦国建立了乡里什伍行政组织以及军旅什伍组织，于是形成什伍连带责任伦理。通过官僚制度，秦国建立了地方郡县行政机构，于是形成地方郡县行政机构的责任伦理。秦国最高政治决策机构还通过委托—代理关系，实行了最高领袖所有权与国家行政管理权的二权分离，使中央机构能够理性决策和高效施政。由于秦国责任伦理的建立，激发出巨大的社会能量，使秦国不断崛起，最后扫平六国、统一天下，成就了"帝王之业"。

　　秦国崛起的责任伦理研究，具有重要的理论和实践意义。其一，揭示了国家富强与责任伦理之间的密切关系。"天下兴亡，匹夫有责"，不是一句空话，而要通过实在的社会行动将责任伦理落到实处。秦穆公时代，建立了德治责任伦理，秦国便能"西霸戎狄"，于是"天子致伯，诸侯毕贺"（秦孝公：《求贤令》）。秦国受到尊重了。秦孝公时代，建立了法治责任伦理，通过一系列奖励耕战的立法措施，秦国便开始富强了。其二，揭示了责任伦理与社会权利之间的关系。中国传统社会是责任本位，而不同于西方的权利本位。但是，责任伦理必须合理调节责、权、利之间的关系。譬如秦国"商鞅变法"取消宗族世袭特权，以军功、粟功、治功授爵位，体现了责任与权利之间的平等关系，激发了秦人耕战积极性，由此秦国兴旺发达。然而，秦二世实施"督责之术"，"繁刑严诛，吏治刻深，赏罚不当，赋敛无度"（贾谊：《新书·过秦论》）。责任与权利之间关系失衡，激化了社会矛盾，导致秦帝国土崩瓦解。其三，揭示了秦国责任伦理自身矛盾的二重性。譬如，商鞅变法之后，在秦国法治责任伦理支配下，迅速集中全国力量实现国家富强。但是，秦国法治责任伦理也使得秦人陷入官僚体系铸成的"铁笼"之中，以至于后来异化为秦国术治责任伦理的"政治巫术""督责之术"，造成"好利多诈而危，权谋倾覆幽险而亡"（荀况：《荀子·强国篇》）的历史悲剧。

上卷

秦国崛起原因的责任伦理结构分析

第一章　秦国崛起的文化
权衡"软权力"

一个国家的崛起受到政治、经济、军事、宗教、哲学、伦理等软硬条件的制约，其中，宗教、哲学、伦理等文化条件被看作一种"软权力"，在一个国家的崛起中具有权衡作用，就像通过一杆秤的权（秤砣）衡（秤杆）就可以来称量出轻重不同的物体一样。一个国家的文化权衡，"四两拨千斤"，在国家崛起过程中起着关键性作用，影响国家战略决策和战略意志，决定国家发展方向。秦国从古国、方国、王国、帝国的崛起历史"为文化权衡作用提供了一个生动的案例"①。

学术界在分析大国崛起或国家综合实力的作用时，引用文化是一种"软权力"（Soft Power）的概念。这一概念在 20 世纪 90 年代初由美国学者约瑟夫·奈（Joseph. S. Nye）提出，他认为一个国家的综合国力，包括由经济、科技、军事实力等表现出来的"硬权力"，也包括以文化吸引力体现出来的"软权力"。软权力是一个国家的文化诉求，它是一种通过吸引力而不是强制力获得理想结果的能力。他说："软实力很多产生于我们的价值观。这些价值观通过我们的文化、我们在国内所实行的政策以及我们处理国际问题的方式表现出来。"② 王沪宁认为："把文化看作一种软权力，是当

---

① 王兴尚、王曦璐：《论文化权衡与大国崛起——从秦国崛起说起》，《齐鲁学刊》2014 年第 5 期，第 70 页。

② ［美］约瑟夫·奈：《美国霸权的困惑》，世界知识出版社，2002，第 10 页。

今国际政治中的崭新观念。人们已经把政治体系、民族士气、民族文化、经济体制、历史发展、科学技术、意识形态等因素看作是构成国家权力的属性，实际上这些因素的发散性力量正使软权力具有国家关系中的权力属性。总的软权力态势对谁有利，谁在国际社会中就占据有利地位；目前影响国际'软权力'势能的因素是工业主义、科学主义、民主主义、民族主义。"① 王沪宁对文化"软权力"作了系统阐释，并把它看作综合国力的核心或最重要的因素。权力以实力为基础，权力以实力为前提。上述观点在分析大国崛起或国家综合实力的作用时，都具有一定的解释力。

秦国崛起过程，一直受到宗教、哲学、伦理等文化"软权力"的权衡和制约。仅就秦国在王国阶段的崛起而言，按照春秋战国时代法家的观点，法治文化是决定国家有效治理，实现国富兵强，提升综合国力的文化权衡因素。《商君书·权修》指出："世之为治者，多释法而任私议，此国之所以乱也。先王县权衡，立尺寸，而至今法之，其分明也。夫释权衡而断轻重，废尺寸而意长短，虽察，商贾不用，为其不必也。故法者，国之权衡也。夫倍法度而任私议，皆不知类者也。"② 商鞅认为，法治文化在国家治理中的文化权衡作用，就像通过一杆秤的权（秤砣）衡（秤杆）调节，就可以来判断和度量物体的轻重一样，法治文化作为一个国家的文化权衡，"四两拨千斤"，它可以调节国家内外、君臣上下的伦理关系，形成法治责任伦理，在国家崛起过程中起着制约全局的关键作用。商鞅变法之后，法治责任伦理在秦国的崛起中起到了关键作用。从这个意义上看，秦国法治文化的文化权衡作用就是一种名副其实的"软权力"。如果扩大法家的文化权衡概念，将一个国家的宗教、哲学、伦理等核心世界观、价值观界定为该国家的文化权衡，那么，这种文化权衡的"软权力"概念，具有更确切的解释力。

---

① 王沪宁：《作为国家实力的文化：软权力》，《复旦学报》（社会科学版）1993 年第 4 期，第 91 页。

② 商鞅著，张觉校注：《商君书校注》，岳麓书社，2006，第 110—111 页。

第一节　文化权衡 "软权力" 何以可能

什么是文化权衡？这是指在大国崛起和发展的诸多因素中，宗教、哲学、伦理等文化要素具有为其他政治、经济、军事等战略因素提供动力、决定方向、制动约束的作用，因为文化作为 "软权力"，能够以小博大，对政治、经济、军事等战略有调节、制约作用，就像操作秤砣、秤杆能够称量物体的轻重一样，小小秤砣 "四两拨千斤"，所以被称为文化权衡。

文化权衡何以可能？这个问题可以从四个方面来说明：马克思的 "社会意识论" 为文化权衡论提供了理论前提解释；恩格斯的 "哲学革命先导论" 为文化权衡论提供了理论路径解释；克莱因的 "综合国力方程式" 为文化权衡论提供了理论特征解释；社会心理学的 "信念体系形成论" 为文化权衡论提供了理论机制解释，同时，文化权衡论也被中外大国崛起的历史所证实，至少被秦国的崛起所证实。

首先，马克思的 "社会意识论" 为文化权衡论提供了理论前提解释。按照历史唯物主义观点，由一定生产方式构成的经济基础是决定的力量，一定的经济基础决定政治上层建筑及其意识形态。文化软权力属于意识形态，文化软权力也是由一定的经济基础决定的。可见，文化权衡不是凭空产生的，它有现实的社会经济基础。有了一定的经济基础，文化权衡才能发挥作用。从这个意义上说，文化权衡论不同于文化决定论，文化决定论之所以是错误的，是因为它颠倒了文化与经济基础的位置关系。但否定文化决定论不是主张文化虚无主义，而是要认识到文化权衡作为意识形态对它的经济基础具有巨大的反作用。

其次，恩格斯的 "哲学革命先导论" 为文化权衡论提供了理论路径解释。恩格斯在《路德维希·费尔巴哈和德国古典哲学的终结》中指出："正像在 18 世纪的法国一样，在 19 世纪的德国，哲学革命也作了政治崩溃的前导。但是这两个哲学革命看起来是多么不同啊！"① 我们知道，欧洲国家的崛起都是以 14—16 世纪的文艺复兴和 17—18 世纪的启蒙运动为先导的。法国的文化，从元叙事方式上被利奥塔称为政治叙事，讲究人权、自由、平等，这为法国的崛起提供了文化先导；德国的元叙事方式则被称为"哲学叙事"，讲究思辨、科学、真理，产生了康德、黑格尔、马克思等文化巨人，尤其是黑格尔的辩证哲学为德国民主革命以及德意志崛起提供了文化先导。无论法国、德国两种文化采取何种叙事方式，两国的文化都为其国家崛起提供了哲学思想先导。相反的例子，戈尔巴乔夫"人类利益大于国家利益"的文化新思维，则成为苏联解体的哲学思想先导。追溯中国历史，战国之初，商鞅见秦孝公，讲了帝道、王道、霸道、强国之术，秦孝公不听帝道、王道的说教，让秦国选择了"霸道""强国之术"的法家文化，这也为秦国崛起成为"霸王之国"提供了哲学思想先导。

其三，克莱因的"综合国力方程式"为文化权衡论提供了理论特征解释。美国乔治敦大学克莱因（Ray S. Cline）在 20 世纪 70 年代发明了综合国力方程式，他把综合国力分为物质硬权力和精神软权力两部分，这两部分可以相互作用共同促进一国综合国力的提高。测算综合国力的方程为：PP =（C + E + M）×（S + W），即综合国力为物质硬权力和精神软权力的乘积。其中：PP 是指现实的国力而不是潜力；C（Critical Mass）为基本实体，E（Economic Capability）为经济实力，M（Military Capability）为军事实力，S（Strategic Purpose）是指精神软权力包括战略目标，W（Will to Pursue National Strategy）为追求国家战略的意志。虽然学术界对这一公式的量化指标存在着争议，但是，这一公式明确了综合国力是物质硬权力和精神软权力的积而非和这一重要理念。在国家崛起中，物质硬权力与精神文化软权力具有同等的重要性，两者都是综合国力的因素。当一方为零时，另一方无论取值有多大，综合国力最后都归于零。在物质硬权力基本相当的国家之间的较量中，追求国家战略的意志作为精神文化软权力，它的强弱大小

---

① ［德］恩格斯：《路德维希·费尔巴哈和德国古典哲学的终结》（第三版），人民出版社，1997，第 5 页。

将直接决定国家竞争的成败！在 20 世纪苏美争霸中，并非苏联领土不广阔、资源不丰富，也并非政治组织不大、拥有近 3 万枚核弹的军事力量不强，但是苏联的最终解体，是其维护国家统一的精神文化和意志的迷茫和沦丧。所以，苏联被美国 "不战而胜"，这是文化较量中美国精神文化的胜出。阎学通指出："1991 年，当苏联政府没有决心使用军事力量维护国家统一时，尽管苏联拥有超级大国的军事实力，也无法阻止国家的解体。"① 与之相似，在战国时代，秦国和齐国、楚国的较量，起先在领土、人口、经济、军事等方面差距不大，可是在追求国家战略的意志方面差别则很大，因为由秦国宗教、哲学、伦理形成的法治文化与东方六国差别很大，秦国法治文化铸成强悍的国家战略意志对东方六国因袭的传统礼乐文化形成强大的压倒性文化权衡优势。正是这种文化软权力的不断较量，最后决出了秦国与六国的胜负。

　　最后，社会心理学的 "信念体系形成论" 为文化权衡论提供了理论机制解释。社会心理学的理论认为，一个人的信念伦理直接受到一个人成长过程、受教育过程、社会化过程和心理认知过程中的文化的影响，由此形成特有的信念伦理。所以，精神文化直接影响人们信念伦理的形成。在信念伦理中，一个人的信念体系或意图体系，包括理想、使命、目的、目标体系，形成特有的文化价值观，这样的文化价值观影响个人的决策和行为模式。尤其是国家领导人的信念体系，对国家民族具有重大影响，所以，一个国家要崛起就要不断学习其他国家的先进文化，接受并形成自己先进的信念体系。荀子在考察秦国之后，惊叹从秦孝公之后，"四世有胜，非幸也，数也"。其关键因素就是秦国从秦襄公立国到秦穆公称霸曾经大量吸收了周文化，而秦孝公发布《求贤令》用商鞅变法，又大量吸收三晋的先进文化，尤其是魏国的法治文化信念体系在秦国最高决策层一直延续发展，没有中断。只有站在文化价值观的制高点上，才能形成先进的信念体系、信念伦理，制定正确的国家战略规划，进行合理决策，推动国家民族的崛

---

① 阎学通：《中国崛起的实力地位》，《国际政治科学》2005 年第 5 期，第 11 页。

起。可见，文化在一个国家中的作用机制，还需要通过文化价值观建构，塑造出不同的信念体系，进而形成不同的信念伦理，从而影响人们决策和行动的模式，尤其是国家领导人文化价值观建构的信念伦理，通过其决策和行动模式影响到国家的兴亡。

第二节　秦国崛起与文化权衡 "软权力"

西周王朝衰落之后，历史进入春秋战国时期，处于西北边缘地带的秦国在政治、经济、军事、宗教、哲学、伦理等方面形成的综合国力迅速兴起、突显，不断超越于其他诸侯国之上，成为令东方列国恐惧的"虎狼之国"。苏秉琦认为，中国古代国家起源从古国、方国到帝国发展阶段的三部曲以及原生型、次生型、续生型发展模式三类型，在中原地区的次生型中"秦最具典型性"[①]。王震中先生修正了苏秉琦先生的观点，在方国与帝国之间增加了王国阶段，所以，古代国家发展一般经历古国、方国、王国、帝国四大阶段，而秦国最具典型性。

学术界往往重视秦国崛起的政治、经济、军事、技术原因，而宗教、哲学、伦理等文化权衡的原因往往被忽视了。以往关于秦国崛起的原因有三种主要观点：一是司马迁提出，从秦襄公立国，经秦穆公、秦献公、秦孝公到秦昭襄王、秦始皇，秦国崛起具有历史必然性，即天命所归的天时条件。二是林剑鸣提出，秦国在春秋时期秦穆公的政治决策，在战国时期用商鞅变法，实现了历史性变革，其政治、经济制度条件起了关键作用。三是王子今提出，战国时期秦国在水利、交通、军械等科学技术层次的优越。本书作者认为，秦国崛起的宗教、哲学、伦理三大文化权衡的原因：五帝志业宗教是秦国崛起的宗教前提；国家公利哲学是秦国崛起的哲学基础；国家责任伦理是秦国崛起的伦理架构。由这三种因素形成的文化权衡力，为秦国不断崛起成为能够控制天下的霸王之国、帝王之国创造了精神

---

① 苏秉琦：《华人·龙的传人·中国人——考古寻根记》，辽宁大学出版社，1994，第 132 页。

文化条件。① 其中，秦国五帝志业宗教的选择，为秦国公利哲学选择奠定了基础；秦国公利哲学的选择，为秦国责任伦理的选择奠定了基础；秦国责任伦理的选择，为秦国从古国、方国、王国、帝国的四个阶段的不断崛起奠定了基础。

其一，秦国宗教信仰"一花开五出"实现了从至上神为"昊天上帝"的天命信念宗教到白青黄赤黑五帝志业宗教的转变。这是秦国之所以崛起的宗教信仰前提。秦国的宗教信仰的改革运动是把周人对抽象的、具有道德意义的、以"昊天上帝"为信仰对象的信念宗教改变为秦人的具有主宰空间、主宰时间权能的五帝志业宗教。秦国在秦襄公立国之后逐步以白帝、青帝、黄帝、赤帝、黑帝五帝主宰空间、时间的宗教观念，用宗教信仰的形式表达了秦国试图统一天下的国家意志。秦国五帝志业宗教确立了秦国君主与五帝之间的责任伦理关系：秦国君主作为责任伦理的责任主体，五帝作为责任伦理的责任受体，秦国君主的政治军事决策都要向五帝负责，形成了国家最高权力与最高神圣之间的信托责任伦理关系。

其二，秦国的哲学思想从秦穆公时代的早期儒家哲学向秦孝公时代的早期法家哲学思想转变，这是秦国崛起的哲学理论基础。商鞅曾经三说秦孝公，秦国接受法家哲学理论，使秦人思维方式实现了从早期儒家人文理性价值到法家工具理性价值的转变。在法家哲学理论指导下，秦国形成了喜农乐战，崇尚首功；拒斥仁义道德，拒斥《诗》《书》《礼》《乐》；追求霸王之道，追求通过外在的工具理性来实现"公利"，即个人为公室利益、国家利益效命和"公功"，即个人为国家建立功勋从而自己也得到富贵爵禄的社会风尚。秦国公利哲学为秦国的逐步崛起提供了哲学基础，秦国在古国阶段的生存责任伦理、方国阶段的德治责任伦理、王国阶段的法治责任伦理、帝国阶段的术治责任伦理的责任内容与责任机制都是在秦国公利哲学指导下形成的。

---

① 王兴尚：《秦国责任伦理研究》，人民出版社，2011，第 1 页。

其三，秦国在国家伦理上抛弃了仁义道德的德治责任伦理，全力转向富国强兵的法治责任伦理，这是秦国之所以崛起的根本伦理原因。商鞅变法后秦国的法家学派发现人有自为之心，喜欢富贵爵禄而厌恶刑法处罚，所以，法家断言可以对社会进行管理。如何进行管理？法家主张用赏罚二柄对社会进行管理；又发现在列国竞争状态下，通过发展农业和军事可以富国强兵，于是制定了奖励农战的政策，使人民"喜农乐战"。秦国自下而上制定了一系列严格、细密、高效的责任管理制度，例如，家庭分户制度，什伍连坐责任制度、武爵武任制度、粟爵粟任制度、郡县责任制度、皇帝—三公九卿责任制度。这一套管理体系使得秦国的君民普遍承担国家责任、社会责任，形成了严密的社会行动规范——法治责任伦理，这是秦国崛起的最根本的伦理原因。

秦国崛起，意味着秦人控制生命保障系统的血与汗的劳动史、铁与血的战争史。基辛格说："谁控制了石油，就控制了所有国家；谁控制了粮食，就控制了人类；谁控制了货币，就控制了全球经济。"秦国奖励耕战，控制了土地、农业、牧业，有丰裕的粮食草料；控制了武器、装备、军工，有强大的军事实力。秦国崛起，表明秦人主宰当时的对象世界：秦国创造了严密的行政管理和法律体系，强大的军事攻击和防御体系，创造了发达的水利工程体系、交通运输体系，更具有非凡意义的是秦国在文化权衡上建立了独特的宗教信仰、哲学理论，形成了独特的责任伦理结构。由秦国宗教前提、哲学基础、责任伦理规范形成的具有乘数效应的文化权衡软权力，使秦国崛起成为能够控制天下的霸王之国、帝王之国。

第三节　文化权衡　"软权力"　对大国崛起的启示

秦国崛起的历史表明，国家之间的权力的竞争是一种零和博弈。作为大国崛起必须具备四大权力要素——政治、经济、军事、文化。四大权力齐备，才可以克敌制胜；军事是硬权力，政治、经济是不硬不软的韧性权力，宗教、哲学、伦理等文化要素是软权力，起着权衡上述三种权力的作用。文化权衡 "软权力" 的作用不可不明察：

其一，文化权衡作为国家政治、经济、军事发展的动力，起着先见、先导、先行的作用。秦国文化价值观，是法治主义、农业主义、军事主义、天下主义，秦国以此为先见、先导、先行文化权衡价值观推动了秦国的崛起；如前所述，王沪宁在 20 世纪 90 年代初认为，世界文化的势能是工业主义、科学主义、民主主义、民族主义，欧美发达国家以此为先见、先导、先行文化权衡价值观，推动了欧美国家的崛起；作为大国崛起，我们还要在此基础上扬弃工业主义、科学主义、民主主义、民族主义，根据当代世界的新形势提出新的文化权衡价值观，比如，"天人合一" 的生态主义、"和而不同" 的世界主义、"己所不欲，勿施于人" 的伦理黄金规则等文化权衡价值观，推动中国的和平崛起。

其二，文化权衡作为国家政治、经济、军事价值向导一定要转化为国家战略决策和战略意志。在春秋战国时代，秦国之所以崛起，一是秦国政府高效率的执政能力，郡县制的理性化管理；二是虎狼之师，秦剑的威力；三是天府之国，财富丰裕；四是宗教、哲学、伦理等文化权衡的作用。问题的关键是秦国的文化权衡已经转化为国家战略决策与战略意志，如张仪等人的连横合纵之策、范雎的远交近攻之策、李斯的重金收买之策。所以，文化权衡软权力，一定要转化为国家发展的战略决策与战略意志，并且坚定不移地付诸实施。

其三，文化权衡还可以作为国家发展的制动约束力量，防止异端思想的演变侵蚀，防止国家发展偏离正常轨道，一定要有持续的代际传承和广泛传播。秦国法治文化虽然经历商鞅被车裂的变故，但 "秦法未败"，到秦昭王之时已经 "四世有胜"，秦始皇更是一代雄主。秦国在统一之前，法治文化价值观的传承代有其人，塑造出秦国领导层的信念体系，形成秦国特有的法治责任伦理，从而影响秦国的决策和行动模式。同时，这种法治文化价值观也塑造了它的众多人格化代表：秦国大批的贤相良将、英雄模范人物。可是，在秦国统一之后，由于齐燕方士的政治巫术和李斯督责之术的文化侵蚀，秦国法治责任伦理出现严重异化，蜕变成秦始皇和秦二世的术治责任伦理，导致阶级矛盾激化，陈胜、吴广起义，秦帝国二世而亡。所以，重视文化权衡的制动约束作用，防止异端思想文化侵蚀，保持先进文化价值观的代际传承和广泛传播，也是大国崛起的题中应有之义。

第二章　秦国五帝志业宗教

在中国历史上，有一种宗教作为正宗信仰而为社会上下普遍接受并绵延数千年，这就是奠基于周秦时代的中国传统宗教。牟钟鉴指出：中国传统宗教"以天神崇拜和祖先崇拜为核心，以社稷、日月、山川等自然崇拜为翼羽，以其他多种鬼神崇拜为补充，形成相对稳固的郊社制度、宗庙制度以及其他祭祀制度"①。中国传统宗教与世界其他宗教相比有什么特点呢？秦家懿、孔汉思按照宗教形态和特点把世界主要宗教分成三大河系。第一大河系是亚伯拉罕系三大宗教，即犹太教、基督教、伊斯兰教，它源出闪米特人，以先知预言为其特点。第二大河系是印度宗教，以神秘主义为其特点。第三大河系是远东宗教，这个宗教河系源出中国，其中心形象既不是先知也不是神秘主义者，而是圣贤，这是一个哲人宗教。这种哲人宗教不单指儒教、佛教、道教，还应该包括一个更古老的传统。这一古老传统一度十分活跃，现在只能从古籍中重新发掘。这就是中国传统的"原始宗教"，它包括神话、占卜与祭祀，有着浓厚的狂热或巫术宗教的色彩。② 被秦家懿、孔汉思当作"原始宗教"或"原生形态"的中国传统宗教究竟是

① 牟钟鉴：《中国宗法性传统宗教试探》，《世界宗教研究》1990 年第 1 期，第 1 页。

② ［加拿大］秦家懿、［瑞士］孔汉思：《中国宗教与基督教》，吴华译，三联书店，1990，第 10 页。

如何形成发展的呢？追溯夏、商、西周以及春秋战国时代中国传统宗教的根源，可以发现，在商周之际，经过周文王、周公旦等人的宗教变革，已经把中国传统宗教从巫术神魅形态推向了以德性价值为取向的天命信念宗教形态，这是一次重大宗教变革。正像陈来指出的："夏以前是巫觋时代，商殷已是典型的祭祀时代，周代是礼乐时代。西周的信仰已不是多神论的自然宗教，最高价值与社会价值已建立了根本关联。"[①] 需要进一步阐明的是，在春秋战国时期，中国传统宗教发生了又一次重大宗教变革，这就是秦国扬弃了西周的天命信念宗教，创立了秦国特有的五帝志业宗教。

秦国五帝志业宗教反映了秦国政治统治权力合法性来源。秦国对中央四方的政治统治权是由五帝授予的，这就是五帝志业宗教君权神授的政治意义；秦国五帝志业宗教还反映了秦国土地所有权关系，通过建立五畤祭祀五帝（包括陈宝等神灵）表达上帝天神赋予秦国土地所有权的经济意义。张文木在《战略学札记》中指出："神是生产资料所有权在人世间的图腾。"由于五帝志业宗教具有确定政治权力合法性以及经济所有权归属的作用，所以，政权与土地所有权的赋予者与接受者之间，在伦理上就建立了委托人与代理人之间的责任关系；获得政权与土地所有权的一方，就要承担相应的责任成为责任主体；授予政权与土地所有权的一方承担赋权与监督责任成为责任受体，于是君主与五帝之间的责任伦理关系就得以确立。这种关系伴随着整个秦国的历史。"秦国的五帝志业宗教，为秦国在春秋战国时期完成哲学世界观、伦理价值观变革提供了精神前提，为秦国崛起于西部以及实现天下统一提供了统治合法性的信仰依据，并对秦汉及其后来的中国历史文化产生了重大影响。"[②]

第一节　秦国五帝志业宗教的界定

春秋战国时代，秦国在宗教方面"一花开五出"，把西周昊天上帝至上

---

① 陈来：《古代宗教与伦理》，三联书店，2009，第12页。
② 王兴尚：《论秦国五帝志业宗教》，《人文杂志》2013年第9期，第8页。

神崇拜的天命信念宗教转变为白青黄赤黑五帝崇拜的五帝志业宗教，这是中国传统宗教经历的又一次重大变革。

西周的昊天上帝至上神崇拜，在宗教上是一种信念宗教。什么是信念宗教？一般说来，信念宗教是一种在价值观上与现实世界存在矛盾对立，并且以德性至善或者灵魂救赎为其价值取向的宗教。马克斯·韦伯指出："以日常用语来说，意思就是：当宗教越是从仪式主义升华为'心志的（或信念的）宗教意识'（Gesinnungsreligiosität）之时，紧张性就越是剧烈。"① 从西方宗教史来看，信念宗教往往对世俗的现实世界抱着怨恨的态度，把世俗共同体看成是罪恶的渊薮，所以，他们要构造一套与现实世界不同的价值体系，并以此为最高信念。在他们看来，人类生命本身是没有任何意义的，只有宗教信仰才能赋予人类生命以终极意义。置身于这种信仰的人，常常由于面临对人类所处宇宙空间无限性而产生的终极虚空恐惧，以及对个体生命有限性必然面临死亡而产生的终极灭没的恐惧，所以享受不到内心的和谐安宁，他们会一直受到内在紧张性的侵扰。他们希望一位救世主的出现，自身得到宗教的救赎，并且衍生出"选民"的意识，希望自己得到拣选而获得永生，天主教就是这样一种信念宗教。从中国宗教史来看，西周的昊天上帝至上神崇拜也是一种信念宗教。周人认为，天命决定人的心性，人的心性本来善良，天生秉有上天的懿德，只是陷于世俗生活而不能自觉，只有得到圣人的教化，发明本来的良心，率性而行，才能达到至善境界。虽然中国没有西方宗教的"救赎"概念，也没有"选民"意识，在中国哲人看来，人人可以为尧舜，达到德性的至善就是天堂。所以，西周的宗教是天命信念宗教。西周的宗教通过周公等人制礼作乐，以礼乐文化的仪式、仪规，要求周王的德性与天命相通。同时，周王希望人们成为有德性的人，天下成为有德性的天下。西周天命信念宗教的基本教义：敬天法祖，敬德保民。尤其要求周王朝的君主们能够达到"德配天地，兼利万物，与日月并明"（《礼记·经解》）的境界，能够永保周人的子子孙孙恒

---

① ［德］马克斯·韦伯：《韦伯作品集Ⅴ·中国的宗教，宗教与世界》，康乐、简惠美译，广西师范大学出版社，2004，第512页。

久延续天命。天命与德性的联系，使得西周的宗教具有崇高的人文价值，周文王、周公旦作为宗教变革家而成为中国传统宗教中伟大的使命型预言先知者。

秦国的白青黄赤黑五帝崇拜，在宗教上是一种志业宗教。什么是志业宗教？一般说来，志业宗教是一种以接受现世且试图适应现世为价值取向的，表现为纯粹仪式性或律法性的宗教。马克斯·韦伯指出："行动的禁欲则施展于尘世生活中，以成其为世界之理性的缔造者，亦即是：试图通过此世的'志业'（Beruf）之功，以驯化被造物的堕落状态；此即入世的禁欲（Innerweltliche Askese）。"① 从西方宗教史来看，经过宗教改革以后的基督教新教，相信命定论、天职观、禁欲观，以入世禁欲主义态度对待世俗生活，把成就现实世界的志业，看成增加上帝荣耀的机会。基督教新教是一种典型的志业宗教。从中国宗教史来看，秦国创立的白青黄赤黑五帝崇拜是一种志业宗教。秦国从秦襄公立国之后，开始进行宗教改革，秦国以具有中央四方空间特性的五帝取代了具有德性本质的昊天上帝，逐渐建立起为富国强兵服务的五帝志业宗教，这种宗教是以接受现世且试图适应现世为价值取向的。秦国五帝志业宗教的产生，是西周天命信念宗教解构引起的一种宗教形态的转型。无论西方或者中国，信念宗教都以彼岸性的超世理想主义为取向，通过宗教形式对世俗灵魂进行拯救，试图将信众灵魂引入至善的道德王国或者完美的天国神界。然而，志业宗教则以现世功利主义为取向，通过宗教形式感召并组织信众在现实世界建立理性王国。秦人立国，成为周王朝的诸侯国，秦国曾经认同周王朝的使命型预言先知的天命信念宗教，但是，春秋战国时期，礼崩乐坏，周德衰落，西周使命型预言先知的天命信念宗教也随之沦丧。于是，秦国进行了一次宗教信仰的重大变革，这就是秦国五帝志业宗教信仰体系的创立。五帝本是"方帝"，是华夏族地方性的五位祖先神。秦国君主作为祭祀主持人，自认为直接与华夏祖先神灵相通，试图让华夏祖先神承担统治天下的光荣任务，于是，

---

① ［德］马克斯·韦伯：《韦伯作品集Ⅴ·中国的宗教·宗教与世界》，康乐、简惠美译，广西师范大学出版社，2004，第509页。

华夏族的祖先神便成为镇守四方中央的至上神。被秦国尊为华夏族至上神的五帝，并不是被崇奉为具有仁义道德的"德性"的超凡圣人，而是被崇奉为具有高超智慧和超凡力量，能控制四方中央空间时间的"权力"楷模，从而成为楷模型预言先知。

秦国五帝志业宗教作为一种楷模型预言先知的信仰体系，具有自身的特点。秦国的楷模型预言先知者并不要求具有与天命相通的德性，西周的衰落使秦人不再相信使命型预言先知者天命与德性相配的说教。秦国君主崇拜五帝，让华夏族的祖先神首先在天国控制中央四方，实际上就是以宗教信仰的形式宣告秦国要用高超智慧、超凡力量，控制四方中央，以至高无上的权力终结诸侯混战的天下乱局，完成统一天下的"志业"。秦国五帝志业宗教的本质就是成就"霸王之业""帝王之业"。秦国五帝志业宗教的基本教义：重法尚功，富国强兵。让华夏族祖先神五帝在天界统治中央东南西北，秦国君臣百姓通过祭祀白青黄赤黑五帝，无论是农耕，还是军战，都能得到五帝的保佑；并且事事谨慎不犯五帝诸神禁忌；让秦国占据中央并且向东南西北四方扩张，从而完成霸王之业，结束诸侯纷争，实现天下永久和平。所以，秦国五帝志业宗教中的五位华夏族至上神并非与世俗官僚共同体相对立，而是与国家共同体相一致。秦国势力向西发展则祭祀白帝，向东发展则祭祀青帝，占有关中则祭祀黄帝，向南发展则祭祀炎帝，向北发展则祭祀黑帝。五帝成了秦国崇拜的光明之神、智慧之神、战争之神、农业之神、权力之神。秦国在五帝信仰的感召下，涌现出众多实现五帝志业的政治、经济、军事、外交楷模。可见，秦国的五帝志业宗教同世俗家庭追求的富贵爵禄，以及世俗国家追求的霸王之业并无对立和矛盾。在秦国社会当中，并没有哪一个阶层试图伪造一套与世俗家庭和国家官僚共同体相对立和矛盾的宗教价值体系来反对世俗家庭和国家官僚共同体，相反，秦国的统治阶级完全排斥与世俗家庭和国家官僚共同体相对立的其他共同体的价值体系，如"焚书坑儒"等运动，就是把儒生共同体及其带有使命型预言先知者所宣扬的"德性"伦理及其天命信念宗教体系彻底铲除。作为秦国楷模型预言先知的五帝志业宗教之所以能被秦人认同，关键就是因为它是为世俗家庭追求富贵爵禄，以及为世俗国家追求霸王之业服务的。所以，它不同于以往西周那种异化了的把昊天上帝看成具有仁义道德本质，而要求世俗社会的道德伦理与之相一致的天命和德性相统一的信念宗教。它也不同于欧洲天主教那样的以上帝耶和华为造物主，把世俗的人类看成犯有原罪的罪人，把世俗社会看成充满诱惑和堕落的罪恶社会，宣传人类救赎福音的信念宗教。相反，秦国的五帝志业宗教与欧洲基督教在宗教改革之后以世俗事业的成功来荣耀上帝的新教志业宗教非常类似。

春秋战国时期，秦国产生了五帝志业宗教核心教义。虽然，齐国、鲁国、宋国、楚国，以及魏国、晋国、赵国的宗教信仰体系都可以归之于中华宗教，但是，这些诸侯国往往以西周天命信念宗教为皈依，并且产生了儒、道、墨、阴阳诸教的理论体系。然而，在秦国，则是五帝志业宗教教义及其信仰体系占据统治地位。秦帝国灭亡之后，五帝志业宗教信仰体系经过汉帝国改化之后重新登上历史舞台。同时，以西周使命型预言先知的天命信念宗教教义及其信仰体系在新儒家的经学运动中也重新登上历史舞台。中华宗教发展出一个以新法家的楷模型预言先知崇拜五帝志业宗教与新儒家的使命型预言先知崇拜天命信念宗教相结合，即"阳儒阴法"或"外儒内法"的新形态。这种综合的宗教观念，以儒家天命信念宗教为标志，传遍整个中华文化圈以及周边诸国。到了魏晋南北朝时期，中华宗教当中的各个宗派以及外来的各个宗教随之兴起和发展。在隋唐时期已经形成儒、释、道三教鼎立的状态，世界上其他诸教，如拜火教、伊斯兰教、摩尼教、景教也曾来到过中国，并且有不同程度的发展。

第二节　秦国五帝志业宗教的渊源

秦国五帝志业宗教最深远的渊源是夏商周宗教信仰体系。在类型上，秦国五帝志业宗教属于中华宗教体系，它与商周上帝信仰体系类型相同，属于一主多神的信仰形态。"一主"就是有一个主宰神。"多神"就是在主宰神统率下的各种天神、祖先神、自然神。商代的主宰神是上帝，从甲骨文来看，在商代武丁时期的上帝信仰体系中就有天神崇拜、祖先崇拜和自然崇拜。西周的主宰神与商代一样也是上帝，不过，西周的上帝比商代的上帝具有更多的伦理道德属性。同时，在西周的上帝信仰体系中，周人已经将天神崇拜、祖先崇拜和自然崇拜概括综合，抽象为"天"的范畴。周人强调对"天"的信仰，同时也称"天"为"昊天上帝"，表示与商人的"上帝"信仰的区别。并由"天"的范畴衍生出"天命""天意""天德""天道"等带有理性色彩的观念。尤其是春秋战国时期，随着社会生活的理性化，抽象性的哲学观念兴起，对西周时期"昊天上帝"的信仰反而淡薄。秦人在西周文化的故地立国，这个新兴的诸侯国继承殷商和西周的上帝信仰体系，并根据秦人的意识形态创造出白青黄赤黑五帝志业宗教体系。然而，与五帝相配的秦国之德，已经不是仁义道德，而是宇宙的自然本质：金木水火土五德，以及国家的社会本质："公利"之德。秦国的"五帝"就是以官僚政治代替贵族政治之后秦国意识形态中的金木水火土五德以及天下国家"公利"的人格化代表。

一、秦国的五帝志业宗教与殷人宗教的渊源关系

殷人的上帝信仰体系属于一主多神的信仰形态，上帝统御着各种天神、祖先神、自然神。殷人的主宰神是上帝，天界的"上帝"与人间的"下帝"即"人王"相对应，"人王"高踞于众民之上，"上帝"高踞于众神之上。

首先，殷人认为上帝是天神。胡厚宣指出，殷人认为上帝居住在天上却能主宰人间的社会生活。上帝在天上，能够下降人间，入于城邑宫室，带来灾祸困穷。殷人认为上帝在天上，还能够下降人间，直接作福祸于商王。上帝能够保王、佑王、诺王、辅王、灾王、它王，能够作王祸、作王孽、授王佑、戎王疾。上帝掌握着商王的福祸和命运。殷人认为邻族方国来侵，乃由于上帝令作祸；而每次征伐，必先贞卜是否得到上帝的保佑。

其次，殷人以为先祖死后能够配天，也可以称帝，所以先祖同天帝一样，也能够降下祸福，授佑作孽于商王。殷人以为上帝是至上神，有无限尊严，虽然它的权能很大，举凡人间的雨水和年收，以及方国的侵犯和征

伐，都由它来掌握，但遇有祷告所求，则多向先祖神行之，请先祖神在上帝左右转向上帝祈祷，而绝不敢直接向上帝有所祈求。这便是上帝和王帝的主要分野。

最后，殷人认为上帝还主宰着自然界的各种神灵，风云雷虹雨水被看成是一种神灵，在上帝左右而受其命令驱使，以为它们掌握着人间农作年成丰歉的命运，又注意到风云雷虹雨水来自东南西北四方，因而也就把四方和四方风当成了一种神灵："东方曰析，风曰劦。南方曰夹，风曰凯，西方曰夷，风曰彝。北方曰宛，风曰役"（"凤"通"风"）。① 殷人对四方风神的祭祀同于先公先祖，其地位仅次于上帝。最初与中央四方风联系在一起的是五气观念。刘熙《释名·释天》指出："五行者，五气也。于其方各施行也。""五气"就是"五行之气"，实际就是以中原地区为坐标，感受到的四方季风。一般来说，东风来时，春季降临；南风来时，夏季降临；中央风之时，无风之季夏降临；西风来时，秋季降临；北风来时，冬季降临。殷人对"五气"加以形象化、神话化，就有了中央和四方风神的观念。

《尚书·洪范》将这一"五气"提升为"五行"哲学观念。商朝的箕子告诉周武王，他听说早在夏朝之前，鲧堵塞洪水，胡乱处理了五行之间的关系，因此鲧没有得到"洪范九法"。大禹治水有功，上帝就赐予他"洪范九法"。第一大法就是水、火、木、金、土"五行"。"五行"成为夏商时期治世大法，即"洪范九法"中的首要哲学思维方法原则。

可见，夏商时期中央四方神观念以及五行学说成为秦国五帝志业宗教的一个重要理论根源。周新芳认为，秦人五帝崇拜源于殷人的上帝及四方神观念。卜辞中记载的四方神的地位仅次于上帝，商代的四方、四方风神观念，到春秋时秦国把四方神上升为至上神。战国中后期，秦国创立了新的关于中央及四方之神的观念"白、青、黄、赤、黑"五帝说。② 可见，

① 胡厚宣、胡振宇：《中国断代史系列——殷商史》，世纪出版集团、上海人民出版社，2003，第518页。

② 周新芳：《"皇帝"称号与先秦信仰崇拜》，《孔子研究》2003年第5期，第30页。

夏禹时代流传到殷商的五行观念，以及殷人创造的上帝四方神观念是秦国五帝志业宗教中五帝崇拜的重要理论渊源。

二、秦国五帝志业宗教与西周信念宗教的渊源关系

秦国五帝志业宗教是从西周天命信念宗教体系中演变而来的。周礼中对"天"或"昊天上帝"和"五帝"的祭祀有明确规定。关于"昊天上帝"的祭祀，《周礼·春官宗伯》指出：大宗伯的职责是掌管建立王国对于天神、人鬼、地神的祭祀之礼，以辅佐王建立和安定天下各国。① 关于对"五帝"的祭祀，《周礼·春官宗伯》指出：小宗伯的职责是掌管建立王国祭祀的神位。掌管吉、凶、宾、军、嘉"五礼"的禁令以及所用牲和礼器的等级。② 周礼规定大宗伯祭祀昊天上帝，小宗伯祭祀五帝的意义何在呢？《礼记·礼运》指出：周礼中的吉礼规定了对天神、人鬼、地神的全面系统的祭祀，其中"以禋祀祀昊天上帝""兆五帝于四郊"，二者居于吉礼的第一位，具有"定天位"的重要作用，天位既定，人鬼、地神的地位才可以确定。③ 周人用不同的宗教方式来祭祀不同的神祇，并规定各种神祇在神界的等级地位。

其一，西周信仰的主宰神是昊天上帝。周武王征伐殷纣王，周武王声讨殷纣王的罪状之一就是"昏弃厥肆祀弗答"（《尚书·牧誓》）。也就是殷纣王废弃了对昊天上帝的祭祀。尹逸拿着祝文念道："殷的末代子孙季纣，完全败坏了先王的明德，侮慢诸神而不进行祭祀，欺凌商邑的百姓，他昭彰的罪恶昊天上帝全都知道！"④ 武王克商后，辛亥这天，武王献上所获商之九鼎，恭敬地手捧玉圭，身穿法服，敬告天宗上帝。⑤ 可见，西周对于

① 吕友仁：《周礼译注》，中州古籍出版社，2004，第274页。
② 吕友仁：《周礼译注》，中州古籍出版社，2004，第284页。
③ 杨天宇：《礼记译注·礼运》，上海古籍出版社，2007，第279页。
④ 黄怀信：《逸周书校补注译·克殷解》（修订本），三秦出版社，2006，第168页。
⑤ 黄怀信：《逸周书校补注译·世俘解》（修订本），三秦出版社，2006，第197页。

"昊天上帝"或"天宗上帝"有极深的信仰。另外，周武王选中洛水、伊水流域的洛邑作为东都的原因之一，就是"毋远天室""依天室"。在洛邑建立东都就可以来天室祭祀上帝。天室即指嵩山，有祭祀昊天上帝的明堂，在古代神话中，嵩山就是天神居住的地方。根据《尚书·召诰》记载，在洛邑建成之后就郊祭、社祭昊天上帝。商代祭祀上帝于"方"，周代祭祀上帝于"郊"。对上帝的祭祀是王权的象征，在通常情况下，西周一年四季都在城南郊祭祀昊天上帝等神灵。西周的祭祀体系和殷商一样，也划分为天神、祖先神、自然神三大神权体系。周礼规定"天子祭天地，祭四方"，"诸侯方祀，祭山川"。① 但是，殷商、西周对四方神的祭祀是模糊的，还没有四方神的具体名称，秦人则给四方神以颜色命名，并发展为白青黄赤黑五帝志业宗教信仰体系。

　　其二，西周让有功德的祖先神与昊天上帝一起配祀。如果祖先具有德性，祖先神灵可以与昊天上帝一起配祀。西周的祖先神祭祀体系具有泛道德化的价值取向，所有祖先神都是德性的模范人物。《礼记·祭法》指出，圣明君王制定祭祀的制度：凡是制定礼法造福于民的就要祭祀，保卫国家殉职的就要祭祀，有开国定邦功勋的就要祭祀，为大众抗御大灾的就要祭祀，捍卫庶民不受大患的就要祭祀。厉山氏的时候，他有一个儿子叫农，能指导人民种植各种谷物；到了夏代衰亡的时候，周人始祖弃继承了农的未竟之业被崇奉为稷神来祭祀。共工氏称霸九州，他有一个儿子叫后土，能够区划九州风土，被崇拜为社神受到祭祀。帝喾能够根据星辰划分四时，使民作息各有定时。帝尧能够使刑法公正，为民表率；帝舜为人民的事效力，死在苍梧的郊外。鲧为堵截洪水未成而被流放，他的儿子禹能够完成鲧的未竟之业，治水成功。黄帝为百物正名，使人们各有其职分，各有其财富。颛顼又改进了黄帝的办法。契为司徒使人民得到教育。冥恪尽职守而被水淹死。汤让人民宽松自由，除暴安良。文王用文治，以礼乐法度文章教化施政于民。武王用武功为民扫除殷纣王这个祸患。这都是为人民立

――――――――

① 杨天宇：《礼记译注·曲礼》，上海古籍出版社，2007，第 49 页。

下功劳勋业的模范人物。此外，日月星辰，是人民仰赖以识别四季的；山川、林谷、丘陵是人民生活资料的来源。不属于这一类的，不在祭祀之列。如果具有上面这些功勋德性就可以与昊天上帝相配在一起来祭祀。[①]

其三，昊天上帝根据邦国德性的有无决定权力得失——"受命"与"坠命"。天下邦国权力的取得——"受命"由上帝决定。周文王之所以能取得天下的权力，是由于"受命"于昊天上帝，所以，《诗经》称赞文王："有命自天，命此文王。""维此文王，小心翼翼，昭事上帝，聿怀多福。"[②]"昊天有成命，二后受之。"[③] 上帝之所以让一个王朝"受命"，让另一个"坠命"，是因为上帝根据这个邦国或王朝的道德本质的情况——天德的有无来决定权力得失的。上天"受命"与"坠命"的准则，不是以祭祀物品是否馨香来判断，而是以是否具有道德本质——天德来判断的。商王朝遭受天罚的原因是不敬天德，"惟不敬厥德，乃早坠厥命"（《尚书·召诰》）。天是绝对公正的，关键是殷人自己丧失了天德。周人还指出，周人自己如果丧失了天德，也会受到天罚，失去政治权力。

可见，西周的天命信念宗教成为秦国五帝志业宗教的又一个思想理论根源。这是因为西周的天命信念宗教体系本身就包含自我否定的思想：一是天命靡常理论，按照这一理论，一个王朝的天命不是永恒不变的，天命是可以转移的。秦襄公立国之后，秦人认为自己"赏宅受国"，一定是昊天上帝从周王室转移过来的天命。二是以德性配天命的理论，按照这一理论，天命的得失，不只是根据血缘关系、地缘关系，不只是军事的征服、政治的铁腕，而是在此基础上的最本质的东西：德性。但是，秦人继承并且改造了周人以德性配天命的观念。秦国的德性价值观念不是仁义道德的意思，在更广泛的意义上，秦国的德性是国家公利价值之德，按照法术势治理国家之德：富国强兵，蚕食六国的土地，扩展秦国郡县的空间；消灭六国的有生力量，增加秦国"虎狼之师"军事威慑力就是德性。由于西周的天命

---

① 杨天宇：《礼记译注·祭法》，上海古籍出版社，2007，第604—606页。
② 陈子展：《诗经直解·大明》，复旦大学出版社，1983，第863—865页。
③ 陈子展：《诗经直解·昊天有成命》，复旦大学出版社，1983，第1075页。

信念宗教成为秦国五帝志业宗教的又一个重要渊源，所以，秦国在秦襄公立国、穆公称霸、孝公变法、始皇统一的过程中，新的上帝"受命"意识，以及新的"五德"观念就在周王朝不断衰落的时候崛然而立，勃然而起！

三、秦国五帝志业宗教的产生过程

秦国的五帝志业宗教究竟是怎样具体形成的呢？秦国由于长期受到西周天命信念宗教的影响，秦国从立国开始就有了"受命"于昊天上帝的宗教意识形态，不过，此时已经延续了将近三百年的西周天命信念宗教逐渐衰落。尤其是经历了幽王之祸，西周的天下已经大乱。由于秦襄公护送周平王有功被封为诸侯，秦襄公自信"受天之命"，这个天命授予者就是"少皥（通"昊"）之神"，确立了秦国政治权力合法性信仰；"少皥之神"被秦人称为白帝，在空间上是主宰西方的上帝，确立了秦国在西方的土地所有权合法性信仰。在嬴秦族群从秦族、秦国，到秦朝的历史发展过程中，秦国历代君主一方面是政治领袖，另一方面又扮演着宗教主祭的角色，就是因为五帝志业宗教为秦国提供政治权力与土地所有权的合法性信仰。秦国历代君主与巫史们逐步创造了自己独特的五帝志业宗教信仰结构：少皥氏白帝、太皥氏青帝、轩辕氏黄帝、烈山氏炎帝（赤帝）、高阳氏黑帝。秦国五帝志业宗教的信仰体系的创造过程，就是华夏族秦人的祖先神逐渐由地方神上升到至上神，即天神上帝地位的过程，同时也反映了秦国从古国、方国，到王国，再到帝国的不断缔造过程。

据司马迁《史记·秦本纪》记载，秦人本是黄帝之孙高阳氏颛顼的后裔，著名者有大费即伯益，佐舜调驯鸟兽，参与大禹平水土，舜赐姓嬴氏。夏朝末年，嬴氏费昌去夏归商，为汤御以败桀于鸣条。中潏在殷被封为西垂诸侯，其后人蜚廉善走、恶来有力，父子二人服侍殷纣王。周武王伐纣，恶来被杀，蜚廉发誓奉上帝之命，不参与殷乱。根据新发现的清华简资料记载，蜚廉带领族人投奔了东方故土嬴氏的商奄之民，周成王时，商奄之民反叛周王室，被周公平叛的军队征服，蜚廉等嬴氏商奄之民被迫西迁。此后，嬴秦族转而依附于周王朝，造父为周穆王御车，非子为周孝王养马被封为附庸。秦仲为周王室诛伐西戎被害，周宣王召其子庄公昆弟五人，与兵七千人，伐西戎破之，庄公被封为西垂大夫。周幽王犬戎之祸以后，秦襄公因护送周平王东迁有功被封为诸侯。秦襄公七年（公元前770年）开始建立新国家——秦国。秦国建立的次年，秦襄公就在西垂宫立畤祭祀少皞氏白帝，步其后尘的秦宣公在雍之渭南立密畤祭祀太皞氏青帝。此后，秦灵公在周人的故地吴阳又恢复了对烈山氏炎帝、轩辕氏黄帝的祭祀。高阳氏颛顼被秦人奉为黑帝。秦国历经五百多年，逐渐建构了独特的五帝信仰体系——白青黄赤黑五帝志业宗教体系。

秦国五帝志业宗教体系有清晰的衍生过程。司马迁《史记·封禅书》记载了秦国历代国君立畤祭祀上帝的历史事实，对五帝志业宗教体系的形成作了清楚的说明：

第一件事，秦襄公攻打西戎救了周王室，于周平王元年被封为诸侯，也就是公元前770年，秦襄公七年，秦国建立；次年，即公元前769年，秦襄公八年，已开始在西垂宫即今甘肃省礼县东部、西和县北部一带作西畤，用西周祭祀中最高规格的三牲之物马、牛、羊，祭祀少皞氏白帝。

第二件事，秦文公的势力从西垂之地扩展到汧渭之会，即今陕西省宝鸡市东北部汧河与渭河交汇的大片地区，秦国君臣们以为得到上帝神力之助，公元前756年，即秦文公十年在平阳作鄜畤时，用三牢祭祀白帝。

第三件事，秦德公为了继续往东方拓展，迁都雍城，企望让后世子孙饮马于黄河，公元前677年，秦德公元年，用三百牢于鄜畤祭祀白帝。由于雍城在渭河北岸，秦德公死后，其子秦宣公为继承其父遗志，公元前672年，秦宣公四年，在渭河南岸作密畤，祭祀太皞氏青帝。表明秦国已不满足主宰西方的少皞氏白帝，还要祭祀主宰东方的太皞氏青帝，意在从渭河南岸直接剑指东方。

第四件事，秦国势力到达黄河西岸之后，秦穆公试图继续将秦国势力向东方诸侯国渗透，这时晋国发生内乱，公元前650年，秦穆公十年，秦穆公便假托自己在梦中得到了上帝的指示，于是出兵平定晋国之乱。

第五件事，秦穆公霸西戎之后，秦国国土面积迅速扩大，公元前422

年，秦灵公三年，在雍城的吴阳一带，分别设立了上畤、下畤祭祀代表中央之帝的轩辕氏黄帝和代表南方之帝的烈山氏炎帝。陕西考古工作者在对2016年十大考古新发现——凤翔雍山血池遗址建筑陶片进行清理时，发现有"上""上畤"等隶书陶文，陶文所指应是祭祀黄帝的吴阳上畤；2018年陕西考古工作者在与雍山相望的灵山发现177处祭祀坑，还在宝鸡市陈仓区发现吴山祭祀遗址，其中有一件特殊的器物——铁锸，被认为与祭祀"农神"炎帝有关。灵山遗址或者吴山遗址与雍山血池遗址遥遥相望，据判断二者中的某一个应是祭祀炎帝的吴阳下畤。吴阳上畤、下畤的建立，应该说是秦人除了为自己的宗祖神少皞氏白帝、太皞氏青帝立畤祭祀之外，第一次把华夏始祖神炎帝和黄帝推上天帝的宝座。炎帝，姜姓；黄帝，姬姓，是包括周、秦在内的华夏族的共同祖先。周人是黄帝的后裔为姬姓，在周代姬姜两姓世代联姻，周人祭奠炎、黄二帝也就是理所必然。秦人来到周人的故地，恢复了周人原来对炎帝、黄帝的祭祀。炎帝，南方烈山之神；黄帝，中央轩辕之神。云梦睡虎地秦简《日书》（简1028）："四月上旬丑，五月上旬戊……凡是日赤帝恒以开临下民而降其央（殃），不可具为，百皆毋所利。"[1] 在秦人看来，作为至上神赤帝即炎帝是不可触犯的，赤帝降临的日子，不可胡作非为，否则就会招致祸殃。《日书》（简830）："毋以子卜筮害于上皇。"[2] "上皇"就是上帝。据此推测白帝、青帝、黄帝、黑帝降临的日子也同样具有不可触犯性。

第六件事，周太史儋见秦献公，预言秦国将要有霸王出现。正好栎阳地方降雨落下金子，秦献公便自以为得金瑞，于是，公元前368年，秦献公十七年，作畦畤祭祀在五行中代表"金"的少皞氏白帝。

第七件事，公元前255年，秦昭襄王五十二年，夺取西周；公元前253年，秦昭襄王五十四年，秦昭襄王郊见上帝于雍，以示取代周王室取得对

---

① 睡虎地秦墓竹简整理小组编：《睡虎地秦墓竹简·日书乙种》，文物出版社，1990，第242页。

② 睡虎地秦墓竹简整理小组编：《睡虎地秦墓竹简·日书甲种》，文物出版社，1990，第197页。

上帝的主祭权。此后，公元前 249 年，秦庄襄王元年，秦国夺取东周，尽有两周之地，周赧王老死，周天子绝灭。公元前 238 年，秦王政九年，四月郊祭上帝于雍，并举行冠礼、带剑礼，秦王政开始亲政。

第八件事，公元前 221 年，秦始皇二十六年，秦始皇兼并天下而称始皇帝，有人告诉他说，黄帝朝为土德，夏朝为木德，商朝为金德，西周为火德，过去秦文公梦到北方之帝黑帝颛顼氏的化身黑龙，由于黑在五行中属"水"，使秦国有了水德。秦始皇便以水德统一天下，历法以十月为岁首，服色以黑色为上，度量以六进制为单位，音律以大吕为上，处理事情以法律为上。邹衍之徒根据五帝信仰与阴阳五行学说，提出五德终始学说。邹衍把在空间上按照中央及四方位置排列的五帝志业宗教体系，改为在时间上按照朝代五种德性的土木金火水排列的五德终始宗教体系。

第九件事，秦始皇称帝以后还在泰山举行封禅大典。封禅意味着受命于天，并且昭示着对天下的拥有。秦始皇举行封禅大典的内容主要有：封泰山，禅梁父，祭祀天皇、地皇、泰皇，行礼祠名山大川及八神之属，"八神"本是齐国的天神信仰体系，其信仰对象是天主、地主、兵主、阴主、阳主、月主、日主、时主之神。《史记·封禅书》指出，汉帝国统一之后，把天神太一奉为至上神，把五帝降格为太一之佐。"至武帝定郊祀之礼，祠太一于甘泉，就乾位也；祭后土于汾阴，泽中方丘也。"（《汉书·礼乐志》）其信仰体系排序为太一、后土、五帝。秦国五帝志业宗教体系的形成发展过程体现了逻辑与其历史的统一！

可见，秦国五帝志业宗教体系来源于东夷原始神话与华夏原始神话的融合，并逐步发展完善为五帝配五方、五时、五色等的五行体系。杨宽先生在《月令考》中指出："以五帝配四方五色之说似秦襄公时早已有成说，以五帝配五行之说，亦秦献公时已存在。秦献公以前遍祭白青黄赤四帝而不及黑帝者，盖颛顼为黑帝之说晚起，是时黑帝之偶像属谁，或尚无定说也。颛顼为黑帝之说既起于战国，则《吕纪》、《月令》似当为战国时之作品。"①

从上述历史资料可以看出，从秦襄公立国开始，历代秦国君主并没有公然僭越周礼去郊祭昊天上帝，而是祭祀方帝即空间地域之神"白、青、黄、赤、黑"五帝。首先，是把秦人原来在东方的祖先少皞之神从东方请到秦国，做了西方的地方主宰神——白帝。随着秦人势力不断由西向东扩展，秦宣公又把另一位东方的祖先太皞之神从东方请到秦国，来做东方主宰神——青帝。白帝是少皞氏、青帝是太皞氏，他们都属于秦人祖先所在的东夷神，秦人立国后就首先让他们做了国家的至上神。当秦灵公的势力在周人的故地扎下根之后，包括周人、秦人在内的华夏祖先神炎帝、黄帝的主宰神地位同时被恢复，于是炎帝、黄帝也成为秦国的主宰神。

可是，从现存资料看，秦国历代君主并没有为祭祀黑帝专门立畤，这是为什么？或者如杨宽所说，秦献公以前遍祭白青黄赤四帝而不及黑帝者，盖颛顼为黑帝之说晚起，是时黑帝之偶像属谁，或尚无定说也；或者是因为祭祀黑帝的神畤还没有造出来，秦王朝就被推翻了，最后的"颜色革命"只能由刘邦去完成？秦国真的没有祭祀黑帝吗？王晖先生提出了一种观点：他认为既然秦代崇水德尚黑色，那么理应崇祀黑帝颛顼。但是，秦人自秦襄公起共作有六畤分别祭祀白帝、青帝、黄帝、炎帝，而反倒未立黑帝颛顼之畤，至秦国统一天下后仍是如此。其实，秦国为白帝、青帝、黄帝、炎帝立畤，都只是"郊"礼。至于黑帝颛顼，秦国未为他立畤，不能说他地位不重要。相反，颛顼是秦人始祖伯益所自出之帝，为秦人高祖，且为主司"水德"之帝，秦人当于始祖伯益太庙"禘"祭颛顼。这就是秦人以黑帝颛顼为高祖，却不为立"畤"郊祀的原因。② 王晖先生之说，言之有理，可供考古学界进一步证明。

秦国的"白、青、黄、赤、黑"五帝形成一个独特的能够统治"西、东、中、南、北"五个地域空间方位的五帝志业宗教体系。秦国五帝志业

---

① 杨宽：《月令考》，《齐鲁学报》1941 年第 2 期，第 24 页。
② 王晖：《秦人崇尚水德之源与不立黑帝畤之谜》，《秦文化论丛》第 3 辑，西北大学出版社，1994，第 254 页。

宗教与秦国君主政治权力合法性信仰有密切关系，也与秦国的领土扩张，地域空间扩大从而确立土地所有权合法性信仰有直接关系。秦国于立国的次年，即公元前769年，秦襄公八年，开始建立西畤祭白帝。此后，秦国势力不断向东方逼近，秦文公以兵七百人东猎到达汧渭之会以后，便于公元前756年，秦文公十年，建立鄜畤祭白帝。秦武公伐彭戏氏，至于华山下，其弟秦德公继位之后，便卜居于雍。并于公元前677年，秦德公元年，以牺三百牢于鄜畤祭白帝；秦宣公建立密畤祭青帝，便与晋国战于河阳，胜之。秦穆公用由余谋伐戎王，益国十二，开地千里，遂霸西戎。到公元前422年，即秦灵公三年，建立吴阳上畤祭黄帝、建立吴阳下畤祭炎帝；祭黄帝、炎帝比立西畤晚348年，比立密畤晚250年，在二三百年后，并祭炎、黄，是周王朝故地人民的信仰所致。秦献公建立畦畤祭白帝，并与晋国战于石门而获胜；秦惠文王统治巴蜀，消灭义渠；秦昭襄王长平之战大破赵军，灭西周公国。公元前253年，秦昭襄王五十四年，郊祭上帝于雍。公元前238年，秦王政九年，郊祭上帝于雍，开始亲政。此后扫平六国，并天下为三十六郡，完成统一大业。从理论看，秦国在意识形态上构建了分别代表"西、东、中、南、北"地域空间方位主宰神的五帝志业宗教体系：西方金，白帝；东方木，青帝；中央土，黄帝；南方火，赤帝；北方水，黑帝。在众神的世界里，"唯雍四畤，上帝为尊"。从祭祀上帝的祭坛雍四畤所处的方位看，秦襄公祭祀白帝的西畤在陇西的西县、秦文公祭祀白帝的鄜畤在汧渭之会，都位于秦国西部。秦宣公祠青帝的密畤在渭南，位于秦国东部。秦灵公祠黄帝的上畤在吴阳，位于秦国中部，祭祀炎帝的下畤也在吴阳，位于秦国中部偏南。后来，邹衍的五行说与秦国五帝的颜色、方位搭配完全一致。在秦国统一天下之后，就地域空间方位而言，秦国已经拥有了五方之土，正如秦始皇琅琊台石刻所说："六合之内，皇帝之土。西涉流沙，南尽北户。东有东海，北过大夏。人迹所至，无不臣者。"[1] 当地域空间方位拓展的任务完成之后，这一五帝志业宗教结构紧接着就发生了一次

---

[1] 司马迁：《史记·秦始皇本纪》，岳麓书社，2012，第133页。

从地域空间方位到历史时间序列的结构转化。因为，已经统治了"西、东、中、南、北"的秦帝国，现在的问题是要为秦王朝取代周王朝提供统治的合法性信仰依据，并在时间上延续统一之后的统治秩序，保持秦王朝天下的长治久安。

于是，秦国接受邹衍之徒的"五德终始说"，完成了信仰体系从地域空间方位到历史时间序列的结构进化："白、青、黄、赤、黑"五帝的信仰变成了依次更替的五个朝代的"五德终始"教义：黄帝朝，以土为德，尚黄；夏王朝，以木为德，尚青；殷王朝，以金为德，尚白；周王朝，以火为德，尚赤；秦王朝，以水为德，尚黑。在"五德终始"的信仰体系之中，秦始皇以为历史发展到秦王朝的水德就可以终结了。于是，废除了周王朝延续了八百年的谥法，法定自己为始皇帝，其后皇帝都以数计，从二世、三世一直传之万世。这就是秦始皇的五帝志业宗教的信仰。

秦始皇听信齐鲁儒生建议举行封禅大典，重演上古王朝君权神授的天命信仰戏剧。其实，这场热闹的封禅大典，就是一场将秦国统一之后完成了使命的以地域空间方位为内容的五帝志业宗教结构，转换为以历史时间序列结构为内容的五德终始天命信仰体系的宣示仪式！

可见，秦国对五帝的祭祀虔诚恭敬、祭品丰盛、声势浩大，并且形成完善的祭祀制度。秦国君主们通过祭祀、占卜、思考甚至做梦来与白青黄赤黑五帝发生神秘联系，并为之承担责任。白青黄赤黑组成的五帝作为秦国的最高神圣——至上神，是智慧之神，战争之神，权力之神，成为秦国国家命运的主宰神，秦国君臣民众生灵的保护神。秦国历代君主的战略决策以及现实的政治、军事、外交活动都与对白青黄赤黑五帝的崇拜直接联系在一起。

秦国创造的五帝志业宗教，在汉帝国建立之后得到继承与发展。对于秦国五帝志业宗教体系的理论解释，刘向在《五经通义》中指出："神之大者，曰昊天上帝，天皇大帝，亦曰太一。其佐曰五帝：苍帝灵威仰，赤帝赤熛怒,黄帝含枢纽,白帝白招拒,黑帝叶光纪。"① 相对于周王朝的天命信仰体系,秦汉帝国创造的诸位上帝各就其位、各司其职,结成了统一战线,昊天上帝作为太一(泰一),重新登上了至上神的宝座,从意识形态上对人们生活于其中的社会现象、宇宙图景作出统一的解释。所以,在汉代除了汉高祖建立北畤祭祀黑帝颛顼氏,将雍四畤变为雍五畤之外,汉承秦制,汉文帝不但提高了西畤、畦畤、雍五畤的祭祀规格,而且在公元前164年亲自祭祀雍五畤,祠太一(泰一)。公元前139年汉武帝即位的第二年,首次到雍城郊祠五畤,此后三年一郊,前后达八次之多。又听亳人谬忌的建言,认为太一的地位高于五帝,汉武帝在公元前112年祭祀太一,并在云阳,即今陕西省淳化县西北部建立泰畤祭祀太一。西汉末年,汉平帝在元始五年,即公元5年,听从王莽建议,将泰畤、雍五畤移至长安城郊,畤祭演变为郊祭,畤祭这一祭天仪式便成为过去,逐渐被人们淡忘了。

第三节　秦国五帝志业宗教的图景与功能

秦国五帝志业宗教信仰体系是根据殷商西周时代的上帝天命学说以及阴阳五行学说,并伴随秦国领土扩张的需要,逐步被构造出来的。秦国历史发展中的侯业、霸业、王业、帝业与秦国白青黄赤黑五帝志业宗教的逻辑构造是同步进行的,具有历史与逻辑的惊人一致性。秦国五帝志业宗教既为秦国政治统治合法性信仰提供"君权神授"的证明,又为秦国扩张的领土合法性信仰提供"所有权神授"的证明。秦国的五帝还通过主宰时间、空间,将整个当时秦国人已知的宇宙囊括于其中,构造了秦国统治之下的宇宙图景:以当时的秦国地域作为地理学上的空间坐标中心,一切尽在东、南、西、北的空间之中;以当时的秦国地域作为天文学上的时间坐标中心,一切尽在春、夏、秋、冬时间之中。近有人身体的五藏、六腑、十四经络,远有天上日、月、五星、四象、二十八宿,六合之内无所不包!

---

①　刘向:《五经通义》,《汉魏遗书钞经翼四集》,嘉庆三年刻本,第6页。

吕不韦的《吕氏春秋》对秦国五帝志业宗教结构的理论建构有很大贡献。这部著作将秦国的五帝信仰体系与《逸周书·月令》体系相结合，并运用阴阳五行学说构造了一套以五帝、五神、五祀为信仰的世界图式体系。吕不韦在《吕氏春秋》中，为秦国设计了包含五帝、五神、五祀信仰，以及包含星象律历、车马仪仗等内容的世界图式体系，又博采道家养生之道、儒家礼乐之教、法家兵刑之言、墨家忠廉之理，为秦国五帝志业宗教构造了一套意识形态理论体系。《吕氏春秋》十二纪的五帝、五神、五祀体系是：1. 东方木，春之月：其主宰之帝是太皞，其佐帝之神是句芒，要举行的祭祀是祀户。2. 南方火，夏之月：其主宰之帝是炎帝，其佐帝之神是祝融，要举行的祭祀是祀灶。3. 中央土：其主宰之帝是黄帝，其佐帝之神是后土，要举行的祭祀是祀中霤。4. 西方金，秋之月：其主宰之帝是少皞，其佐帝之神是蓐收，要举行的祭祀是祀门。祝中熹指出："其佐名'蓐收'，可知少昊（通"皞"）主农业收成，这也表明畤为农业之祭。"[1] 5. 北方水，冬之月：其主宰之帝是颛顼，其佐帝之神是玄冥，要举行的祭祀是祀行。由此看来，秦国创造的五帝志业宗教体系形成一个独立的神圣谱系：东方青帝太皞氏配木，西方白帝少皞氏配金，中央黄帝轩辕氏配土，南方炎帝烈山氏配火，北方黑帝颛顼高阳氏配水，属于天神信仰体系；相应的佐帝之神东方是句芒，南方是祝融，中央是后土，西方是蓐收，北方是玄冥，属于人神崇拜体系；五祀的户、灶、中霤、门、行属于物神祭祀体系。

秦国五帝志业宗教体系与东方六国的五帝信仰体系大异其趣：秦国是以五帝天神为至上神的信仰体系；六国则是五人王，是政治历史体系。据历代学者考证，六国的人王五帝之名是孔子所答宰我五帝德之名：黄帝、颛顼、帝喾、尧、舜。太史公就是按照五人王来作《五帝纪》的。尤其是在秦国完成统一战争过程之中，齐国人邹衍根据古老秦国的五帝志业宗教创造了"五德终始学说"，被用来作为秦王朝存在合法性信仰的基础。传统的阴阳五行相生相克的自然哲学，被改造为人类历史运行阶段的五德终始

---

[1]　祝中熹：《秦国西畤地望研究述评之鸾亭山篇》，《天水师范学院学报》2017 年第 1 期，第 9 页。

历史哲学。看来，秦国建立五帝信仰体系并不是在回顾历史，发思古之幽情，而是在上帝信仰体系上的一次宗教改革与宗教创新。这一改革与创新将整个宇宙时空包括四方、四时、四象、二十八星宿、名山大川，甚至日常生活中与人类相关的鸡、犬、马、牛等都囊括无遗，并且完全加以神化，使秦国成为神圣的世界。

一、五帝与四象二十八宿、十二分野

在秦国五帝志业宗教信仰中，五帝在天上的神位，就是四象二十八星宿，由此产生了五帝星宿崇拜。在中国古代，人们已经观察到斗柄指向与季节的关系，北斗星的斗柄在每天同一时刻里，如果指示方位不同，那么季节就不同。鹖冠子说："唯道之法，公政以明。斗柄东指，天下皆春；斗柄南指，天下皆夏；斗柄西指，天下皆秋；斗柄北指，天下皆冬。斗柄运于上，事立于下。斗柄指一方，四塞俱成，此道之用法也。"[1] 古人以斗柄的四个指向为标志区分一年四季，并且以北极星即北极紫微为中心，定出东、南、西、北的天象，即四象二十八星宿。[2] 在《睡虎地秦墓竹简·日书》（甲种）中有《星》一篇，所讲的是东方苍龙七宿：角、亢、氐、房、心、尾、箕。北方的玄武七宿：斗、牛、女、虚、危、室、壁。西方的白虎七宿：奎、娄、胃、昴、毕、觜、参。南方的朱雀七宿：井、鬼、柳、星、张、翼、轸。这一排列顺序与古文献中所见二十八宿的排列顺序相同。《日书》甲、乙两种中，对二十八宿所主的事物吉凶内容基本相同。如《日书》（甲种·980反面）："凡取（娶）妻之日，冬三月奎、娄，吉。以奎夫爱妻，以娄妻爱夫。凡参、翼、轸以出女，丁巳以出女，皆弃之。"《日书》证明，秦人认为天上的五帝星宿所在的时间空间方位，能够对应地决定特定时间空间当中人类社会的吉凶祸福。

在秦国五帝志业宗教信仰中，由五帝崇拜衍生出的星宿崇拜，形成了

---

① 鹖冠子著，黄怀信撰：《鹖冠子汇校集注》，中华书局，2004，第76页。
② 李维宝、陈久金：《传统星座的五帝座考证》，《天文研究与技术》2010年第2期，第182页。

星宿天神祭祀体系。司马迁在《史记》中记载了秦国的星宿天神祭祀体系，包括日、月、五星、二十八宿在内的庙宇仅在雍城就有一百余座，西垂也有数十座。根据考古调查，在秦上郡的全天星台"总数达1424个，占地面积达到2.8万平方公里"①。

在秦国五帝志业宗教信仰中，作为五帝化身的四象二十八宿与地上各个诸侯国疆域的分野产生了映射对应关系。于是，诸侯国运的兴衰就与五帝天神星宿联系在一起。司马迁指出：占卜以二十八宿分主十二州，而北斗兼主十二州，自很久以前就是这样了。秦人认为，天上的五帝星宿所在的时间空间方位，能够对应地决定特定时间空间各个国家的兴衰存亡。

二、五帝与名山大川及万物神灵

在秦国五帝志业宗教信仰中，五帝崇拜除了与四象二十八宿以及诸侯疆域的分野联系在一起，而且还与国中名山大川的地上神祇联系在一起。司马迁的《史记·封禅书》对此作了清楚记载：以往三代建国都在河、洛二水之间，所以以嵩高山（今嵩山）为中岳，其他四岳名也都与各自的方位相合，而四渎都在崤山以东。又据《史记·封禅书》记载：于是知道那时自崤山以东，有名山五个，大川两个加以祭祀。看来，天上的五帝也与山川地祇相通，秦国通过五帝志业宗教信仰体系来实现对天下名山大川的主宰，从而统治整个中国的地理空间。

在秦国五帝志业宗教信仰中，五帝及其天象星宿的崇拜甚至与首都咸阳的设计结构也是联系在一起的。据《三辅黄图》记载：咸阳城的设计以渭水象征天汉即银河，把冬至前后傍晚位于咸阳天顶的天汉和牵牛（即仙后座）附近的星宿作为参照，与渭河横桥南北两岸宫殿苑囿布局对应起来，②而使首都咸阳形成建筑物布局与天上星相位置的对应关系，②而最高统治者居住的宫殿对应着天极即北极紫微宫，那是上帝太一（泰一）的常居之所，

① 贺清海：《秦帝国全天星台遗址与源流考·前言》，中国科学技术出版社，2008，第1页。

② 何清谷校注：《三辅黄图校注》，三秦出版社，2006，第22—27页。

"北辰居其所，而众星拱之"（《论语·为政》）。就像太一居住在北极紫微宫驾驭四象二十八宿一样，秦国君主作为上天之子，居天枢之位，君临天下，"周阁复道比附围绕它的星宿，象征三公、后妃和其他大臣"①。这种天人一体的设计理念该是何等气势！

在秦国五帝志业宗教信仰中，秦国对祖先神的祭祀比较淡薄。相对于物神而言，秦国人对自己祖先的祭祀则是淡薄的，《日书》中甚至把祖先看成作祟危害子孙的魔鬼。所以，秦国举行对祖先的腊祭活动时间出现得很晚：秦国在公元前326年，"秦惠文王十二年，初腊"（《史记·秦本纪》）。《史记·秦本纪正义》中说：秦惠文王十二年，秦国在今陕西省韩城东北的龙门举行盛大集会，开始举行腊祭。根据古代传说，龙门为夏禹治水时所开凿，根据《穆天子传》记载，黄河上游是古老的河宗氏等部族游居之地，秦国从魏国新得的河西郡和上郡就是河宗氏等部族后裔的游居之地，秦人采用腊祭的形式主要是为了加强与他们的精神联系，从而巩固秦国在这一地区的政治统治。此后六年（秦惠文王更元五年）"王北游戎地至河上"（《史记·六国年表》）。秦国在秦惠文王时通过举行腊祭以扩展统治空间才是其真实用意。后来秦昭襄王于昭襄王二十年又到上郡、北河腊祭（《史记·秦本纪》）。秦始皇三十一年十二月，"更名腊曰'嘉平'"。在秦国五帝志业宗教中，对宗族祖先的崇拜，与东方六国相对照，已经相当淡薄了。从天人关系角度来说，秦国对天神、地神、物神祭祀的高度发达，说明了秦国人与对象世界的亲善关系，这是秦国人政治管理知识、科学技术知识发达的重要原因。

秦国的一个重要物神祭祀：鸟神崇拜的陈宝祭祀具有社稷神的意义。《史记·封禅书》记载：秦文公获得一块由天上飞来的若石，把它祭祀在陈仓山北坡的城邑中，命名为陈宝。周人为了代殷取天下，曾创造出了"凤鸣岐山"的神话故事。秦人也有受命于天的思想，陈宝成为秦国的社稷之神。宝鸡县杨家沟出土的秦武公时期的秦公钟、镈铭文中就有"我先祖受

---

① 王学理主编：《秦物质文化史》，三秦出版社，1994，第99页。

天命，赏宅受国"的语句。由于受周人"凤鸣岐山"天命呈祥神话故事的影响，秦人受命为诸侯，也就创造出了"陈宝鸡神"，秦人受命于天的神话故事。"陈宝鸡神"的神话隐约可以发现秦人很早就有建立霸王之业的思想意图。高次若认为，秦人高祖少暤"纪于鸟"，以大鸟为图腾。秦文公祭祀"陈宝"社稷之神，表现了对大鸟图腾的崇拜，同时也暗示着"陈宝"就是少暤祖先神在显灵。① 秦国的"陈宝鸡神"信仰取代了周人的"凤鸣岐山"神话。

三、秦国五帝志业宗教的责任伦理功能

秦国通过对白青黄赤黑五帝的祭祀表现出不同于东方诸国特有的五帝志业宗教信仰体系。关于祭祀的作用及其意义，《礼记·郊特牲》指出："祭有祈焉，有报焉，有由辟焉。"就是说，祭祀有祈求、报答、消弭灾祸三种作用。秦国五帝志业宗教的伦理功能有以下三个方面：

1. 秦国五帝志业宗教确立了秦国责任伦理中的责任主体与责任受体关系，为秦国责任伦理的形成奠定了基础。司马迁在《史记·六国年表序》中说："太史公读《秦记》，至犬戎败幽王，周东徙洛邑，秦襄公始封为诸侯，作西畤用事上帝，僭端见矣。《礼》曰：天子祭天地，诸侯祭其域内名山大川。今秦杂戎狄之俗，先暴戾后仁义，位在藩臣而胪于郊祀，君子惧焉！"天下君子何以恐惧？原来，在秦国五帝志业宗教信仰下面，隐藏着秦国君主与五帝之间的神圣契约。秦国赋予五帝以政治权力和土地所有权的授权者、监督者的神圣权能；而秦国君主就成为政治权力和土地所有权的接受者、管理者，承担管理国家的政治责任，承担土地所有者的经济责任；由于权力与责任是对等的，拥有权力就要承担责任，所以，秦国君主就成为承担责任的责任主体。而国家管理的好坏成败，都要向授权者、监督者五帝负责任，所以五帝就成为责任受体。于是，在秦人以及他们信奉的神之间，就形成了责任主体与责任受体的责任伦理关系。

---

① 高次若：《古陈仓秦人"祠鸡"热渊源初探》，《秦俑秦文化研究》，陕西人民出版社，2000，第505页。

秦国责任伦理中责任主体与责任受体之间责任关系的确立，赋予历代秦国君主成就"霸王之业"以及"帝王之业"的崇高理想使命。贾谊在《过秦论》中曾经说道："秦孝公据崤函之固，拥雍州之地，君臣固守以窥周室，有席卷天下，包举宇内，囊括四海之意，并吞八荒之心。"其实，有此雄心壮志岂止秦孝公一人，秦襄公、秦穆公、秦昭襄王，一直到秦始皇，历代秦国君王不乏其人！秦国建立的霸王之业，是要开启一个不同于黄帝时代、大禹时代、商汤时代、周文王时代的新历史时代！秦国历代君王认为自己是五帝楷模型预言先知的主祭人，有五帝保佑，甚至认为自己就是五帝天神的化身，承担管理中央及四方的责任主体的历史重任。所以，诸多秦国君主就有一种责任主体的霸气、王气、帝气！

2. 秦国五帝志业宗教所褒扬的"志业"即追求"霸王之业""帝王之业"的理想使命，实现生命本质的终极价值意义。夏、商、西周三代都有报答上帝百神恩德的祭祀活动。《礼记·祭法》指出："有虞氏禘黄帝而郊喾，祖颛顼而宗尧。夏后氏亦禘黄帝而郊鲧，祖颛顼而宗禹。殷人禘喾而郊冥，祖契而宗汤。周人禘喾而郊稷，祖文王而宗武王。"通过郊、禘之礼对上帝和祖先神进行祭祀，一方面是为了报答上帝祖先神的恩德，另一方面，是后代人对承担前辈祖先未竟事业的历史责任的承诺。在秦国人的意识形态里，祖先神以明德配天的观念变得相对淡漠，同时，祖先神升天在上帝左右的观念也很少出现了。秦人在西垂、雍城等地立畤祭祀白青黄赤黑五帝，但是，却没有把死后的秦国君主与五帝一起相配进行祭祀，这是为什么呢？原来秦人缺少祖先神升天的观念，所以，死后的祖先也不会到上帝的左右去"傧与上帝"。秦人认为，祖先神、上帝的使臣，甚至上帝作为楷模预言先知者，都会来到尘世间和人类交往，给人类赐福或者降祸。所以秦国人对于死去的祖先是事死如事生。在他们的意识中，认为死去祖先的神灵并没有离开墓地升到天上，他们在地下的另一个世界中生活，而且会随时来到尘世活动。秦国墓葬中往往有大量陪葬品甚至是人殉以供死者的灵魂驱使享用，以安慰逝者的灵魂。秦德公、秦穆公、秦景公等墓葬都是如此。由此看来，秦国五帝志业宗教对人生意义的看法也就放在了人们现实生活的世界，于是，重利、尚武、喜功，成就"霸王之业""帝王之业"成为秦国人的精神气质。正如《日书》所提到的"弋猎报仇，攻军围城"；"饮食歌乐，临官立政"；享用"肥豚、清酒、美白粱"成为人们认为的最有意义的生命活动。尤其是商鞅主张"壹言""壹教"，将人们的思想完全统一到农耕军战上面，把耕战作为人生终极价值意义之源。

3. 秦国五帝志业宗教中的"楷模"赋予秦人战胜艰难险阻进行生命搏斗的巨大精神力量。五帝作为楷模型预言先知，具有高超智慧和超凡力量，能控制四方及中央空间时间，成了秦国崇拜的光明之神、智慧之神、战争之神、农业之神、权力之神。秦国五帝志业宗教中"楷模"的巨大精神力量，能够使秦人在面对敌对势力、自然灾害以及其他不确定性风险的时候，从心理上消除恐惧，凝聚人心，增强战胜困难的意志；然后，通过理性决策和精心计算，积极应对这些可怕事物，最后战而胜之。尤其是在春秋战国时代的军事斗争中，秦国非常重视具有真正智慧的人才，大量地从国外引进人才，使用"客卿"成为秦国政治中一道亮丽的风景。所以，秦国君主不是迷信天神的魅力，不是使用巫术去驱使天神，让天神去降灾于敌国，让天神去战胜敌国；而是崇拜楷模预言先知们的超凡智慧和超凡力量，以楷模预言先知作为从事农耕、军战事业的榜样，从而鼓舞士气、凝聚人心，最终战胜敌人。据《墨子·迎敌祠》记载，军队出征前有誓师之礼，礼官以祭告四方之神和社稷之神，然后君主穿着素服在太庙发表讨伐敌国罪行的誓词，最后军队才出征。显然，秦人祭祀四方之神和社稷之神，并不是要求驱使这些天神、魔魅来为自己的世俗政治活动服务，而是为人们提供战胜艰难险阻、勇敢进行生命搏斗的精神力量。可见，秦国五帝志业宗教经过长期陶冶淬炼已经实现了理性化。可是，秦始皇在天下统一之后，受到齐、燕方士的影响，要做"真人"而向神仙求取仙药，迷信长生不老和图箓谶语等政治巫术，导致秦帝国的政治决策出现颠覆性、致命性失误。

第三章 秦国公利哲学

在西周时代，中国学术是统一的。《庄子·天下篇》说："《诗》以道志，《书》以道事，《礼》以道行，《乐》以道和，《易》以道阴阳，《春秋》以道名分。"在这统一的学术中，只是存在圣人之学、君子之学、百官之学等不同层次的学问而已。到了春秋战国时期，"天下大乱，贤圣不明，道德不一"，"道术将为天下裂"。[①] 西周统一的学术发生了分裂，于是出现了代表不同价值观的诸子百家之学。在秦国，就是以法家为代表的秦国公利哲学。

第一节 天下体系中诸子的价值取向

《吕氏春秋·不二》以杂家的宏观视野判断百家之学的价值取向，指出：老子以柔弱为价值取向，孔子以仁爱为价值取向，墨子以兼爱为价值取向，关尹子以清静为价值取向，列子以虚无为价值取向，陈骈以齐一为价值取向，杨朱以个人生命为价值取向，孙膑则以时势为价值取向，王廖、儿良则分别以先机、后法为价值取向。

《荀子·非十二子》站在孔子、子弓的儒家价值立场上，对百家之学的

---

① 庄周著，陈鼓应撰：《庄子今注今译·天下篇》，中华书局，2009，第 984 页。

片面性和缺陷性——作出判断：墨子蒙蔽于只重实用而不知文饰，是一种只重视实用的绝对平均主义；宋子蒙蔽于只见人的情欲寡浅而不知人的贪得无厌，是一种不懂得功利的禁欲主义；慎子蒙蔽于只求依法治国而不知选贤任能，是一种不知道善用人才，只重视法治的空想主义；申子蒙蔽于只知政治权术的作用而不知智慧能力的作用，是一种不知道善用智慧，只重视权术的行政技术主义；惠子蒙蔽于只知名辩而不知实际，是一种不关心现实问题，只重视语言抽象分析的形式主义；庄子蒙蔽于只知天道的自然作用而忽视人道的能动作用，是一种不知道人的能动作用，只重视天道运行的自然主义。所以，从实用的角度来立论，就全谈功利了；从寡欲的角度来立论，就没有不满足了；从法治的角度来立论，就全谈律条了；从行政的角度来立论，就全谈权力了；从语言的角度来立论，就全谈些名辩论题了；从天道的角度来立论，就全谈道法自然了。这几种说法，都是哲学的一个方面。

其实，春秋战国百家之学所坚持的立场都在五大价值本位的范围——个人本位、家族本位、国家本位、天下本位、天道本位，所坚持的论点都在五大价值取向的范围：生命价值——存与亡、政治经济价值——利与害、道德价值——善与恶、审美价值——美与丑、逻辑价值——真与伪。杨朱学派以个人为伦理本位创立了贵己的价值哲学体系；孔子儒家学派以家庭为伦理本位，创立了"仁爱"的价值哲学体系；商鞅法家学派以国家为伦理本位，创立了"法治"的公利价值哲学体系；墨家以天下为伦理本位，创立了"兼爱"的价值哲学体系；老子则以天道为伦理本位，创立了自然价值哲学体系。[①] 此时的诸子百家已经在本体论、宇宙论、方法论上形成了系统的世界观体系，在政治、经济、伦理、逻辑、审美等领域形成了系统的价值观体系。

下面，我们考察影响秦国公利哲学形成的五种周秦价值哲学体系，即道家学派天道本位自然价值哲学，墨家学派天下本位兼爱价值哲学，法家

---

① 王兴尚：《"儒墨杨怪圈"的结构解析》，《宝鸡文理学院学报》（人文社会科学版）1996 年第 2 期，第 7—10 页。

学派国家本位公利价值哲学，儒家学派家族本位仁义价值哲学，杨朱学派个人本位重己价值哲学。

第二节　杨朱学派个人本位重己价值哲学

杨朱提出了一套个人本位的重己价值哲学。杨朱学派个人本位重己价值哲学中的责任伦理主体是个人，其责任对象也是个人，责任的规范也是围绕着个人，杨朱学派完全以个人为价值取向，对家族责任、国家责任、天下责任、自然责任的伦理本位价值取向都持否定态度。杨朱主张"损一毫利天下不与也"，说明他不屑于利他主义——意在否定墨家的兼爱之道；"悉天下奉一身不取也"说明他也不屑于国家主义——意在否定法家的君主集权之道。原来他要追求的是人人只为自己尽责，人格自立、财产自有、言行自由，"人人不损一毫，人人不利天下，则天下治矣"的自利主义理想社会。

一、杨朱学派论人的生命价值

关于人的生命价值，杨朱认为人是生物中最有灵性的，人的生命价值最为宝贵，物质财富、政治统治、仁义道德都是为人类服务的，世界上没有比人的生命价值更高的价值。

首先，人的生命价值高于物质财富的价值。杨朱认为，人的自然局限性、脆弱性决定人必须利用智慧改造物质世界，创造物质财富来成全个人生命的存在，在这个过程中，人的生命价值就被创造出来。在杨朱哲学中，个人的生命就是责任伦理主体——"生之主"，个人生存的世界则是责任对象——"养之主"。责任伦理的规范就是人对于"生之主""养之主"建立的"悉奉不取""一毛不拔"等价值规范。所以，一切都是通过人来创造，同时，这种创造也是为了人而创造的。杨朱学派特别反对人的生命被自己拥有的物质财富所占有，以及被自己所创造的对象世界所支配。

其次，人的生命价值高于国家政治统治的价值。杨朱曾与墨家学派的禽子发生过直接辩论。杨朱指出："伯成子高不肯用自己一根毫毛去为他人谋利益，抛弃了国家，隐居种田去了。大禹不肯用一根毫毛来为自己谋利益，结果身体偏瘫了。"所以，"古之人，损一毫利天下，不与也；悉天下奉一身，不取也"。杨朱学派发现，个人生命价值至高无上，不要以生命价值的丧失去谋求政治价值；反对打着为国家、为天下的旗号去剥夺个人的生命权利、财产权利。

最后，生命价值高于仁义道德价值。杨朱从根本上颠覆了儒家、墨家的仁义道德价值观。杨朱认为，世俗所谓善恶的仁义道德评价是虚伪的，最典型的是世俗社会对"四圣二凶"的评价，他对这些评价是不屑一顾的。杨朱指出，天下的美名归于舜、禹、周公、孔子，天下的恶名归于夏桀、商纣。四位圣人，活着的时候没有享受一天的欢乐，死后却有流传万代的名声。桀纣二凶，活着的时候，享尽了人间的荣华富贵，死后却留下千古骂名。可是，无论是美名还是骂名，人死了，他们都听不到了。

二、杨朱学派论生命价值的实现机制

首先，个人生命价值的实现，就是生存欲望以及审美需要的满足。杨朱把人生目的定位在生存理性上面，反对把人生目的定位在追求交换价值的经济理性上面。杨朱认为，只要人生得到"四美"，就能满足生存欲望以及审美需要：宽敞的房子，高档的服饰，美味的食物，深情的爱人，有了"四美"，又有何求？

其次，如果超越生存欲望以及审美需要，那么人生价值就会异化为追求无限交换价值的"四事"：《列子·杨朱篇》说，人不得安宁，是为了"四事"：一是长生，二是名声，三是地位，四是财富。杨朱反对为了长生不死、声名远扬、显赫地位、发财致富等外在交换价值，而损害人的生命价值以及审美价值。

最后，杨朱主张"从心而动""从性而游"，以顺应自然的态度，来实现生命价值，提升审美价值，防止交换价值对生命价值、审美价值的异化。杨朱指出，上古人知道生是暂来，死是暂往，所以，随心而动，纵性而游，不图虚名，不求永生。

三、杨朱学派论生命价值的实现途径

首先，通过农业劳动为自己创造生存条件，来实现个人的生命价值。《列子·杨朱篇》赞赏自给自足的农业劳动，把理想化的农业劳动看成实现个人生命价值的重要途径。比如，农夫不愿意闲着，晨出夜入地劳作来养活自己和家人，自认为是世界上最快乐的人。周人的谚语说："老农闲坐着就认为等死"，甚至连农业劳动中晒太阳的快乐都是王宫里所没有的。宋国农夫的"负暄献曝"，表面上是可笑的，其实，正好说明杨朱把农业劳动看成是实现生命价值的重要途径。

其次，通过美满的家庭生活，享受感情上相怜相爱的天伦之乐，满足人的身心需要，来实现个人的生命价值。《列子·杨朱篇》记载，杨朱说过：古代有句话叫"活着相怜，死了相捐"。这话把生死说透了。彼此相怜，并不是不讲感情，而是给他安逸，让他吃饱穿暖，万事如意；彼此相捐，并不是不爱惜，而是死了之后，不要用玉石、绣衣、供品、明器随葬。如果为了追求虚假名声，失去自然之情是不值得的。

最后，通过国家价值观念的正确导向，鼓励人们实现个人生命价值。杨朱对梁王说，治理国家的关键，在于倡导正确的观念，把人们的观念朝着实现人生价值的方向引导，这就和小孩子用鞭子指挥羊群一样简单。如果治理国家的观念错了，把人们引向错误的方向，就会发生"歧路亡羊"的悲剧。

四、儒墨法道批判杨朱哲学

其一，儒家学派孟子批评杨朱哲学。孟子从家族本位和仁义道德价值取向上批判杨朱，认为杨朱个人价值取向是目无君主的无政府主义。《孟子·滕文公下》说：如果杨朱学说流行天下，那么从此圣君不再出现，诸侯无所忌惮，一般士人也乱发议论，杨朱、墨翟的学说流行天下，以致天下的言论不是杨朱派就是墨翟派。杨朱派主张"一切为己"，实际是目中无君；墨翟派鼓吹"爱无亲疏"，实际是心中无父。人如果目中无君，心中无父，那简直就成了禽兽。孟子站在家族本位的立场上，将杨朱个人本位的重己哲学视为异端，甚至把他和墨翟都骂为禽兽，必欲除之而后快。

其二，法家学派韩非子批评杨朱哲学。韩非子从国家本位和国家公利价值取向上批判杨朱，宣称杨朱的个人本位和重己价值取向对国家来说没有任何价值。《韩非子·八说》指出：杨朱、墨翟是天下公认为明察的人，想整顿社会的混乱但终究找不到办法，他们的学说虽然是明察的，但不能作为官府的法令。

其三，道家学派的庄子批评杨朱哲学。庄子从天道本位价值以及自然无为价值取向上批判杨朱。《庄子·胠箧》说：去除曾参、史鱼之类忠孝德行，封住杨朱、墨翟之类善辩之口，舍弃仁义，而天下人的德行才能达到与大道同一的境界。治理国家是用不着他们的。可见，庄子是要让人类回到天道本位价值以及自然无为的玄同社会。

其四，吕不韦在《吕氏春秋》中，对包括杨朱哲学在内的"儒墨杨怪圈"进行了扬弃。关于"儒墨杨怪圈"，《淮南子·泛论》说：弹琴唱歌、击鼓跳舞来作乐，盘旋周转、反复谦让来讲礼，用丰厚的葬品、长久守丧来送别死者，这是孔子所提倡的，但是墨子反对。人人互相亲爱，崇尚贤才，敬重鬼神，不信天命，这是墨子所主张的，但是杨子反对。保全纯真的天性，不因为外物而拖累身形，这是杨子所宣扬的，但是孟子反对。可以看出，儒、墨、杨各家的取舍各不相同，各自都只肯定自己的想法，否定别人的想法。所以，在哲学上才形成了一个"儒墨杨怪圈"。①

如何破解"儒墨杨怪圈"？秦国吕不韦将人的生命价值、道德价值、政治价值、经济价值以及法治价值进行了一次理论整合，最后统一到杂家的国家公利哲学体系之中。《吕氏春秋·适音》指出：依循事物的情理来治理国家，法度就建立了，法度建立起来，天下就服从了。所以，使心情适中的关键在于依循事物的情理。《吕氏春秋》运用实践理性，运用依循事物的

① 王兴尚：《"儒墨杨怪圈"的结构解析》，《宝鸡文理学院学报》（人文社会科学版）1996年第2期，第7页。

情理，即"胜理"的方法，将杨子、墨子、孟子、商鞅的生命价值、经济价值、道德价值，以及政治、法治价值进行融合统一，实现国家公利价值。

第三节 儒家学派家族本位仁义价值哲学

儒家学派以家族价值作为本位价值，形成费孝通所谓的"差序格局"。无论是天下责任、国家责任、个人责任的伦理价值都是以家族价值为基础的，家族价值成为儒家伦理的本位价值。儒家伦理观念以西周的社会权力结构为范本。秦晖指出，西周王朝，几乎可以视为一层层套叠起来的血缘团体，其中的权力结构便是：天子作为家长统诸侯，诸侯作为家长统卿大夫，如此层层而下，直到一般庶民家（族）长统其家。每一层次的家长能够得到，而且只能得到其直接依附者的效忠。"这就导致了后来法家指责的'勇于私斗，怯于公战'，亦即为小共同体斗争被置于为'国'奋斗之上。当时流行的所谓侠客，诸如要离、聂政、专诸、豫让等，都是那种为报答恩主而舍身行刺'国家'政要的'私斗'典型。"① 但要为国家而战就临阵怯战了。"鲁人从君战，三战三北。仲尼问其故，对曰：'吾有老父，身死莫之养也。'仲尼以为孝，举而上之。"（《韩非子·五蠹》）儒家把家庭以及家族利益放在第一位。法家从国家公利价值观出发，对儒家家族本位价值观持否定态度。

儒家学派认为家族价值高于国家价值。1993 年湖北郭店楚墓中出土先秦儒家佚书今命名为《六德》的残篇中有"为父绝君，不为君绝父"的观点，通过丧服之礼表明父子关系高于君臣关系："仁，内也。义，外也。礼乐，共也。内立父、子、夫也，外立君、臣、妇也。疏斩布绖杖，为父也，为君亦然。疏衰齐牡麻绖，为昆弟也，为妻亦然。袒免，为宗族也，为朋友亦然。为父绝君，不为君绝父。为昆弟绝妻，不为妻绝昆弟。为宗族疾

---

① 秦晖：《"杨近墨远"与"为父绝君"：古儒的国家观及其演变》，《人文杂志》2006 年第 5 期，第 42 页。

朋友，不为朋友疾宗族。人有六德，三亲不断。"① 意思是说，"仁"是家内的原则。"义"是家外的原则。礼乐则不分内外。家内之"位"是父、子、夫，家外的"位"是君、臣、妇。用不缝边的粗布为衣，用苴麻做成带，用缠有苴麻的竹竿做成杖，这是为父服丧的丧服，为君上也同样。用齐边的粗布为衣，用牡麻做成带，这是为兄弟服丧的丧服，为妻子也同样。袒露上衣露出左臂，脱去帽子，这是为宗族中亲戚服丧的丧服，为朋友也同样。当面临两个丧事时，为了父亲的丧事要放弃君上的丧事，不能为了君上的丧事而放弃父亲的丧事；为了兄弟的丧事要放弃妻子的丧事，不能为妻子的丧事放弃兄弟的丧事；为了宗族亲戚的丧事要减免朋友的丧事，不能为朋友的丧事减免宗族亲戚的丧事。人有"六德"，"三亲"之间也避免不了。家门内的治理要用"恩情"掩盖"道义"，家门外的治理要用"道义"切断"恩情"。

儒家以家族伦理建构仁义道德的价值体系，其伦理主体的本质是仁义道德；伦理对象是要把家族、国家、天下变成道德实体，并且以仁义礼智信等德目作为伦理规范。儒家学派试图用仁义道德来保证宗法社会家族、国家、天下的良好秩序。

一、儒家学派论人的道德本质

孟子和荀子提出了关于道德本质起源的不同观点。孟子提出性善论，认为人的道德本质起源于天德。孟子引用《诗经·烝民》"秉彝说"：认为人们所秉承的道德本质，就是上天赋予的天德即懿德，懿德就是上天的美德。这种美德从上天生下人类之后就先天地存在于人心之中。这就是孟子所说的"四端"，或者"四心"："恻隐之心，羞恶之心，恭敬之心，是非之心"。这是不虑而知，不学而能的"良知""良能"。如果一个人能够保持"良知""良能"，不使它丢失，并且按照"良知""良能"去做事情，将"四端"或者"四心"扩而充之，就能在现实生活中转变成仁义礼智"四

---

① 刘钊：《郭店楚简校释·六德》，福建人民出版社，2005，第 109 页。

德",真正实现人的仁义道德本质。

荀子提出性恶论,认为人的道德本质是后天教化的。《荀子·性恶》指出:人一生下来就有好利之心、嫉妒之心,有好声、好色的本能,由此看来,人的天生本性是恶的就很明显了,他们那些善良的行为则是人为的。通过圣人人为的后天教化,人性才能归之于善。孟子、荀子对于人性善恶的认识出发点是不同的,孟子是从先验的道德本质出发来讲性善,荀子是从后天的生理本能出发来讲性恶,但是殊途同归,都是强调人之所以为人必须具备仁义道德本质,这是儒家学派的基本价值取向。

二、儒家学派论道德本质的形成机制

关于仁义道德本质的形成机制,由于对人性善恶的认识不同,儒家也有不同认识。孟子一派走的是内在道德自觉,即"反身而诚"的道路,荀子一派走的是外在道德教化,即"化性起伪"的道路。

按照《孟子·尽心上》的观点,一旦人的天生本性与天的道德本质相互契合,达到天人合一的境界,那么,人的善良道德本质就会形成。儒家的圣人、大人、大丈夫就是具有这种道德本质的先知先觉者。怎么达到天人合一境界呢?孟子指出:天地万物的道德本质我这里都具备。通过自我反思和反躬实践,发现了天的道德本质"诚",没有比这更快乐的了。尽力按照忠恕之道办事,追求仁义没有比这更近的道路了。人的道德本质的形成机制,就是人的道德本性与天的道德本质契合,达到天人合一的境界。一旦达到天人合一的境界,实现了人的道德本性与天的道德本质的契合,人的生命就充满了浩然之气。人生一旦具有浩然之气,就可以使生命与道义相配,成为顶天立地的大丈夫。《孟子·滕文公下》记载,景春问孟子:公孙衍和张仪难道不是真正的大丈夫吗?发起怒来,诸侯们都会害怕;安静下来,天下就会平安无事。孟子说,这个怎么能够叫大丈夫呢?从周礼来看,他们做的只是以顺从为原则的妾妇之道而已。至于大丈夫,则应该住在"仁爱"这个天下最宽广的住宅里,站在天下最正确的位置上,走在"正义"这个天下最光明的大道上,只有大丈夫才能够承担天下的大任。

按照《荀子·性恶》的观点，经过"化性起伪"，人的善良道德本质就会形成。怎么改变人的天生本性恶的自然本质？一是社会生活的熏陶。社会生活的熏陶就是社会环境对人的改造作用。如，人都饿了，看见父兄而自己不先吃，讲究谦让；人都累了，看见父兄而自己不先歇，而去帮忙。这就是社会生活熏陶的结果。二是礼仪师法的教化。《荀子·性恶》说：圣人和众人相同而跟众人没有什么不同的地方，是人的天生本性；圣人和众人不同而又超过众人的地方，是后天的人为努力。爱财是人的本性，如果弟兄分财产，顺着爱财本性，那么，兄弟也会反目为仇；如果懂得礼义，那么，甚至用自己的财富救济他人。所以，人的道德本质是后天教化才获得的。

总之，孟、荀二者殊途同归，无论是"反身而诚"，还是"化性起伪"，都是要人们追求仁义道德的善良价值，达到天人合一，或者人与天地相参的崇高道德境界。

三、儒家学派论道德本质的实现途径

儒家学派认为，人的道德本质的实现途径就是内圣外王，即内有圣人的德性与智慧，外有王者的功业。在这一过程中，儒家坚持的基本信念就是自强不息、厚德载物，具有圣人的刚健气质与深厚德性，能担当天下国家大任，成就崇高而恒久的事业。这是《礼记·大学》中的大学之道，即通过修明"明德"达到齐家、治国、平天下的现实功业。儒家希望人人都保持仁义道德品性，从而修、齐、治、平，建立天下为公、天下大同的理想社会，实现天下永久太平。《孟子·尽心上》说，天下有善于奉养老者的人，那么，仁人便以他为自己的归宿。五亩大的宅基地，在墙边种植桑树，妇女养蚕纺丝，老年人足以有丝帛穿了。五只母鸡，两头母猪，按时饲养，老年人足以有肉吃了。百亩的田地，男子去耕种，八口之家足以吃饱了。所谓文王善于奉养老人，就是因为他制定了土地制度，教育人们耕种畜牧，引导百姓奉养他们的长辈。五十岁，没有丝帛就穿不暖；七十岁，没有肉就吃不饱。穿不暖、吃不饱，就叫作挨冻挨饿。周文王的百姓中没有挨冻挨饿的老人，说的就是这个意思。在孟子的生活理想中，有百亩之田、五亩之宅，还有五只母鸡、两头母猪，一家老小衣帛、食肉，仿佛回到周文王治理下的仁义道德的理想王国一样，真是其乐融融！

儒家学派的行动模式是一种信念伦理的行动模式。儒家学派希望人人具有美好的仁义道德品性，寄希望于把家族伦理的仁义道德推广到国家天下的政治伦理领域当中去，也就是要把家庭和宗族等血缘共同体中讲的"仁爱""仁义"，推广到国家政府组织当中去。孔孟等人为了实现这一理想周游列国，要求诸侯国实行"仁政""德政"，要求王者把个人的"不忍人之心"转化为国家的"不忍人之政"。看来，儒家学派把天下国家太平的希望寄托在君主臣民具有的仁义道德，即德性本质上面了。所以，总是希望通过人治、德治、礼治来实现理想的完美王道政治秩序。

其实，这就是把家庭血缘亲情的相爱之道与国家阶级利益矛盾的相争之道混同了，把家族伦理与国家伦理的界限混淆了，儒家学说和法家学说的差别就在这里。所以，儒家学说在实践上往往变为空洞的说教或一厢情愿的空想。在列国竞争的环境下，孟子曾用仁义道德游说梁惠王，但是魏国并没有因此而强大。还有，燕王哙按照儒家伦理搞禅让，把王位禅让给大臣子之，结果搞乱了燕国。秦国处于西周礼乐文化的发祥地，受到礼乐文化的熏陶亦不薄，在秦穆公时代尚德尚贤，审时度势，成为西戎霸主。但是，秦国在商鞅变法之后，法家国家公利价值观与儒家仁义道德价值观发生直接冲突，此后的秦国并没有采用儒家仁义道德哲学，而是为了奖励耕战，富国强兵，统一六国后，采取了黜儒政策乃至于采用焚书的极端措施，防止儒家思想弱化秦国民族精神、软化秦国的法治制度。秦国采用法家哲学终于成就霸王之业，实现天下统一。

第四节　法家学派国家本位公利价值哲学

法家学派对于秦国崛起以及天下统一起了理论指导作用，对于秦王朝速亡亦难辞其咎。法家学派"缘道理以行事"，批判占卜、星相等天命信仰和迷信思想，批判传统家族本位宗法礼教以及仁义道德至上的价值观，而以法治为治国方法，主张国家本位，强调国家公利价值。法家哲学在实践上具有非常明显的工具理性色彩，即在列国竞争的现实条件之下，不考虑仁义道德等人文价值，为了达到军事、政治、经济利益最大化，往往运用工具理性的手段，建立理性的法律体系、财政体系与国家组织体系，从而实现其国家战略目的。法家哲学是形成秦国特有的理性责任伦理并最终成就"帝王之业"的思想基础。

一、法家学派论人的自利本性

法家学派从人的经济本质出发，认为人的本质是自利自为，这与儒家学派从人的道德本质出发，用仁义道德的标准来判断人性善恶的观点大异其趣！人的本质不仅自利自为，而且，人的本性表现在价值取向上总是追求各种利益的最大化。

商鞅发现人的本性就是趋利避害，精心计算利害得失，追求利益最大化。根据人的本性，制定法律制度，就可以让人民为国家尽力。人的经济本性是对利害得失进行精心计算，追求富贵爵禄，实现其利益最大化。《商君书·算地》指出：耕作，人民都认为是劳苦的。打仗，人民都认为是危险的。人民之所以肯做他们认为劳苦的事，肯干他们认为危险的事，是有精心计算的。他们活着的时候要计算怎样有利，对于死后要考虑怎样有名。国君对于人民取得名利的途径，不可不加以考察。《商君书·算地》认为，人民精心计算名利的得失，是要追求名利的最大化："民之性，度而取长，称而取重，权而索利。明君慎观三者，则国治可立，而民能可得"。就是说，人民的常情，用尺子量东西，就要取得最长的；用秤称东西，就要取得最重的；权衡选择事物，就要取得利益最大的。明君如果能够慎重地观察这三项，国家法度就可以确立，人民的智慧和能力就可以得到充分利用。

韩非子发现人的本性是都有计算之心，人与人之间都是以"市道"，即市场商品交换原则彼此进行利益的交易。父母与子女之间以"市道"相待（《韩非子·六反》）；事主与客户之间更以"市道"相待（《韩非子·备内》）；君主与臣仆之间也以"市道"相待（《韩非子·难一》）；君主与臣仆的利益存在着差异，《韩非子·八说》指出："匹夫有私便，人主有公利。不作而养足，不仕而名显，此私便也。息文学而明法度，塞私便而一功劳，此公利也。"就是说，人臣有私利，君主有公利，不从事耕作而能给养充足，不做官吏而能名声显赫，这是人臣的私利；废除私学而彰明法度，堵塞人臣私利而一概按功行赏，这是君主的公利。

法家学派关于人性自利自为的理论与英国经济学家亚当·斯密的"经济人"假说如出一辙，"经济人"就是追求个人利益最大化的主体。无论是商鞅、慎到、韩非，还是亚当·斯密都是从经济理性层面对人的本性进行了清楚界定，从而制定相应的法律制度规范，把人性的自私自利价值观转化为追求国家公利、公功的价值观。

二、法家学派论国家公利价值观生成机制

商鞅提出，君主要利用刑罚和奖赏"二柄"的"选择性激励"（奥尔森用语）手段来治理国家。由于人的自私自利本性，决定了人的本性趋利避害、好安恶危，所以，根据人们的趋避和好恶施行刑罚和奖赏"二柄"的"选择性激励"，就为君主治理天下众民提供了可能。商鞅指出：英明的君主所用来控制他的臣下的，不过是"二柄"罢了。所谓"二柄"，就是刑罚和奖赏。什么叫刑罚和奖赏呢？答案是：杀戮叫作刑罚（"刑"），庆贺恩赐叫作奖赏（"德"）。因此，君主独自掌握刑罚和奖赏"二柄"，群臣就会害怕他的威势，而向往他的奖赏了。商鞅还提出了君主如何对人民使用刑罚和奖赏"二柄"的问题。《商君书·说民》指出：人民勇敢，君主就用他们所爱好的东西赏赐他们。人民怯弱，君主就用他们所憎恶的东西惩罚他们。所以，怯弱的人，君主用刑罚惩处他们，他们就能勇敢；勇敢的人，君主用赏赐激励他们，他们就肯拼命。怯弱的人勇敢，勇敢的人拼命，国家就能无敌，就必能成就霸王之业。人民贫穷，国家就软弱，国家富裕，人民就要淫逸，淫逸就产生虱子，有了虱子，国家也就软弱了。所以，对穷人，君主用刑罚的方式强迫他们生产财富，他们就会富裕；对富人，君主用赏

赐的方式鼓励他们捐献财富，他们就会贫穷。治国的措施，要重视使穷人变富，使富人变穷。穷人变富，富人变穷，国家就强大，农民、商人、官吏三种人中就没有虱子。国家长期强大而且没有虱子，那就必能成就霸王之业了。

　　韩非子主张利用人的自利本性、求利之心，来富国强兵，成就霸王之业。他批评儒家学者用仁义道德去游说君主，是对家庭伦理在国家伦理上的误用。在社会价值观上，法家与儒家的价值取向根本不同：儒家试图依据家族本位的相爱之道来建立仁义道德价值体系；法家则依据国家本位的名利之道来确立国家公利价值体系。因此，儒家与法家的治国理念也不同。《韩非子·六反》指出：现在学者游说君主，都叫君主去掉求利之心，而采取相爱之道，这是要求君主超过父母对子女的亲情之爱，这是对恩德问题的无知，是欺诈君主的无稽之谈，所以英明的君主是不接受的。圣人治国，详细考察法律禁令，法律禁令明白清楚，官吏就守法听令；坚决实行赏罚，赏罚公正，民众就听从使唤。官吏守法听令，民众听从使唤，国家就富裕，国家富裕，军事就强大，就能成就霸王之业。韩非子提出，要治理好国家，君主必须用一套法治制度，使得人们不可做坏事；他批评儒家应用仁义道德，试图说服教育人们做好事，这是一种靠不住的空想。

三、法家学派论国家公利价值观的实施途径

　　商鞅提出了统一于法律的"四壹"治世学说。秦国通过商鞅变法，法家学派的治国理念转化成了秦国的现实社会行动，秦国通过一系列政治、经济、军事、外交的活动，终于国富兵强，崛起于西方，雄视天下，最终扫平六国，统一天下！商鞅的"四壹"治世学说是什么？

　　其一，"壹国务"。尊重农战之士，使人民喜农乐战。《商君书·壹言》指出：任何一个国家建立在世界上，对于制度，不可不审察；对于法律，不可不慎重；对于政务，不可不谨慎；对于根本事业，不可不集中于一。因为制度合乎时宜，风俗才能转变，人民才能遵守；法律明确，官吏才没有奸邪；政务统一，人民才肯效力；根本事业集中于一，人民才喜欢农业

和战争。圣人创立法律，转移风俗，在于使人民早晚都从事农业，这是必须认清的。人民肯去干事，肯为了服从法令而牺牲，是因为君主摆出的光荣名誉，设置的赏赐和刑罚，都很明确；他们用不着巧辩谈说，走私人的门路，就能立功。人民喜欢农业和战争，是因为他们看到君主尊重农民和战士，看到君主轻视巧辩的说客和手工业者；看到君主鄙视游学的人们。因此，人民的努力就集中于一个途径，他们的家庭从而富裕，他们本人从而显荣。而且，商鞅还提出将从事农战作为获得官爵的唯一途径。《商君书·农战》说：善于治国的人，他教育人民都专心从事农战，来取得官爵，所以不从事农战的人就没有官爵。国家废去空言，人民就会朴实。人民朴实就不淫逸。人民看见君主的利禄是从农战一个孔儿出来，就都专心从事农战。人民专心从事农战，就不懒惰迷惑。人民不懒惰迷惑，力量就多。人民力量多，国家就强。《商君书·画策》指出：圣王看到成就王业在于武力，所以要求全国人都当兵。例如，进入一个国家，观察他的政治，他的军队肯出力，国家就强。从哪里知道人民肯出力呢？人民看到战争，就像饿狼看到肉一样，这就是人民肯出力了。战争是人民所憎恶的，国君能够使人民乐意作战，就能成就王业。强国的人民面临战争，父亲送他的儿子，哥哥送他的弟弟，妻子送她的丈夫，都说："得不到敌人，不要回来！"又说："违犯法律，背弃命令，你死，我死。有本乡官吏办我们的罪。你在军队中无法可逃，我们迁移无处可去。"军队的办法是：五个人编成一伍，用徽章来区别，用命令来约束。士兵逃走无处可住，败退无路可活，所以三军的战士都像流水一般听从命令，就是死也不肯转过脚来逃跑。

其二，"壹赏"。就是富贵爵禄，全部出于军功。利禄官爵全都出于军功，不用在其他方面，因而智者、愚者、贵者、贱者、勇者、怯者、贤者、不肖者，都用尽他们胸中的智慧，用尽他们手足的力量，拼死来给君主效力。天下的豪杰和贤良的人都像流水一般追随君主。于是兵力无敌，政令通行于天下。有一万辆兵车的国家不敢在原野中抵抗；有一千辆兵车的国家不敢守卫城邑。有一万辆兵车的国家如果在原野中抵抗，一作战，就要被它打得大败。有一千辆兵车的国家如果敢于守卫城邑，一进攻，就要被它攻破。它和别国作战，必定把别国打败，它攻打别国的城，必定攻破；从而一切城邑被它占有，一切敌人都被它征服。这样，虽然施行丰厚的赏赐，哪会缺乏财物呢？

其三，"壹刑"。就是统一刑罚，在法律面前没有等级，人人平等。《商君书·赏刑》指出：所谓统一刑罚就是刑罚不论人们的等级，自卿相、将军到大夫、平民，有人不服从国王的命令，违犯国家的法禁，破坏国家的制度，就是死罪，决不赦免。以前立过功的人，以后干坏事，不因此而减轻刑罚。以前有善行，以后有过失，不因此而破坏法律。忠臣孝子有了过失，必定按照过失的分量来判罪。掌握法律、担任职务的官吏中，有人不执行国家的法律，就是死罪，决不赦免；并且加刑于他的三族。他周围的官吏，有人晓得他的罪行，向上级揭发出来，自己就免了罪；而且无论贵贱，便接替那个官长的官爵、土地和俸禄。所以说，加重刑罚，一人有罪，别人连坐，人们就不敢尝试了。人们不敢尝试，就可以不用刑罚了。古代帝王的法律，或者杀死人，或者斩断人的脚，或者刺刻人的面，并不是希望伤害人，而是为了杜绝奸邪，禁止罪过。要杜绝奸邪，禁止罪过，就莫如加重刑罚。刑罚既重，而又必能获得罪人，人们就不敢尝试，因而国内就没有受刑的人了。国内没有受刑的人，这就是修明刑罚，并不是为了杀人。

其四，"壹教"。就是告诉人民学习礼乐文化不能发家致富，致力于耕战才能进入富贵之门。《商君书·赏刑》指出：所谓统一教育，就是人们虽然见多识广，能言善辩，聪明智慧，忠诚老实，清廉洁正，熟悉礼乐，修炼品德，结成党羽，行侠仗义，声名远扬，清高气芳；可是朝廷不准许凭借这些取得富贵；不准许根据这些否定刑律；不准许以私意上诉君王。坚则易破，锐则易折。圣智、巧辩、忠厚、朴实的人也不得利用无益于国家的东西，来兜揽君上的利禄。富贵的门户只有战争一个。那些能够战争的人就踏入富贵的门户；那些强悍顽梗的人就受到应得的刑罚，决不赦免。于是父子、兄弟、朋友、亲戚、同乡等都说："我们努力的方向在于战事而已。"所以强壮的人都努力于战争，老弱的人都努力于守城，死者不后悔，生者鼓起干劲，这就是所谓"壹教"。

《商君书·修权》特别强调，一个君主要落实"四壹"治世学说，治理好自己的国家，必须依靠三大法宝：一曰法，二曰信，三曰权。治国有三大法宝：第一是法制；第二是信用；第三是权柄。法制是君臣共同遵守的东西，信用是君臣共同树立的东西，权柄是国君单独掌握的东西。国君失掉权柄，就很危险；君臣抛弃法制，听任私意，必定混乱；建立法制，明确分界，不以私意损害法制，国家就安定；权柄由国君运用裁断，国君就有威严。人民相信朝廷的赏赐，功业就有所成就；相信朝廷的刑罚，奸邪就无法产生。只有明君才爱护权柄，重视信用，而不以私意损害法制。对于法制，商鞅要求君主把法制作为判断一切言行的价值标准，作为一切言行的规范，作为一种共同社会信仰。《商君书·君臣》指出："故明主慎法制，言不中法者，不听也；行不中法者，不高也；事不中法者，不为也。"对于信用，商鞅变法的一个引人注目的举动就是"徙木立信"。商鞅的信用就是确立人们对法制的共同社会信仰，"民信其赏则事功成，信其刑则奸无端"。从而达到令行禁止的目的。对于权柄，商鞅认为"权制独断于君，则威"。权柄乃是确立君主尊严和威望的根本，不可轻易假人。君主失去权势，甚至性命难保，赵武灵王就是明证。可见，对于国家治理来说，法、信、权，一样都不可少。

韩非子将商鞅的观点与申不害、慎到的观点加以结合，提出法术势"三治"合一的观点：

其一，"法治"，即运用法律制度治理国家。同时，韩非子强调法治要与术治结合。《韩非子·定法》指出：所谓法治，就是官府要将法律命令明文公布，让赏信罚必的理念深入人心，严守法令者得到奖赏，触犯法令者受到惩罚。韩非子还通过秦国的历史说明法治与术治结合的必要性。《韩非子·定法》还指出："公孙鞅之治秦也，设告相坐而责其实，连什伍而同其罪，赏厚而信，刑重而必，是以其民用力劳而不休，逐敌危而不却，故其国富而兵强。然而无术以知奸，则以其富强也资人臣而已矣。及孝公、商君死，惠王即位，秦法未败也，而张仪以秦殉韩、魏。惠王死，武王即位，甘茂以秦殉周。武王死，昭襄王即位，穰侯越韩、魏而东攻齐，五年而秦不益尺土之地，乃城其陶邑之封，应侯攻韩八年，成其汝南之封；自是以来，诸用秦者皆应、穰之类也。故战胜则大臣尊，益地则私封立，主无术以知奸也。商君虽十饰其法，人臣反用其资。故乘强秦之资，数十年而不至于帝王者，法不勤饰于官，主无术于上之患也。"所以，韩非子强调法治要与术治结合。

其二，"术治"，即运用管理制度治理国家。同时，韩非子强调术治要与法治结合。《韩非子·定法》指出：所谓术治，就是依据才能授予官职，按照名位责求实际功效，掌握生杀大权，考核群臣的能力。这是君主应该掌握的。韩非子还通过韩国的历史说明术治与法治结合的必要性。《韩非子·定法》说："申不害，韩昭侯之佐也。韩者，晋之别国也。晋之故法未息，而韩之新法又生；先君之令未收，而后君之令又下。申不害不擅其法，不一其宪令，则奸多。故利在故法前令则道之，利在新法后令则道之，利在故新相反，前后相勃。则申不害虽十使昭侯用术，而奸臣犹有所谲其辞矣。故托万乘之劲韩，七十年而不至于霸王者，虽用术于上，法不勤饰于官之患也。"所以，韩非子强调术治要与法治结合。

其三，"势治"，即通过政治制度治理国家。同时，势治必须和法治、术治结合。《韩非子·难势》指出："飞龙乘云，腾蛇游雾，吾不以龙蛇为不托于云雾之势也。虽然，夫释贤而专任势，足以为治乎？则吾未得见也。"龙蛇依托云雾飞腾，君主依托权势治国。没有贤能的人而仅仅依托权势，不见得能治理好国家。可是，贤人之所以屈服于不贤的人，是因为贤人权力小、地位低下；不贤的人之所以能制服贤人，是因为不贤的人权力大、地位高。尧要是一个平民，他连三个人也管不住；而桀作为天子，却能搞乱整个天下。由此得知，势位是足以依赖的，而贤智是不足以羡慕的。

《韩非子·外储说右下》认为，治理国家要把法治、术治、势治三者结合起来。国家是君主的车，权势是君主的马。君主没有法术驾驭它，自己即使很劳苦，国家还是不免于乱；有法术来驾驭它，自己不但能安逸快乐，还能取得帝王的功业。《太平御览》卷六二○引《韩非子》佚文："势者君之舆，威者君之策，臣者君之马，民者君之轮。"意思是，权势是君主乘坐的车，威力是君主驱车的鞭子，臣僚是为君主拉车的马，人民是君主这辆车上的车轮。所以，韩非子强调势治必须和法治、术治结合。

秦国从商鞅变法开始，采用法家的国家公利哲学，重视壹国务、壹赏、壹刑、壹教的"四壹"治国学说；重视法治、信用、权力这三大治国法宝；重视法治、术治、势治，在秦国逐步形成了理性责任伦理结构，为秦国聚集了强大的综合国力。秦国"四世有胜"，最后由秦始皇扫平六国、统一天下，成就了霸王之业、帝王之业。可是，在秦国完成统一之后，法家学派的完整理论被割裂开来，变成了重视"势治""术治"等碎片化的东西了。秦始皇迷信韩非子势治哲学思想以及齐燕方士的政治巫术，滥用皇帝的绝对权力；秦二世偏执于术治，滥杀公子大臣，导致秦国公利哲学沦丧，秦国理性责任伦理解体，于是秦朝二世而亡。

第五节　墨家学派天下本位兼爱价值哲学

墨子创立天下本位的兼爱价值哲学。李学勤在《秦简与〈墨子〉城守各篇》中说："注释秦简过程中，又发现《墨子》书内城守各篇，文字也与简文近似，有许多共同点，从而可以推定为战国后期秦国墨家的作品。"可见，墨家学派对秦国的政治决策、军事技术都产生过重要影响。墨家学派追求的理想目标就是"兴天下之利，除天下之害"。为了实现天下太平的理想，墨者以自苦为极乐，"摩顶放踵利天下而为之"。根据《庄子·天下篇》记载，墨子说："过去大禹治水，疏通江河，而沟通四夷九州，大川三百，支流三千，小沟无数。禹亲自拿着盛土的器具和掘土的工具，而聚合天下的河流；累得大腿上没有肉，小腿上没有汗毛，暴雨淋身，疾风梳发，安定了万国。禹是个大圣人，他身体力行，为民劳苦到如此地步。"所以后代的墨者，多用粗布做衣服，穿着木屐草鞋，日夜不息，以吃苦耐劳为准则，说："不能像这样，不是大禹之道，不足以被称为墨者。"

墨家学派天下本位兼爱价值哲学中的伦理主体，一是有道者即士大夫阶层，二是有财者即财产的所有者，三是有力者即劳动群众。其伦理对象是世俗的君臣庶民，还有超世俗的上帝鬼神。其责任规范是："兼义"即"兼相爱，交相利"的原则。墨家理论中的"尚同"学说与秦国追求统一的理想不谋而合，墨家实践派在秦国也发挥了重要作用。墨者充任秦国官吏，建设城池，修筑防御工事，并著有军事技术方面的《备城门》等著作。

一、墨家学派论人的社会本质

墨子认为，一个人要履行社会责任，处其位而胜其任，处其禄而胜其爵，建功立业，这是人之所以为人的前提。《墨子·亲士》说：即使有贤君，他也不爱无功之臣；即使有慈父，他也不爱无益之子。所以，凡是不能胜任其事而占据这一位置的，他就不应居于此位；凡是不胜任其爵而享受这一俸禄的，他就不当享有此禄。同时，墨子认为，按照天志即上帝天神的意志，人之所以为人还在于兼相爱、交相利，甚至爱人若及，利人若己。如此才能成就人之所以为人的社会本质，即在功利基础上人的兼爱本质。人类有了兼爱本质，天下就太平了。

人的社会本质就是履行人的道义，即"兼义"。《墨子·贵义》说：没有人愿意为了一顶帽子和一双鞋子而砍断自己的一只手一只脚。可是，人们为争一言而相互以性命拼杀，这是因为道义比性命更为可贵。所以，万事唯有道义可贵。墨家的道义就是兼爱。这种兼爱的道义，即"兼义"不同于儒家有亲疏贵贱差等的"仁义"。墨子认为，兼爱的道义是要为天下兴利除害，所以，兼爱的道义价值比财富价值、生命价值更为可贵！墨者为了实现这种"兼义"价值，"摩顶放踵"在所不辞！

墨家学派把兼爱作为人的社会本质的观点有以下三个特征：首先，墨家学派的兼爱突破了血缘关系，是以群缘关系为基础的；突破了等级关系，是以平等关系为基础的。儒家的仁爱以血缘关系为基础，讲究爱有差等，人与人有亲疏贵贱之别。墨子的兼爱是以人类群缘关系为基础的，超越了血缘关系，超越了差等之爱，是普遍的人类之爱。其次，墨家学派的兼爱是真正的人本主义之爱，区别于类似于爱马之类的工具主义的效用之爱。最后，墨家学派的兼爱，既可"爱人不外己，己在所爱之中"（《墨子·大取》），又可舍己为人，为了实现天下的兼爱，可以牺牲个人快乐、舍弃个人情欲，甚至可以为人类兼爱的共同利益赴汤蹈火。可见，墨子的兼爱和世俗的别爱是两种不同价值观，墨子主张"兼以易别"消灭社会不公平现象。兼爱是爱人若己，别爱是亏人自利，所以，要用兼爱来取代别爱。

二、墨家天下本位兼爱价值的形成机制

其一，从"天志"方面来说，由于上天的意志就是兼相爱，而且上天能够赏善罚恶，在"天志"的信仰下，人类兼爱价值就会形成。《墨子·天志上》指出：怎么知道上天兼爱天下百姓呢？以其了解天下百姓。怎么知道上天了解天下百姓呢？以其让天下百姓生存。怎么知道让天下百姓生存呢？以其供给天下百姓食物。怎么知道供给天下百姓食物？因为四海之内，凡是吃五谷的人民，无不养牛羊，豢狗猪，洁净地做好粢盛酒醴，用来祭祀上帝鬼神。上天让天下百姓生存，怎么会不兼爱他们呢？而且上天的意志是，杀了一个无辜的人，必然有一不祥之兆的降临。杀了无辜的人是谁呢？是人。给杀人的人降下不祥的是谁呢？是上天。如果认为上天不是兼爱天下百姓，那么，人与人之间杀害，上天为什么要降给他不祥呢？这是我之所以知道天志就是兼爱天下百姓的缘故。所以，鬼神的作用就是执行上天赏善罚恶的意志，如果人类兼爱，上天就会奖赏，人类兼恶，上天就会惩罚。

其二，从"尚同"作用来说，天子按照上天的意志确定善恶标准，天下的诸侯、乡里、百姓就会上行下效，天下兼爱价值就会形成。《墨子·尚同上》认为，人类处于野蛮时代，没有善恶标准，相互非议导致天下大乱；人类进入文明时代之后，建立政府，设立天子，确定善恶标准，天下秩序确立了，就可以避免大乱。墨子说：懂得了天下之所以混乱的原因是没有行政首长。所以选择天下贤良又可为政的人，立之为天子。天子既立，认为他的力量不足，又选择天下贤良又可为政的人，立他们为辅佐天子、掌管军政大权的三公。天子、三公已立，由于天下地域辽阔，远方异土的人民，

对是非利害的分辨，不能逐一明白了解，所以又把天下划分成诸侯国，立诸侯国的国君。诸侯国的国君已立，还是认为他们的力量不足，又选择诸侯国的贤能者，立他们为各级行政长官。这个时候，如果天子按照上天的意志实行兼爱之道，人们就会上行下效，从而形成天下兼爱价值观。

其三，从"贵义"的本性来说，人类选择道义原则，按照道义原则行动，兼爱价值就会形成。按照人类道德本性去追求道义，必然兼相爱。《墨子·兼爱中》说：看待别人的国家如同看自己的国家一样，看待别人的家族如同看自己的家族一样，看待别人的身体如同看自己的身体一样。因此诸侯兼相爱则不发生战争，卿大夫兼相爱则不相互篡夺，人与人兼相爱则不相互残害，君臣兼相爱则惠忠，父子兼相爱则慈孝，兄弟兼相爱则和睦。天下的人都兼相爱，强者不控制弱者，势众的不抢夺势寡的，富有的不欺侮贫穷的，高贵的不鄙视低贱的，奸诈的不欺压愚昧的。天下一切的祸乱、争夺、怨恨都可使之不发生，就是因为兼相爱。所以仁人要赞美兼相爱。如果丧失人类道德本性抛弃道义，必然兼相残。墨子认为，按照人类本性，人们总是趋利避害，惩恶扬善，这就是"贵义"的表现，所以，按照"贵义"的本性，人们将会趋向于选择兼爱，所以兼爱价值得以形成。

三、墨家天下本位兼爱价值的实现途径

其一，通过尊天事鬼，即利用上帝鬼神信仰的作用来实现兼爱价值。这是墨家学派天志宗教的重要内容之一。《墨子·天志中》认为，天有阳光普照大地，雨露滋润万物，生出五谷丝麻造福人类。所以，人类要信仰上天的意志，承担兼相爱、交相利的天下责任。如果不能兼相爱、交相利，而是兼相恶、交相贼，甚至滥杀无辜，天就会降下不祥。墨子说：我之所以知道天爱民深厚，不止这些理由而已。比如说杀无辜者，天就给他惩罚。无辜者是谁呢？是人。给人惩罚的是谁呢？是天。

其二，通过建立政府机构，设立天子，利用"尚同"的政治效应来实现兼爱价值。《墨子·尚同中》认为，人类在自然状态下，就像禽兽一样，彼此相互残杀，不讲兼爱价值，为了不使人类在相互残杀中同归于尽，人

类建立了政府机构，设立了天子，统一天下道义，以天子的道义为标准，利用"尚同"的政治效应，上行下效，就可以将兼爱价值推行于天下。天子本是天下的仁人，整个天下的人民都效法他，那么天下哪里还会得不到治理呢？考察天子之所以能治理好天下，其原因是什么呢？回答说，就是由于他能统一整个天下的道义，所以天下得以治理。有了天子的"尚同"之后，没有人才不行，所以，还要通过"尚贤"延揽人才。

其三，通过墨家门徒摩顶放踵，以自苦为极的"贵义"实践活动，来实现兼爱价值。《墨子·天志上》认为，天下的事，合乎道义才能生存，不合乎道义就会灭亡；合乎道义才能富足，不合乎道义就会贫穷；合乎道义才能太平，不合乎道义就会动乱。这是我知道上天要求道义而厌恶不讲道义的根据。所以，无论天子、诸侯、大夫、百姓，都要讲兼爱的道义，承担天下责任，那么，天下的人民就会永享太平富足的生活了。

墨家学派在秦国有很大影响，其理论与实践在秦国的崛起中发挥了重要作用。秦国墨家的尚同、重法思想与秦国政治、经济、军事决策有密切关系；秦国墨家的军事战略战术、军事防御技术为秦国的强大起过重要作用。但是其兼爱、贵义之说则与秦国的法家理论发生矛盾。所以，《韩非子·五蠹》尖锐地指出：互不兼容的事情是不能并存的。杀敌有功的人本该受赏，却又崇尚仁爱慈惠的行为；攻城功劳大的人本该授予爵禄，却又信奉兼爱的学说；这些都是自相矛盾的事。《管子·立政·九败解》也批评墨家的兼爱学说：君主如果听从墨家兼爱的主张，从一方面看，就会将天下百姓都看作自己的百姓，将天下国家都看作自己的国家。这样的话，君主就没有兼并敌国、掠夺敌人的野心了，也没有覆灭敌军、杀戮敌将的战争了。可是，从另一方面看，君主不给善于骑射、勇猛杀敌的将士以丰厚俸禄，不给覆灭敌军、杀戮敌将的臣下以尊贵爵位，这样，他们就不愿意为君主带兵打仗了。问题在于，我们可以不进攻敌人，但不能让敌人不进攻我们。敌人要求土地就轻易给予他们，这不是我所愿意的；但是不愿意给予而与敌人交战，一定不能取胜。因为敌人凭借训练有素的战士，我只能驱使一些乌合之众；敌人凭借骁勇善战的良将，我身边只有一些无能之辈，这样的结局必然是我军失败覆灭，将帅身亡。因此说，如果兼爱的观点占上风，那么，士兵相互间就不肯交战了。所以，春秋战国时代，墨家天下兼爱的核心价值观就在法家国家公利价值观的扬弃中趋于衰微了。

第六节　道家学派天道本位自然价值哲学

老子创立了天道本位的自然价值哲学。道家学派天道本位的自然价值中的"天道"就是"四大"即道、天、地、人之一，"天道"作为自然之道是天下、人类效法的楷模；其中的"自然"，就是顺任天、地、人的自主、自为、自由生存发展的意思，"自然"就是合乎"道"。道家的自然价值超越家族、国家以及亲缘、地缘关系的限制，追求大爱无疆的境界。天道本位自然价值哲学中的伦理主体是圣人与天下百姓，伦理对象是天、地、人的广阔领域，而不是狭隘的个人中心、家族中心、国家中心或人类中心，"故以身观身，以家观家，以乡观乡，以国观国，以天下观天下"，这是以天道或自然之道来看待所有这一切。道家的伦理规范就是自然之道，而不是人为的标准。道家天道本位自然价值的生成机制就是具有道家特色的内圣外王之道：内圣就是保持内心的"静""虚""和"，达到圣人境界；外王就是"圣人无常心，以百姓心为心"；"圣人能辅万物之自然，而弗能为"，实现"王者无外"（《春秋公羊传·成公十二年》）的天下外王之道。道家学派反对统治者的恣意妄为，胡作非为，而是让天下百姓"自富""自化""自正""自朴"，从而达到"利而不害""为而不争""无为而无不为""不争而天下莫能与之争"的天道本位自然价值境界。

一、人的本质就是自然天性

其一，道家学派认为，人的自然天性不等于人的自然欲望。这与杨朱学派将人生价值实现看成是生存欲望满足的观点是大异其趣的。《老子·十二章》说："五色令人目盲；五音令人耳聋；五味令人口爽；驰骋畋猎，令人心发狂；难得之货，令人行妨。是以圣人为腹不为目。故去彼取此。"可见，在道家看来，人的自然天性不等于人的自然欲望。

其二，道家学派认为，人的自然天性不等于仁义道德。儒家学派把人的本质看成是人的仁义道德本质，道家学派对这种观点进行了批判。《庄子·天道》：孔子去周室拜访老聃，讨论仁义问题。老聃说："请问，什么叫仁义？"孔子说："心正和乐，兼爱无私，这就是仁义的实情。"老聃说："噫，危险呀！你后面讲的这些话。说兼爱岂不是迂远，讲无私岂不是偏私。先生不是想要天下人不失去了养育吗？那你要知道天地本来就是常在的，日月本来就是光明的，星辰本来就是排列有序的，禽兽本来就是成群而居的，树木本来就是直立在那里的。先生也依德而行，顺道而进，就是最好的了！又何必急急地倡导仁义，像敲锣打鼓寻找迷失了的孩子？唉，先生在扰乱人的本性啊！"可见，在道家看来，人的自然天性不是仁义道德。

其三，道家学派认为，人的自然天性就是人类生存的本然状态。天生下来是什么就是什么；本来存在什么就是什么；依于德而行，顺于道而动，就是自然天性。《庄子·骈拇》说："是故凫胫虽短，续之则忧；鹤胫虽长，断之则悲。故性长非所断，性短非所续，无所去忧也。噫！仁义其非人情乎！彼仁人何其多忧也？"意思是，鸭子腿虽然短，人为续上一段则忧愁；鹤的腿虽然长，人为截去一段则悲哀。因此，本性该长的，不要截短它；本性该短的，不要续长它。任其自然则没有什么可以忧愁悲哀的了。哎呀！仁义或许不合乎人的本性吧！你看那些仁义之人为什么有那么多忧愁悲哀呢？！上述观点是庄子对人的自然天性所作的历史追索和复原。人的自然天性有什么特点呢？

首先，人的自然天性的特点是"静"。当人的精神结构处在"静"的状态时，那就是人的自然天性的本原状态，这种本原状态具有精神起始点、出发点、开端点的意义。当人与外物接触之后，就有了是非之辨、利害之分、好恶之情，就产生了真假、善恶、美丑的价值判断，尤其是当把外物的价值看得重，把生命的价值看得轻，人就在实现物质利益的躁动中迷失自然天性。只有重己轻物，恢复人的本然的"静"的精神状态，才能产生大智慧，与物无争，达到天下莫能与之争的状态。

其次，人的自然天性的特点是"虚"。当人的精神结构处在"虚"的状态时，那就是人的自然天性的超脱状态，一切世俗事物都被否定了，变成一片虚无。其实，这为人的生命活动真正打开了精神空间。"虚"就是博大、洁净的心灵空间，只有博大、洁净的心灵空间与天地万物的自然本质相通，人才能达到"虚"的自由境界。这就是庄子提出的达到"虚"的境界的具体方法。

最后，人的自然天性的特点是"和"。"和"是人天生来的阴阳本体。所以，从个人、家庭、社会乃至整个宇宙来说，阴阳两方面和谐统一的境界是最佳的存在状态，个人能达到这种存在状态，意味着人生的正常与顺利；社会能达到这种存在状态，意味着社会的合理与有序。所以，如果保持人的自然天性，不脱离"静""虚""和"的本然状态，人就能达到最高的德性，也就是玄德。

二、天道本位自然价值的形成机制

道家学派从天道或自然之道，即自然秩序的哲学立场上思考宇宙、社会、人生问题，追求本真朴素的天道本位自然价值。道家生活世界的形成机制是什么呢？

其一，老子天道本位自然价值生活世界的形成遵循道法自然的同一律。通过"道"，能使人把天、地、人的自在的、不自觉的自然，上升为自为的、自觉的自然。其实，就是道效法它自己的本质。通过对道和天地人关系的同一性的界定，使人们发现并认识到生活世界的本质就是本真淳朴的自然价值，而不是偏执于自爱、仁爱、公利、兼爱等人类中心主义的审美、伦理、经济之类的价值。天道或自然之道所标志的自然价值就是天、地、人的本原价值。人们在生活世界离开本原价值就会发生价值扭曲、价值颠倒或价值虚无。

其二，老子天道本位自然价值生活世界的形成遵循辩证理性的正反律。自然的生活世界之所以"自然"，就在于它是"合理性"的世界；而"不自然"，往往是扭曲了生活世界的本真淳朴的不合理性世界。自然本身阴阳互根，益之而损，损之而益，寡者得众，强梁者不得其死，这就是生活世界的辩证法！所以，无为才能无不为，柔弱才能胜刚强，不争则天下莫能与之争。

其三，老子天道本位自然价值生活世界的形成遵循"自生自化律"。域中四大道、天、地、人，形成一个自我运动的四维时空结构。在这个结构中，天地万物的"无常"正是天地万物的"常"；天地万物的"常"正是天地万物的"无常"。它有一种无为无执的自我调节机制。"辅万物之自然而不敢为"（《老子·六十四章》)，或者"是以能辅万物之自然而弗敢为"①。这是对人们面对自生、自化的生活世界时企图把个人意志强加于社会发展过程的谆谆告诫。

三、天道本位自然价值理性的形成途径

天道本位自然价值的形成机制是"辅万物之自然而不敢为"，或者"是以能辅万物之自然而弗敢为"。那么，实现自然价值的具体途径是什么呢？实现天道本位自然价值要求遵守"以反求证"的辩证方法，从方法上说是无为自化；从态度上说是谦下柔弱；从目的上说是中和玄同。现分述如下：

其一，无为自化。无论是修身还是治国，无为自化是实现天道本位自然价值的最佳方法。从主体的德性修养来说，"无为自化"就是要清洗掉人为的智慧巧辩，清洗掉人为的弄虚作假，清洗掉人为的投机取巧，取而代之的是回归本真淳朴的自然价值，即少私寡欲。《老子·六十七章》提到德行修养的三大要素："我有三宝，持而保之。一曰慈，二曰俭，三曰不敢为天下先。慈故能勇，俭故能广，不敢为天下先，故能成器长。"

其二，谦下柔弱。无论是修身还是治国，谦下柔弱是实现天道本位自然价值的最佳态度。老子发现在刚柔、强弱、高低、贵贱的自然之势中，柔、弱、低、贱虽然处于现存事物运动秩序中的不利态势，却具有实现自

---

① 《郭店楚简·老子丙本》，参见李零：《郭店楚简校读记》（增订本），中国人民大学出版社，2007，第26页。

然价值的巨大潜力，所以，老子崇拜水、小苗、婴儿、女人，认为他们的生存态势符合自然之道。如果一个人能够守柔、用弱、居下、处卑，无论修身还是治国，都能实现天道本位的自然价值。

其三，中和玄同。无论是修身还是治国，中和玄同是实现天道本位自然价值的最终目的。中和是一种古老的智慧，据《论语·尧曰》记载："尧曰：'咨！尔舜！天之历数在尔躬。允执其中。四海困穷，天禄永终。'舜亦以命禹。"意思是说，尧帝让位给舜帝的时候说："哦！舜呀！依次登位的天命已经降临在你身上了，你要忠实地坚持中和。如果搞得天下穷困，你这天赐的禄位也就永远没有了。"舜帝也用这番话告诫大禹。2008 年入藏的清华简也有"舜既得中，言不易实变名，身滋备惟允，翼翼不解，用作三降之德"[1]。可见，从自然价值上说，中和就是不走极端，不偏执一极，而且保持对立统一，阴阳和合，恰到好处的自然状态。无论事物所处的状态是柔是刚，是弱是强，无论人们以反求正，还是以正求反，所要达到的最优目标就是中和状态。由中和再往更高的目标发展，儒家追求大同，道家追求玄同。大同就是"天下为公"，人人相亲，天下一家；玄同则是"天下为一"，人人自得、逍遥自由。这是两种不同的理想境界。

老子道家思想在秦国有一定影响。[2] 韩非子的《解老》《喻老》是最早解释老子思想的著作，韩非子吸收老子道家的本体论、辩证法思想的精华，同时也批判了老子道家的"恬淡之学""恍惚之言"。《韩非子·忠孝》说："世之所为烈士者，离众独行，取异于人，为恬淡之学而理恍惚之言。臣以为恬淡，无用之教也；恍惚，无法之言也。言出于无法，教出于无用者，天下谓之察。臣以为人生必事君养亲，事君养亲不可以恬淡；治人必以言

---

①　清华大学出土文献研究与保护中心：《清华大学藏战国竹简〈保训〉释文》，《文物》2009 年第 6 期，第 73 页。

②　郭沂认为，竹简《老子》出自春秋末期与孔子同时的老聃，今本（包括帛书本）《老子》出自战国中期与秦献公同时的太史儋；《史记》所载西出函谷关与关尹子相会并著今本《老子》五千言的那位老子是太史儋，郭店竹简中另一篇《太一生水》与《老子》合编在一起的，李学勤先生指出其为关尹子一派的文献，其实，其著者可能为关尹子本人。见《光明日报》1999 年 4 月 23 日。郭沂的观点聊备一说，可供参考。

论忠信法术，言论忠信法术不可以恍惚。恍惚之言，恬淡之学，天下之惑术也。"吕不韦的《吕氏春秋》更是把道家思想作为重要的理论来源，形成战国后期秦国的杂家思想，并对秦国社会政治发展产生一定影响。可见，秦国法家对老子等道家思想有取有弃，这是对老子道家思想的一种积极扬弃。

第七节　秦国公利哲学的愿景与功能

一、秦国公利哲学的愿景

秦国责任伦理的哲学前提，是以法家哲学为基础的秦国公利哲学。张岂之先生考察秦国历史，通过解读李斯名篇《谏逐客书》得出结论，他认为李斯在这篇文章中叙述了"秦创造公利文化的历程"，并一针见血地指出："秦文化的印记乃是'公利'二字。"① 秦国以国家公利为取舍标准，对春秋战国诸子百家之学兼收并蓄，择善而从，从秦穆公时代选择古典儒家的仁义道德哲学，到秦孝公时代选择商鞅法家的国家公利哲学，秦王政时代吕不韦开创杂家哲学，韩非子创新法家哲学，尉缭子创新兵家哲学，形成了秦国公利哲学谱系。所以，秦国哲学并非一门一派，而是以"国家公利"为核心，通过杂糅杨墨儒法道名阴阳百家之学，为我所用，形成了以法家哲学为基础的秦国公利哲学谱系。

秦国公利哲学为秦国责任伦理奠定了理论基础。在秦国责任伦理形成过程中，如果说秦国五帝志业宗教确立了秦国责任伦理的责任主体与责任受体及其世界图景，那么，秦国公利哲学则为秦国责任伦理确立了责任目标、责任内容、责任机制、责任标准。具体来说，秦国公利哲学通过国家本体论、理性认识论、法治方法论，为秦国责任伦理确立了富国强兵，成就霸王之业、帝王之业的责任目标，确立了"耕战"立国的责任内容，赏

---

① 张岂之：《从炎黄时代到周秦文化》，《周秦文化研究》，陕西人民出版社，1998，第 13 页。

罚"二柄"责任机制，还有祛除巫魅、拒斥仁义、依法治国的责任标准。秦国公利哲学为秦国提供了明确的发展愿景。

秦国责任伦理经历了漫长的发展过程，形成了四种不同的责任伦理形态，即生存责任伦理、德治责任伦理、法治责任伦理、术治责任伦理。具体来说，秦国立国之前，主要受到夏商文化以及戎狄文化影响，奉行生存责任伦理，这是责任伦理的原始形态。秦国立国之后，最先接受西周早期儒家以天命信仰、家族本位、仁义道德为基本理念的天命德性哲学，这种哲学的核心是血缘宗法礼治观念，只能产生责任伦理的低级形态，即秦国的德治责任伦理。经过"五世之乱"，秦孝公借鉴魏国变法的经验，用商鞅在秦国变法，在哲学上转而崇信法家国家本位论、理性认识论、法术势管理论为基本理念的法家国家公利哲学，这种哲学理念把秦国责任伦理从低级形态转变为高级形态，形成了秦国法治责任伦理。这是秦国历史上的一场哲学伦理革命。在人类文明史上，哲学伦理革命往往是政治、经济革命的先声。秦国经过这场哲学伦理革命，以秦国公利哲学作为秦国社会意识形态，直接影响秦国对国家政治制度、经济产权制度的选择。所以，以商鞅变法作为重要转折点，秦国从传统宗法社会快速进入新型法治官僚社会。由此在秦国形成了拒斥仁义道德，讲求公利，即追求公室、国家、天下整体利益；讲求公功，即为公室、国家、天下建立功勋，从而个人与家庭也能得到富贵爵禄的社会风尚。秦国的这场哲学革命，确立了国家发展愿景，为秦国成就霸王之业、帝王之业奠定了基础。秦国统一之后，法治责任伦理异化为术治责任伦理，秦始皇与秦二世崇尚方士的政治巫术与李斯等人的督责之术，将法家的法、术、势治理方法推向极端，导致秦朝二世而亡。

二、秦国公利哲学的功能

秦国是春秋战国诸子百家理论的社会实验室。秦穆公运用儒家先驱周公的哲学理论治理秦国，使秦国成为礼仪之邦，同时，借鉴西部游牧民族圣人由余的一套哲学理论"以夷制夷"，使得秦国开地千里，称霸西戎。秦孝公任用商鞅，以法家思想作为立国的基础，确立了国家公利价值的哲学理念。有了国家公利价值，才有秦国全面彻底的商鞅变法，才有秦国对各国英才的重用。秦国汇集了众多政治家、军事家、外交家，才有秦国统一天下的崇高理想、坚强意志、巨大能量。国家公利价值为秦国崛起奠定了坚实基础。《荀子·强国》称赞秦国从孝公、惠王、武王、昭王，"四世有胜，非幸也，数也"。秦国对杨、儒、道、墨、法诸子百家观点兼收并蓄，让其争鸣，同时，有弃有取，为我所用，形成了以《吕氏春秋》为代表的杂家思想体系，以《商君书》《韩非子》为代表的法家思想体系，以及以《尉缭子》为代表的兵家思想体系，各家虽有门派之差，却都属于具有秦国特点的国家公利哲学体系。可见，秦国公利哲学体系就是在对诸子百家价值哲学体系的选择、试验、扬弃中逐渐形成和发展起来的。秦国公利哲学的功能有以下三点：

第一，秦国公利哲学"价值观导航系统"。通过价值本位选择，为秦国责任伦理确立不同责任目标。先秦哲学提供了五大价值本位：杨朱学派以个人为本位，儒家学派以家族为本位，法家学派以国家为本位，墨家学派以天下为本位，道家学派以天道为本位。秦国在古国、方国、王国、帝国的发展历程中，选择了不同的价值本位，作为秦国责任伦理的责任目标。譬如，秦国在方国阶段，最典型的是秦穆公，接受西周古典儒家家族本位，以"霸西戎"作为责任目标。秦国在王国阶段，接受法家国家本位，以富国强兵，"王天下"作为责任目标。即使在古国阶段，秦人身为奴仆，进而作为附庸，依然崇尚生命搏斗，以个人本位，最后从奴仆、附属变为诸侯，使主奴关系发生了翻转。可是，到了帝国阶段，按照秦国公利哲学，本应以天下为本位，以天下长治久安为责任目标，可是秦始皇和秦二世却抛弃了秦国公利哲学，以个人为本位，追求个人长生不老、肆欲恣睢，最后陷入"欲望陷阱"导致秦国灭亡。由此可见，秦国公利哲学对于不同价值本位的选择，对于不同阶段的责任目标选择，具有"价值观导航系统"的重要伦理功能。

第二，秦国公利哲学"国家动力系统"。通过生产力要素与破坏性要素选择，确立秦国责任伦理的责任内容。国家综合实力取决于生产力要素

（"生产力要素"参看马克思《德意志意识形态》）和破坏力要素（"破坏力要素"，参看吴思《潜规则》）：李悝"尽地力之教"积极发展农业，就是一种生产力要素；吴起"扶养战斗之士"积极发展军备，就是一种破坏力要素，当然，这种破坏力要素是针对敌国的，消灭了敌国，夺取敌国的人、财、物等资源就可以增强本国实力。所以，商鞅重视耕战，重视生产力要素与破坏性要素的建设，从而提高国家综合实力。商鞅说："国之所以重，主之所以尊者，力也。"（《商君书·慎法》）商鞅公利哲学始终围绕一个"力"字。国家实力可以有以下几种：（1）暴力（军事实力）；（2）金钱（经济实力）即工农业生产力；（3）智识（社会科学、自然科学、各种技术）即认识和改变世界的能力；（4）德性（宗教、道德、伦理）即信念和文化权衡。国家内部阶级关系、国家与国家的关系是由各自所处的政治、经济、军事实力决定的：是由各自占有财富、所处强弱、秩序治乱决定的。《商君书·错法》指出："同列而相臣妾者，贫富之谓也；同实而相并兼者，强弱之谓也；有地而君，或强或弱者，乱治之谓也。"秦国公利哲学"国家动力系统"通过对生产力要素与破坏性要素的选择，尤其是在王国时代，确立了秦国责任伦理的责任内容：耕战，富国强兵。

第三，秦国公利哲学"理性思维方法系统"。对价值理性和工具理性选择，对实现责任目标与所采用的手段进行理性计算，为秦国责任伦理提供了不同的责任机制。商鞅变法之后，秦国接受法家哲学，在思维方法上，不断祛除巫魅，丢掉幻想，一切从实际出发，以理性态度进行决策和行动。否定古典儒家《诗》《书》《礼》《乐》所倡导的仁义道德价值观，强调一切按照法律办事，以法、律、令为价值标准，依法治国。商鞅为了达到责任目标，采用了一系列责任机制，遵循法家倡导的国家公利价值，在一系列涉及国家政治经济体制的问题上，都能做出明智选择。经济政策上"利出一孔"还是"利出多孔"？政治制度上加强公利集团还是分利集团，采用分封制还是郡县制？商鞅在经济政策上选择"利出一孔"，通过"选择性激励原理"（奥尔森）运用赏罚"二柄"，即"爵禄与刑戮"将农战与爵禄联系在一起，对农战之士以"爵禄"重奖激励，对机会主义以及犯罪行为以

"刑戮"重刑惩罚。通过选择性激励，鼓励耕战，实现富国强兵的国家公利目标。再如，秦国在政治制度上，加强公利集团，抑制分利集团①，避免发生鲁国三桓、晋国六卿、郑国七穆、齐国田氏之类分利集团势力的坐大，所以，大量使用客卿，重视使用外来人才，抑制宗族势力，很少分封子弟功臣，大力推行郡县制。在国家行为上，秦国为了达到责任目标，甚至不惜抛弃仁义道德，做被敌人认为丑恶的事情，用诡诈之道。如商鞅欺骗公子卬，张仪欺骗楚怀王。这与马基雅维利主义如出一辙。

---

① ［美］曼瑟·奥尔森：《国家的兴衰》，李增刚译，上海人民出版社，2007，第66、70页。

第四章   秦国责任伦理

　　黑格尔在《法哲学原理》中指出，伦理关系是客观的、形式的法与主观的、内在的道德的统一。世界上一个民族与另一个民族的伦理关系的不同，意味着不同的法（客观的、外在的法）、不同的道德（主观的、内在的法），换句话说，不同的法、不同的道德的结合就是不同的伦理体系。家庭伦理，市民社会的伦理，国家伦理直接决定一个民族的心态结构、精神气质；一个民族与另一个民族伦理关系的区别，意味着不同的精神气质、不同的民族精神的区别。一个弱势民族被一个强势民族征服，意味着强健的伦理关系代替了衰弱的伦理关系，意味着强势的民族精神代替了弱势的民族精神！所以，新文化运动的领军人物陈独秀在 20 世纪初期就发出振聋发聩的呼唤："伦理觉悟，为吾人最后觉悟之最后觉！"[①] 陈独秀将伦理的觉悟作为破解中国文化危机的突破口，值得我们深思。通过追根溯源，把握秦国责任伦理，对于认识中国近代社会的责任伦理问题以及现代中国特色社会主义的责任伦理问题，具有重要的学术意义。

第一节   秦国责任伦理的界定

　　20 世纪上叶，德国社会学家马克斯·韦伯指出：一切有伦理取向的行

---

　　①　陈独秀：《独秀文存》，上海亚东图书馆，1922，第 59 页。

为，都可以受着两种不同类型的准则支配，一是信念伦理，二是责任伦理。根据马克斯·韦伯的观点，并不是说按照信念伦理的准则行动，就可以不负责任，只是说这种伦理类型的行动者是把某种宗教信念或道德准则作为最高价值权威。因此，只要这种信念或准则是崇高的、正义的，行动者便认为只能如此去行动。与此相对应，按照责任伦理准则行动，并非"毫无信念的机会主义"，并非没有宗教信念或道德准则，只是说这种伦理类型要求行动者对行动的后果承担责任。因此，责任伦理的行动者要求以理性的态度对行动的手段及其结果之间的关联作出考察，客观地估计各种可能因素对结果的影响。韦伯指出："恪守信念伦理的行为，即宗教意义上的，'基督行公正，让上帝管结果'，同遵循责任伦理的行为，即必须顾及自己行为的可能后果，这两者之间却有着极其深刻的对立。"① 就是说，信念伦理的行为，把一切成败结果归之于上帝，一切由上帝承担责任；责任伦理的行为，把一切成败结果归之于行动者自身，自己承担责任。

黄应全先生认为，信念伦理与责任伦理的区别，"可比作欧氏几何与非欧几何的区别"。区别只在于，信念伦理就像欧氏几何、牛顿力学，从理想化的公理出发，把世界看成"平直的"时空连续区；而责任伦理则像非欧几何、爱因斯坦相对论，从现实性出发，把世界看成"弯曲的"时空连续区。二者的差别"不在于依据信念还是依据后果的不同"，而在于是否依据"现实可行性的考虑"。② 可见，信念伦理凭借某种宗教信念行动，现实可行程度较低，责任伦理按照现实的知识和理性思维行动，现实可行性较高。所以，在一定历史条件下，信念伦理是初级形态的伦理类型，责任伦理是高级形态的伦理类型。

21 世纪初期，笔者在研究周秦文化过程中发现，马克斯·韦伯关于信念伦理与责任伦理两种伦理类型的划分，对于研究周秦伦理具有一定的借鉴意义。笔者在《论周秦两种伦理类型的特征》一文中曾经有以下论点：

---

① ［德］马克斯·韦伯：《学术与政治》，冯克利译，三联书店，1998，第 107 页。

② 黄应全：《重释马克斯·韦伯"心志伦理与责任伦理"说》，《学术中国》，引自 http://www.douban.com/group/topic/2125469/。

"周秦伦理是两种不同类型的伦理：周人主要是信念伦理，它的基本内容是天命信仰、德性精神、礼乐象征体系；秦人主要是责任伦理，它的基本内容是'公利'原则、理性精神、法术势管理体系。从周到秦的诸子百家也区分为两大对立的伦理谱系。中国封建社会从盛（汉唐）到衰（明清）的社会伦理生活，一直受着这种对立统一的伦理体系的支配。"① 所以，在中国历史上，从周到秦是一个周王朝天命德性的信念伦理逐步衰落，秦国责任伦理逐步兴盛的过程。当然，秦国责任伦理也受到周人信念伦理的影响，不过秦国对周王朝的信念伦理进行了积极扬弃。在周王朝的"天下体系"中，天命德性信念伦理并不是不讲责任，而是更为重视德治责任，这对秦国在方国时代有很大影响，尤其是对秦穆公"霸西戎"时期的秦国德治责任伦理的影响最为明显。所以，在秦国逐步发展为"王国体系""帝国体系"的过程中，秦人也不是不讲天命德性信念，而是扬弃了周人信念伦理，发展出一套独特的责任伦理体系，嬴秦在艰苦卓绝的漫长生存竞争中，从弱小的"戍秦人""附庸""大夫""西垂大夫"一步步发展成"诸侯"形成"方国""王国""帝国"，逐渐孕育出秦国责任伦理体系。

通过考察历史，中国完整的责任伦理形态出现在秦国，随着秦国从古国、方国、王国、帝国的发展，秦国责任伦理形态也从古国阶段的最初的生存责任伦理、方国阶段的德治责任伦理，发展到王国阶段高级形态的法治责任伦理，最后在帝国阶段异化为术治责任伦理，导致秦朝二世而亡。当然，汉承秦制，同时也吸取秦朝灭亡的教训。汉武帝时代，董仲舒提出罢黜百家，尊崇儒术，其实汉代的制度，阳儒阴法，正如《汉书·元帝纪》记载汉宣帝所言："汉家自有制度，本以霸王道杂之，奈何纯任德教，用周政乎！"所以，两汉一直到唐宋元明清的中国传统社会不仅继承了周朝的天命德性信念伦理，也继承发展了秦国责任伦理的传统。王绍光、潘维两位先生也认为，中国传统社会，以"责任本位"为基础，形成了独特的中国模式，即"独特的社会模式：社稷体制；独特的政治模式：民本政治；独

---

① 王兴尚：《论周秦两种伦理类型的特征》，《人文杂志》2007 年第 1 期，第 39 页。

特的经济模式：国民经济"。上述"三位一体"共同构成了中国模式。① 孔子说："周监于二代，郁郁乎，文哉！"谭嗣同说："两千年之政，秦政也，皆大盗也！"两位思想家对周秦伦理文化毁誉不同，却佐证了一个铁定的历史事实：西周创造了以德治为核心的信念伦理体系，秦国创造了以法治为核心的责任伦理体系，周秦两种对立统一的伦理体系为中华民族奠定了悠久的文明社会与政治国家的基础。

秦国责任伦理具有以下基本特征：

其一，家国共同体原型特征：秦国责任伦理中首先是以父与子关系为伦理原型，每一个人从出生、成长、成年、衰老、死亡，每一个角色要承担全部责任，而不是局部责任；从出生到坟墓，所有责任都是无缝连接，以"严父""孝子"作为道德典范，这主要是家庭伦理。秦国责任伦理中另外一个是以君与臣关系为伦理原型，每一个臣民的生存、安全、荣誉、自我价值实现，全都要纳入君主管理的范围之内，以"明君""忠臣"作为道德典范，这主要是国家伦理。

其二，空间整体性特征：秦国责任伦理的建立以地理空间为基础，以地缘的统治与服从关系为轴心，追求"大一统"的天下政治伦理秩序。秦国责任伦理反映了伦理主体与伦理受体之间委托—代理的信托关系，秦国君主臣民作为伦理主体以代理人身份，向委托人秦国伦理受体即五帝、社稷承担伦理责任。秦国从古国、方国、王国到帝国的地理空间拓展过程，也是地缘统治与服从关系从生存责任伦理、德性责任伦理发展为法治责任伦理，最后异化为术治责任伦理的空间整体性拓展过程。在空间上，秦国伦理追求的是"王者无外"的"大一统"天下体系。

其三，时间连续性特征：秦国责任伦理并不排斥家族血缘的代际传承，在时间连续性上，嬴秦家族千年一系，秦始皇还试图让皇帝宝座在嬴秦家族从二世、三世传之万世。这使得秦国责任伦理具有强烈的使命意识，上对列祖列宗，下对子子孙孙，既为历史负责，又为现在负责，还为未来负

---

① 潘维、玛雅：《共和国一甲子探讨中国模式》，《开放时代》2009 年第 5 期，第129 页。

责。秦国实行君主世袭制度，除此之外，各级官僚一律不得世袭，从而废除封建，设立郡县；废除诸王之治，而实行皇帝集权制度；统一文字；统一度量衡；修筑长城防御体系，兴修水利工程，修筑直道系统，力图使江山社稷传之万世。秦国责任伦理在时间连续性上具有顽强的历史穿透力！可见，秦国虽亡，秦制未亡！

第二节　秦国责任伦理的四重结构

秦国责任伦理结构的形成，其渊源可以追溯到嬴秦先祖伯益承担舜禹治理大洪水以及饲养鸟兽的责任，而直接起源于嬴秦氏族的非子为周王室养马有功，赢得了周孝王信任，被册封于"秦邑"。嬴秦人得到了周王室授权之后，积极承担"保西垂""破戎狄""霸西戎"的责任，逐步获得"附庸""大夫""西垂大夫""诸侯"的封赏。嬴秦君长逐步成为一方诸侯，成为承担一方军政重任的责任主体，这是秦国责任伦理结构形成的历史起点。

周王朝"天下体系"的责任伦理结构，主要是周天子"选建明德，以藩屏周"，其册封的大部分诸侯国，都是周王室的宗亲贵戚，即"封建亲戚"，让他们承担保卫周王室的责任。嬴秦虽然与周王室没有血缘关系，却在西部边缘承担着藩屏周王室、保卫西部疆土的责任。西周末年，当戎狄骚扰侵犯西部边疆之时，邦君诸侯纷纷东逃，秦人却据守西部重地，以自己的生命与敌人拼死搏斗，保卫周王室。秦襄公勤王有功被册封为诸侯。同时，秦国作为被分封的新兴诸侯国，也获得了独立的政治、经济、军事、宗教权力，周平王许诺"戎无道，侵夺我岐、丰之地，秦能攻逐戎，即有其地"（《史记·秦本纪》）。这虽然是一张空头支票，但为秦国君主在法理上获得驱除西戎并且拥有岐以西地区土地所有权提供了合法性根据。同时，秦国君主也获得了驱除西戎并且合法地管理岐西地区周遗民的政治权力。由于拥有了关中西部的土地所有权以及对民众的行政管理权力，秦国君主便成为责任主体，凭借掌握的人、财、物等资源，率领他的臣民为周王室，为西方的主宰神白帝承担责任。"秦公及王姬编钟、镈钟"铭文记载："秦公曰：我先祖受天命，赏宅受国。"这是因为，虽然是由周王室授予秦国土地，册封秦国为诸侯，给他们"赏宅受国"，但这只是既成的事实。但是，事实背后的原因是什么？秦国君主认为这一切事实背后的根本原因，则是其先祖"受天命"，秦人敬重的原来是赋予他们"天命"的西方上帝：白帝少昊氏。就像美国人的"感恩节"，本来是美洲的印第安人的食物拯救了这些前往新大陆的冒险家，但是，他们感恩的却不是这些印第安人，他们认为获得的所有拯救都是上帝的安排，所以，他们要感谢的是上帝神恩，而不是那些印第安人。与此类似，秦国君主祭祀西方主宰神白帝以及祭祀五帝，就是把上帝作为授予他们"天命"的授予者，周王室不过是执行上帝的天命而已。于是，秦国君主从上帝那里领受了"天命"，并要接受上帝的监督即"天监"，上帝就成为责任受体。秦国君主与上帝天神之间的责任伦理关系由此确立。所以司马迁说：秦襄公"作西畤用事上帝，僭端见矣"。"位在藩臣而胪于郊祀，君子惧焉。"秦国君主与五帝之间确立的宗教关系，在国家伦理上，形成了责任主体与责任受体之间的"信托责任"，五帝是秦国土地、人民、政权等资源的授予者，秦国君主则是这些土地、人民、政权资源的所有者，并在一定程度上具有唯一性、排他性。

关于古代公社的公共权力转变为国家权力的过程，恩格斯曾指出，为了保障共同体成员的公共利益，就要委托其中的个别人物来承担政治、经济、军事、宗教责任，为了履行这种责任，就要赋予他一定的政治、经济、军事、宗教权力。[①] 国家责任伦理就是在这样的背景下产生的。在西周后期，赢秦承担了抗衡西戎、保卫西垂、藩屏王室的公共安全责任，正是这样的公共责任，使秦国获得了周王室赋予的国家权力，而秦人则把这种国家权力加以神化，认为是上帝赋予他们祖先的"天命"。由于秦人非周王室宗亲，宗法关系意识淡漠，所以，秦人立国之后不是盲目接受周王朝天下体系的信念伦理，也不是盲目接受周人血缘家族本位的宗法家族伦理，而

① ［德］恩格斯：《反杜林论》，《马克思恩格斯全集》（第20卷），人民出版社，1971，第194—195页。

是从秦国的国家本位出发，从建立西畤祭祀白帝开始，极力倡导国家"公利"哲学，建立国家责任伦理，不断扩大自己诸侯国的势力范围。秦国经历了古国（秦襄公）、方国（秦穆公）、王国（秦昭襄王）、帝国（秦始皇）四个阶段，逐步形成秦国责任伦理的完整结构：

一是责任主体，即谁是责任人？秦人从参加舜禹治理水患、饲养鸟兽的嬴姓氏族开始，其主体角色由秦夷、戍秦人、养马人，发展到附庸、西垂大夫、诸侯，一直做到霸、王、皇帝，形成了君主、臣僚、庶民组成的三大责任主体群。分别承担决策与监督、管理与指挥、执行与落实的责任。秦国责任主体的渊源，最早追溯到伯益治水，而直接的起源是古国阶段中潏"保西垂"。西周末期，当申侯联合犬戎杀死周幽王，贵族们纷纷东逃的时候，秦襄公承担勤王责任，抗击戎寇，护送周平王到洛邑，参与开启了东周王朝。当"繻葛之役，祝聃射王中肩"，周天子周桓王王冠被挑落在地的时候，秦国承担"尊王攘夷""虩事蛮夏"的责任，秦穆公在西北边缘"霸西戎"开地千里，拯救了华夏文明。当韩、赵、魏"三家分晋"，周天子（周威烈王）不加以谴责，反而承认三家为诸侯，由此陷入天下分裂、诸侯混战的无政府状态，秦国痛失河西之地，"诸侯卑我，丑莫大焉"，秦孝公求贤于天下，用商鞅变法，富国强兵，从此秦国"四世有胜"。直到秦始皇，横扫六合，统一天下，为中华民族奠定了政治国家的基础。承担国家责任，意味着拥有国家主权，拥有国家主权意味着获得支配资源的权力，所以，成为责任主体就意味着成为国家政治权力的主持者。秦国责任主体的确立意味着成为秦国政治权力主持者。

二是责任受体，即向谁负责？包括秦人崇拜的白帝、青帝、黄帝、赤帝、黑帝等神圣受体，又包括秦人面对的周天子、列国诸侯、秦国社稷，形成了五帝、周天子、社稷三大责任受体群。秦人责任受体是五帝、周天子、社稷，这为秦国发展确立了国家目标。随着周天子势力的衰落，秦国祭祀五帝：白帝、青帝、黄帝、赤帝、黑帝。其实就是让五帝主宰东西南北中即中央与四方，这是秦国君主政治权力"君权神授"的象征，同时，五帝也是秦国实施土地国有制的土地所有权"图腾"。秦国以五帝、社稷之神为责任受体，打着向五帝、社稷之神承担责任的大旗，不断扩展空间，不断蚕食列国土地，不断获取经济资源和政治资源。秦国责任受体的确立，以五帝志业宗教的形式，为秦国崛起提供了明确的信念体系，使秦国从一个西部边缘之国，一步步成就了建国之业、强国之业、霸王之业、帝王之业。所以，责任受体就是国家政治权力的授予者，或者国家权力的监督者。他既可以是上帝天神、江山社稷，也可以是被神化的人，即天子或皇帝。秦国责任受体的确立，是秦国责任伦理得以建立的逻辑前提，也是秦国从西部崛起的逻辑前提。

三是责任内容，即负什么责任？秦人从治水驯兽、养马驾车、尊王攘夷、奖励耕战、富国强兵、霸王之业，到扫平六国、统一天下；车同轨、书同文、行同伦，形成了丰富的责任内容。秦国责任内容的拓展，就是国家实力空间的拓展。秦国鼓励耕战，制定战略，组织"大智、大勇、大工、大农、大商"，发展文化、军事、工业、农业、商业，获取土地、人力、技术、知识等物质资源和精神资源，拓展国家实力空间。马克思说："暴力是每一个孕育着新社会的旧社会的助产婆。暴力本身就是一种经济力。"[①] 在秦国崛起过程中，秦襄公抗戎勤王，秦穆公修德行武，秦孝公奖励耕战，秦王政战胜六国，就是以物质生产力和军事暴力为基础，同时，融合了其他硬权力、软权力、巧权力，总之是秦国综合实力的体现，这也是秦国崛起的实质内容。

四是责任机制，即怎样实施责任？从借鉴戎狄之道、学习礼乐文明，到商鞅变法、始皇定秦制，形成了一套具有"现代性意义"的计算理性、组织理性、制度理性、工具理性责任伦理体系。所以，秦国的崛起是责任伦理的最后胜出，缺乏或者抛弃责任伦理的国家衰落乃至灭亡，当然秦国的灭亡也不例外。秦国从借鉴戎狄之道、学习礼乐文明到商鞅变法、始皇定秦制，是一个不断扬弃生存责任伦理、德性责任伦理，形成法治责任伦理机制的过程。秦国责任伦理机制的不断完善创造了秦国制度文明。秦国

---

① ［德］马克思：《资本论》（第 1 卷），人民出版社，1975，第 819 页。

制度文明以"良好的政治秩序"著称于世，是人类政治制度文明史上的奇迹。所以，秦国责任机制既是秦国责任伦理得以建立的必要条件，也是秦国崛起的根本制度保障。

　　秦国责任伦理结构的建立，为秦国良好的政治秩序奠定了基础。荀子提出具备"良好的政治秩序"的四种要素："其法治，其佐良，其民愿，其俗美。"由于秦国责任伦理结构的建立，这四条标准秦国几乎全部达标。在秦昭襄王时期，荀子考察秦国并回答应侯范雎"入秦何见"。荀子总结说，秦国"四世有胜，非幸也，数也。是所见也。故曰：佚而治，约而详，不烦而功，治之至也，秦类之矣"。可见，秦国以责任伦理为基础建立的"良好的政治秩序"在当时已经大大超越于列国之上，不同凡响！日裔美国人弗朗西斯·福山在《政治秩序的起源》一书中提出"良好的政治秩序"必须在根本上拥有三种要素：强大的国家、法治、负责制政府（民主）。书中写道："中国西部的秦孝公和谋臣商鞅，奠基了世界上第一个真正现代的国家。秦王征服所有对手，建立统一国家，并将秦首创的制度推向中国北方的大部，国家巩固由此告成。""说中国发明了现代官僚机构，那是不用担心的。永久性的行政干部全凭能力获选，不靠亲戚关系或家族人脉。"① 福山在《国家、法治与负责制政府》一文中还说："从秦朝开始，中国人就建立了世界上第一个符合马克斯·韦伯定义的现代国家。中国成功发展了统一的中央官僚政府，发明一套非人格化和基于能力的官僚任用制度，管理众多人口和广阔疆域，比罗马的公共行政机构更为系统化，中国人口中受统一规则管辖的比例也远远超过罗马。"② 看来秦国的崛起并非出于偶然，而是一系列宗教选择、哲学选择、政治选择、经济选择、军事选择、地理选择、审美选择的结果，而秦国崛起中最核心的选择就是伦理选择，即秦国责任伦理结构的选择。

---

① ［美］弗朗西斯·福山：《政治秩序的起源：从前人类时代到法国大革命》，毛俊杰译，广西师范大学出版社，2014，第 478 页。
② ［美］弗朗西斯·福山：《国家、法治与负责制政府》，记者马国川，《财经》2012 年 12 月 2 日。

第三节　秦国责任伦理的四种形态

西周天下体系衰微及其天命德性信念伦理的沦丧是秦国责任伦理形成的历史背景。西周的"天下体系"是以天命信念、德性伦理、礼乐文明为基础的。侯外庐在《中国思想通史》中指出，殷人没有德、孝并称的观念，"周人才把德孝并称，德以对天，孝以对祖"①。德、孝观念与宗教信仰相关，他指出："上帝神是一般神，祖先是特别神。伦理上所产生观念也是和宗教相应的，也有一般的观念'德'，也有特别的观念，即'孝'。"② 金春峰在《西周"孝"德的历史考察》中也指出，在周代"孝"属于私德的范畴，"德"与政权转移联系，是国家政权之合法性的基础，属于公德的范畴。由此可见，宗教中至上神"天"与祖先神分离之后，伦理上的公德之"德"与私德之"孝"随之而分离。"孝"以配祖祢，与家族承传的合理性信仰相联系；"德"以配天命，与国家权力的合法性信仰相联系。于是，周人以天命信仰为基础的德性伦理结构就形成了，并通过周公等人制礼作乐，为西周"天下体系"奠定了基础。这样，周代的"天下体系"便成了王国维《殷周制度论》中所说的"道德之器械"。王国维指出："欲观周之所以定天下，必自其制度始矣。周人制度之大异于商者，一曰立子立嫡之制，由是而生宗法及丧服之制，并由是而有封建子弟之制、君天子臣诸侯之制；二曰庙数之制；三曰同姓不婚之制。此数者，皆周之所以纲纪天下。其旨则在纳上下于道德，而合天子、诸侯、卿、大夫、士、庶民以成一道德之团体，周公制作之本意，实在于此。"③正因为西周"天下体系"中天命信念、德性伦理、礼乐文明的价值观，才有了八百诸侯组成的政治军事一体化邦国联盟。《尚书·泰誓上》指出："同力度德，同德度义。受（纣）有臣亿万，惟亿万心；予有臣三千，惟一心。"《尚书·泰誓中》也说："受

---

① 侯外庐：《中国思想通史》第一卷，人民出版社，1957，第53页。
② 侯外庐：《中国思想通史》第一卷，人民出版社，1957，第55页。
③ 王国维：《观堂集林》，河北教育出版社，2001，第232页。

（纣）有忆兆夷人，离心离德。予有乱臣十人，同心同德。虽有周亲，不如仁人。天视自我民视，天听自我民听。百姓有过，在予一人。""可见，将八百诸侯联系起来的就是这'同心同德'的德性伦理价值观！正是周文王、武王、周公等楷模先知们的德性伦理价值观熏陶出整个周代充满天命、德性、礼乐的民族精神。这种民族精神为周人提供了强大的民族凝聚力。西周前期的文、武、成、康、昭、穆之世，能够依照天命信念、德性伦理以及礼乐制度维系周人的天下秩序，是西周德性伦理'天下体系'鼎盛之时，这是一段中国古代文明社会的典范时期。"①

西周的"天下体系"从周懿王（懿王姬囏，前899—前892年在位）开始发生变异，天命信念沦丧、德性伦理衰落与礼乐制度松懈，于是造成周王朝政治权力失落与精神信仰迷茫。《史记·周本纪》记载："周懿王之时，王室遂衰，诗人作刺。"周夷王（夷王姬燮，懿王之子，前885—前878年在位）时周王室与诸侯矛盾加深。《古本竹书纪年》记载：周夷王三年"王致诸侯，烹杀齐哀侯"。20世纪40年代陕西扶风县任家村出土的《禹鼎》记载：周夷王之时，鄂国不断扩张与周王室交恶，鄂侯驭方竟率南淮夷、东夷共同叛乱，攻入西周腹地，将周王室推向崩溃边沿。接着周厉王（厉王姬胡，前877—前841年在位）暴虐，独占山泽之利，引起国人暴动，周厉王被驱逐出王都，自死未归。周宣王（宣王姬静，前827—前782年在位）即位，不籍千亩，周朝的籍田礼废弛，虽然抵抗西戎一度控制了来自西方的威胁，可是，宣王晚年与西戎的战争接连失利。周幽王（幽王姬宫湦，前781—前771年在位）宠爱褒姒，导致王室内部两派权力斗争，由于周王室与申、缯、犬戎联军决战失败，都城被攻破，周幽王被杀，西周灭亡。周幽王之祸，最终导致西周"天下体系"轰然崩塌。中国社会进入"礼崩乐坏"的春秋战国时期，这是一个长达五百四十年的无政府状态。然而，处于"中国"边缘的秦国却在这一乱世中强势崛起，西周创造的"天下体系"也被秦国的"帝国体系"取而代之。

---

① 王兴尚：《从"天下伦理"到"责任伦理"：周秦国家伦理变迁与重构》，《深圳大学学报》（人文社会科学版），2017年第3期，第63页。

　　秦国"帝国体系"的诞生，以及秦国责任伦理的形成，经历了漫长的四个历史时期，产生了与之对应的四种伦理形态。苏秉琦指出，中国古代国家起源从古国、方国到帝国发展阶段的三部曲以及原生型、次生型、续生型发展模式三类型，在中原地区的次生型中秦国最具典型性。王震中先生在苏先生"三部曲"阶段划分的基础上，增加了"王国"阶段，这样，秦国崛起过程以及秦国责任伦理的形成与发展就可以划分为四个阶段：古国阶段、方国阶段、王国阶段、帝国阶段。这四个阶段的社会状态与美国学者温特提出的"三种无政府状态"即霍布斯状态、洛克状态、康德状态相类似。① 康德状态以朋友关系为特征，洛克状态以竞争者为特征，霍布斯状态以敌人关系为特征。这四个阶段的不同社会状态形成了四种不同的伦理形态，本书采用生存责任伦理、德治责任伦理、法治责任伦理、术治责任伦理，来对秦国经历的四个阶段以及四种伦理形态加以说明。

　　秦国的古国阶段，天下万邦之间彼此生存在狭隘的地域范围，只有遇到洪水等自然灾害，或者夷狄侵犯，才联合起来形成酋邦，支配古国社会的是生存责任伦理。秦国的方国阶段，国家之间类似于朋友角色，彼此以礼相待，如《左传·僖公元年》所言："凡侯伯，救患、分灾、讨罪，礼也。"诸侯国之间以诚信为基础建立盟友关系，支配方国社会的是德治责任伦理。秦国的王国阶段，国家之间类似于敌人角色，彼此以力相争。正如《商君书·开塞》所言："今世强国事兼并，弱国务力守。""故效于古者，先德而治；效于今者，前刑而法。"各个王国之间是根据实力变化形成的零和博弈关系，支配王国社会的是法治责任伦理。秦国的帝国阶段，秦国扫灭六国天下统一，《韩非子·外储说右下》指出："故国者君之车也，势者君之马也，无术以御之，身虽劳犹不免乱，有术以御之，身处佚乐之地，又致帝王之功也。"由于秦始皇父子迷信韩非子的法术势理论，帝国的社会关系类似于御者与车马之间的指挥与服从关系，支配帝国社会的是术治责任伦理。秦国在四个阶段形成四种责任伦理形态，经历了一系列自然选择

　　① ［美］亚历山大·温特：《国际政治的社会理论》，秦亚青译，上海人民出版社，2000，第328—331页。

的过程：包括地理选择、政治选择、宗教选择、哲学选择，由此便产生了秦国应战四个不同阶段社会状态的四种伦理类型：

第一阶段，古国阶段：秦国生存责任伦理逐步形成。秦人参加治理大洪水，参加抗击戎狄入侵，秦人在生命搏斗中，逐步形成了秦国生存责任伦理。嬴秦人最初居住在东方的山东半岛一带，伯益参与舜禹治水，驯养鸟兽，被舜帝赐姓为嬴。经过夏、商二代的西迁，参加商汤革命，给商王做御者驾车，嬴秦人虽有显赫之时，但是也有助纣为虐的恶行，秦人曾被周人征服，为周人承担戍役，作为奴仆。在西周时期，秦人给周王养马，周孝王（孝王姬辟方，前891—前886年在位）于公元前890年左右封"养马有功"的非子于秦，为周王室之附庸；周幽王之祸，京畿之地的贵族重臣埋下祖传重宝纷纷逃跑的时候，秦襄公却出兵勤王，护送周平王东迁，秦人承担了保卫西部边疆的历史责任。周平王（平王姬宜臼，前770—前720年在位）于公元前770年册封"勤王有功"的秦襄公为诸侯，秦国正式立国。在漫长的古国阶段，秦人经历了诸多波澜起伏，逐步从戍秦人、附庸、西垂大夫，一直到被周王室册封为诸侯。从仆役到诸侯，这是秦国责任主体逐步形成的过程。秦国的责任主体与秦国的政治主权是连接在一起的，没有秦国的责任主体，就没有秦国的政治主权。

古国阶段，秦人所处的伦理关系，之所以被称为生存责任伦理，是因为古国阶段的秦人作为责任主体，还只是处于从属地位，嬴秦族群始终是以夏商周王朝为责任受体，为处于支配地位的政权承担责任的；秦国责任主体的活动，始终局限在维持嬴秦族群生存的格局之中。从秦人劳动活动来说，秦人祖先伯益参加舜禹治理大洪水的活动，后代子孙饲养鸟兽，造父为周穆王驾驭马车，被封于赵地；秦非子为周孝王养马，被封于秦地；秦人通过勤奋劳动与大自然进行生命搏斗，得到了君主的认可，维持了嬴秦族群的生存。从秦人军事活动来说，秦人祖先参加商汤革命反抗夏桀王，参加商奄之乱反叛周成王，后来归顺周王室反击戎狄。秦人通过冒险拼杀与内外敌人进行生命搏斗，也获得了统治者的认可，保障了嬴秦族群的生存。正是秦人勇于同大自然搏斗、勇于同一切敌人搏斗，承担了生产劳动和生命搏斗的重大责任，嬴秦族群才没有亡种灭族，最终赢得了自身的生存权利。因为，仅就秦人"保西垂"抗击戎狄的侵略而言，戎狄作为草原民族所处地理环境造成冬季的严寒，食物短缺造成的饥饿，对农耕文明羡慕的欲望，使得野蛮杀戮和掠夺成为光荣的事业。野蛮社会遵循丛林法则，草原民族与海盗民族一样，具有侵略性、攻击性、掠夺性，他们毁灭了诸多古代文明。吴于廑先生认为，自古代起直到公元13、14世纪，欧亚大陆的历史"可以总括为游牧部族向农耕世界三次冲击的浪潮"[①]。比如，公元前25世纪闪族游牧民族阿卡德人对两河地区美索布达米亚的入侵，公元前17世纪来自西亚的喜克索斯游牧民族对埃及文明的入侵，公元前15世纪印欧游牧民族雅利安人对印度河流域哈拉巴的入侵，毁灭了无数个被入侵的文明。尤其是公元前21世纪之后游牧民族土方、鬼方、邛方，以及后来的猃狁、戎狄、匈奴的入侵，曾经使华夏文明多次命悬一线。正是秦人与戎狄的生命搏斗，成就了秦国的责任主体地位以及政治主权，形成了秦人的生存责任伦理，保持了华夏文明的持续发展。

第二阶段，方国阶段：秦国德治责任伦理逐步形成。从秦襄公立国、秦穆公称霸，一直到秦献公迁都栎阳，这是秦国方国阶段。从秦襄公被册封为诸侯，获得了国家主权，历代秦君接受周王朝的德治礼乐文化，承担"尊王攘夷"即保卫周王室、征讨西部戎狄、保护诸侯盟友的政治责任，拯救危难中的华夏民族。早在公元前828年周宣王任命秦仲为大夫的时候，"秦仲始有车马礼乐"。公元前770年，秦国正式立国，实行周朝的礼乐文化制度。秦襄公随后与其他诸侯国互通使节，互致聘问献纳之礼。《史记·十二诸侯年表》记载：公元前766年，秦襄公十二年，"秦襄公伐戎，至岐而死"。公元前763年，秦文公三年，"文公以兵七百人东猎。四年，至汧渭之会"。并在此营造城邑。公元前750年，秦文公十六年，"文公以兵伐戎，戎败走。于是文公遂收周余民有之，地至岐，岐以东献之周"。秦文公控制了渭河平原西部的宝鸡地区，经营了四十六年，于公元前716年去世。

---

① 吴于廑：《世界历史上的游牧世界与农耕世界》，《云南社会科学》1983年第1期，第50页。

秦文公的孙子秦宪公徙居平阳，并向东进军消灭了盘踞于丰镐附近，即今西安市的戎人小国亳。据《史记·秦本纪》记载："遣兵伐荡社。三年，与亳战，亳王奔戎，遂灭荡社。"公元前 697 年，秦武公即位，"武公元年，伐彭戏氏，至于华山下，居平阳封宫"。秦武公伐彭戏之戎，将秦国力量推进到了渭河平原东部。为了巩固西部根据地，公元前 688 年，消灭位于陇西地区的邦戎、冀戎，"初县之"；公元前 687 年，消灭关中地区的杜、郑，"初县"，同年还消灭了小虢。这是秦国建立郡县制的开端。秦德公迁都于雍，秦国制定了要后世"子孙饮马于河"的国家战略。秦穆公任贤才、讲仁义、重德性，秦国成为礼义之邦。秦穆公对西戎王的使者由余说："中国以诗书礼乐法度为政"。证明秦国已经完全实行了西周礼乐文化。秦穆公非常重视人才，在其任内获得了百里奚、蹇叔、丕豹、公孙支等贤臣的辅佐，曾协助晋文公回到晋国夺取王位，晋国的国家实力大增。秦人与戎人之仇，可谓不共戴天。据《史记》记载，公元前 623 年，秦穆公三十七年，"秦用由余谋伐戎王，益国十二，开地千里，遂霸西戎。天子使召公过贺穆公以金鼓"。徐日辉先生指出："从公元前 890 年左右非子受封到公元前 822 年秦仲被西戎杀死，到秦穆公灭戎十二国，公元前 361 年，再至秦孝公元年'西斩戎之獂王'，前后 500 余年总算扫清了渭水上游的西戎诸国，真正做到西方霸主的地位。"①秦国在方国阶段攘除西戎，为四百年后秦统一中国奠定了基础。

　　方国阶段，秦国与周王室及其诸侯国的关系，类似于温特的"康德无政府状态"，社会关系是由宗法血缘确立的，人们讲究友爱与善良。盟国之间视为亲友，凡事互助而不诉诸武力。盟国之间并非没有利益矛盾，而是不轻启战端而尊重共同体的利益。②方国阶段，秦国德治责任伦理形成的前提，是秦国独创的五帝志业宗教。秦襄公被封到周王室故地"岐丰之地"，并在西垂设立西畤祭祀白帝；秦文公东猎汧渭之会，"收周余民而有之"，

---

　　①　徐日辉：《早期秦与西戎关系考》，《宁夏社会科学》2005 年第 1 期，第 115 页。
　　②　[美] 亚历山大·温特：《国际政治的社会理论》，秦亚青译，上海人民出版社，2000，第 328—331 页。

又在关中设立鄜畤祭祀白帝；秦宣公在渭南兴建密畤，祭祀东方之神青帝；秦人还自认为属于黄帝之孙颛顼高阳氏的直接后裔，如秦公一号大墓石磬铭文："高阳有灵，四方以宓平。"① 于是，秦国在宗庙中祭祀北方黑帝；秦人认为自己与周人以及其他诸侯国一样都是炎黄子孙，所以，秦灵公祭祀炎帝、黄帝。秦献公东迁栎阳又设立畦畤祭祀白帝。历代秦君祭祀五帝的意义在于，秦国君主作为责任主体，五帝为责任受体，在秦君与五帝之间建立责任伦理关系，秦国君主要为五帝承担责任。一方面表明秦国君权神授的合法性信仰，另一方面表明秦国希望成就霸王之国的志业理想。

秦国的五帝志业宗教是和德治伦理联系在一起的，这是西周以来天命与德性统一的哲学观念。在春秋时代，齐桓公曾经"九合诸侯，一匡天下"，成就了一番霸业。此时，秦穆公积极履行秦国的国际责任，也希望成就霸业。《左传·僖公元年》指出："凡侯伯，救患、分灾、讨罪，礼也。"这是履行大国责任的基本要求。所以，秦国以方国的姿态，积极参与"救患、分灾、讨罪"的政治行动，帮助晋、楚等国家兴邦、复国。在履行分灾恤邻的国际责任方面，秦穆公"泛舟之役"堪称典范。在履行救患扶危国际责任方面，秦穆公辅助晋惠公、晋文公执政也很典型：晋国发生骊姬之乱，公子夷吾、重耳流亡在外，据《左传·僖公九年》记载："齐隰朋帅师会秦师，纳晋惠公。"可是，晋惠公违背国家伦理，对秦国背信弃义，与秦国兵戎相见。结果，"襄王三年而立晋侯，八年而陨于韩，十六年而晋人杀怀公"。这时，楚国将晋国公子重耳送到秦国，秦穆公为之纳女五人，并飨宴重耳，扶植他在晋国亲政。据《韩非子·十过》记载：秦穆公"革车五百乘，畴骑二千，步卒五万，辅重耳入之于晋"。晋文公重耳不负众望，成就了晋国的霸业。公元前635年，秦国与晋国联合出兵伐戎平息王子带之乱，以救周襄王。据《左传·僖公十一年》记载，公元前649年，周襄王三年，秦穆公十一年，"夏，扬、拒、泉、皋、伊、洛之戎同伐京师，入王城，焚东门，王子带召之也。秦、晋伐戎以救周"。这是秦人再一次履行勤

① 王辉：《秦出土文献编年》，新文丰出版公司，2000，第33页。

王救周的国家责任。在履行讨罪复国的国际责任方面，秦国的一个典型事例就是秦哀公应允申包胥请求，派兵救援将要亡国的楚昭王。据《左传·定公四年》记载：公元前 506 年，秦哀公三十二年，申包胥"立依于庭墙而哭，日夜不绝声。勺饮不入口，七日。秦哀公为之赋《无衣》。九顿首而坐，秦师乃出"。秦国的子蒲、子虎，帅车五百乘以救楚国。方国阶段，秦穆公的霸业取得巨大成就，但当秦国面对历史悠久而且不断寻求变革的东方诸国时，秦国的礼乐德治文化显然处于相对弱势，正如秦孝公在《求贤令》中说的："会往者厉、躁、简公、出子之不宁，国家内忧，未遑外事，三晋攻夺我先君河西地，诸侯卑秦。丑莫大焉。"总之，在方国阶段，秦国尚有西周文化中天命信念、德性伦理、礼乐文明的余韵，可以称为秦国德治责任伦理。

　　第三阶段，王国阶段：秦国法治责任伦理形成。从秦孝公任用商鞅变法，秦惠文王称王，到秦王政扫灭六国，天下统一，这是王国阶段。秦国通过商鞅变法，扬弃了德治责任伦理，以国家公利价值为导向，以法律为治国方法，确立了法治责任伦理。公元前 359 年，即秦孝公三年和公元前 350 年，即秦孝公十二年，商鞅先后两次在秦国实施变法。商鞅变法对秦国在方国时期的礼乐文化作了彻底否定：《商君书·农战》指出："《诗》、《书》、礼、乐、善、修、仁、廉、辩、慧，国有十者，上无使守战。国以十者治，敌至必削，不至必贫。国去此十者，敌不敢至；虽至必却；兴兵而伐，必取；按兵不伐，必富。"商鞅变法颠覆了秦国礼乐文化之后，以法治文化取而代之，抛弃了方国阶段的德治责任伦理，建立了法治责任伦理。这种文化转型比东方任何一个国家都更为彻底。在法治文化指导下，经过秦惠文王、秦昭襄王的开拓，秦国逐步成为战国七雄中最为强大的国家。秦国从秦孝公用商鞅变法，逐步从方国走向王国之路，"四世有胜"。从商鞅变法到秦王政统一战争之前，秦国剑指东方，同六国作战六十五次，获全胜的五十八次，斩首一百二十九万，[①] 拔城一百四十七座，攻占的领土共建立了十四个郡。其实，秦昭襄王的霸王之业取得极大成功，已经为秦帝国的建立奠定了基础。秦王政即位之后，用李斯、尉缭等人的政治军事策略，只用了十年时间，就先后灭掉韩、赵、魏、楚、燕、齐六国。

秦国法治责任伦理以超越血缘关系的非人格化的理性法律规范作为责任准则，以国家公利价值为导向，以国家信用为保障，有功必赏、有罪必罚，从君主到臣民自上而下承担国家责任，形成了秦国法治责任伦理结构。秦国在王国阶段，处于诸侯纷纷称王，力图消灭并吞其他诸侯国的相互敌对状态，类似于温特的"霍布斯无政府文化"，就是国家之间以敌相待，彼此充满敌意。敌对行为导致征服、消灭、改造对方；彼此都崇尚军事实力，导致暴力无限升级，直至一方消灭另一方。丛林法则和暴力逻辑主导一切。[②] 秦国在王国时期，遵循霸王之道，建立了法治责任伦理。霸王之道以吞并列国为战略目标；法治责任伦理是实现秦国战略目标的行为规范。从战国时期的历史来看，田氏代齐，三家分晋，周人宗法制度的血缘温情消失了，取而代之的是战国时代夺地、杀人、灭国，你死我活的争霸战争。秦国在险恶的生存压力下，不得不作出一种伦理选择。其中，商鞅三说秦孝公，秦国选择霸王之道、强国之术就是一个典型。秦国实施霸王之道，建立的法治责任伦理，将秦国的国家机器变成了对内奖励农耕军战，重用贤相良将，对外夺地、杀人、灭国的工具。秦惠文王用张仪之谋连横合众，秦昭襄王用范雎之策远交近攻，秦王政用尉缭子、李斯之谋，最终实现国家战略目标：统一天下，成就霸王之业。

秦国法治责任伦理的规范可以概括为家庭分户责任制、什伍连带责任制、郡县官僚责任制、君主与丞相委托代理责任制四个方面：

其一，通过家庭分户制度，形成家庭责任伦理。商鞅变法运用经济手

---

① 关于秦国在战争中的斩首人数，各书统计不一致。从前364年，即秦献公二十一年到前234年，即秦始皇十三年，一共一百三十年间，《剑桥中国史》的统计是斩首一百四十八万九千人，《秦会要订补》是一百六十六万八千人。

② ［美］亚历山大·温特：《国际政治的社会理论》，秦亚青译，上海人民出版社，2000，第328—331页。

段即税赋率的规定，来让大家族分户："民有二男以上不分异者，倍其赋。"即通过加倍征收赋税来强制推行以一夫一妻及其未成年子女构成的小家庭。"令民父子兄弟同室内息者为禁。"就是说，成年的子、弟必须分户，任何家族都严禁父子、兄弟同室而居。通过家庭分户制避免了大家族中的余子游手好闲，使每个家庭成员都承担责任，一是杀敌立军功，获得军功爵位，即"有军功者，各以率受上爵"；二是努力从事农业生产，获得粟功爵位，有爵位者享有免除徭役的一定权利，即"致粟帛多者复其身"。

其二，通过什伍连坐制形成连带责任伦理。在商鞅变法中，商鞅将秦国百姓重新编制，五户为一"伍"，二"伍"为一"什"。一人有罪，诸家检举，否则就要连坐，军中也是如此。通过连坐制，使每个人"行间无所逃，迁徙无所入"。连坐制度，使得秦国乡里的农民只得遵守法令，不敢作奸犯科；军队中的士卒只能从令如流，冲锋陷阵，战死沙场也不敢逃跑。后方的军工生产也实行严密的连带责任管理制度："物勒工名，以考其诚；工有不当，必行其罪，以穷其情。"（《吕氏春秋·孟冬纪》）秦国的军工管理制度分为四级，从相邦、工师、丞到一个个工匠，层层负责，任何一个质量问题都可以通过兵器上刻的名字查到责任人，出了质量问题都要承担连带责任，这使得秦国生产的军工产品件件精良。

其三，通过郡县官僚制形成行政责任伦理。通过在全国实行郡县官僚制逐步取代分封诸侯的制度，地方行政控制代替了血缘家族的宗法统治，从而加强了层级政治责任，同时也加强了君主的权势。商鞅变法开阡陌封疆，废除井田制，消灭分封制的经济基础，把全国的小都、小乡、小邑合并为县，设置县令和县丞，一共设立了三十一个县，在秦国普遍建立了郡县官僚制。而县令、县丞全都由国君来任免，不得世袭。全国的政治军事权力集中到了国君的手中，君主集权的政治体制在秦国正式确立起来。

其四，通过君主与丞相委托代理责任制形成国家责任伦理。秦国最高政治决策机构通过委托代理关系，实行了最高领袖所有权与国家行政管理权的二权分离：秦国独立创造了"丞相"这一正式官名。据《史记·秦本纪》记载，秦武王"二年，初置丞相"。丞相上承最高统治者君主的命令，领导百官管理整个国家事务。这就和那些有三卿或者六卿执政的诸侯国显然不同。秦国废除贵族封建制，实行郡县官僚制，君主与丞相委托代理责任制"事在四方，要在中央。圣人执要，四方来效"（《韩非子·扬权》）。建立了家产官僚制的行政责任伦理结构。

第四阶段，帝国时期：秦国术治责任伦理的形成。从公元前221年秦始皇统一全国，到公元前206年秦王子婴向刘邦投降，秦国灭亡，这是秦国的帝国时期。帝国时期，秦国法治文化嬗变为政治巫术文化，在王国时期建立的法治责任伦理逐步异化为以督责之术为标志的秦国术治责任伦理。秦王政十年统一战争，实现了天下统一。秦王政称皇帝之后，废除分封制，实行郡县制，将全国分为三十六个郡，后来增加至四十六个。以中央集权官僚制治理天下，推行书同文、车同轨、行同伦、统一度量衡等对后世影响深远的政策。秦始皇在位期间，北战匈奴，修筑长城，修建直道；南征百越，修筑灵渠，开发岭南，扩大了中华版图，也消耗了大量国力。公元前221年，即秦王政二十六年，秦王政自称皇帝，改变了"王不僭帝"传统，将秦国五帝志业宗教中的上帝之名加于自身，无形中取消了五帝的责任受体资格。秦始皇认为他自己"兴义兵，诛残贼，平定天下，海内为郡县，法令由一统，自上古以来未尝有，五帝所不及"。于是，秦国皇帝成为普天下都要为之承担责任的责任受体，秦国责任主体与责任受体合二为一。秦始皇听信齐燕方士之言，寻找长生不老之药；迷信方士的政治巫术，因方士的谶语"亡秦者胡也"就派兵攻打胡人。在秦国统一后，虽然法治文化在秦帝国仍然占据重要地位，然而，与法治文化并行的是政治巫术的盛行，法治文化的权衡在领土扩张之后逐渐走向政治决策的非理性化。秦二世即位之后，李斯等人为了保住自己的官职俸禄、身家性命，向秦二世进献督责之术，将商鞅《开塞》中"逆取顺守"的社会文化转型理论付之流水，秦二世以皇帝的绝对权威督责天下官吏、黔首，尤其是大量诛杀宗室的公子、公主。秦始皇的政治巫术和秦二世的督责之术，将王国时代的法治责任伦理异化为术治责任伦理，用巫术、权术的阴险毒辣手段对付朝中有功之臣以及宗室的公子、公主，并且将严酷的法律、沉重的税收戍役加在天下贫苦人民的身上，由此酿成秦国法治文化的沦丧，导致陈胜、吴广"揭竿而起"，六国权贵纷纷自立为王，秦帝国众叛亲离，导致二世而亡。当然，秦帝国的忽然灭亡并非仅仅是农民起义以及六国贵族复辟的他杀，乃是秦国政治巫术、督责之术杂交生成的怪兽——秦国术治责任伦理，造成国家的自噬，文化的自杀。这从秦始皇痴迷成为神仙的精神自大以及秦二世在文化上的愚昧残忍就可以判断帝国的结局。

下 卷

秦国崛起过程中的责任伦理形态考证

第五章　古国阶段："保西垂"
——秦国生存责任伦理

苏秉琦认为，"古国是指高于部落以上的、稳定的、独立性的政治实体"。"古国"类似于美国人类学家塞维斯（E. R. Servise）所说的"酋邦"。在古国中，血缘关系具有政治支配作用，地缘关系影响其社会分工地位，拥有一定的合法性武装。夏、商、周，以及伯益的后裔"嬴秦"都是古国。

古国阶段，嬴秦人一方面与大自然洪水猛兽搏斗，另一方面与野蛮人戎狄仇寇搏斗，形成了秦国生存责任伦理。"嬴秦"先祖伯益参加大禹治水，饲养鸟兽等事业，取得了伟大功勋，被舜帝赐姓为"嬴"，塑造了嬴秦人与大自然展开生命搏斗的责任主体的楷模角色。伯益的后裔被称为"秦夷""戍秦人"，不断向西方迁徙，承担"保西垂"的责任。他们擅长饲养良马，敢于同西戎贼寇进行搏斗，其首领非子被封于"秦邑"，号称"秦嬴"，嬴秦人从开始的"附庸""西垂大夫"晋升为"诸侯"，塑造了嬴秦人与野蛮人展开生命搏斗的责任主体的英雄形象，逐步确立了秦国生存责任伦理。

面对戎狄之患，周朝的"邦君诸侯""邦君诸正"，有的明哲保身，不顾家国天下，悄然全身而退；有的干脆抛弃祖宗产业，埋下青铜重器纷纷东逃；在危难之际，周幽王宠爱褒姒，陷入"欲望陷阱"。周王室抛弃天命德性信念，丧失天下责任，引起申侯联合鄫侯与西戎一道杀死周幽王，焚毁丰镐宫殿，掳掠京畿之地，最终导致西周灭亡。此时，嬴秦人坚守生存责任伦理，面对戎狄的猖狂侵略并没有畏缩逃跑，而是拿起武器与戎狄展开了生命搏斗。秦世父"保西垂"，不灭戎寇誓不还；秦襄公勇斗戎狄，护送周平王东迁郏鄏。嬴秦人勤王有功被周平王封为"诸侯"，最终获得秦国的"国家主权"。

第一节　秦国生存责任伦理渊源——从大禹治水说起

秦国生存责任伦理产生的源头，可以追溯到大约公元前2297—公元前2094年之间的尧、舜、禹治水。[①] 吴文祥、葛全胜二位先生通过研究世界气候和水文资料发现，"推测传说中尧舜禹时期的大洪水发生于4200—4000 aB. P. 左右[②]，即一次对世界许多地区早期文明发展进程产生重大影响的全球性气候异常时期"，影响黄河流域的水文状况，并继而导致史前洪水的发生。[③] 伯益（通"柏翳"）因参加舜、禹平治水土，善于驯养鸟兽，被舜赐姓"嬴"，封于"费"。殷商时代，嬴人费昌反叛夏桀归顺商汤，给商汤御车，在鸣条打败夏桀，其后嬴人辅佐殷国，世代有功，地位显赫；嬴族群东西游走迁徙，中潏"在西戎，保西垂"，其子孙二人恶来、蜚廉助纣为虐。西周时代，武王伐纣，周公践奄，嬴人被周人征服，做了周国的仆从。嬴族群的造父善于御车，为周穆王长驱平定徐偃王之乱有功，被封于赵城。自造父以下，六世至奄父亦善于驾车，周宣王"丧南国之师"，奄父驾车，救了周宣王一命，奄父之子叔带离开周幽王而归于晋文侯，重建赵氏邑于晋国。嬴秦族群的非子善于养马，在汧渭之会为周孝王繁育大批良马有功

---

① 翦伯赞主编，齐思和、刘启戈、聂崇岐合编：《中外历史年表》，中华书局，1961，第4—6页。

② 4200—4000 aB. P. 左右，即大约相当于公元前2259—前2050（aB. P. 即 age Before Present 的缩写，是从公元1950年算起的）。

③ 吴文祥、葛全胜：《夏朝前夕洪水发生的可能性及大禹治水真相》，《第四纪研究》2005年第6期，第741页。

被封为附庸，号为"秦嬴"，其后人秦仲、庄公承担挞伐和羁縻西戎、戍守西垂的责任。周幽王之祸，秦襄公承担护送周平王东迁洛邑的责任，勤王有功被封为诸侯，秦国开始建国。

一、秦国生存责任伦理源头之一：伯益辅佐大禹治水，被赐姓"嬴"

炎帝、黄帝之后，华夏文明的一个重要源头之一，就是尧、舜、禹时期的抗御洪水与治水工程，唐、虞、夏、商、周、秦的祖先们，都曾经参与这一伟大的抗御洪水的治水工程，并由此形成分工协作的古国联盟。所以，中国历史上唐、虞、夏、商、周、秦并不是一个古国消灭另一古国的王朝接替，而是彼此共存的古国之间的盟主相继接替，不过有的是以"禅让"，有的是以"革命"取而代之。所以，古国联盟中并存的各国都有其开国史、建国史。根据《尚书·尧典》和《史记·五帝本纪》记载，尧老了，让舜代理天子政务，巡视四方。舜从政二十年，代理天子政务八年。尧崩了，三年丧毕，舜让位丹朱，诸侯不归服丹朱却归服舜。当时，四方诸侯的君长，在尧时都得到举用，却没有职责分工。舜即位之后，开始筹划古国同盟职责的分工协作，强化古国同盟对公共事务的管理职能，为天下万国提供共同需要的公共物品。古国联盟实施的第一次职责分工，就是推举大禹为司空，主持平水土的事业，大禹成为夏的奠基人；推举弃为后稷，播时百谷，弃成为周的奠基人；推举契为司徒，敬敷五教，契成为商的奠基人；推举伯益为虞官，驯养草木鸟兽，伯益成为秦的奠基人。根据《尚书·舜典》记载，舜说："谁能替我掌管山林川泽中的草木鸟兽？"大家都说："让益来担任这项职务吧。"舜说："好吧！益啊，你来担任我的虞官吧！"益稽首拜谢，并谦逊地表示把这项职务让给朱、虎、熊、罴。舜说："好吧！让他们和你一起去负责这项工作吧！"另外，皋陶做法官，负责刑罚之事；垂做共工，负责百工之事；伯夷做秩宗，负责祭祀之事；夔做乐官，负责音乐之事；龙做纳言，负责传令之事。舜帝对天下公共事务实施的这一职责分工，汇集了各个诸侯国原生的文明的成果，促进了诸侯国各种原生文明的交流与融合，此后，大禹领导了在九州大江大河上大规模平土治水的事业，并在具有高度文明、广阔地域的基础上开始创立华夏国家。

　　1. 秦国生存责任伦理的责任主体起源：嬴姓。嬴姓是古老的华夏后裔，伯益被舜帝赐姓"嬴"。根据《史记·秦本纪》记载，秦人远祖是少皞氏，[①] 近祖是颛顼氏，[②] 颛顼氏的一位孙女名叫女修。有一天在织布的时候，一只燕子陨落了一颗卵，这颗卵被女修吞食了，她生了儿子名叫大业。[③] 大业娶了少典之女名叫女华。女华生了大费辅助大禹平土治水。治水成功以后，舜帝赐给大禹一块黑色的玉圭。大禹接受了赏赐，说："平土治水不是我一个人能完成的，也是因为有大费的辅佐。"舜帝说："啊，你大费！帮助大禹治水成功！我赐给你黑色旌旗飘带。你的后代将会人才辈出。"于是，赏赐给他一个姚姓美女做妻子。大费用拜礼接受了赏赐，辅佐舜帝调驯鸟兽，鸟兽多被驯服，这个大费就是伯益。[④] 舜帝赐给他"嬴"姓。

　　嬴姓伯益在大禹治水中承担驯养鸟兽的责任。在大禹治水工程中，伯益负责驯养鸟兽，并协同后稷负责种植百谷，二人分工负责为治水提供肉食和粮食。《尚书·皋陶谟》记载，大禹说："予乘四载，随山刊木，暨益奏庶鲜食。予决九川，距四海，浚畎浍距川；暨稷播，奏庶艰食鲜食。"意思是：大禹说，为治理水患我乘坐四种交通工具，沿着山路砍削树木，同伯益一起把新鲜的鸟肉兽肉送给百姓。我疏通九州河流，使之流进四海，疏通田间水渠，使之流进大河。同后稷一起把新鲜的粮食蔬菜送给百姓。可见，秦祖伯益的养殖业、周祖后稷的种植业为大禹治水作出了重要贡献。《史记·夏本纪》记载："令益予众庶稻，可种卑湿。命后稷予众庶难得之

---

　　① 司马迁：《史记·封禅书》："秦襄公既侯，居西垂，自以为主少皞之神，作西畤，祠白帝，其牲用骝驹黄牛羝羊各一云。"在秦国五帝志业宗教中，少皞被尊为五帝之一的西方白帝。

　　② 《史记正义》认为，黄帝的玄孙，就是颛顼，号称高阳氏。秦人宣称是颛顼高阳氏后裔，如陕西凤翔秦公一号大墓石磬铭文："高阳有灵，四方以宓平。"可见，从母系来看，颛顼高阳氏为秦人之祖并非虚言。

　　③ 《史记正义》认为，大业生了大费，大费即柏翳，大费父亲大业就是皋陶。

　　④ 《史记索隐》认为，《尚书》中称谓的"伯益"与《史记》中称谓的"柏翳"是一人不疑。

食。食少，调有余相给，以均诸侯。"就是说，大禹让伯益，给众庶百姓水稻，可以种植在低洼潮湿的土地上。还让后稷给众庶百姓赈济所短缺的食物。哪里粮食不够，就调剂有余以补短缺，使诸侯国都有饭吃。另据《吕氏春秋·勿躬篇》记载："伯益作井。"也就是说，在治水、驯养鸟兽、种植水稻过程中，伯益发现了地下水的秘密，于是凿井汲取地下水供应人畜使用。另外，伯益还对古代科学技术作出重要贡献，西汉刘歆《山海经表》记载："禹别九州，任土作贡，而益等类物善恶，著《山海经》。"就是说，大禹划分了九州，按照土地等级决定级差贡赋，而伯益研究九州各种物产的性质与类别，创作了《山海经》，其中包含古代天文学、地理学、动物性、植物学以及上古历史传说、神话故事等方面的丰富内容。

2. 秦国生存责任伦理的责任受体起源：夏王朝及华夏族群。夏启夺取伯益君位，标志着"禅让制"的终结，夏王朝的建立。大禹一生功勋卓著，一是改变其父伯鲧堵塞的方法，而用疏导的方法，治水取得成功；二是在涂山（位于今安徽省蚌埠市禹会区）举办庆祝治水成功的"涂山之会"，大禹取得诸侯拥戴，舜把帝位禅让给大禹；三是建立政治中心，大禹定都于阳城（今河南省登封市王城岗）；四是划分天下九州，按照地缘实施区域管理，按照土地级差收取贡赋；五是征伐三苗，解决了南方之患。按照尧、舜时代的禅让制，大禹老了，准备把君位禅让给皋陶，皋陶功勋卓著被称为与尧舜禹并列的"上古四圣"，可是皋陶还没有继位就死了；大禹又把君位禅让给伯益，可是，由于伯益代理大禹治国理政的时间不长，诸侯们并不完全认同。根据《孟子·万章上》记载：大禹把伯益举荐给上天，让他继承帝位，七年之后大禹就逝世了。三年之丧完毕，伯益为了回避大禹之子，去了箕山之阴。天下朝觐、讼狱的人，不去伯益那里而去启那里，说："这是我们君王的儿子。"唱颂歌的人不歌颂伯益而歌颂启，说："这是我们君王的儿子。"伯益，没有得到大禹禅让的君位。富有古代民主制色彩的"禅让制"终结于嬴姓伯益；按照血缘关系决定统治集团再生产的制度"传子制"开始于夏启。夏朝是第一个"家天下"的华夏王朝，父传子一共十四代，共有十七后，另有三位不是父传子。夏代君王生前称"后"，死后称

"帝"。一共四百七十一年。大禹为夏朝奠基，夏启继承父亲君位，传给孙子太康。太康管理不善被后羿赶走了，太康失国之后，先后有寒浞、浇、豷等人乱政。少康又恢复了夏朝"父传子"的政统，一直到夏桀被商汤灭掉。

伯益未能通过禅让制继承大禹的君主位置，"益干启位，启杀之"。这是《晋书·束皙传》的说法，但是，根据《今本竹书纪年》的记载：夏启"二年，费侯伯益出就国""六年，伯益薨，祠之"。就是说，在夏启二年，伯益离开夏都去了他的封地费邑。夏启六年，伯益去世了，而且受到人们的祭祀。伯益去世后，著名的嬴姓十四氏繁衍于后世。

3. 秦国生存责任伦理的责任机制：承担天下公共责任。大规模治水工程是尧、舜、禹留给后世的重要遗产，为华夏民族提供了重要的生命保障系统，同时，在大规模治水工程中，华夏诸国的巨大能量被汇集在一起，聚合成包括嬴秦在内的华夏文明的历史源头。恩格斯说："在每个这样的公社中，一开始就存在着一定的共同利益，维护这种利益的工作，虽然是在全社会的监督之下，却不能不由个别成员来担当：如解决争端；制止个别人越权；监督用水，特别是在炎热的地方；最后，在非常原始的状态下执行宗教职能。"[1] 由此可以看出，为了保障部落成员的公共利益，就要委托其中的个别人物来承担政治、经济、军事、宗教责任，为了履行这种责任，就要赋予他一定的政治、经济、军事、宗教权力。为了保障共同体的公共利益，需要一些人承担公共责任，这些担任公共责任的职位就被赋予国家公共权力，利益、责任、权力、荣誉的固定化是古代国家形成的内在机制，也是秦国生存责任伦理形成的内在机制。

通过尧、舜、禹治水工程，可以发现华夏文明的一个明显特点，只有承担天下公共责任，才能取得天下领导权。所以，华夏文明不是由神权主宰，也不是依靠暴力征服，而是由那些承担天下公共责任的人，那些平土治水、教化庶民、养殖鸟兽、种植粮食、抗击外敌入侵的人，他们为人民

---

① [德] 恩格斯：《反杜林论》，《马克思恩格斯全集》（第20卷），人民出版社，1971，第194—195页。

提供了生存、安全、发展、尊严方面的公共物品，他们才能取得领导权。具体来说，或者由于承担了某个部落责任，赢得庶民百姓的拥戴，从而获得了建立诸侯国的权利；或者由于承担了某个诸侯联盟责任，赢得邦君诸侯的拥戴，从而成为诸侯联盟的君主，夏、商、周三代莫不如此。譬如周文王"有孝有德"，重视祭祀昊天上帝，尊重四方酋邦诸侯；武王伐纣，没有八百诸侯的支持，是不能成功的。秦国也是如此，赢秦人在古国阶段承担生存责任从而被封为诸侯，方国阶段承担德治责任从而"霸西戎"，王国阶段承担法治责任从而郡县天下，建立了秦帝国。

马克思在《不列颠在印度的统治》一文中曾经分析印度社会，并注意到亚细亚的社会形态。认为除了财政部门、军事部门之外，能够为社会提供公共物品的公共工程部门，尤其是治水工程部门，在东方国家管理中占有重要地位。[①] 马克思对撒哈拉经过阿拉伯、波斯、印度和鞑靼区直至最高的亚洲高原的一片广大的沙漠地带国家水利工程在国家中作用的观察颇富洞见，对认识大禹治水提供的公共物品，在华夏文明中的重要意义也很有启发。水利工程由于涉及生命保障系统，所以，水利工程是国家的命脉。理所当然，在中国凡是平土治水、教化庶民、养殖鸟兽、种植粮食、抗击外敌入侵的人，他们往往能获得国家领导权。德裔美国历史学家、汉学家魏特夫《东方专制主义》一书，片面解读中国古代历史，不能全面理解中国古代高度发达的"五大"分工协作体系，即《逸周书·文酌》的大智、大武、大工、大商、大农，即"一大智率谋，二大武剑勇，三大功赋事，四大商行贿，五大农假贷"的历史事实，提出中国是"治水社会"的片面观点，这一理论带有冷战时期西方意识形态的偏见。[②]

4. 秦国生存责任伦理的精神源头："大禹精神"。华夏文明在尧、舜、禹时代的治水源头聚成"大禹精神"，从唐、虞、夏、商、周、秦一脉相

---

① ［德］马克思、恩格斯：《马克思恩格斯全集》第9卷，卡尔·马克思：《不列颠在印度的统治》，人民出版社，1961，第145页。

② ［美］卡尔·A. 魏特夫：《东方专制主义》，徐式谷等译，中国社会科学出版社，1989，第16—18页。

承，被周人概括为"德"，即《遂公盨铭》的"厥贵唯德"，核心就是领袖与群众共同承担天下公共责任。"大禹精神"就是一种"德"，即通过平土治水、教化庶民、养殖鸟兽、种植粮食，与大自然搏斗，与敌人搏斗，勇敢承担天下公共责任。凡是能够承担天下公共责任者为"有德"，有德则有天命，意味着获得国家政权，尧、舜、禹、汤、文、武、周公就是典范；凡是丧失天下公共责任者为"失德"，失德则丧天命，意味着国家的灭亡，夏桀、殷纣、周幽王莫不如此。早在周代已经把大禹治水的公共责任担当，看作是"德"的源泉。① 这就是中国古代政治伦理或者政治哲学的逻辑。

古国阶段嬴秦人秉承"大禹精神"，将秦国生存责任伦理源头的责任主体意识付诸实际行动。出土秦国青铜器秦公簋铭文记载："秦公曰：不显朕皇且，受天命鼏宅禹绩。""鼏"就是青铜鼎上的盖饰物，"宅"就是住宅，秦人认为他们的皇祖，接受天命赏宅受国，所以秦国一定要承担责任，继续大禹的功绩。考察嬴秦历史，从伯益驯养鸟兽，辅佐大禹治水，勇于承担天下国家公共责任开始，一直到造父、奄父御车，中潏保西垂，大骆、非子养马，秦仲、庄公抗戎，秦襄公勤王，秦穆公"霸西戎"，秦始皇统一天下。历代秦人，莫不认同华夏生存责任伦理的主体意识，励精图治，终于缔造了伟大的秦帝国。《睡虎地秦墓竹简》中有《法律问答》记载：秦国人自称为夏人，离开秦国的属境，就是"去夏"。只要母亲是华夏人，所生的孩子都称为"夏子"。② 这是以秦国成文法的法律形式对秦国责任伦理的责任主体的确证。

秦朝末年，胡亥、李斯之流滥施"督责之术"，对"大禹精神"进行价值颠覆。胡亥登上二世之位，便追求穷奢极欲的物质享乐生活，抛弃先人华夏责任主体意识。他询问："吾愿赐志广欲，长享天下而无害，为之奈何？"李斯向二世上《督责书》，答案是用"督责之术"。怎样才能"赐志

---

① 杨善群：《论遂公盨铭与大禹之"德"》，《中华文化论坛》2008 年第 1 期，第5—8 页。

② 睡虎地秦墓竹简整理小组编：《睡虎地秦墓竹简》，文物出版社，1990，第 135页。

广欲，长享天下"呢？李斯说："申子曰'有天下而不恣睢，命之曰以天下为桎梏'者，无他焉，不能督责，而顾以其身劳于天下之民，若尧、禹然，故谓之'桎梏'也。"就是说，申不害先生说了"拥有了天下要是还不懂得纵情恣欲，这就叫把天下当成自己的桎梏刑具"。这话没有别的意思，只是说不去督责臣下，反而自己辛辛苦苦为天下百姓操劳，像尧帝和禹帝那样操心劳形，所以称之为"桎梏"刑具。李斯主张，一方面君主应该对天下官吏和民众使用"督责之术"实行严刑峻罚；另一方面君主不要像尧帝、禹帝那样，为天下庶民操心劳形，而要纵情恣欲，享受人生快乐。从伯益以来嬴秦先人吃苦耐劳、敢于创新，承担天下生存责任的主体意识被完全抛弃了。为了达到上述目的，李斯还告诉胡亥，必须驱除身边那些保守尧、禹精神的三种人，即俭节仁义之人、谏说论理之人、烈士死节之人。李斯说："且夫俭节仁义之人立于朝，则荒肆之乐辍矣；谏说论理之臣间于侧，则流漫之志诎矣；烈士死节之行显于世，则淫康之虞废矣。故明主能外此三者，而独操主术以制听从之臣，而修其明法，故身尊而势重也。"就是说，让那些节约俭朴仁义的人占位在朝中，那么，荒诞肆意的快乐就得中止；把那些进谏言讲道理的人安插在身边，那么，风流浪漫的念头就得打消；让那些刚烈不怕死的人显赫于世，淫乐纵情的欢娱就要废弃。所以明主一定要排斥这三种人，掌握权术控制听话的臣僚，制定严明法律，就能身尊势重。李斯告诉秦二世的"荒肆之乐""流漫之志""淫康之虞"，就是要和夏桀王、殷纣王、周幽王一样，在拥有天下统治权之后，完全把自己的自然生命沉浸在物质享乐之中，追求美食、美色、财富、权力，醉生梦死，坠入"欲望陷阱"；要让统治者享受权力带来的享乐，而让被统治者承受沉重责任带来的痛苦。这就是胡亥、李斯之流的"督责之术"对秦国责任伦理的颠覆，对大禹精神的颠覆。陈胜喊出"天下苦秦久矣！"的原因就在于此。

二、秦国生存责任伦理源头之二：商周之际中潏"在西戎，保西垂"

华夏民族通过大禹治水，消灭了洪水之患，华夏九州成为土肥水美的富庶之地；由于严寒、干旱等因素的影响，四夷不断向华夏中原地带逼近，引起华夏民族与四夷民族发生了激烈的生存竞争。华夏民族不得不与东夷、西戎、南蛮、北狄进行殊死搏斗。伯益后裔嬴姓人跨越夏商周三代，经历两次革命，多次迁徙，最后承担起"在西戎、保西垂"的历史责任。第一次是商汤革命，嬴姓人站在商汤一方，费昌帮助商汤灭夏桀，中衍之后被封为诸侯，戎胥轩以商朝贵族身份"和西戎"，中潏以商朝贵族身份"保西垂"；第二次是武王革命，嬴姓人站在殷纣王一方，蜚廉、恶来助纣为虐，恶来被杀，蜚廉逃到东方，周成王践奄，一部分商奄之民被征服，一部分戴罪在身，从商朝贵族变为周朝庶民被迁往西部称为"秦夷"。现将嬴姓人经历的两次革命分述如下：

1. 在秦国生存责任伦理形成中，嬴姓人参加的第一次生命搏斗——"商武革命"，商汤消灭夏桀。嬴姓人站在革命一方，费昌擅长马车驾驭技术，担任御者帮助商汤消灭了夏桀；太戊帝时代，中衍担任太戊帝的御者，辅佐殷国，被封为诸侯。商朝以兄终弟及、父传子、嫡长子制等形式一共传了十七代，三十一王，六百二十九年。汤武革命对嬴姓人来说意义重大：其一，汤武革命，汤灭夏开了臣属以武力夺取君位先例。因为夏桀"不务德而武伤百姓，百姓弗堪"（《史记·夏本纪》），"赋敛无度、万民甚苦"（《韩诗外传·卷十》），夏桀还自比太阳，百姓说："时日曷丧？予及汝偕亡"（《尚书·汤誓》）。商"'汤始征，自葛载'，十一征而无敌于天下"（《孟子·滕文公下》）。"韦顾既伐，昆吾夏桀""有夏多罪，天命殛之"，最终以武力灭夏。其二，商汤崇拜上帝鬼神，克己修德，获得天下民心。《史记·夏本纪》说："汤修德，诸侯皆归汤。"根据《吕氏春秋·顺民》记载，商汤试图自焚以向上帝祈雨。"昔者汤克夏而正天下，天大旱，五年不收，汤乃以身祷于桑林……民乃甚说，雨乃大至。"根据《史记·殷本纪》记载：商汤仁爱之心及于鸟兽。"汤出，见野张网四面，祝曰：'自天下四方皆入吾网。'汤曰：'嘻，尽之矣！'乃去其三面，祝曰：'欲左，左。欲右，右。不用命，乃入吾网。'诸侯闻之，曰：'汤德至矣！及禽兽。'"其三，商汤建立商王朝。"景亳之会"建立诸侯联盟，在三千诸侯大会上，汤被推举为天子，定都南亳（今河南省商丘市谷熟镇）。《诗·商颂·殷武》称："昔有成汤，自彼氐羌，莫敢不来享，莫敢不来王，曰商是常。"伯益后裔以御者身份参加汤武革命，消灭了夏桀。根据《史记·秦本纪》记载：伯益即大费生有二子，一个是大廉，即鸟俗氏；另一个是若木，即费氏。若木即费氏的玄孙是费昌，子孙有的在中原，有的在夷狄。在夏桀时，费昌离开夏国，归附了商汤，给商汤做御者，在鸣条打败了夏桀。鸣条在哪里？段连勤先生认为，一说在河南封丘东，一说在山西安邑县北。夏桀都河南洛阳，当以河南封丘东为是。商汤领导的商夷联军在鸣条击溃夏朝军队，夏桀逃往南巢（今安徽省巢县）并死在那里。而且，费昌所率之东夷人绝不会在鸣条战后就罢手。商夷联军乘胜西进，攻占了夏朝的心脏地区汾河下游的大夏，并西上扫荡了泾渭流域的夏朝残余势力。

商汤率领的商夷联军由我国的东方进入了西方的关中平原。因为，根据段连勤先生研究，"在商夷联军灭亡夏朝之后夷人的分布和活动地区发生了很大的变化：陕西关中地区突然出现了东夷人的活动。《竹书纪年》载：'桀三年，畎夷入于岐以叛。'《后汉书·西羌传》亦载：'后桀之乱，畎夷入居邠岐之间。'邠岐在今陕西旬邑和岐山县，正当关中肥美的泾渭平原上，此当为畎夷迁至关中时的最初居地"①。这也是《史记·秦本纪》所言费昌，"子孙或在中国，或在夷狄"隐含的意义之所在，也就是说，嬴姓费昌的子孙随商夷联军进入泾渭平原的邠岐之间。

费昌参与商汤革命，给嬴姓后裔命运带来了大好的历史机遇。根据《史记·秦本纪》记载：大廉的玄孙是孟戏和中衍，身体长得很像鸟，但说人话。商朝太戊帝想让他们给自己驾车，就去占卜，卦象吉利，于是把他们请来做御者，并且给他们娶了妻子。自太戊帝以后，中衍的后裔，辅佐殷国，嬴姓大多显贵，于是成为诸侯。中衍的玄孙是中潏，驻防西戎地区，在西垂建筑城堡。看来嬴姓人从费昌到中潏都是忠心耿耿辅佐殷国的。

在商朝后期，嬴姓和姬姓抗击西戎、北狄，保卫殷朝西部边疆。嬴姓

---

① 段连勤：《关于夷族的西迁和秦嬴的起源地、族属问题》，《人文杂志》编辑委员会编，《先秦史论文集》，1982，第 168 页。

戎胥轩、中潏作为诸侯"在西戎，保西垂"，蜚廉、恶来亲自为殷纣王效力。同时，姬姓的季历和姬昌抵抗来自西北方向的戎狄，作为"牧师"和"西伯"，受到殷国的嘉奖。前面引用《史记·秦本纪》叙述秦人世系时，由中衍直接讲到其玄孙中潏，中间没有说到其他人。在申侯向周孝王陈述周秦关系的话中，插入了中潏的父亲戎胥轩。据《史记·秦本纪》记载，申侯对周孝王说：从前我们申国的先人骊山之女，嫁给戎胥轩做妻子，生下中潏，由于亲戚关系归服周国了，西垂与周国以中潏的缘故而和睦。

　　那么，戎胥轩、中潏和周国的和睦关系出现在什么时期？我们以周文王、周武王父子与蜚廉、恶来父子处于同一时期为时间基准，往前一代推论，殷王武乙、殷王文丁与戎胥轩、中潏父子处于同一时期，他们与古公亶父、季历父子也处于同一时期。当时的嬴姓人戎胥轩、中潏"在西戎、保西垂"为殷国守卫西部边疆，姬姓的古公亶父、季历他们也在为殷国守卫西部边疆。此时嬴姓与姬姓联姻，西垂以此而和睦，没有发生战争。周人讨伐戎狄还受到殷王的册封与嘉奖。根据《今本竹书纪年》记载：殷朝武乙元年，古公亶父由豳地迁往周原，武乙三年，殷王室赐予古公亶父岐邑。二十一年，古公亶父去世。武乙二十四年，周人的军队讨伐程邑，战于毕原，取得了胜利。三十年，讨伐义渠戎，俘获其君主到周国。三十四年，周公季历朝见殷武乙，殷王赐给他三十里土地、十对玉石、十匹马。三十五年，周公季历讨伐西落鬼戎。殷武乙到黄河渭水之间畋猎，被暴雷击中震死。又据《今本竹书纪年》记载：在殷文丁二年，周公季历讨伐燕京之戎，战败。四年，周公季历讨伐余无之戎，取胜。殷文丁册命季历为牧师。五年，周人修筑程邑。七年，周公季历讨伐始呼之戎，战胜。十一年，周公季历讨伐翳徒之戎，俘获其三位大夫，来向殷王进献大捷的战利品。商王嘉奖季历的功勋，赏赐了盛酒的玉器圭瓒，以及香草酿成的美酒秬鬯，册命他为最高爵位伯爵，不久却在塞库拘捕季历，导致季历在囚禁中死去，因此说文丁杀害了季历。

　　由此可见，周人在古公亶父、季历时期是从属于商王武乙、文丁的，一致应对的是西部的戎狄外患。戎胥轩、中潏协同周人抗御西戎则是毫无疑问的。正如陈平先生指出的："戎胥轩、中潏之族很可能便是为联合周族抗御犬戎，而奉殷王之命开赴西方甘陇边境商军中之一部。而在对犬戎的征伐取胜并将犬戎从其原居留地西垂即西犬丘赶走以后，中潏之族便乘势进占了那里。"① 周人的行为受到商王的嘉奖，同时也要看到，周人不断增强的军事实力，也引起商人的警惕甚至受到遏制，季历伐戎狄有功，反遭商王文丁杀害就是证明。

西伯姬昌的时候，周人与戎狄的矛盾基本得到缓解，西伯姬昌曾率西戎以及背叛商朝的诸侯归服于殷纣王。根据《后汉书·西羌传》记载："及文王为西伯，西有昆夷之患，北有猃狁之难。遂攘戎狄而戍之，莫不宾服，乃率西戎，征殷之叛国以事纣。"这是自从古公亶父以来祖孙三代流血牺牲换来的结果。戎狄之患缓解以后，天邑商国与周国的矛盾随之产生。根据《今本竹书纪年》记载：殷纣王十七年，西伯侯姬昌讨伐翟人，二十一年春正月，各诸侯国到周国朝见。二十三年，西伯侯被殷纣王囚禁在羑里。二十九年殷纣王释放西伯侯，诸侯迎接西伯侯回到程邑。三十二年，密人侵扰阮地，西伯侯率军队讨伐密国。次年，密人向周人投降，周都由毕邑迁往程邑。殷纣王赏赐西伯侯，授予他有权决定征伐反叛的诸侯国。三十四年，周国的军队占领了耆地及邘地，到达商朝都城门户，接着讨伐大商邑的亲密盟友崇国，崇人投降。西伯侯把都城从程迁往丰。李学勤《殷代地理简论》指出："周原服属于商，但在武乙、文丁时，周已逐渐扩大其势力。周文王伐邘一事是周、商势力对比转换的标志，因为邘即沁阳的孟，文王伐此地，实即直叩天邑商的门户。因此，武王伐商，中途无任何阻碍，可以直驱而至商郊。"② 可见，周人讨伐戎狄取得极大成功，戎狄势力慑服于周人，西部版图基本上掌控在周人之手，周人与戎狄的矛盾基本得到缓解。可是，昔日"小邦周"如今"三分天下有其二"，因此，周人与"天邑商"的矛盾开始上升为主要矛盾。

2. 在秦国生存责任伦理形成中，嬴姓人参加的第二次生命搏斗——

---

① 陈平：《关陇文化与秦嬴文明》，江苏教育出版社，2005，第191页。
② 李学勤：《殷代地理简论》，科学出版社，1958，第97页。

"武王革命"，周武王克商消灭殷纣王。由于殷人与周人的关系变成敌对关系，此时，中潏的子孙蜚廉、恶来帮助殷纣王对抗周武王，所以，嬴姓人与周人的关系也变成敌对关系了。蜚廉帮助殷人反抗周人。根据《史记·秦本纪》记载：中潏生了蜚廉，蜚廉生了恶来，恶来力气大，蜚廉善奔跑。父子以过人体力侍奉殷纣王。周武王讨伐殷纣，也杀了恶来。当时，蜚廉为殷纣王出使去了北方，返回时殷纣王已经死了，无法禀报，就在霍太山建筑神坛禀报，禀报时获得一口石棺，上面铭刻的文字提示："上帝命令处父不要参与殷乱，赐给一口石棺使你们族裔光华。"蜚廉死后，就埋葬在霍太山。李学勤先生说："仲（中）潏的孩子是处父，就是蜚廉。武王伐纣的时候，蜚廉给纣王做石椁。现在殷墟有个空大墓，学者认为是纣王的，原来想造石椁，没造成，这就是蜚廉在他那里做的，在什么地方？在霍泰（太）山。此山在山西中部的霍县东南，高 2800 多米，所以蜚廉就住在山西。"① 蜚廉死于何时？根据《孟子·滕文公下》记载：周公旦辅佐周武王诛灭殷纣王、征伐奄国，用了三年时间讨伐其君主，把蜚廉驱赶到海边杀死，灭掉了五十个国家，驱逐虎豹犀象到遥远的地方。天下人民非常喜悦。

　　1926—1927 年军阀党毓坤在陕西宝鸡戴家湾，即今宝鸡市金台区陈仓镇盗掘青铜器。其中一件冉方鼎，其中有周公东征的内容，陈梦家先生又称其为周公东征方鼎，现藏美国旧金山亚洲艺术馆。其铭文曰："惟周公邘征，伐东夷、丰白、薄古，咸戈。公归荐邘周庙。戊辰饮秦饮，公赏冉贝百朋，用乍尊彝。"这件青铜器是周公东征平叛的历史文物见证。在这次东征平叛中，东夷熊嬴十七族参与其中，当然也包括"嬴秦"的祖辈。三年平叛胜利后，回到周原用"秦饮"即秦地出产的秦酒举行祭祀，告慰祖宗。周公赐给周文王的最小儿子冉一百朋币，冉制作了这件冉方鼎。周成王、周公征伐的东夷人，其中就有"商奄之民"。

　　这部分被征服的东夷"商奄之民"，被迁移到陕西甘肃一带，他们就是西方秦人的祖先。2011 年出版的《清华大学藏战国竹简》（贰）具体记载

---

　　① 李学勤：《赵文化的兴起及其历史意义》，《邯郸学院学报》2005 年第 4 期，第 17 页。

了周成王、周公征伐蜚廉以及商奄之民的情况:"成王践伐商邑,杀录子耿,蜚廉东逃于商盖氏,成王伐商盖,杀蜚廉,西迁商盖之民于邾吾,以御奴且之戎,是秦先人,世作周圉。"① 就是说,周成王讨伐商邑,杀死了殷王子录子耿,蜚廉向东逃窜到商奄之族,周成王讨伐商奄之族,杀死蜚廉,西迁商奄之民于邾圉,让他们防御奴且之戎,这就是秦的先人,世代做周人的边陲养马人。由此可见,周成王讨伐商奄之族,杀死蜚廉,俘获了一部分商奄之民。周成王把俘获的一部分商奄之民迁往西方的朱圉(即邾吾)。朱圉在哪里?根据李学勤先生的考证,"朱圉",就是"《汉书·地理志》天水郡冀县的'朱圉',在冀县南梧中聚,可确定在今甘肃甘谷县西南"②。20世纪80年代,考古工作者在甘谷县磐安镇毛家坪即渭水之南的朱圉山下,发现了一处具有丰富内涵的秦文化遗存,时跨西周中期至战国,为一处嬴姓人的居住中心。这些嬴姓族人,在昔日殷商时代多为显贵,因为抗拒周武王革命,反抗周成王的平叛,变成了周人的"谪戍",由东方迁入遥远的西方。一部分到了关中京畿之地,一部分到了甘谷朱圉山下,一部分到了清水牛头河流域,还有一部分到了西汉水流域,这些嬴秦人共同承担"在西戎,保西垂"的政治责任。

可见,伯益后裔嬴姓人跨越夏商周三代,经历两次革命,多次迁徙,最后承担起"在西戎、保西垂"的历史责任。陈平先生对学术界关于秦人西迁的不同观点作了归类。③ 大致可以分为广义西迁与狭义西迁,广义西迁是嬴姓由冀鲁豫向苏皖鄂以及向晋陕甘宁迁徙。狭义西迁是指嬴姓到达陕西兴平犬丘和甘肃天水西犬丘。具体来说,广义西迁,一是伯益随同舜禹治水,到达东南和西部;二是费昌随同商汤商夷联军到达西部关中,被称为"畎夷";三是孟戏、中衍为太戊帝御者随同族人西迁;四是熊盈族随同周公东征军队西徙"九毕"迁入关中。狭义西迁,一是商代晚期,戎胥轩

---

① 清华大学出土文献研究与保护中心编,李学勤主编:《清华大学藏战国竹简》(贰),中西书局,2011,第141页。

② 李学勤:《清华简关于秦人始源的重要发现》,《光明日报》2011年9月8日,第11版。

③ 陈平:《关陇文化与秦嬴文明》,江苏教育出版社,2005,第181页。

娶骊山之女在陕西兴平犬丘生中潏，中潏由陕西兴平犬丘迁至甘肃天水西犬丘；二是《清华大学藏战国竹简》所说的商末周初，蜚廉被杀，东方"商奄之民"西迁甘肃天水朱圉；三是中潏后人女防、旁皋、太几、大骆、大骆嫡子成（蒙赵城姓赵氏）居甘肃天水西犬丘；三是周孝王时，大骆庶子非子在汧渭之间陕西兴平犬丘养马，周孝王封非子"附庸"后由陕西兴平犬丘西迁甘肃天水秦邑。赢姓东迁过程，就像"孔雀东南飞"一样，在古代赢姓是"玄鸟西北飞"，赢姓人以玄鸟为图腾，玄鸟就是燕子，赢姓人西迁就像一拨又一拨的燕群，落脚在西部的赢姓秦人，"在西戎、保西垂"，对秦国崛起具有特殊意义。

3. 在秦国生存责任伦理形成中，赢姓人参加的两次生命搏斗的意义：赢姓人参加两次生命搏斗以及中潏"在西垂，保西垂"对赢姓人产生巨大影响。

其一，赢姓人确立了生存责任伦理的责任主体意识。在汤武革命之后，商代赢姓多为显贵，中潏承担了"在西戎，保西垂"的生存责任，用生命保卫华夏生存空间。但是，因为蜚廉、恶来助纣为虐，周武王革命之后，赢姓成为被监督的对象，他们顺应历史潮流，又转而为周朝承担了"在西戎，保西垂"的生存责任，在西垂的赢姓人还以周穆王封在晋国的本家造父的大名，蒙荫赵城，攀附同宗，改姓赵氏替自己做掩护，小心地处理与周朝与西戎的关系。

其二，赢姓人确立了上帝以及华夏王朝在生存责任伦理中的责任受体地位。根据《礼记·表记》记载："殷人尊神，率民以事神，先鬼而后礼。先罚而后赏。"赢姓人深受殷商文化影响，除了向世俗的华夏王朝负责，还要向超世俗的上帝鬼神负责，这是赢姓人创造出来的双重责任受体。赢姓人既重视世俗生活，又事死如事生，具有一定的来生意识，人殉、厚葬等神道色彩明显。此后秦襄公祠白帝，秦国建立五帝志业宗教，以及秦王政"以王僭帝"称"皇帝"的政教合一观念都与此有关。

其三，赢姓人确立了生存责任伦理中的伦理精神：既有"大禹精神"，敢于同大自然的灾害作斗争；又有"汤武精神"，不愿做奴隶，敢于反抗强权和一切敌寇,进行生命搏斗。嬴姓人卷入"汤武革命"和"武王革命"的历史经验,以及"在西戎,保西垂"与戎狄打交道的地缘环境,锻造了他们崇尚武力、追求实力、讲求实际的文化性格,以及"闻战则喜"勇于进行生命搏斗的尚武精神。

三、秦国生存责任伦理源头之三:西周嬴姓人从"秦夷""戍秦人"到"西垂大夫"

西周时代,嬴姓人的命运经历三次重大变化,同时,嬴姓人生存责任伦理的责任主体也经历三次嬗变。第一次嬗变是嬴姓人经历周武王革命之后,从商王朝册封的诸侯显贵,忽然间国破家亡,坠命丧氏,追随蜚廉的熊嬴之族、商奄之民,一部分被迁往西方成为战俘奴隶,西周金文称之为"秦夷""戍秦人",这部分戴罪在身的"秦夷""戍秦人",此时嬗变为赎罪责任主体。第二次嬗变是嬴姓人以驾车、养马职业,为周王室效劳奔命,如造父为周穆王御车、非子为周孝王养马,以服赋役的业绩与功勋洗刷嬴姓人历史污点,造父被封赵城,非子被封秦邑。从卑贱的"秦夷"变为华夏"国人",邦君"附庸",这是一次华丽转身,嬴姓人嬗变为赋役责任主体。第三次嬗变是嬴姓人抵御南蛮西戎的侵略,与戎狄进行生命搏斗,用自己的鲜血保卫土地,用戎寇的鲜血祭祀祖宗,他们为周朝立下功勋,从普通的"士"被册命为"大夫",如秦仲被封为"大夫"、庄公被封为"西垂大夫",奄父后人也在晋国建立赵氏宗族,成为统治集团的一员。此时嬴姓人嬗变为戍守责任主体。这三次命运变化与责任主体嬗变,是秦国生存责任伦理形成的开端。现将这三次命运变化与责任主体嬗变具体内容分述如下:

1. 嬴姓人作为"赎罪责任主体"。第一次责任主体嬗变是嬴姓人经历周武王革命之后,从商王朝册封的诸侯显贵,忽然间国破家亡,坠命丧氏,再经过周公东征,追随蜚廉的熊嬴之族、商奄之民,一部分被迁往西方成为战俘奴隶,西周金文称之为"秦夷",这部分戴罪在身的"秦夷",此时嬗变为赎罪责任主体。前面说到,被周成王、周公迁往西部的一部分商奄之民，他们在西周社会地位低下，被视为东夷奴隶、外邦庶民。蜚廉死后，由蜚廉儿子恶来革（恶来）所传的女防、旁皋、太几、大骆一系嬴姓人，也因为受到蜚廉助纣为虐历史问题的牵连，背负着祖先的沉重政治包袱，所以，这部分来自东方"商奄之民"以及蜚廉后裔，就是《师酉簋》中所说的"秦夷"。李学勤解释道："西周中期的询簋和师酉簋都提到'秦夷'，还有'戍秦人'，来自东方的商奄之民后裔自可称'夷'，其作为戍边之人又可称'戍秦人'。"①

西周青铜器《师酉簋》中提到"秦夷"。学术界对《师酉簋》年代有不同观点，吴其昌、曹定云认为"当为西周中期的孝王元年"青铜器。②《师酉簋》铭文记载：周孝王元年，周孝王招呼史墙，册命师酉继承先祖的职责，管理好两种人群，第一种是邑人、虎臣，这是具有一定政治地位的人；第二种是包括"秦夷"在内的五种夷人，这是没有政治地位的奴隶。师酉是一员武将，出身显贵家族，其祖辈曾随同周公东征。他管辖的五种夷人，就是参加过蜚廉一伙叛乱，受到周成王、周公镇压的东夷人"商奄之民"后裔，让师酉管辖他们，是为了防止他们继续作乱，让他们为周人戍边赎罪。《师酉簋》中的"秦夷"就是戴罪在身，将功补过的"赎罪责任主体"。

2. 嬴姓人作为"赋役责任主体"。第二次责任主体嬗变是嬴姓人以养马、驾车职业，为周王室效劳奔命，如非子为周孝王养马，非子被封秦邑，造父为周穆王御车、被封赵城，以服赋役的业绩与功勋洗刷嬴姓人历史污点。从卑贱的"秦夷"变为"附庸""国人"，这是一次华丽转身，嬴姓人由赎罪责任主体嬗变为赋役责任主体。

其一，非子封秦邑和造父封赵城意义重大，为东周王室册封秦国和赵国为诸侯奠定了基础。根据《史记·秦本纪》记载：蜚廉又有儿子叫季胜，

---

① 李学勤：《清华简关于秦人始源的重要发现》，《光明日报》2011 年 9 月 8 日，第 11 版。

② 曹定云：《论西周金文中的秦地、秦夷和秦人》，《辉煌雍城——全国（凤翔）秦文化研讨会论文集》，三秦出版社，2017，第 136—141 页。

季胜生了儿子孟增。孟增得到周成王恩宠，于是为宅皋狼。皋狼生了衡父，衡父生了造父。造父因善御得到周穆王恩宠。周穆王得到了被称为骥、温骊、骅骝、騄耳的四骏马，巡视西方，乐而忘归。徐偃王作乱时，造父为穆王御者，一路长驱回到周朝，一日千里平定叛乱。周穆王把赵城封给造父，造父族人从此为嬴姓赵氏。从蜚廉生季胜以下五代到造父，才分出来居住在赵城。春秋晋国大夫越衰就是造父后代。恶来革也是蜚廉儿子，早死，他生了儿子名叫女防。女防生旁皋，旁皋生太几，太几生大骆，大骆生非子。因为造父受到周穆王的恩宠，他们都承蒙赵城的恩荫，姓了赵氏。非子居住在犬丘，非常喜爱养马和其他牲畜，善于牲畜饲养和繁育。犬丘人把这件事告诉了周孝王，周孝王召见了非子并让他在汧渭之间主管养马，马大批滋生繁衍。……于是，周孝王说："从前伯益为舜主管饲养牲畜，牲畜滋生繁衍，所以获得了土地，赐姓为嬴。现在伯益后裔为我养马，我为他分封土地为附庸，在秦地建立秦邑。使他恢复嬴姓的祭祀，称作秦嬴。"可见，造父为周穆王承担御车责任，迅速平定了徐偃王之乱，建立功勋封在赵城，赐姓赵氏。非子为周孝王承担养马责任，马群大批滋生繁衍，创造业绩封在秦邑，恢复故姓嬴。在周朝，秦、赵两族第一次获得土地占有权和姓氏名誉权，分别在赵城和秦邑确立赵氏和秦氏的政治地位，这是"开天辟地"的大事，为以后秦襄公建立秦国、赵烈侯建立赵国奠定了基础。

非子封秦邑、造父封赵城的历史机遇，来自周王室对戎狄战略的变化。周文王时期，采用挞伐与羁縻并用的方法，使得西北方向的戎狄势力受到极大遏制，周武王乘着征伐殷纣王的余威，建国经野，使得戎狄以"荒服"对周王室称臣纳贡。根据《汉书·匈奴志》记载："武王伐纣而营雒邑，复居于丰镐，放逐戎夷泾、洛之北，以时入贡，名曰荒服。"此后的周成王、周康王时期，周朝礼制逐步完善，进入一个强盛、文明、和平的年代。根据《史记·周本纪》记载："成康之际，天下安宁，刑错四十余年不用。"周昭王时期，向南方拓展，向蛮夷用兵。根据《史记·周本纪》记载："昭王之时王道微缺。昭王南巡狩，不返，卒于江上。"周昭王南方战略，受到挫折。周穆王时期，转向对西北戎狄用兵。根据《汉书·匈奴志》记载，从西北戎狄向周武王服"荒服"算起，"其后二百有余年，周道衰，而周穆王伐畎戎，得四白狼四白鹿以归。自是之后，荒服不至"。周穆王的战略错误，导致周王室与西北戎狄矛盾逐步激化。根据《今本竹书纪年》记载，周共王"四年，王师灭密"。泾河流域的密国被消灭了。可是，西北戎狄势力并没有被王师所震慑。根据《史记·周本纪》记载："至穆王之孙懿王时，王室遂衰，戎狄交侵，暴虐中国。"就是说，周懿王时期，西北戎狄势力极其嚣张，不断向周王室反扑。根据《今本竹书纪年》记载，西北戎狄进逼之势愈演愈烈：周懿王"七年，西戎侵镐"。周懿王"十三年，翟人侵岐"。周懿王"十五年，王自宗周迁于槐里"。周懿王"二十一年，虢公帅师北伐犬戎，败逋"。四年之后，周懿王去世。根据《今本竹书纪年》记载：周孝王"正月，王即位。命申侯伐西戎。五年，西戎来献马。八年，初牧于汧、渭"。就是说，周孝王元年，周王室决定由申侯征伐西戎，申侯采用挞伐与羁縻相结合的办法，初步平定了西戎。周孝王五年，西戎便主动向周王室献马，周孝王八年，周王室开始在汧渭之会开辟牧场。于是，发生了非子养马于汧渭之会，"马大蕃息"，周孝王封非子"附庸"，并"邑之秦"，这一秦史上划时代的事件。

周孝王封非子秦邑还有一段历史插曲，那就是非子的分封涉及嫡子继承权问题。周孝王封非子，是一种废嫡立庶的做法，不合乎"立子立嫡"的周朝礼制。因为大骆有两个儿子，一个名叫成，成是大骆的嫡子，一个是非子，非子是大骆的庶子，所以，本应以嫡子成为大骆嫡嗣。更为关键的是，二人不是同一母亲所生，嫡子成的母亲是申国女子，当周孝王准备将西犬丘的继承权授予非子时，嫡子成以及申国舅家的利益就要受到损失。由于申侯采用挞伐与羁縻相结合的办法平定西戎，申国在周王室与西戎关系举足轻重，所以，申国的申侯就向周孝王封非子提出反对意见。尤其是继承权问题，涉及周王室与诸侯国的关系。西周末年，周幽王宠爱褒姒，废黜申后，立庶子伯盘，废嫡子宜臼，引起宗周王室与申侯、鄫侯的矛盾，最后申、鄫引来西戎将周幽王和伯盘杀死在骊山之下，导致西周灭亡。可见, 继承权问题非同小可。于是, 在周孝王与申侯之间发生了一场政治博弈。根据《史记·秦本纪》记载: 周孝王想让非子做大骆的继承人。申侯之女是大骆的妻子, 生了嫡子名叫成, 嫡子成应该做大骆继承人。申侯对周孝王说: "从前我祖先郦山之女, 她做了嬴姓戎胥轩的妻子, 生了儿子中潏, 因为中潏与申国的这层亲戚关系, 就归附周朝, 保卫西垂, 西垂因此和睦。现在我把女儿嫁给中潏后裔大骆为妻子, 生下嫡子成做继承人, 申国与嬴姓大骆再次联姻, 西戎全都顺服, 这都是为了您周王的利益, 希望您再做筹划。"可以看出, 申侯的话, 说到了嬴姓人戎胥轩与骊山之女的一段姻缘, 生下"保西垂"的中潏, 又说到了嬴姓人大骆与申国之女再续一段姻缘, 生下了嫡子成。申侯之言, 从周王室、申国、西戎三家的关系出发, 追根溯源, 有理有据。于是, 周孝王权衡轻重, 改变初衷, 作出了双重制度安排, 一是按照血缘继承法, 不改变嫡子成在西犬丘对其父大骆的继承权, 同时, 按照功勋恩赐法, 将大骆庶子非子别封于秦邑, 号为秦嬴。于是嫡子成的西犬丘和非子的秦邑形成犄角之势, "在西戎、保西垂"继续为周王室承担戍守西部边疆的责任。

其二, 非子履行赋役责任的犬丘、西犬丘在什么地方? 段连勤先生指出: "西周春秋时, 今陕西兴平东南有犬丘, 亦曰废丘; 甘肃天水县 (今天水市) 西南亦有犬丘, 史称西犬丘或西垂。此两犬丘当为畎夷入居泾渭流域后的居地。这一点可以从春秋经传对春秋时期卫国境内的犬丘的解释看出来。《春秋经·隐公八年》云: '八年春, 宋公卫侯遇于垂。'左氏传曰: '八年春, 齐侯将平宋卫, 有会期。宋公以币请于卫, 请先相见。卫侯许之, 故遇于犬丘。'显然《春秋经》所说的垂即《左传》所说犬丘, 所以杜预《集解》注曰: '犬丘, 垂也, 地有两名。'可见犬丘即垂, 垂即犬丘, 都是指的同一地方。天水西南的犬丘之所以又称西犬丘、西垂, 正是相对于山东曹县的犬丘又称垂而言的。自王国维以来, 西犬丘和西垂是一地还是两地, 甚至西垂究竟是否具体地名真是聚讼不已。郭沫若和日人中井积德都释垂为边垂（陲），即西部边疆之意，显然是忽略了上述春秋经传的记载。"① 毫无疑问，"垂"就是"犬丘"，"犬丘"就是"垂"，有《左传》为证，其地望见于山东曹县；陕西兴平又有犬丘，周称"犬丘"，秦称"废丘"，汉称"槐里"，当是东方"畎夷"或"商奄之族"将原来在山东的"犬丘"名称带到了陕西兴平，所以也称"犬丘"。由于陕西与甘肃相邻，相对于陕西的"犬丘"，甘肃的"犬丘"就称为"西犬丘"就是"西垂"，即大骆嫡子成所居之地，其地望就是甘肃天水西南西和县、礼县一带的西汉水流域。

"犬丘"所在的汧渭之会是周王室养马基地之一。梁云先生指出，1955年在陕西眉县出土了一批西周中期懿、孝时期铜器，有两件驹尊，其中之一的"盠尊与非子大体同时代，再结合《秦本纪》的那段记载，非子曾在汧渭之会为周王牧马当无疑问"②。史党社先生曾对犬丘的地望作过考察，认为在陕西兴平阜寨乡南佐村一带，③《元和郡县志》记载，南佐村附近有马牧泽和百顷泽。这里，正是司马迁《史记·秦本纪》"非子居犬丘，好马及畜，善养息之"所说的"犬丘"。如果司马迁所记不误，非子养马所居犬丘，就在陕西兴平一带，此地就在汧渭之间。

秦文公四年东猎汧渭之会，肯定了秦嬴非子的历史功绩。根据《史记·秦本纪》记载：秦文公"四年，至汧渭之会，曰：'昔周邑我先秦嬴于此，后卒获为诸侯。'乃卜居之，占曰吉，即营邑之"。秦文公所说的"昔周邑"的地望，就在陕西宝鸡戴家湾一带。在前面说到，现收藏于美国旧金山亚洲展览馆，在陕西宝鸡戴家湾文物浩劫中出土的西周青铜器《周公东征方鼎》，证明了周公东征三年"践奄"的事实，而且，证明了陕西宝鸡一带就是周公家族封地。另外，现收藏于美国波士顿美术馆，也是在陕西宝鸡戴家湾文物浩劫中出土的西周青铜器《鲁侯熙鬲》，其铭文曰："鲁侯

---

① 段连勤：《关于夷族的西迁和秦嬴的起源地、族属问题》，《人文杂志》编辑委员会编，《先秦史论文集》，1982，第 168 页。

② 梁云：《非子封邑的考古学探索》，《中国历史文物》2010 年第 3 期，第 26 页。

③ 史党社、任建库：《槐里犬丘与秦人早期历史相关的一点线索》，《文博》2002年第 6 期，第 67—68 页。

熙作彝，用享兹厥文考鲁公。"也能证明陕西宝鸡一带就是周公家族封地。高次若、刘明科、官波舟等先生也指出，周公家族墓地青铜器的出土，证明陕西宝鸡一带当年是周公家族封地，即《史记·秦本纪》的"昔周邑"①。秦文公说，"昔周邑我先秦嬴于此"，表明非子就在"昔周邑"即周公家族的封邑上，周孝王封非子"附庸"，赐姓"秦嬴"，并且"邑之秦"。

其三，周孝王命非子"邑之秦"的"秦邑"在什么地方？李零先生认为，就在汧渭之间即陕西宝鸡市陈仓区一带，非子后裔秦文公营造的秦邑"显然与非子所邑之秦是同一地点，它应当就是非子当年为周孝王养马的'汧渭之间'……则其地亦当在陈仓附近"。梁云先生认为，应该把非子在汧渭之会的"昔周邑"主管养马与周孝王封非子的"秦邑"分开，"非子牧马之地和非子封邑是两回事，不可混为一谈"。晋代史学家徐广指出，秦邑"今天水陇西县秦亭也"。梁云、徐日辉等先生认为，周孝王封非子的"秦邑"，就是徐广所说的"秦亭"，在今甘肃清水县与张家川回族自治县一带，此两处古代都称为清水，这里的牛头河流域李崖遗址应是周孝王封非子秦邑的所在地，"非子封邑既然不在汧渭之会，自然应该到牛头河流域去寻找"②。周孝王命非子在汧渭之会养马，并在"昔周邑"附近让非子"邑之秦"，所以，起初的"秦邑"就在汧渭之会。而且"秦"是非子以前就有的名称，"秦"不是一个固定的"点"，所以，非子活动并不是在单纯的一个"点"上，而是一个具有广大面积的地域"带"，在"秦"的地域"带"上建邑，就可以称作"秦邑"；况且关陇之间山水相连一体，起初汧渭之会的"昔周邑"可以有"秦邑"，此后陇西"秦亭"也可以有"秦邑"。周孝王时代西戎和睦，非子居于"昔周邑"王畿之内的"秦邑"；祝中熹先生认为，周厉王时代，国人暴动，戎狄侵扰王畿，各种势力挤压，秦仲一族西迁陇西，另谋发展，同时，向大骆一族故地进行战略迂回，解救被西戎侵

---

① 高次若、刘明科：《斗鸡台墓地出土青铜器与周公家族问题的思考——兼谈何尊原始出土地》，《宝鸡社会科学》2006年第1期，第42页。

② 梁云：《非子封邑的考古学探索》，《中国历史文物》2010年第3期，第26页。

占的西犬丘。① 就把"秦邑"由今陕西宝鸡一带的汧渭之会迁徙到今甘肃清水与张家川境内了。甚至"秦之地名，也随之转移到陇上"②。

其四，周孝王封非子的"秦邑"，只是"附庸"，相比于"诸侯"处于较低政治地位。战国时代有五等爵之说，根据《孟子·万章下》记载：按照周天子的礼制，周天子王畿有方圆千里的封地，公爵、侯爵有方圆数百里的封地，伯爵有方圆七十里的封地，男爵有方圆五十里的封地，一共五个等级。不能超过五十里，不能直接上达周天子，只能依附于诸侯，称之为"附庸"。孟子所说的五等爵只是战国人对西周官爵制度的大致描述。如果要追溯到西周初期的文献，就可以发现包括"附庸"在内的西周官爵制度的变迁。根据《尚书·召诰》和《大盂鼎》记载，诸侯有侯、甸、男三种；《尚书·酒诰》记载，除了侯、甸、男之外，还有"邦采、卫"。于是，侯、甸、男，邦采、卫形成西周五服制度的"差序格局"结构。按照《国语·周语》记载："夫先王之制，邦内甸服，邦外侯服，侯卫宾服，蛮夷要服，戎狄荒服。"就是说，按照先王礼制，周天子之邦的王畿方圆千里之内是甸服，周天子之邦的王畿以外方圆五百里是侯服，侯卫即男采卫则以宾客身份服侍周天子，蛮夷通过要约缔结友好关系服侍周天子，戎狄游牧牛马，居无定处，荒忽无常，服侍周天子亦于时不定了。由此推断，非子所封的"附庸"相当于西周五服制度中的"采卫"或者"侯卫"，以"宾服"服侍周天子，就是以宾客身份服侍周天子。"附庸"有属于自己的一个城邑和一片土地，面积不得超过方圆五十里，并且拥有一定的私人武装力量。林沄先生指出："在周代，这种私人武装被称为'仆庸'（或作'附庸'，讹为'陪敦'）。例如，《国语·晋语》记载，晋文公新归晋国做国君时，'秦伯纳卫三千人，实纪纲之仆'。而《诗经·嵩高》则提到申伯迁都于谢地时，周王下令'因是谢人，以作尔庸'。西周金文中多处提到周王的仆和庸。'虎臣'大概是王之仆的一种专称。师酉簋和询簋铭文中列举了虎臣和

---

① 祝中熹：《秦史求知录》，上海古籍出版社，2012，第100页。

② 祝中熹：《早期秦史》，敦煌文艺出版社，2003，第172页。

庸的成分,看来都是异国人,而且包括'降人服夷'。"① 对于周天子来说,非子属于来自东方"商奄之民"的异邦,封非子为"附庸",就可以利用异邦力量为周王室服务,而且"成秦人"作为异邦武装力量,可以超越姬姓血缘宗法关系掣肘,树立周天子个人至高无上的政治权威。对于嬴姓人来说,非子被周孝王封为附庸是一次重要历史机遇。

西周青铜器询簋中提到"成秦人"。学术界对其年代有不同观点,李学勤认为是周厉王时器。② 刘雨、曹定云认为,此器在非子封秦邑之后,"定为宣王时代是合适的"。"作于周宣王十七年"。③ 询簋铭文记载:周宣王十七年,周宣王让益公随同询接受册命并告诉询:周文王、周武王受了天命,你的祖先为周国建立了功勋,现在命令询要管理好三种人,第一种是邑人、虎臣,第二种是包括"秦夷"在内的多种夷人,这和师酉簋的管理范围基本相同。第三种是包括"秦人"在内的多种国人。这表明嬴姓后裔中一部分人的地位的提升,一部分已经从"秦夷"提升到"秦人"了。"夷"是没有"国"的,是没有政治地位的奴隶;"人"已经有"国",具有一定政治地位,所以,"成秦人"的出现应是周孝王封非子于秦邑作为"附庸"获得"秦嬴"名誉称号,以及周孝王恩准嬴姓人嫡子成获得大骆在西垂的继承权之后。史党社先生认为,询簋中的"秦夷"与非子无关,是秦地原有之夷。"成秦人"实即非子之族,是指驻防秦地之人。④ 所以,师酉簋询簋中的"秦夷"就是罪恶在身的赎罪责任主体;而"成秦人"表明一部分嬴姓人赎罪以后获得了一定政治地位,为周王室承担谪戍、劳役责任,嬴姓人由"赎罪责任主体"嬗变为"赋役责任主体",并且为逐步获得一定的政治主权奠定了基础。

① 林沄:《林沄学术文集·关于中国早期国家形式的几个问题》,中国大百科全书出版社,1989,第90—91页。

② 李学勤:《秦国文物的新认识》,《文物》1980年第9期,第25页。

③ 曹定云:《论西周金文中的秦地、秦夷和秦人》,《辉煌雍城——全国(凤翔)秦文化研讨会论文集》,三秦出版社,2017,第136—141页。

④ 史党社:《秦人早期历史的相关问题》,《秦文化论丛》(第6辑),西北大学出版社,1998,第86—87页。

3. 嬴姓人作为"成守责任主体"第三次责任主体嬗变是嬴姓人抵御南蛮西戎的侵略，与戎狄进行生命搏斗，用自己的鲜血保卫土地，用戎寇的鲜血祭祀祖宗，他们为周朝立下功勋，秦仲被封为"大夫"、庄公为"西垂大夫"，奄父后人也在晋国建立赵氏宗族，成为晋国贵族。《史记·赵世家》：造父为周穆王御车，被封在晋国赵城，到了第六代奄父即公仲的时候，周宣王讨伐西戎，奄父为周宣王御车，千亩之战，奄父帮助周宣王脱险。奄父生叔带，此时周幽王无道，叔带离开宗周回到晋国，侍奉晋文侯，并在晋国建立赵氏家族。叔带之后，赵氏越来越兴旺，过了五代传到了赵夙。此时嬴姓人由"赋役责任主体"嬗变为"成守责任主体"了。周孝王时期，周孝王任用申侯主持讨伐戎狄，重用秦嬴非子、嫡子成成守西北边陲，戎狄暂时平息。秦人分作两支力量为周王室成守边陲，一支作为大骆嫡传，嫡子成仍然居于西犬丘或称为西垂，即今甘肃西和县、礼县西汉水一带；一支作为大骆庶子的秦嬴非子，别封在"昔周邑"附近的"秦邑"即今陕西宝鸡的汧渭之会。从宗周看，二者一在西南，一在西北，与宗周构成三角态势，二者在地缘战略上形成掎角之势。

其一，周厉王无道，西戎反叛周王室，消灭犬丘大骆之族，敲掉了周王室在西部的一个军事支点。周孝王死后，周夷王继位，周德日益衰落，由于纪侯谮齐哀公，周夷王烹齐哀公，导致宗周朝廷与诸侯国关系不睦。周夷王死后，周厉王继位，周德更加衰落，周厉王对内用荣夷公为卿士，实行专利；用卫巫监谤，禁止妄议朝廷；对外不友诸侯，交恶夷狄，先是在周厉王三年，"淮夷入寇，王命虢仲征之，不克"（《今本竹书纪年》）。接着是周厉王十一年，"西戎入于犬丘"（《今本竹书纪年》）。西戎发动军事行动，攻击犬丘大骆一族。根据《史记·秦本纪》记载："周厉王无道，诸侯或叛之。西戎反王室，灭犬丘大骆之族。"犬丘大骆之族，就是当年嬴姓大骆与姜姓申国之女通婚生下的嫡子成后裔，经周孝王同意获得了大骆在西垂的继承权，周厉王十一年，大骆的这支嫡传族人竟被西戎消灭了。

西戎人在灭了犬丘大骆之族以后，又将军事矛头指向了秦嬴一支，试图敲掉周王室在西部的另外一个军事支点。根据《史记·秦本纪》记载：

被周孝王赐姓秦嬴的非子生了秦侯。秦侯在位十年去世。生了公伯,公伯在位三年去世。生了秦仲,秦仲在位的第三年,周厉王三十六年,即公元前842年,周厉王无道,导致国人暴动,诸侯反叛周厉王。周厉王被赶下台,逃亡到彘地即今山西霍州市。根据《后汉书·西羌传》记载:"厉王无道,戎狄寇掠,乃入犬丘,杀秦仲之族。王命伐戎,不克。"《后汉书》注:"犬丘,县名,秦曰废丘,汉曰槐里也。"就是说,周厉王无道,戎狄贼寇又来掳掠,侵入槐里犬丘,屠杀秦仲的族人。由于周王室德衰,周厉王命令伐戎,竟然不能克敌。由于戎狄贼寇的攻击,秦嬴的后人秦仲一族损失严重,面临生死考验。

其二,秦仲四年,就是共和元年,即公元前841年,历史留给秦仲一族从边缘崛起的契机。此时,周厉王逃跑到彘地,周王室发生的一个重大变化就是共和执政。一种说法是共伯和摄政履行周天子之职,还有一种说法是周公、召公二人共和执政代行天子之职。这是君主政体危机的一次缓冲,也是中国历史准确纪年的开始。作为"附庸"的秦仲一族,曾经在汧渭之会"昔周邑"的"秦邑"为周人守护坟墓,这是嬴秦由小变大的开始。在共和摄政条件下,一方面,秦仲一族要抗御戎狄贼寇的侵扰,另一方面,由于共和后期"大旱既久,庐舍俱焚"。秦仲一族要接受天灾人祸的折磨。如何应对天灾人祸的挑战?秦仲一族作出的战略抉择就是由汧渭之会的"秦邑"迁徙到陇山之西即今甘肃清水县与张家川之间的清水流域重建秦邑。秦仲迁徙此地的战略目的就是扩展战略空间,实现边缘崛起。一方面是由于早年周成王将嬴姓"商奄之民"西迁朱圉,这里是嬴姓人的居留地,在今甘肃清水建立秦邑,可以巩固和扩展嬴秦根据地。另一方面是秦仲一族作为被西戎灭族的大骆嫡子成的嬴姓同宗,有义务为嬴姓同宗报仇雪恨,收复失地,光复旧物。从地缘战略上看,甘肃清水流域的秦邑处于西北方向,甘肃礼县西汉水流域大骆犬丘处于西南方向,两个根据地彼此相互照应,共同发展就可以从边缘崛起,一南一北形成新的犄角之势,与宗周构成新的三角态势,在周王室西部边陲筑起铜墙铁壁。

周宣王命秦仲为大夫,诛伐西戎,嬴秦从秦仲开始发展壮大。共和十四年即公元前 828 年，周厉王死于彘，共伯和还政归国，公元前 827 年周宣王即位并由周公、召公辅政。周王朝的政治形势出现历史翻转，也给秦仲一族崛起创造了条件。根据《史记·秦本纪》记载：周宣王即位之后，于周宣王三年，即公元前 825 年册命秦仲为大夫，让他诛伐西戎。周宣王六年，即公元前 822 年，西戎杀死了秦仲。秦仲从周厉王三十五年，即公元前 844 年即位，在位二十三年，于周宣王六年，即公元前 822 年以身殉职"死于戎"。

其三，秦仲被周孝王命为"大夫"，在秦人历史上具有三个重要意义。一是秦仲被周宣王册命为大夫，由非子"附庸"时在政治上较低等级的"士"晋升为较高等级的"大夫"，获得了一定的政治主权。按照西周分封制，根据《孟子》关于邦国职权以及邦国俸禄"六等位"的说法："君一位，卿一位，大夫一位，上士一位，中士一位，下士一位，凡六等。""大国地方百里，君十卿禄，卿禄四大夫，大夫倍上士，上士倍中士，中士倍下士，下士与庶人在官者同禄，禄足以代其耕也。"秦仲被册命为大夫，作为"内服"为周王室履行"大夫"的行政职责，由最低等级的"士"晋升为"大夫"，在西周"天子、诸侯、卿士、大夫、士"政治等级中，地位上升一个新的等级。二是秦仲被周宣王命令"诛西戎"，由秦嬴非子时期主管"养马"的牧马人，转变为率领一支军队"诛西戎"的武装力量，嬴秦人成为承担一定军事戍守任务的责任主体。三是嬴秦人从秦仲开始，在政治、经济、军事、文化上纳入周王朝正统体制之内，对秦国崛起为强国具有重要意义。根据《清华大学藏战国竹简》记载："秦仲焉东居周地，以守周之坟墓，秦以始大。"① 就是说，秦仲曾经在东部居住在周人的京畿之地，为周人守护祖先的坟墓重地，嬴秦由此开始发展壮大。秦仲在西隅边缘的战略布局以及大战西戎的战绩，使秦人赢得了宗周朝野人士以及各国诸侯的青睐，他们对秦人的发展壮大寄予厚望。根据《国语·郑语》记载：秦襄公五年，即公元前 773 年，司徒郑桓公曾问史伯说："若周衰，诸姬其孰

① 清华大学出土文献研究与保护中心编，李学勤主编：《清华大学藏战国竹简》（贰），中西书局，2011，第 138 页。

兴?"对曰："臣闻之，武实昭文之功，文之祚尽，武其嗣乎！武王之子，应、韩不在，其在晋乎！距险而邻于小，若加之以德，可以大启。"公曰："姜、嬴其孰兴?"对曰："夫国大而有德者近兴，秦仲、齐侯，姜、嬴之隽也，且大，其将兴乎?"史伯则以秦与齐并论，认为二者大国，且"将兴"。正如《史记正义》所言："秦以秦仲始大，襄公始命，穆公遂霸西戎，卒为强国。"就是说，秦国是从秦仲开始坐大的，秦襄公开始被册命为诸侯，秦穆公于是称霸西戎，终于成为强国。可见，在秦国崛起上秦仲有创始之功。

诗人作《车邻》之诗，赞扬秦仲的视死如归精神以及秦人车马礼乐风貌。《毛诗序》曰："美秦仲也。秦仲始大，有车马礼乐侍御之好也。"《诗经·秦风·车邻》："有车邻邻，有马白颠。未见君子，寺人之令。阪有漆，隰有栗。既见君子，并坐鼓瑟。今者不乐，逝者其耋。阪有桑，隰有杨。既见君子，并坐鼓簧。今者不乐，逝者其亡"。此诗大意是，车儿辚辚响，马儿白白额，还没见君子，让侍臣传达。阪坡树是漆，隰地树是栗，既已见到君子，并坐弹琴鼓瑟。今天要不快乐，过天就会衰耋。阪坡树是桑，隰地树是杨，既已见到君子，并坐吹笙鼓簧。今天要不快乐，过天就会死亡。《车邻》中的君臣相会，不仅让我们感受到秦人车马威武，琴瑟悠扬，具有车马礼乐侍御的技艺爱好；而且，让我们发现秦人视死如归，快乐向上，具有领悟生存死亡价值的精神信仰。正如《史记·秦本纪》所载秦仲以身殉职的壮举："西戎杀秦仲。秦仲立二十三年，死于戎。"正是在这种礼乐文化与大无畏精神熏陶下，秦仲率领嬴秦与西戎贼寇进行生命搏斗二十三年，"今者不乐，逝者其亡"。既能够体验生命的快乐，也能视死如归，即使"死于戎"，也在所不辞。

其四，秦庄公继承秦仲遗志，配合周王室军队与西戎殊死搏斗，夺回西犬丘，被周宣王命为"西垂大夫"。根据《史记·秦本纪》记载：秦仲在位二十三年，周宣王六年，即公元前822年被西戎杀害，秦仲有五个儿子，大儿子于周宣王七年，即公元前821年即位，这就是秦庄公，周宣王十二年，即公元前816年征召秦庄公兄弟五人，给以七千人的兵卒，让他们征伐西戎，秦庄公大破西戎。于是，周宣王再次赏赐秦仲一族后裔，把包括祖辈大骆一族的封地犬丘在内，一并归他们所有，任命庄公为"西垂大夫"。
同时，周宣王还给予秦仲少子嬴康在梁山的封地。根据宋代郑樵《通志·
氏族略》云："秦仲有功，周王封其少子康于梁山，因有梁氏。"梁，史称
"少梁"，即秦仲少子嬴康的封国。根据《史记·秦本纪》记载，秦德公和
秦成公即位时，曾有"梁伯、芮伯来朝"。少梁国后被秦穆公吞并。可见，
秦仲的儿子们，秦庄公兄弟五人，作为"附庸"的地方武装力量与周王室
七千兵卒组成的"周秦联军"，在这次战役中大破西戎，战力非同一般，功
勋非同小可。

　　关于这次战役的大致过程与结果，1840 年陕西宝鸡虢川司出土的西周
青铜器虢季子白盘，1980 年山东滕县后荆沟村出土的器身以及传世器盖的
嬴秦青铜器不其簋有具体记载。[①] 根据二器铭文，这次军事行动分为两大战
役，一是略阳战役，虢季子白统帅周王室军队与秦庄公统领嬴秦军队组成
的"周秦联军"歼灭了"略之阳"的猃狁，取得重大胜利，虢季子白向周
宣王献捷，获得嘉奖；二是高陶战役，虢季子白命令秦庄公追击在高陶的
猃狁，秦庄公灵活机动，战绩卓著收到嘉奖。从两场战役，我们可以看到
在周王室、诸侯、附庸之间的委托—代理过程中，彼此之间的责任、权力、
利益的分配关系，尤其是秦庄公的嬴秦武装作为戍守责任主体的成长过程。

　　根据虢季子白盘铭文记载：周宣王十二年，即公元前 816 年，正月初吉
十日，虢季子白铸造宝盘。光明显赫的虢季子白，是位雄壮威武、深谋善

---

　　① 陈昭容《从滕县博物馆藏〈不其簋〉说起》："不其簋是一件传世青铜器，只存
盖子，现藏中国国家博物馆，器身早已不知去向。1980 年山东滕县后荆沟发掘一座春秋
早期墓葬，出土了一件簋，器身内底有铭文，与传世的不其簋盖铭文一样，纹饰相同，
器口径与传世的不其簋盖口径都是 23.2 厘米，完全可以密合，显然这是同一件器的器身
与器盖，不知何时分离了。不其簋的器身与盖，失散多年，重见天日，尤其是这么重要
的器物，其中定有故事！我们不禁好奇，西周晚期秦人的活动地域主要在甘陕地区，秦
人的器物为什么会后配一个盖子，当作陪葬品葬在春秋早期山东地区的墓葬中？李学勤
先生的文章《夏商周与山东》（《烟台大学学报》2002 年第 3 期）推测：秦武公钟铭文记
载秦武公娶了周王的女儿"王姬"，有可能是秦武公与这里的国君是连襟，因为这样的亲
戚关系，青铜器就有可能当作贵重的礼物馈赠，于是"秦武公祖先的青铜器不其簋就来
到了山东，配了盖，铸了字，还配了另一套簋，最后又作为重器随葬，于是有了 1980 年
后荆沟两套簋的出土"。

战的将领,并能治理经营四方疆土。搏击征伐猃狁,到达洛水之阳。斩首五百敌人首级,擒获审讯五十人,战争胜利回朝报告。雄壮威武的子白,献上割下的敌人左耳给王,宣王极力赞赏子白的威仪。王请各位到周太庙的宣榭大厅,举行庆功宴会。宣王说:"白父,功劳显赫,光明四照。"宣王赐给子白乘用车马,以此辅佐君王;赐给朱红色弓箭,鲜明发光;赐给斧钺,用作征伐蛮方。子子孙孙,万年无疆。虢季子白盘反映了周宣王与虢季子白之间的委托—受托关系,以及相应的责任、权力、赏赐情况。

根据不其簋铭文记载:周宣王十二年,即公元前816年,九月初吉,戊申日,白氏说:"不其,朔方猃狁大规模进犯我西隅地区,宣王命令我追击西隅地区的敌人。我从战场返回朝廷向宣王献上战俘;我命令你驾驭战车,追击略阳的敌人。你用我的战车扫荡高陶的猃狁。你要多杀敌人,并审讯战俘;猃狁集合兵力追击你,你的大军要勇猛出击与敌人搏斗。你是好样的,不要使我的战车陷于困境,你要多擒获敌人,多斩首审讯。"白氏说:"不其,你小子,你机智敏捷,善于用兵作战。赐给你弓一只,箭一束,臣仆五家,田十方田,用来继续你的事业。"不其稽首叩拜英明美好的祖先,制作了纪念光明的祖父公伯与祖母孟姬的尊簋,乞求多福,万寿无疆,得到吉命善终,子子孙孙,让他们永葆享用。不其簋反映了周宣王与虢季子白建立委托—受托关系之后,虢季子白与秦庄公之间再次建立的委托—受托关系,以及二者之间的责任、权力、赏赐情况。

杜勇先生认为,不其簋铭文"所涉西周王朝伐戎之战的地名,如西俞、西、略、高陶等不在宗周东北,亦非成周之西,而是在陇东南一带"①。从这两篇铭文涉及的人物来看,一是伯氏,即虢季子白,西虢国贵族,他是周王室与嬴秦武装"周秦联军"的主帅。二是不其,即秦庄公,是嬴秦"附庸"武装力量的首长,秦庄公名叫"其"《史记·十二诸侯年表》:"秦庄公元年〔索隐〕曰:其,名也。""不"是名前尊称,通"丕"。李学勤先生将不其簋与秦庄公联系起来,认为不其就是秦庄公。三是王,即周宣

---

① 杜勇:《不其簋史地探赜》,《天津师范大学学报》(社会科学版)2016年第5期,第40页。

王。四是公伯、孟姬，即秦庄公的祖父和祖母。从这两篇铭文涉及的地名来看，一是西俞，即西隅，即今甘肃陇东南一带。西，汉代陇西郡西县，即今甘肃西和、礼县一带。二是略或者洛，晋代曾置略阳郡，即今甘肃秦安县陇城镇一带，是这次战役的战场之一。虢季子白盘"洛之阳"中的"洛"与不其簋"略之阳"中的"略"通假。1989年甘肃天水放马滩一号秦墓出土战国地图，其中就标有"略"这一地名，在"西"的东北方向。三是高陶，与略阳临近，也是这次战役的战场之一。这场战役是"周秦联军"的一次重要军事行动，也是虢季子白代表虢国与秦庄公代表赢秦的一次重大军事合作。这次战役是对赢秦一族德性和能力的一次考验，证明赢秦一族的忠勇和机智能够承担"在西戎，保西垂"的生存责任，成为戍守西垂的责任主体。于是，周宣王册命秦庄公"西垂大夫"，秦人政治地位再次得到提升。

其五，周宣王"中兴"对赢秦人生存责任伦理的正反两方面影响。周宣王在位四十六年，史家号称"中兴"，《史记·周本纪》："宣王即位，二相辅之，修政，法文武成康之遗风，诸侯复宗周。"当然，宣王之世内忧外患依然严峻。

一是周宣王吸取历史教训，转变了周厉王时期堵塞言路，任用小人，滥用刑罚的弊政。周宣王广开言路，虚心纳谏。周宣王告诫说："无唯正闻，引其唯王智，迺唯是丧我国。"就是说，不听取公正言论，只以君王意见是从，就这一点即可亡国的！（毛公鼎）周宣王任用贤能，南仲、皇父、程伯林父、樊仲山父、尹吉父、虢文公、申伯、韩侯，文臣武将，人才济济。《诗经·大雅·常武》："赫赫明明，王命卿士，南仲太祖，太师皇父。""王谓尹氏，命程伯休父。左右陈行，戒我师旅。"周宣王整顿司法，明德慎罚。"厥非正命，乃敢拘讯人，则唯辅天降丧，不廷唯死。"［吕大临《考古图》卷三载冉簋1件（原误作寅簋）］就是说，没有正式法令，就敢拘捕审讯人，这就是给天下造成丧乱，不服从朝廷法令者必须处死。但是，周宣王后来枉杀无辜大臣杜伯，也给自身埋下祸患。在执政前期，宣王曾经出现好色忘德怠政，经过姜后竭力劝勉才跳出"欲望陷阱"，成就了中兴之名。

二是周宣王继续征讨蛮夷戎狄，扩展周王朝势力范围，周王室战略中心向东方迁移。在西周历史上，武王伐纣、周公东征，穆王西行，从东西方向扩展国家规模；文王化行南国，昭王南征，从南北方向扩展国家规模。周宣王法文武成康遗风，秦仲伐西俞，南仲城朔方，尹吉父伐太原，征讨西北戎狄；召穆公伐淮夷，方叔伐荆蛮，宣王伐徐戎，皇父、休父从王伐徐戎，征讨东南蛮夷。同时，周宣王将周朝战略中心由在关中的宗周向河洛的成周方转移，并分封诸侯藩屏成周。周宣王分封姜姓元舅申侯，作南方的方伯，让召伯虎在谢邑为中国筑城，建立南方屏障：《诗经·大雅·嵩高》："王命申伯，式是南邦。因是谢人，以作尔庸。"分封王子多父姬友即郑桓公于郑、洛，辅佐成周。根据《史纪·郑世家》记载，"宣王立二十二年，初封友于郑"，根据《今本竹书纪年》记载，"二十二年，王锡王子多父命居洛"，后来建立郑国。周宣王命南仲在朔方筑城：《诗经·小雅·出车》："王命南仲，往城于方。出车彭彭，旂旐央央。天子命我，城彼朔方。"另外，周宣王还封韩侯于韩（今山西河津至万荣县万泉乡一带），封仲山甫于樊（今陕西西安市长安区东南），封仲山甫子长父于杨（今山西洪洞东南）。周王室战略中心由宗周向成周东移，在一定程度上造成宗周防务空虚，以后申、鄫联合西戎反周，诸侯纷纷东逃，周幽王不堪一击，西周灭亡。当然以后周平王东迁，晋、郑等国却成为王室依托。周宣王九年，即公元前819年，"王会诸侯于东都，遂狩于甫"。即召集诸侯在成周举行集会与游猎活动。到宣王二十四年，即公元前804年，根据文盨铭文记载，又召集南方的诸侯来成周朝见。李学勤先生指出："到宣王二十三年，南方业已稳定，于是筹备了二十四年的隆重朝见。所谓宣王中兴，至此达到了盛期，文盨的重要性正在于此。"[①]过去的诸侯不朝，到此时可以说"诸侯复宗周"。周宣王执政时间长达四十六年，执政前期尚能勤政，执政后期出现乱政，诸侯不和睦，对外战争连连失利。根据《今本竹书纪年》记载：

① 李学勤：《文盨与周宣王中兴》，《文博》2008年第2期，第5页。

"二十二年，王师伐太原之戎，不克。""三十八年，王师及晋穆侯伐条戎、奔戎，王师败逋。三十九年，王师伐姜戎，战于千亩，王师败逋。四十年，料民于太原。戎人灭姜邑。晋人败北戎于汾隰。四十一年，王师败于申。"

三是周宣王颠覆周朝信仰体系，违反立子立嫡继承法，执政后期骄奢导致内外交困。周宣王颠覆周朝信仰体系的一个重大举动，就是周宣王"二十九年，初不籍千亩"（《今本竹书纪年》），即废除周武王以来专门用作祭祀上帝的"籍田"。根据《清华大学藏战国竹书·系年》记载：从前周武王监视商王对上帝不恭，禋祀不虔敬，于是制定了帝籍礼，划定了帝籍田，亲临祭祀上帝天神，专门命名为"千亩"，用来对抗商朝，施政天下。到了周厉王，肆虐无道，卿士诸正、万民百姓心里无法忍受，于是将周厉王赶到彘地，共伯和代理天子，十四年之后，周厉王死了，共伯和还政于周厉王之子周宣王。周宣王即位之后，开始放弃帝籍礼，废弃帝籍田畋猎和耕种，周宣王三十九年，戎狄就在"千亩"的帝籍田上打败了周王室的军队。雷晓鹏先生指出：《系年》简文，"第一次揭示了'帝籍'和'千亩'的由来，从'千亩'产生的源头上揭示了'籍田'的性质是周王室用以生产'上帝之粢盛'而专门开辟的'祭祀田'，具有重要的意义"①。

四是周宣王还带头违反周朝立子立嫡制度，干预鲁国君位继承。周宣王十二年，即公元前816年，根据《国语·周语》记载："鲁武公以括与戏见王，王立戏，樊仲山父谏曰：'不可立也！……'王卒立之。鲁侯归而卒，及鲁人杀懿公而立伯御。三十二年春，宣王伐鲁，立孝公，诸侯从是而不睦。"鲁武公带着嫡长子括和小儿子戏从东方来到周王室，周宣王喜爱戏要立戏为君位继承人，樊仲山父劝谏绝对不可立，周宣王不听，就把戏确定为鲁国君位继承人。当年鲁武公去世，鲁懿公，即戏继位。周宣王二十一年，即公元前807年，鲁懿公执政九年的时候，鲁懿公之兄括的儿子鲁伯御联合鲁国人杀死鲁懿公而立伯御为君主。周宣王三十二年春天，周宣王劳师动众派遣王室军队讨伐姬姓同宗鲁国，诛其君鲁伯御，重新立了鲁

---

① 雷晓鹏：《清华简〈系年〉与周宣王"不籍千亩"新研》，《中国农史》2014年第4期，第60页。

懿公之弟名叫称的为鲁孝公。从此以后，诸侯和周宣王之间关系不睦。周宣王违反周王朝统治集团再生产制度，不但埋下了诸侯国动乱祸根，而且给以后的周幽王废嫡立庶开了恶劣先例。

第二节 周王室天命德性信念伦理的沦丧——周幽王之祸

周宣王时代的"中兴"延续了三十多年，周宣王三十九年，即公元前789年，周王室军队在帝籍田"千亩"之上被姜氏之戎打败了，这是周王朝由盛转衰的标志。"既丧南国之师，乃料民于太原。"即已经丧失了南方军队，于是在太原之地核查户口，征收军赋兵役，应对南北的战事，民众的疾苦也在加深。周宣王四十六年，即公元前782年，周宣王在内外交困中去世。公元前781年周幽王即位。周幽王，姓姬名宫涅，根据汲冢《琐语》言，幽王生时宣王"年长"，约在周宣王三十三年，即公元前795年周幽王出生，即位时15岁。周幽王十一年，即公元前771年，周幽王25岁，遭遇"骊山之难"，在位十一年，西周就灭亡了。

周幽王在公元前781年即位之后，周王室坠入"欲望陷阱"——沉溺物质欲望——美色、财富、地位、奢靡生活，导致宗周王室倾覆。这种坠入"欲望陷阱"的事件曾经在夏末、商末一再出现。夏末，夏桀宠爱岷山琬琰二女，抛弃元妃妹喜于洛，妹喜做了伊尹内应，费昌为商汤御车，灭了夏桀。商末，殷纣王宠爱妲己，残害忠良，内享酒池肉林之奢靡，外施炮烙之酷刑，蜚廉等人助纣为虐，周武王联合八百诸侯，灭了殷纣王。周幽王嬖爱褒姒，废嫡立庶，挑起权力斗争；朝中卿士结党营私，不思保家卫国，而是谋划逃死保命；于是，申侯、鄫侯联络西戎，灭了周幽王。

与此相反，秦人坚守生存责任伦理岗位——"在西戎，保西垂"。不贪图物质欲望，把身家性命投入养马、御车、生命搏斗之中。保卫西部边陲，拼命抗击戎寇，藩屏宗周京畿之地。秦仲抗击西戎被杀，长孙秦世父不灭西戎誓不还家，把君主位置让给其弟襄公；秦襄公嫁妹于丰王，发展壮大同盟力量；秦襄公拼死抗击掳掠京畿的戎寇，护送周平王东迁郏鄏。——

周王室从宗周京畿战略大撤退，秦国勇敢承担保卫关中的责任，为东周王朝把守西部门户，周平王以岐丰之地分封秦襄公为诸侯——秦国正式拥有了"国家主权"。本来周王朝是天下共主，拥有庇护者的权力与责任，秦国只是附庸，履行扈从的义务。可是，在周幽王昏庸、朝廷奸臣当道、戎狄环伺的险恶环境中，周与秦的庇护与扈从关系却发生了颠倒，主仆关系悄然易位：在西部边缘，秦国勇敢承担打击戎狄，保卫国家的责任。周王朝的邦君诸侯，离心离德"不朝于周"，周王室的邦君诸正，抛弃家园，埋藏重宝，夺路东逃，周平王无奈东迁郏鄏。下面我们考察西周末年秦人由"大夫"嬗变为"诸侯"的生存责任伦理主体发生过程。

一、周幽王"以妾代妻、废嫡立庶"违背天命德性信念伦理

按照周人天命德性信念伦理，朝廷区分天子、诸侯、大夫，家庭区分妻妾、嫡庶，并确定尊卑贵贱的等级，由此形成天下伦理秩序。其实，这种对君臣、夫妇、父子等角色的区分就是确定谁是朝廷和家庭的责任主体。由于责任与权力是对等关系，所以，确立了责任主体也就确定了权力主体，即谁将拥有国家和家族的所有权，而且，这种所有权往往具有排他性，国家不能二王并立，家族不能二主并立。如果排他性责任主体不能确立、排他性所有权不能确定，必然引起权力争斗，导致国家和家庭秩序大乱——坠入"欲望陷阱"。

周人天命德性信念伦理的要求与排他性责任主体与权力主体的确立。《吕氏春秋·慎势》记载："先王之法，立天子不使诸侯疑焉，立诸侯不使大夫疑焉，立适子不使庶孽疑焉。疑生争，争生乱。是故诸侯失位则天下乱，大夫无等则朝庭乱，妻妾不分则家室乱，适孽无别则宗族乱。"就是说，按照先王之法，确立天子不让诸侯有僭越之心，确立诸侯不让大夫有僭越之心，确立嫡长子不让庶子有僭越之心。僭越产生争斗，争斗产生混乱。所以，诸侯失去爵位天下就混乱，大夫不区分等级朝廷就大乱，妻和妾不区分家庭就混乱，嫡和庶不区分宗族就混乱。吕不韦所说的"先王之法"，就是确保排他性责任主体和权力主体不被僭越，保障统治集团生产与

再生产顺利进行，保障天下秩序存在和延续长久性、稳定性的制度安排。

周人制度不同于殷人制度就是对排他性责任主体与权力主体作出的制度安排，根据这种安排建立天命德性信念伦理为核心的社会。西周天命德性信念伦理一方面重视血缘、姻缘基础上的亲戚关系；另一方面重视个人的道德本质，即德性。根据《左传·昭公二十四年》记载："昔武王克商，光有天下。其兄弟之国者，十有五人；姬姓之国者，四十人，皆举亲也。夫举无他，唯善所在，亲疏一也。"可见，周代文明社会就是建立在血缘关系基础上的德性伦理社会，"度、莫（谟）、明、类、长、君、顺、比、文"就是处理人与自身、人与社会、人与自然关系的九种德性伦理规范。

王国维的《殷周制度论》指出："周人制度之大异于商者，一曰立子立嫡之制，由是而生宗法及丧服之制，并由是而有封建子弟之制，君天子臣诸侯之制；二曰庙数之制；三曰同姓不婚之制。此数者，皆周之所以纲纪天下。其旨则在纳上下于道德，而合天子、诸侯、卿、大夫、士、庶民以成一道德之团体。周公制作之本意，实在于此。"① 可见，周人制度中首要的就是"立子立嫡"之制，这是对排他性责任主体和排他性权力主体的所有权作出的制度安排，保证周人统治集团再生产的正常进行，保证西周文明这一政治德性伦理建构的"道德之团体"的延续。如果没有排他性责任主体和排他性权力主体的所有权的制度安排，必然导致自然选择——那就是丛林法则的自然选择，残酷的争斗与杀戮。

周幽王违背天命德性信念伦理，抛弃德性，喜好美色，为了博得褒姒一笑，便坠入"欲望陷阱"。《吕氏春秋·疑似》记载："周宅丰镐近戎人，与诸侯约，为高葆祷于王路，置鼓其上，远近相闻。即戎寇至，传鼓相告，诸侯之兵皆至救天子。戎寇当至，幽王击鼓，诸侯之兵皆至，褒姒大说，喜之。幽王欲褒姒之笑也，因数击鼓，诸侯之兵数至而无寇。至于后戎寇真至，幽王击鼓，诸侯兵不至。幽王之身，乃死于骊山之下，为天下笑。此夫以无寇失真寇者也。贤者有小恶以致大恶。褒姒之败，乃令幽王好小

---

① 王国维：《观堂集林》（外二种），河北教育出版社，2001，第232页。

说以致大灭。故形骸相离，三公九卿出走，此褒姒之所用死，而平王所以东徙也，秦襄、晋文之所以劳王劳而赐地也。"这是周幽王在戎寇环伺、诸侯异心的环境下，为了博得艳妇褒姒一笑，而戏弄诸侯，毁灭周天子国家信用的危险举动，其"好色"不"好德"的价值取向洞若观火。

更有甚者，周幽王以妾代妻、废嫡立庶，"二三其德"，既违背贵族家庭的德性伦理，又违背周代朝廷"立子立嫡"的继承制度，造成统治集团再生产的危机。司马迁的《史记·周本纪》记载：公元前779年，即周幽王三年，周幽王因宠爱褒姒而废黜申后与太子宜臼。这种以妾代妻、废嫡立庶的行为，违背了周人正常家庭伦理，进而违背了周人正常的政治伦理，改变了周人的"立长立嫡"继承制度，破坏了周人统治集团再生产的根本原则。《诗经·小雅·白华》从被废申后的角度，一针见血指出了原配丈夫以妾代妻，丧失"恒有一德"的家庭伦理，变成了"二三其德"的无良之人，表达了自己被废之后的忧愁和悲伤之情："有鹙在梁，有鹤在林。维彼硕人，实劳我心。鸳鸯在梁，戢其左翼。之子无良，二三其德。"就是说，秃鹙在鱼梁，白鹤在密林。就是那艳妇硕人，烦扰我的心！鸳鸯在鱼梁，把嘴藏左翼。就是那无良之子，做人二三其德！

更严重的是，周幽王昏庸愚昧，听信谗言，不立有"明德"的人为卿士；唯我独尊，破坏德性伦理秩序，导致宗周王朝灭亡。《史记·周本纪》记载："幽王以虢石父为卿，用事，国人皆怨。石父为人佞巧，善谀，好利，王用之。"周幽王任用奸佞之人，《国语·郑语》也有记载：周大夫史伯说：那个虢石父是个经常进谗言、阿谀逢迎、巧于献媚的人，而幽王却立他做卿士，这是与专断相同了；抛弃了聘娶的正妻申后而纳立嬖妾褒姒为后，这是喜好穷固僻陋的人；把侏儒戚施放在身边供取笑逸乐，这是接近愚顽幼稚的人；周朝礼法不能昌明，而按妇人之言办事，这是重用谗毁邪恶的人；不立有德行的人做卿士，却用妖嬖佞臣占据要职，干一些阴暗险恶的事情。这些东西，不可能长久。《诗经·小雅·小弁》从被黜太子宜臼的角度，直言不讳地指出君主不明事理，听信谗言，黑白颠倒，善恶不分。表达了对自己无辜被逐，身陷困境的忧虑与悲愤之情："君子信谗，如或酬之。君子不惠，不舒究之。伐木掎矣，析薪扡矣。舍彼有罪，予之佗矣。"就是说，君王听信谗言，就像有人敬酒就接受 。君王不爱护我，就不肯从容考察个究竟。伐树尚需要从旁牵引，劈柴尚需要顺着纹理。放掉了真正的罪人，把罪人赭衣披到我身。

二、周幽王"以妾代妻、废嫡立庶"导致"骊山之难"

周幽王以妾代妻、废嫡立庶的举动，丧失天命德性信念伦理，导致宗周王室内部开始出现骚乱，终于引爆了"父权派"与"舅权派"的激烈战斗，导致"骊山之难"。周幽王处于天子之国的中心区，却"好色"不"好德"，导致了褒姒与申后、伯盘与宜臼，即妻妾、嫡庶之间产生巨大矛盾。周幽王五年，即公元前777年，"王世子宜臼出奔申"以及周幽王八年，即公元前774年，"王立褒姒之子曰伯服以为太子"引发了半边缘区的诸夏之国、边缘区的夷狄之国的强烈反应以及选边站队。《清华大学藏战国竹简》也印证了这一事实："周幽王取妻于西申，生平王，王又取褒人之女，是褒姒，生伯盘。褒姒嬖于王，王与伯盘逐平王，平王走西申。"[1] 就是说，周幽王娶妻于西申国，申后生下周平王；然后又娶了褒国女子褒姒，生下伯盘，即伯服（根据《清华大学藏战国竹简》"服"为误字，应为"盘"）。由于嬖宠褒姒，周幽王与伯盘驱逐了周平王，平王跑到了西申国。周幽王发动军队将周平王包围于西申国。西申国不接受周幽王的命令。于是邦君诸侯选边站队：一边是支持伯盘的"父权派"，一边是支持王世子宜臼的"舅权派"。事情正如周大夫史伯预言的那样，周幽王军队与申侯、鄫侯、犬戎军队之间发生激烈战斗，导致宗周王室覆灭。

一方面是支持伯盘的"父权派"，即周幽王代表的周王室。周幽王为了达到废嫡立庶的目标，准备征伐不听命的申国，在周幽王十年，即公元前772年春天，举行了周王室与诸侯国之间的"太室之盟"。根据《竹书纪

---

[1]　清华大学出土文献研究与保护中心编，李学勤主编：《清华大学藏战国竹简》（贰），中西书局，2011，第138页。

年》记载："王及诸侯盟于太室"①。周幽王准备利用"太室之盟"，讨伐申国、鄫国，除掉出奔后居住在申国的王世子宜臼，而且通过军事高压迫使申侯对朝廷的"废嫡立庶"之事就范。可是，意想不到的是，在举行"太室之盟"的过程中，周幽王却无意间在诸侯面前暴露了致命缺陷："汰"即骄奢。导致邦君诸侯各怀异心，丧失了对幽王的忠诚与信任。周幽王在"太室之盟"中的"汰"，被春秋政治家当作"反面教材"的典型案例。根据《左传·昭公四年》记载：椒举告诉楚王，从前六王二公的盟会，待诸侯以礼义，因此诸侯听命。夏桀在仍地盟会，有缗背叛了他；商纣在黎地举行搜礼，东夷背叛了他。周幽王在太室盟会，戎狄背叛了他。都是在诸侯面前的"汰"即骄奢，因此诸侯违命。周幽王"太室之盟"的"汰"，导致王室内外离心离德，给他带领王室军队讨伐申国埋下失败的种子。

另一方面是支持王世子宜臼的"舅权派"，即姜姓的申国、吕国一派。其实，按照周人制度"百代同姓不婚"，从古公亶父时起，姬姜联盟，世代通婚。根据《国语·周语中》记载："齐、许、申、吕由大姜。"可见，齐国、许国、申国、吕国的立国，与太王之妃，即"大姜"有渊源关系。此后西周十二王，其中七王都是姜姓王后。而且，周王室历代都有姜姓人物担任朝中重臣，如吕尚、申侯等。可是，在周幽王九年，即公元前773年，周幽王却要废黜申后，废黜申后所生的王世子宜臼。此事激怒了申侯，根据《竹书纪年》记载："申侯聘西戎及鄫。"② 于是，西申国与鄫国、西戎立即缔结军事联盟，抵制周幽王以妾代妻、废嫡立庶的做法。根据《国语·郑语》记载，当时"申、缯、西戎方强"。西申国、鄫国、西戎的地望在何处？李峰先生认为，目前可资利用的证据显示，甘肃省平凉地区很可能便是西申国的位置所在。③ 鄫国就是周幽王二年晋文侯与王子多父所伐的"鄫"。辛怡华先生认为，"参与灭周的缯国（西缯）地望应在今甘肃崇信县

---

① 方诗铭、王修龄：《古本竹书纪年辑证》，上海古籍出版社，1981，第259—260页。

② 方诗铭、王修龄：《古本竹书纪年辑证》，上海古籍出版社，1981，第259—260页。

③ 李峰：《西周的灭亡》，上海古籍出版社，2007，第388页。

汭河谷地一带，于家湾墓地很可能就是缯国墓地"①。李峰先生认为，西戎就是犬戎，也就是猃狁，他们拥有的"北方地区"即从今宁夏平原一直向东延伸到横山北缘的地区，而其大本营在今宁夏固原一带，他们取道宁夏，穿越"萧关道"进入泾河谷地，或者进入陕北洛河谷地，对宗周京畿之地发动攻击。② 三方缔结联盟其实力不可小觑，这给申侯攻击周幽王王室军队创造了条件。

在支持伯盘的父权派与支持宜臼的舅权派之间，虽然姬姜联盟的亲戚关系源远流长，但是，这两派争夺的却是排他性的王位继承权，涉及不可调和的巨大政治利益。如果双方不能妥协，那么，只能是你死我活的斗争。最后只能在暴力元规则——军事武装决斗中一决雌雄了。根据《竹书纪年》记载：周幽王十年，即公元前772年，在金秋九月发生桃杏结出果实的反常现象，此时，周幽王"王师伐申"。周幽王军队讨伐申国的目的，就是要杀死宜臼以成就伯盘的王位，可是，却出现了与周幽王目的相反的结果。根据《史记·周本纪》记载："申侯怒，与缯、西夷犬戎攻幽王。幽王举烽火征兵，兵莫至。遂杀幽王骊山下，虏褒姒，尽取周赂而去。"就是说，周幽王讨伐申国，申侯大怒，便与缯国、西戎犬戎反击周幽王，周幽王命令点燃烽火，集合诸侯的军队前来援助，由于诸侯丧失了对周幽王的信任，没有诸侯愿意援助。周幽王和伯盘被三国联军杀害于骊山之下，犬戎掳走了宗周的褒姒，洗劫了镐京的珍宝。这就是周幽王废嫡立庶事件导致宗周王室灭亡的悲惨结局。

宗周王室的灭亡与申侯、缯侯有直接关系。根据《清华大学藏战国竹简》记载，"幽王起师围平王于西申，申人弗畀，缯人乃降西戎，以攻幽王，幽王及伯盘乃灭，周乃亡"③。就是说，周幽王发动军队将周平王包围于西申国。西申国不接受周幽王的命令。缯国招引来西戎人，向周幽王发

---

① 辛怡华：《崇信于家湾墓地与西缯》，载于《文博》2018年第2期，第32页。
② 李峰：《西周的灭亡》，上海古籍出版社，2007，第215页。
③ 清华大学出土文献研究与保护中心编，李学勤主编：《清华大学藏战国竹简》（贰），中西书局，2011，第138页。

起攻击，周幽王与伯盘被杀，宗周王室灭亡了。值得注意的是，申侯事先以财物结交西戎和鄫国，预谋借用外援对抗周王室；鄫人则在周王室讨伐申国的关键时刻，将西戎招引入宗周京畿之地。招引西戎是一把双刃剑：一方面是借刀杀人，他们利用西戎击溃了周王室军队，杀死周幽王和伯盘于骊山之下，也解除了周王室军队对申国的军事包围。另一方面则是引狼入室、引火烧身。西戎与宗周王朝有不世之仇，西戎人进入京畿之地，其野蛮行径给宗周王室带来灭顶之灾，他们在镐京奸淫妇女，抢掠财宝，"虏褒姒，尽取周赂而去"。同时，大批西戎又潮水般涌入中国，占据"岐丰之地"以及"周之焦获"，暴露了豺狼的贪婪本性。根据《史记·秦本纪》记载："戎无道，侵夺我岐、丰之地。"又根据《史记·匈奴列传》记载："申侯怒而与犬戎共攻杀周幽王于骊山之下（韦昭曰："戎后来居此山，故号曰'骊戎'。"），遂取周之焦获（［正义］曰：《括地志》云："焦获亦名瓠口，亦曰瓠中，在雍州泾阳县北城十数里。周有焦获也。"），而居于泾渭之间，侵暴中国。"

司马迁明确指出，周幽王灭亡与周平王东迁，出于同一外部原因，那就是戎狄之患。《史记·封禅书》说"自周克殷后十四世，世益衰，礼乐废，诸侯恣行，而幽王为犬戎所败"；《史记·周本纪》说"平王立，东迁于雒邑，辟戎寇"；《史记·秦本纪》说"周避犬戎难，东徙雒邑"。可见，华夏诸侯与戎狄贼寇的矛盾是当时的主要矛盾。周幽王被杀和周平王东迁，主要就是外来的戎狄之患造成的。戎狄毁坏宗周京畿之地的历史悲剧，已经被渭河平原上考古发掘的三座较大的城市丰、镐和岐邑的事实证明。① 为此，一位东周诗人来到宗周丰镐遗址就有"黍离之悲"。《诗经·王风·黍离》序说："黍离，闵宗周也。周大夫行役，至于宗周。过故宗庙宫室，尽为禾黍。闵周室之颠覆，彷徨不忍去而作是诗也。""彼黍离离，彼稷之苗？行迈靡靡，中心摇摇。知我者，谓我心忧；不知我者，谓我何求。悠悠苍天！此何人哉？彼黍离离，彼稷之穗？行迈靡靡，中心如醉。知我者，谓我心忧；不知我者，谓我何求。悠悠苍天！此何人哉？彼黍离离，彼稷之实？行迈靡靡，中心如噎。知我者，谓我心忧；不知我者，谓我何求。悠悠苍天！此何人哉？"② 这就是戎狄外部势力入侵，给华夏民族带来家破国亡的人间悲剧。

三、周幽王丧失信念伦理，坠入"欲望陷阱"的理论解释

周幽王宠嬖并后、庶孽乱宗的行径，不仅违背了周人制度中妻妾、嫡庶的家庭伦理关系，而且违背了周人制度中天子、诸侯、卿大夫的朝廷伦理关系，导致周王朝政治生态失去平衡，周朝的政治局势失去控制，直接引发周王朝与外服的申、鄫、西戎的战争，导致王朝倾覆，幸有秦晋勤王，平王东迁，开辟了东周王朝，历史进入春秋战国时期。由于周幽王开了庶孽之乱的恶劣先例，从此周德逐渐衰落，在东迁之后的周王朝中，多次出

---

① 李峰：《西周的灭亡》，上海古籍出版社，2007，第272—273页："在渭河平原上三座较大的城市丰、镐和岐邑的发掘中，考古学家已经在考古遗存中发现了一个明确断层，其年代正与西周末相吻合。在丰和镐遗址中，不时会发现有战国地层叠压在西周地层之上，但最常见的却是汉代堆积直接叠压在西周遗址上；属于春秋时期的，也就是能够说明这些遗址从西周时期一直被持续使用下来的连续地层堆积还从未被发现。在岐邑（周原），通常都有汉代以后的扰乱层叠压在西周晚期地层上。考古学材料有力证明了这三座城市都是在西周末同时遭毁灭的。一些学者还指出，由于西戎突然来袭，大量的青铜器被匆匆埋于周原和丰京的地下，因此它们才得留存至今。注：这一观点由郭沫若首先提出：见《扶风齐家村青铜器群》（北京：文物．1963）．第5—6页。罗西章系统研究了这些青铜器窖藏的埋藏情形，推断大部分窖藏（但非全部）是在犬戎进攻周都时草率埋下的。见罗西章：《周原青铜器窖藏及有关问题的探讨》，《考古与文物》1988年第2期，第44—47页。"

② 陈子展：《诗经直解》，复旦大学出版社，1983，第202页。

现庶孽乱政的类似事件。根据金学清《东周王室研究》（博士论文）统计，仅在春秋时期，周王室就发生了五次王位危机：第一次是王子克事件；第二次是王子颓事件；第三次是王子带之难；第四次是周景王杀弟佞夫事件；第五次是王子朝之难。周王朝的立子立嫡制度、宗法制度、分封制度受到极大挑战，导致周德彻底衰落，预示着周朝旧制度的自我否定。从哲学伦理上解释西周灭亡的内部原因，最著名的有周朝大夫史伯"女祸论"、晋国大夫史苏"女戎论"，以及由史伯综合诸多因素提出的"和同论"，这三种观点都对周幽王丧失天命德性信念伦理，坠入"欲望陷阱"作出了理论解释。

第一种解释是周大夫史伯提出的"女祸论"，用天命论神话来解释褒姒之祸导致西周灭亡。这个天命神话认为，夏朝末年褒人之神，化作两条龙，留下了复仇种子——龙漦，从夏朝、殷商，到周朝，龙漦种子保存在宫廷的椟匣中，一直没有人打开过。在周厉王末年，他在宫中打开了保存龙漦的椟匣，不料龙漦流入宫中少女体内，她便怀孕了，到了周宣王时期，就生下女婴褒姒。褒姒是复仇种子龙漦的化身，她长出美丽迷人的外表，专门祸害淫德之君。周幽王征伐褒国，这位淫德之君正巧得到了美丽迷人的褒姒。由于褒姒的"女祸"，造成了西周的灭亡。《国语·郑语》对此作了记载：《训语》有这样的话："夏朝快要灭亡的时候，有褒君的神变为两条龙，同住在夏王宫中，并且口吐人言说，我们是褒国的两位君主。夏王占卜，是杀死他们，赶走他们，还是留下他们，占卜结果都不吉利。再次占卜说，把二龙留下的龙漦收藏起来，卜象吉利。于是夏王命令陈设玉帛，用简策书写文辞求告二龙，二龙飞去了，龙漦还在，就把它装在椟匣里收藏起来，并让后人祭祀。到殷朝及周朝没有打开过。周厉王末年，打开了椟匣观看，龙漦流到庭中无法清除。厉王让妇人不穿下衣在庭中鼓噪，龙漦变成一只黑鼋进入王宫。王宫内一个还未到换牙年龄的小女孩遇上了它，到十五岁奇怪地怀孕了，一直到周宣王时才生出孩子。因为没有婚配而生育，她心里害怕就将女婴抛弃了。当时，卖桑弓箭袋的夫妇正在路上被示众羞辱，二人可怜女婴夜晚啼哭，于是就抱起孩子逃亡到褒国。褒国君主褒姁犯了罪，为了赎罪就把这个褒姒献给周幽王。周幽王因为褒姒美丽就赦免了褒姁，此后就开始宠爱褒姒，让她逐步当上王后生下伯盘。总之，天生褒姒很久了，毒性特别大，就等有淫德之君就嫁给他，就像保存越久的毒酒，杀人也就越快。申、鄫、西戎正好处在强盛阶段，周王室已经滋生骚乱，周天子此时还要纵欲，周王室想要免祸不也很难吗？"可见，按照史伯的观点，西周灭亡的原因，是由于天命起作用的结果，淫德之君周幽王遇到了褒姒"女祸"，丧失德性信念，坠入"欲望陷阱"，导致西周灭亡。正如《诗经·小雅·正月》所言："燎之方扬，宁或灭之。赫赫宗周，褒姒灭之。"但是，如果片面理解"女祸论"，认为"美女祸国"，"女人祸水"那就不对了。因为国家祸乱发生不是因为美丽女人的存在，而是君主陷入"欲望陷阱"："以妾代妻，废嫡立庶"导致家庭伦理的破坏，家庭伦理的破坏导致国家伦理破坏，国家伦理破坏导致天命丧失，家破国亡。在宗法社会"家国天下一体"结构中，家庭伦理与国家伦理结合在一起，一个"好色"的君主陷入"欲望陷阱"，就会破坏国家政治伦理，导致天下德性信念伦理失序。一点星星之火，竟成燎原之势；褒姒一笑，竟成亡国之祸。这也是古代"家国天下一体"政治结构的先天缺陷。

第二种观点是晋国大夫史苏提出的"女戎论"，用阴阳辩证法解释褒姒之祸导致西周灭亡。从阴阳辩证法来看，世界上有阳就有阴，有男人必然有女人，有男戎必然有女戎，在华夏与戎族的搏斗中，相对于男戎的"硬权力"，女戎是"软权力"。如果华夏征服了戎族男人，从而俘获他们族的女人，那么戎族就用女戎"软实力"来颠覆华夏国家，从而达到同态复仇的目的。《国语·晋语》记载：史苏用夏、商、周三代历史告诫说，当初夏桀征伐有施氏，有施氏战败后把美女妹喜给他，妹喜得到宠爱，于是，妹喜与伊尹共谋灭亡了夏朝。殷纣王征伐有苏氏，有苏氏战败后把美女妲己给他，妲己得到宠爱，于是，妲己与胶鬲共谋灭亡了殷商。周幽王征伐有褒氏，有褒氏战败后把美女褒姒给他，褒姒得到宠爱，生下儿子伯盘，于是，褒姒与虢石父共谋，驱逐太子宜臼而立伯盘。太子出奔母家申国，申人、鄫人引来西戎人讨伐宗周，于是西周灭亡。按照史苏的观点，西周灭亡的原因，就是有褒氏之国的"男戎"虽然被周人征服，他们还有"女戎"，利用周幽王的"好色"以及褒姒"女戎"的色相，使周幽王丧失德性信念，坠入"欲望陷阱"，最后消灭了西周。这是阴阳辩证法起作用的结果！正如《诗经·大雅·瞻卬》所言："哲夫成城，哲妇倾城。懿厥哲妇，为枭为鸱。妇有长舌，维厉之阶。乱匪降自天，生自妇人。匪教匪诲，时维妇寺。"女戎的"软权力"不可等闲视之！

第三种观点综合诸多因素，是周大夫史伯提出的"和同论"，从哲学高度解释了褒姒之祸导致西周灭亡的原因。"和"就是包容不同观点、不同力量，不强求苟同，即"和而不同"。"同"就是勾结同党、排斥异己、苟且求同，即"以同裨同"。周幽王"去和取同"，抛弃了好的思维方法"和"，而采取了坏的思维方法"同"，于是在朝廷形成唯我独尊的政治生态，导致政治决策失误，最后死于戎寇之手，为天下笑。《国语·郑语》记载：周幽王九年，史伯对郑桓公说：如今周幽王抛弃光明正大的忠臣，喜欢阴险狡诈、内心黑暗的奸臣；讨厌正派贤能的人，亲近愚顽鄙陋的人。他抛弃了"和"而喜欢"同"。其实"和"能成就万事万物，"同"则使事情难以为继。凡是不同的观点、不同的力量协调统一就叫作"和"，"和"则使万事顺遂而繁荣发展；凡是听不进不同意见、容不下不同力量，只剩下一种声音、一种力量，那就叫"同"，"同"将会使得一切都废弃了。史伯从哲学高度揭示了褒姒之祸导致西周灭亡的内在原因——"去和取同"，显示了古代思想家的政治哲学智慧，具有恒久的启迪意义！

第三节　周王室天命德性信念伦理的沦丧
——邦君诸侯逃死

周幽王之祸，导致宗周"服制"式微。按照商周时代"服制"，方伯、诸侯、百姓要对王承担武装守卫、实物贡赋等职事责任。根据《逸周书·职方解》记载："凡邦国，大小相维，王设其牧，制其职各以其所能，制其贡各以其所有。王将巡狩，则戒于四方，曰：各修平乃守，考乃职事，无敢不敬戒，国有大刑，及王者之所行道，率其属而巡戒命，王殷国，亦如之。"就是说，凡邦国都是大国与小国相维系，由天子给他们设置方伯。制定职责要各尽所能；制定贡物要各尽其所有。王到各邦国巡行，发布戒令给四方，说："各邦国要修平职守，考察各自职责，不敢不敬事戒备！因为国家有大刑！"凡是王所经过的地方，要率领下属巡察执行戒命的情况。王接见众诸侯，也是这样。（相似内容亦见于《周礼·夏官司马》）

一、西周"天下体系"："五服制""七服制""九服制"及其解体

西周早期"服制"区分为"外服"与"内服"，这是继承夏商的传统。周王室开始运用硬的"强制力"和软的"道德力"教告劝勉诸侯们服从王室命令，履行责任。例如《尚书·酒诰》记载，周公旦命令康叔在卫国告诫殷人遗民"罔敢湎于酒"。其中提到"外服"与"内服"："越在外服，侯甸男卫邦伯，越在内服，百僚庶尹惟亚惟服、宗工越百姓里居，罔敢湎于酒。"① 林沄在《甲骨文中所见的商代方国联盟》一文中指出："诸侯"一词，始见于周初大盂鼎铭，包括侯、甸、男三种，是从商代使用的名号中继承下来的。②

西周中期"服制"区分为"五服制""七服制""九服制"，这是周王朝的创造。周王室进一步运用礼乐教化软的"道德力"和军事暴力硬的"强制力"要求诸侯们服从王令，履行责任。周朝"服制"根据地理位置的高下远近，规定职事责任的轻重大小，形成一种"差序格局"的制度安排。《国语·周语》记载了"五服制"："夫先王之制，邦内甸服，邦外侯服，侯卫宾服，蛮夷要服，戎狄荒服。"③《尚书·禹贡》有相似内容。《周礼·秋官司寇·大行人》记载了"七服制"："邦畿方千里其外方五百里，谓之侯服，岁壹见，其贡祀物。"又其外方五百里，以此类推，谓之甸服、男服、

---

① 王世舜、王翠叶译注：《尚书》，中华书局，2012，第202页。
② 林沄：《林沄学术文集》，中国大百科全书出版社，1989，第96页。
③ 陈桐生译注：《国语》，中华书局，2013，第5页。

采服、卫服、要服、蕃国。① 七服制是地理空间扩大的结果。《逸周书·职方解》则记载了"九服制"、《周礼·夏官司马·大司马》也有相似内容。可见，周朝的服制已经体系化，形成"差序格局"。

根据《春秋公羊传·成公十五年》记载的"服制"原则："春秋内其国而外诸夏，内诸夏而外夷狄，王者欲一乎天下。"即在王者的统一天下体系中，"差序格局"在地缘上区分为三个层次："中心区"即天子之国；"半边缘区"即诸夏之国；"边缘区"即夷狄之国，他们分别承担不同的责任。这些记载中的"服制"往往带有理想化、模式化、程序化色彩，在实际的责任伦理中，具体情况则因时而变。

在西周"服制"的形成过程中，最典型的是伴随着国家的产生与发展，采用"星火燎原式"武装拓殖以及邦国"瓜瓞绵绵式"繁衍。古公亶父避戎人之难，从豳地迁往岐山脚下，《诗经·大雅·绵》描述"周原膴膴，堇荼如饴"，在岐邑建立国家，然后向外武装拓殖和自然繁衍形成都邑群。如周文王"宅程"，在程邑营建都鄙群：前述《今本竹书纪年》记载：三十二年"密人侵阮，西伯帅师伐密。三十三年，密人降于周师，遂迁于程"。《诗·大雅·皇矣》："密人不恭，敢拒大邦。侵阮徂共，王赫斯怒。爰整其旅，以遏徂旅。"《逸周书·大匡解》记载："惟周王宅程。"以后，周文王又"作邑于丰"，营建丰邑都鄙群；前述《今本竹书纪年》记载："王（殷纣王）锡命西伯，得专征伐。三十四年，周师取耆及邗，遂伐崇，崇人降。"《诗经·大雅·文王有声》："文王受命。有此武功。既伐于崇。作邑于丰。"再后，周武王又"宅是镐京"营建镐邑都鄙群。根据《今本竹书纪年》记载："三十六年春正月，诸侯朝于周，遂伐昆夷。西伯使世子发营镐。"《诗·大雅·文王有声》："镐京辟雍，自西自东。自南自北，无思不服。""考卜维王，宅是镐京。维龟正之，武王成之。"

周武王伐纣、周公践奄之后，通过分封制，封邦建国，授土授民，大规模向外武装拓殖和自然繁衍形成大批都邑群。根据《左传·定公四年》

---

① 徐正英、常佩雨译注：《周礼》，中华书局，2014，第875—876页。

记载：武王克商之后，周成王安定了天下，选建有明德的人，分封为诸侯，就像篱笆屏障一样，来藩屏周王室。根据《左传·僖公二十四年》记载：周公旦感叹管叔、蔡叔二人不得善终，所以分封亲戚做诸侯，也像篱笆屏障一样，来藩屏周王室。周朝初年"选建明德""封建亲戚"的分封制度，在以后的周王室中延续下来了。因为，周王室作为"中心区"天子之国，要根据形势变化，借助"半边缘区"诸夏之国的力量，对"边缘区"的戎狄蛮夷之国实施挞伐或者羁縻政策，用以维护周朝天下秩序的稳定。

周朝"五服制"，一方面是周天子分封土地与人民，诸侯享受了建立诸侯国的权利，另一方面诸侯要藩屏周王室，同时还要尽纳贡义务，于是形成西周的朝贡体系。《国语·鲁语下》："昔武王克商，通道于九夷、百蛮，使各以其方贿来贡，使无忘职业。"

反映周王朝"服制"情况的出土青铜器，中国国家博物馆藏有周共王十六年时所制器士山盘，铭文记载了"西周中期王朝与下属侯国及附庸小国之间的政治与经济关系"[1]。其中铭文有："王乎作册尹册命山曰：于入中侯，出，徵都、刑（荆）方服，暨大藉服，履服，六孽服。中侯、都、方宾贝、金。"[2] 其内容主要是周天子派遣大员士山巡视中侯（今陕西商洛市）、都（今河南淅川县）、荆（楚地）等诸侯国，考察他们履行"服制"："大藉服、履服、六孽服"，即提供籍田服役人力、提供屦履鞋具、筹备粮食六谷等贡赋的情况。这与兮甲盘铭文所记"出其帛、其责（积）、其进人"相近，且内容更为具体。"该盘铭很可能是迄今所见金文中西周'服'制最直接的记载。"[3] 这件青铜器为西周"五服制""七服制""九服制"提供了佐证。王晖先生指出："古文献所说东南方一带的蛮夷对周王室负有缴纳贡品的'要服'的义务，以出土的西周青铜器铭文来看，此说是完全可信的。"[4]

---

① 朱凤瀚：《士山盘铭文初释》，《中国历史文物》2002 年第 1 期，第 7 页。
② 晁福林：《从士山盘看周代服制》，《中国历史文物》2004 年第 6 期，第 4 页。
③ 黄爱梅：《士山盘铭补义》，《中国历史文物》2006 年第 6 期，第 53 页。
④ 王晖：《西周蛮夷"要服"新证——兼论"要服"与"荒服"、"侯服"之别》，《民族研究》2003 年第 1 期，第 58 页。

西周服制经历了长期的历史变迁，折射了天子之国、诸夏之国、夷狄之国三者之间政治经济关系的变化。按照西周"服制"地缘三层次划分的"中心区""半边缘区""边缘区"之间的关系，时而平安无事，波澜不惊；时而波谲云诡，惊心动魄。西周初年的文武成康之世，"荒服来朝"；周穆王之世，"荒服不至"；周懿王之世，戎狄"暴虐中国"，经过周宣王的征讨，"四夷宾服"；可是，到了周幽王之世，天子之国多故，夷狄又开始"侵暴中国"了。从伦理上来看，周王朝"中心区"的天子之国，重视政治德性，敬天保民，国力强盛，那么，处于"半边缘区"的诸夏之国，就会同心同德，团结一致，处于"边缘区"的夷狄之国，即戎狄蛮夷也会来朝纳贡。相反，周王室"中心区"天子之国如果政治德性丧失、国力衰落，那么，作为"差序格局"的甸服、侯服、宾服、要服、荒服就会和天子之国产生离心力，导致天下伦理解体，那就预示着周朝的国际关系或天下秩序将要大乱了。

周大夫史伯未卜先知发出惊人预言：宗周王朝将亡。在周幽王八年废嫡立庶事件酝酿之初，周大夫史伯观察分析当时处于对立状态的周幽王与申侯之间的力量对比，并且作出了惊人预言：大概宗周的存亡，不出三年就见分晓了。根据《国语·郑语》的记载：周大夫史伯告诉郑桓公，周幽王想杀太子宜臼来立伯盘为太子，太子宜臼一定会投奔舅父之国申国，申国不接受周幽王废嫡立庶的命令，周幽王一定会讨伐申国。如果讨伐申国，鄫国和西戎就会与申国联合起来共同攻打周幽王，周王朝的天下就保不住了！何况鄫国和西戎正想交好申国，同为姜姓的申国和吕国处在强盛时期，他们拥护太子宜臼也是肯定可以预知的，周王室的军队如果攻打申国，他们去救援申国也是必然的。周幽王对申国发怒，虢石父之流一定会跟着发怒，大概宗周的存亡，不出三年就见分晓了。

在危机来临前，一种前所未有的现象，就是在天子之国的内服，出现了"邦君诸正"离开京畿，东奔逃死；在天子之国的外服，出现了"邦君诸侯"心怀异志，"不朝于周"的现象。周王室核心人物——太师皇父选择"皇父孔圣，作都于向"；司徒郑桓公发出疑问"王室多故，予安逃死？"，还有周大夫虢仲也在周幽王七年,即公元前 775 年,灭了焦国,将虢国东迁。

二、周太师皇父的退隐:"皇父孔圣,作都于向"

周朝太师皇父退隐,告别宗周迁居东方。在天子之国的内服,皇父是一位德高望重的历史人物。[①] 根据《竹书纪年》记载:周宣王"二年,锡太师皇父、司马休父命"。就是在周宣王二年,即公元前 826 年,册命皇父担任太师之职。又据《竹书纪年》记载:周宣王六年,即公元前 822 年,"王帅师伐徐戎,皇父、休父从王伐徐戎,次于淮"。这次伐徐之役成为《诗经·大雅·常武》的主题:"赫赫明明。王命卿士,南仲太祖,大师皇父。整我六师,以修我戎。即敬既戒,惠此南国。"诗中称赞皇父在伐徐之役中的功绩:赫赫的声势,明明的威灵。王任命卿士南仲于太祖庙,其中就有太师皇父。整顿好我的六军,修造好我的甲兵,提高警惕,加强戒备,就来平定这个南国!鉴于太师皇父的功勋与声望,周幽王元年,即公元前 781 年,再次册命皇父为卿士。根据《竹书纪年》记载,"王锡太师尹氏、皇父命"。从周宣王二年到周幽王元年的两次册命,皇父担任朝廷要职已有四十五年,可谓朝中元老。可是,周幽王五年,即公元前 777 年,就是王世子宜臼由宗周出奔申国当年,皇父决定退出宗周政治舞台,选择归隐向地。根据《竹书纪年》记载:"皇父作都于向。"向地在洛邑之北,即今河南省济源,皇父在向地营建新邑,度其余生。

这位有先见之明的元老太师悄然隐退,对周幽王的朝廷意味着什么?有位敏锐的诗人,通过他的诗篇《诗经·大雅·十月之交》,揭示了其中"天变""地变""世变"的奥秘。周幽王六年,即公元前 776 年,发生了一次日食,"日月告凶,不用其行",这是令人恐怖的"天变";周幽王二年,即公元前 780 年发生的泾、渭、洛三川大地震,"百川沸腾,山冢崒崩",

---

① 李峰:《西周的灭亡——中国早期国家的地理和政治危机》,上海古籍出版社,2007,第 233—235 页:皇父这个人物的历史真实性在西周金文中可以得到充分的证实,因为他显然是 1933 年在岐邑地区发现的一批青铜的作器者。

这是令人惊骇的"地变";周幽王五年,即公元前 777 年,一位老人离开宗周,"皇父孔圣,作都于向",这是一个令人疑惑的举动,预示着"世变"序幕已经拉开。

诗人讽诵说:"皇父是卿士,番氏是师徒。家伯是太宰,仲允是膳夫。聚(zōu)子是内史,蹶氏是趣马。楀氏是师氏,艳妻煽宠,正同恶相处!噫,这个皇父!难道会说自己不该?为什么用我们工作,不与我们商量安排?拆毁了我们的墙屋,田里尽是污秽草莱,还说我不会伤害你,礼制就是这样的呢!皇父好聪明!作邑在向。选择了这三卿,真是有钱多藏!不肯留一个老成人,使他守备我们的王。还选择了有车马的人,就把居处迁移到了向邑"。看来,诗人对皇父的退隐,既有遗憾之叹:"不憖遗一老,俾守我王。"对皇父逃避卿士责任,使王失去咨政表示遗憾;又有抱怨之言"彻我墙屋,田卒污莱",抱怨皇父不顾君臣之义,毁坏了我的田屋;又有怜悯之意"艳妻煽方处!"褒姒的荒唐举动,皇父身处其中,一定有难言之隐,所以又有怜悯之意。

一位德高望重的朝廷元老,无奈选择明哲保身,放弃守护社稷的责任,隐退于远方,要在那里度过余生。在诗人看来,皇父的做法是不顾君臣之义,自我逃逸的行为,故作诗以讽。与此相比,秦国世父,不杀西戎誓不还家。根据《后汉书·西羌传》:"其年,戎围犬丘,虏秦襄公之兄世父。"

三、周司徒郑桓公:"王室多故,予安逃死?"

周朝司徒郑桓公提出了一个可怕的问题:周幽王五年,即公元前 777 年,太师皇父离开宗周镐京,迁往向地之后,周幽王九年,即公元前 773 年,在朝中当司徒的郑桓公,预感到周王朝危难降临,宗周京畿之地潜伏着巨大危险,于是询问周大夫史伯,周王室诸多变故,自己在什么地方逃避死亡?

根据《史记·郑世家》记载:郑桓公名姬友,周厉王的少子,周宣王的庶弟。周宣王二十二年,即公元前 806 年,姬友被周宣王初封到郑国。关于郑国的地望,一种观点认为,郑国原先坐落在棫林,即今陕西华县西北一带；另一种观点认为，郑国原先坐落在渭河流域西部的凤翔地区①。郑桓公在封地三十三年，赢得百姓的喜爱。根据《今本竹书纪年》记载：周幽王二年，即公元前780年，发生大地震，泾河、渭河、洛河枯竭，岐山崩塌。由于犬戎强盛，王室首次增加军赋。晋文侯与王子多父一起讨伐鄫国，攻克了鄫国。于是，居住于郑父之丘，这就是郑桓公的居处。伐"鄫"只见于天一阁《今本竹书纪年》这一系版本，通行版本将"鄫"改成了"郐"。其实，此时宗周王室与申国、鄫国关系紧张，所以，不排除晋文侯与王子多父征讨鄫国。② 由于晋文侯与王子多父伐鄫一定是出于周王室的指派，所以，鄫国与周王室关系交恶。这也是公元前771年鄫人招引犬戎，帮助申侯灭掉周幽王，并于此后杀死郑桓公的重要原因。周幽王八年，即公元前774年，郑桓公被周幽王任命为朝廷司徒，负责土地和民事。他做司徒期间，团结民众深受爱戴，尤其是河洛间的民众经常怀念他。周幽王九年，即公元前773年，郑桓公做司徒一年之后，因为褒姒以妾代妻、废嫡立庶的事情，王室政治颇多邪僻，引发诸侯的反叛。郑桓公非常恐惧。于是，郑桓公就去询问周大夫史伯说："周王室诸多变故，什么地方能够逃避死亡？"

博学多闻的周大夫史伯给郑桓公提出了一套逃避死亡，举国东迁"济、洛、河、颍之间"的方案。《国语·郑语》记载：史伯说："只有济水、洛水、黄河、颍水之间可以居住。这一带都是子爵、男爵的小国，其中以虢国（今河南省荥阳）、郐国（今河南省新密）较大些。虢叔倚仗掌握权势，郐仲倚仗地处天险，这两位国君都有骄侈怠慢之心，还有贪婪冒险的本性。您如果以周王室国难为理由，要求寄存妻子与财货在那里，他们不敢不应允。一旦周王室难发作而失败，这些骄横贪婪之辈，一定背叛您，您如果率领成周民众，宣布奉天子命令讨伐罪犯，没有不成功的。如果攻克虢、郐二邑，那么，邬、弊、补、舟、依、黑柔、历、华这八邑，就是您的土地了。前面是颍水，后面是黄河，右边是洛水，左边是济水，主祭芣、騩二山，饮用溱、洧二水，修明法典刑罚来守护，这就可以基本巩固了。"

---

① 李峰：《西周的灭亡》，上海古籍出版社，2007，第284页。
② 李峰：《西周金文中的郑地和郑国东迁》，《文物》2006年第9期，第70—78页。

郑桓公采纳了史伯的逃避死亡和举国东迁方案，大约在周幽王九年到十年，即公元前773年到前772年之间，他利用担任朝廷司徒的威望，请求把妻子与财货寄存于虢国和郐国之间的京城（今河南省荥阳市京襄城）。正如史伯预料的，虢国和郐国竟然同意献出十邑给郑国。但是，郑国并不以此为满足。根据《汉书·地理志》臣瓒注："郑桓公寄帑与贿于虢、郐之间。幽王既败，二年而灭郐，四年而灭虢。"由于周幽王宗周王朝灭亡，天下大乱。东虢公凭借地势，骄横奢侈，懈怠傲慢。于是，在周平王四年，即公元前767年，郑国兼并了虢国。郐仲凭借天险，国土荒芜，秩序混乱。于是，早在周平王二年，即公元前769年，郑国就消灭了郐国。从此，郑国拥有了济水、洛水、黄河、颍水之间的大片土地，完成了举国东迁的方略。郑国的举国东迁，一方面，逃避了周幽王宗周王室内讧祸及郑氏的政治责任，另一方面逃避了西戎侵逼的军事压力，为郑国生存发展开拓了新空间。同时，郑国的建立也为周平王东迁郑鄢提供了地缘战略依托。郑桓公作为一代开国之君，通过不断进行军事、政治、农业、商业等领域的艰苦奋斗建立了卓越功勋。

其一，郑桓公用诡诈之道，智取敌国。根据《韩非子·内储说下》记载：郑桓公准备袭击郐国，事先打听郐国的豪杰、良臣、明智、果敢人士，全部记下他们的名字，然后选择良田写在他们名下以示贿赂，又在他们名下写上官爵以表示加官晋爵。最后假装在郭门之外设了坛场，把上述记录埋在下面，洒上鸡和猪的血像结盟似的举行祭祀。郐国君主误认为这是内部密谋，将有大难，因而杀了名单上的全部良臣。这为郑桓公发动偷袭，攻克郐国提供了借口。另外，郑武公用嫁女骗亲的诡诈之道，消灭了胡国。根据《韩非子·说难》记载：过去郑武公准备讨伐胡国，所以先把女儿嫁给胡国君主作为妻子，以娱乐其心意。故意当着群臣问道："我想对外用兵，讨伐哪个国家呢？"郑国大夫关其思回答说"讨伐胡国"。郑武公发怒杀了他，说道："胡国，是我们的兄弟之国，你竟敢进言讨伐，想干什么？"胡国君主听到这个消息以后，认为郑国是与自己关系亲密的国家，遂不防备郑国。不久，郑国发动突袭，夺取了胡国。

其二，郑桓公使用军事手段，占领大片敌国土地。根据 2016 年面世的《清华大学藏战国竹简》（陆）《郑文公问太伯（甲、乙）》的记载："昔吾先君桓公后出自周，以车七乘，徒卅人，鼓其腹心，奋其股肱，以协于庸偶，摄胄擐甲，攫戈盾以造勋，战于鱼丽，吾乃获函、訾，覆车袭介，克邻迢迢，如容社之处，亦吾先君之力也。"① 意思是：过去我们的先君郑桓公从周王室最后分封，带着七乘马车，三十个属徒，鼓舞心中的斗志，奋发躯体的气力，协同武装的仆庸们，披挂着甲胄，挥舞着戈盾，创造了功勋。采用鱼丽战阵，占领了函、訾大片土地，颠覆战车与袭击铠甲之士，攻克了遥远迢迢的邻国，于是才有建立社稷之处，也是我们先君郑桓公的力量。

其三，郑桓公还与商人签订契约，共同开发市场，繁荣经济。根据《左传·昭公十六年》记载：子产说："从前我们先君郑桓公和商人都是从宗周迁徙来的，通力合作开辟这片地方，斩除蓬蒿藜藋居住在一起。世代都有盟誓，彼此互相信赖。誓辞说：'你不要背叛我，我不要强买强卖。既不乞求也不要掠夺，你有生意诀窍和金玉财宝，我也不会过问。'依据这个信用盟誓，所以相互保护直到今天。"

郑桓公为了逃避死亡，举国东迁，但是他个人最终没有逃避掉死亡悲剧。因为郑桓公担任周幽王朝廷司徒之职，参与主事宗周王室军队（"太室之盟"）与申侯鄫侯西戎军队（"申鄫戎联军"）的战斗。根据《史记·郑世家》记载："二岁，犬戎杀幽王于骊山下，并杀桓公。"传统观点认为，周幽王十一年，即公元前 771 年，郑桓公与周幽王同死于骊山之难。沈长云先生认为，司马迁《史记·郑世家》可能对《国语·郑语》"幽王八年而桓公为司徒，九年而王室始骚，十一年而毙"存在误读。即将"十一年而毙"的主语周幽王，当成了郑桓公。② 其实，郑桓公并没有死于周幽王十一年。

---

① 清华大学出土文献研究与保护中心编，李学勤主编：《清华大学藏战国竹简》（陆）下册，中西书局，2016，第 119 页。

② 沈长云：《郑桓公未死幽王之难考》，《上古史探研》，中华书局，2002，第 267 页。

刘光先生认为，"郑国克郐之年，当为周幽王既败二年，晋文侯十二年，即公元前 769 年。"① 其实，郑桓公之死，在克郐之后。所以上引《史记》出现的"二岁"应该是周幽王死后二年或周平王二年，即公元前 769 年。早年作为王子多父的郑桓公，曾经与晋文侯共同伐郐，郐人招引西戎杀死周幽王，也没有放过郑桓公。最后，郑桓公未能逃避死亡的厄运，还是被西戎杀死，做了周幽王宗周王室的政治牺牲品。然而，郑国的举国东迁却成为东周王朝的地理藩屏和政治靠山之一。正如《国语·周语》记载周桓王之语："我周之东迁，晋、郑是依。"

四、周卿士虢公的东逃决策：虢国举国东迁

西周前期，虢国的虢仲和虢叔在周王室担任卿士，此后贤良辈出，对周王室贡献颇大。可是，西周末年，虢国两个重要人物虢石父和虢公瀚，丧失政治德性，扮演了违背历史潮流的不良角色。史籍上所载的虢国，有东虢、西虢、南虢、北虢，还有小虢。

东虢、西虢是西周王朝的重要方国。东虢、西虢为姬姓之国，其来历是周王季之子、周文王之弟，一个是虢仲、一个是虢叔，他们二人获得分封，虢仲之后封于西虢，在今陕西省宝鸡市一带；虢叔之后于东虢，在今河南省荥阳市一带。二虢国在周王室的政治地位很高。根据《左传·僖公五年》记载："虢仲、虢叔，王季之穆也。为文王卿士。勋在王室，藏于盟府。"就是说，虢仲、虢叔是周王季历之子，周文王之时担任卿士之职，二虢有功勋于周王室，功勋有案可稽。根据《古本竹书纪年》记载："夷王衰弱，荒服不朝，乃命虢公率六师，伐太原之戎，至于俞泉，获马千匹。"就是说，周夷王时代，周王室实力衰弱，五服中的荒服不向周王室朝贡了。周夷王命令虢公率领六师的兵力，征伐太原（在今甘肃省庆阳市一带）的戎人，一直讨伐到俞泉，获得戎人一千多匹马。道光年间出土于陕西宝鸡的虢川司的周宣王时虢季子白盘的铭文，记载虢季子白（虢文公）"壮武于

① 刘光：《清华简〈郑文公问太伯〉所见郑国初年史事研究》，《山西档案》2016年第 6 期，第 32 页。

戎工（功），经维四方，搏伐猃狁于洛之阳"。又据《国语·周语》记载："宣王即位，不籍千亩。虢文公谏曰：'不可。'"可见，周宣王时代的虢文公是一位功勋卓著的战将，也是一位很有远见的敢谏之士。

南虢、北虢是西虢东迁后的同一个虢国。南虢、北虢是西周末年至东周早年从西虢即今陕西省宝鸡市一带陆续东迁到今河南省三门峡市一带的，由于地跨黄河两岸，处于黄河南岸的河南省三门峡部分被称为南虢，在上阳城；处于黄河北岸山西省平陆部分被称为北虢，在下阳城。其实，南虢、北虢都是西虢东迁后的同一个虢国。西虢东迁居于南虢、北虢，这已为1956年到1999年四次考古发掘的河南三门峡上村岭虢国墓地、三门峡李家窑虢国都城上阳城遗址所证实。西虢东迁的时间，有学者主张西周末期说，有主张东周早期说，彭裕商先生认为，西虢东迁"当在平王东迁时"①。《舆地志》云"小虢，羌之别种"，小虢的主体人群就是外来的西戎人。西虢东迁的原因可能与这部分西戎人的压力有关。他们在西虢逃亡之后的故地即今陕西省宝鸡一带建立了小虢国。秦武公十一年，即公元前687年，小虢被秦国消灭。

西虢东迁的关键举动：虢人灭焦。在周幽王八年，即公元前774年，郑桓公向史伯询问"王室多故，予安逃死乎？"，史伯给郑桓公分析成周四周的地理形势的时候，提到两个虢国。周太史史伯说到的其中一个是"其子男之国，虢、郐为大"，这里的"虢"是指东虢，在今河南省荥阳市，为了获得虢、郐之间的土地，郑国先采取"寄孥与贿"的方法，然后，郑桓公和郑武公分别在周平王二年即公元前769年和周平王四年即公元前767年，先后消灭了郐国和东虢国。史伯说的另一个是"西有虞、虢"，这里的"虢"与"虞"相邻，这个"虢"是指从西虢东迁的南北二虢。当时虢石父正在宗周王室担任卿士之职，根据《今本竹书纪年》记载："七年，虢人灭焦。"在周幽王七年，即公元前775年，同样是利用军事和诡诈之道，虢国人消灭了处于今河南省三门峡一带的焦国。焦国是神农之后的封国。根

---

① 彭裕商：《虢国东迁考》，《历史研究》2006年第5期，第22页。

据《史记·周本纪》记载:"武王追思先圣王,乃褒封神农之后于焦。"毋庸置疑,一定是虢国的虢石父或其代理人消灭了焦国,然后,从西虢向东迁徙于焦国故地,建立了新虢国即河南省三门峡黄河两岸的南北二虢。

虢石父丧失政治德性与周幽王"骊山之难"。根据《国语·郑语》记载:周幽王"弃聘后而立内妾",虢石父就是进谗言的推波助澜者。最后导致西戎犬戎"遂杀幽王骊山下,虏褒姒,尽取周赂而去"。显然,周幽王重用善于阿谀奉承的虢石父废嫡立庶,虢石父则利用昏庸好色的周幽王来谋取灭焦东迁的私利,彼此狼狈为奸,他们对宗周王室的灭亡负有不可推卸的历史责任。

虢公瀚逆潮流而动与周朝"二王并立"。周幽王和伯盘死后,王世子宜臼得到邦君诸侯的支持,"申侯、鲁侯、许男、郑子立宜臼于申",是为周平王。可是,在虢石父之后继位的虢公瀚却继续沿着虢石父的错误路线,一意孤行,以虢国为根据地,僭立周幽王之弟余臣携惠王,对抗邦君诸侯拥立的周平王,造成"二王并立"的政治格局。

虢国的灭亡:"假道灭虢"历史事件。根据《左传·僖公二年》记载:晋国的荀息请求用屈产良马和垂棘玉璧,向虞国借道讨伐虢国。晋献公说:"这都是我的宝贝啊!"荀息回答说:"如果从虞国借了道,这些宝贝就像放在我们宫殿外的库房一样。"于是,晋献公就派荀息到虞国去借道,虞公准许了。夏季,里克和荀息率领晋国军队与虞国军队会合,在鲁僖公二年,即公元前658年,虞国和晋国联军消灭下阳。下阳就是虢国处于黄河北岸的北虢。可是,就在虞国和晋国军队消灭下阳北虢的同一年,虢国却还与戎人作战,虢国军队把戎人打败在桑田。于是,晋国卜偃预言用不了五年,虢国就要灭亡了。卜偃说:"虢公在桑田打败了戎人,北虢下阳被夺取了不知戒惧,反而自认为灭戎立了大功,这是上天夺去了看清自己面目的一面镜子,而加重虢国的疾病的症状啊!虢国必定轻视晋国又不爱抚自己的百姓,用不了五年就会灭亡。"根据《左传·僖公五年》记载:晋献公又一次向虞国借道讨伐虢国。宫之奇进谏说:"虞国在虢国的里面,虢国在虞国的外面;如果虢国灭亡了,虞国必然随着灭亡。晋国的野心不要开启,外寇的危险不是玩耍。一次已经过分,怎么还有二次?谚语说,唇亡齿寒。脸颊与牙床彼此相互依存,没有嘴唇庇护,牙齿必受寒冷,说的就是虢国和虞国的关系。"虞公说:"晋国,我的同宗,岂能坑害我?"结果,鲁僖公五年,即公元前655年,晋国夺取了虢国的上阳,虢国的上阳就是黄河南岸的南虢。虢公丑逃奔京师。回师的晋国军队驻扎在虞国,遂发动突袭,消灭了虞国。这就是晋献公使用贿赂和军事手段"假道灭虢"的历史事件。

第四节 秦国生存责任伦理的发展
——秦襄公勤王有功, 被封为诸侯

一、秦国生存责任伦理的背景:"二王并立"与"东迁郏鄩"

周王朝"二王并立"与"东迁郏鄩"。根据《今本竹书纪年》记载:"申侯、鲁侯、许男、郑子立宜臼于申;虢公翰(瀚)立王子余臣于携。"就是说,周幽王和伯盘死于骊山之后,"舅权派"以及支持王世子宜臼的申侯、鲁侯、许男、郑子等诸侯在申国将宜臼立为天王;"父权派"以及支持周幽王和伯盘的虢石父的同族人或者后人虢公瀚等人,在虢国将周幽王之弟余臣立为天王。此时,周朝出现"二王并立"政治格局。又据《清华大学藏战国竹简》(贰)记载:"邦君、诸正乃立幽王之弟余臣于虢,是携惠王。立廿又一年,晋文侯仇乃杀惠王于虢。周亡王九年,邦君、诸侯焉始不朝于周,晋文侯乃逆平王于少鄂,立之于京师。三年,乃东徙,止于成周。"① 就是说,携惠王立了二十一年,即到了公元前750年,被晋文侯

---

① 清华大学出土文献研究与保护中心编,李学勤主编:《清华大学藏战国竹简》(贰),中西书局,2011,第138页。

（姬仇）杀死于虢国。在周亡王即已故周幽王九年，也即公元前 773 年的时候，① 各邦君，即宗族的首长还有各国诸侯就开始不去周王室朝贡了，晋文侯就把周平王迎接到少鄂，在京师拥立他为天王。据考证，少鄂属于晋国，在今山西省乡宁。京师为晋国都城，即晋姜鼎铭文中的"京师"，在今山西省夏县。直到第三年，即公元前 770 年就向东迁徙，来到了成周郏鄏。②

周平王东迁郏鄏，开启"政由方伯"时代。宗周王室随着周幽王覆灭之后，出现"二王并立"，即邦君诸正立携王，晋文侯立平王；邦君诸侯不朝周，周平王迁都郏鄏。正如《左传·昭公二十六年》王子朝告诸侯所言：到了周幽王，上天不再保佑宗周了，天子昏庸无能，因此失去王位。携惠王触犯天命，被诸侯废黜了。建立了王位继承人，向东迁都到郏鄏，即今河南省洛阳市。又据《清华大学藏战国竹简》（贰）记载："晋人焉始启于京师，郑武公亦征东方之诸侯。武公即世，庄公即位，庄公即世，昭公即位。其大夫高之渠弥杀昭公而立其弟子眉寿。齐襄公会诸侯于首止，杀子眉寿，车辕高之渠弥，改立厉公，郑以始正。楚文王以启于汉阳。"③ 就是说，晋国人开始从京师开疆辟土，郑武公开始征服东方的诸侯国。郑武公去世后，郑庄公继位，郑庄公去世后，郑昭公继位，大夫高渠弥杀死郑昭公而立其弟子眉寿。公元前 694 年，齐襄公在首止会盟诸侯，杀死子眉寿，车裂高渠弥，改立郑厉公，郑国恢复正常秩序。楚文王开始从汉阳开疆辟土。《史记·周本纪》说："平王之时，周室衰微，诸侯强并弱，齐、楚、秦、晋始大，政由方伯。"《史记·太史公自序》："《春秋》之中，弑君三十六，亡国五十二，诸侯奔走不得保其社稷者不可胜数。察其所以，皆失其本已。"

---

① 王红亮：《清华简〈系年〉中周平王东迁的相关年代考》，《史学史研究》2012 年第 4 期，第 109 页。

② 王红亮：《清华简〈系年〉中周平王东迁的相关年代考》，《史学史研究》2012 年第 4 期，第 107 页。

③ 清华大学出土文献研究与保护中心编，李学勤主编：《清华大学藏战国竹简》（贰），中西书局，2011，第 138 页。

二、秦国生存责任伦理的确立：秦襄公救周勤王

西周末年，周幽王宠嬖并后、庶孽乱宗，陷入"欲望陷阱"，宗周王室"父权派"与"舅权派"抛弃德性伦理，诉诸暴力解决宗周王位继承权问题，招引虎视眈眈的西戎进入宗周奸淫掳掠。邦君诸正感到形势不妙，埋藏了青铜重器，纷纷向东逃跑，京畿庶民百姓流离失所。这时，守卫在西方的秦襄公主动承担了抗击西戎，保卫宗周，勤王护送周平王东迁的历史责任。此时的秦人，身处三种矛盾的漩涡之中，其一是秦国与西戎的矛盾；其二是"父权派"与"舅权派"的矛盾；其三是"邦君诸侯"支持的周平王与"邦君诸正"支持的携惠王的矛盾。在三重矛盾中，秦襄公作出了正确的历史选择：承担守卫华夏领土，驱逐戎狄的责任；承担保护华夏民族，救亡图存的责任；承担传承华夏文明，继往开来的责任。由于"秦襄公将兵救周，战甚力，有功。周避犬戎难，东徙雒邑，襄公以兵送周平王"。最后，周平王封襄公为"诸侯"。秦襄公率领的秦人，无愧是协助大禹治水著名英雄伯益的后裔。秦襄公被封为诸侯，成为秦国开国之君，其历史意义在于承前启后：古国时代的嬴姓人从夏、商到西周，靠着治理水患、驯化鸟兽、饲养军马、驾驭战车、抗击戎狄的责任担当与技术本领，一步步从传世青铜器铭文中记载的"秦夷""戍秦人"一直做到"西垂大夫"，直至秦襄公被周平王封为"诸侯"，标志着秦国生存责任伦理的确立。作为"诸侯"意味着从法权制度上获得了周天子赋予的"责任主体""权力主体""利益主体"三大国家主权地位，这就为方国时代的秦人由秦穆公尊王攘夷"霸西戎"，帝国时代的秦人由秦始皇扫平六国"统一天下"，打下了合法性基础。一些学者局限于用狭隘功利主义的"经济人"观点分析秦国，所以很难理解秦国谋求万世责任，传之万世的雄心；一些学者局限于用世俗道德主义"道德人"观点分析秦国，所以也很难理解秦国法治理性精神。无论是狭隘功利主义还是世俗道德主义，他们理解不了秦国在两千年前为中华民族奠定的具有现代意义的政治国家基础。正如司马迁在《史记·六国年表序》中讽刺一些世俗学者所说："学者牵于所闻，见秦在帝位日浅，不

察其终始，因举而笑之，不敢道，此与以耳食无异。悲夫！"意思是，学者被道听途说牵住了鼻子，只见到秦国在帝王的日子很短，不能发现秦国由弱到强、自始至终发展的道理，因而全都讥笑秦国，不敢说明秦国发展的道理，这就像用耳朵吃饭，不知美食滋味一样，可悲啊！如果我们从责任伦理角度，解读秦襄公被封为"诸侯"以及秦国立国的意义，真正理解秦国由弱到强发展的"始终"，就可以超越一些学者的世俗观点，公正认识"已故的"秦国真相以及"活着的"秦国的真精神。

1. 秦襄公"保西垂"：采取"和西戎"与"伐西戎"软硬两手策略。秦襄公继承其父秦庄公之位，承担"保西垂"的责任。一方面，秦襄公元年，即公元前777年，采用"和西戎"之策，"以女弟穆嬴为丰王妻"缔结统一战线，分化西戎势力；另一方面，秦襄公二年，即公元前776年，采用"伐西戎"军事手段，"戎围犬丘世父，世父击之"，同时，秦襄公率领军队迁回于汧地，打击西戎的嚣张气焰。"保西垂"，就是保卫秦人的生存空间和军事根据地，守护宗周王室的战略藩屏，守护华夏民族的西部边陲。

秦襄公元年，"以女弟穆嬴为丰王妻"。秦国与西戎缔结婚姻，这是秦襄公继位之初采取的"和西戎"之策。这和周幽王宠爱褒姒，废黜申后形成鲜明对比。因为，除了商业贸易和军事战斗，缔结婚姻是族群之间重要的交往方式之一。所以古代贵族婚姻是一种政治联姻，周幽王因为宠爱褒姒，废黜申后，陷入"欲望陷阱"，招致了宗周王室与申国、鄫国之间的政治危机。可是，秦襄公从宗周和嬴秦的生存责任伦理出发，将自己的亲妹妹嫁给了丰王。丰王是什么人？这位丰王就是进入京畿附近（在今陕西省户县，2016年改为西安市鄠邑区）的西戎君主。根据王世民、陈平先生的研究，"户县，地近周都丰、镐二京。西周早期，其地大约属以丰邑为其全邑的姬姓丰侯国。成王时，姬姓丰国恐即因丰侯的被废黜而国除了。西周晚末幽王时，西戎逼周，至有戎族在周都丰京近侧立国而自号丰王。近年，颇有几位学者对西周姬姓丰国和两周之际戎族丰国的史迹、地望与文物作过研究。《三代》有铭文为'丰王'之铜斧，《三代》有阳文'丰王'铜泡。王世民以为此'丰王'即《秦本纪》以襄公女弟穆嬴为妻之'丰王'，其说甚是"①。秦襄公"以女弟穆嬴为丰王妻"的"和西戎"之策，在嬴秦史上有悠久传统，周孝王时代，秦国与申国、申国与西戎就保持着彼此缔结婚姻的关系，因此保持了各个族群关系和睦。根据《史记·秦本纪》记载：周孝王时代一位申侯说："昔我先骊山之女，为戎胥轩妻，生中潏，以亲故归周，保西垂，西垂以其故和睦。今我复与大骆妻，生适子成。申、骆重婚，西戎皆服，所以为王。"就是说，从前我们申国的骊山女子，做了秦人戎胥轩之妻，生了中潏，因为这层亲戚关系，中潏归周保西垂，也是这层亲戚关系，西垂由此和睦了。当今我再次把申国女子嫁给秦人做了大骆之妻，生了嫡子成，申国和大骆再次缔结婚姻，西戎全都归服，这都是为了周王啊！历史有惊人的相似。秦襄公"以女弟穆嬴为丰王妻"的"和西戎"之策，当然也取得了一定成效。这是史苏"女戎论"所说的在军事斗争之外的一种隐性军事功能。秦襄公二年，"岁余，复归世父"。也就是被西戎俘虏的秦襄公之兄世父，在公元前776年被释放回到西垂犬丘。

　　秦襄公二年，即公元前776年，采用"伐西戎"军事手段，"戎围犬丘世父，世父击之"，同时，秦襄公率领军队迁回于汧地，打击西戎的嚣张气焰。秦世父是秦襄公的兄长，在族群中，他有谦让风度，是一位把继承权让贤于弟的长者；在战场上他勇猛杀敌，是一位不灭戎王誓不还的勇士。这和宗周王室的贵族们，如皇父东逃"作都于向"、郑桓公逃死"寄孥与贿"、虢国灭焦东迁避敌，形成鲜明对比。根据《今本竹书纪年》记载："四年，秦人伐西戎。"又据《史记·秦本纪》记载，周幽王四年，即公元前778年，秦庄公四十四年，也是不其簋铭文中抗击猃狁的秦仲之子"不其"临终的那一年，西戎再次进犯，秦世父率军讨伐西戎。当时，秦世父的父亲秦庄公居住在西犬丘，生有三人，长男就是世父。世父说："西戎杀了我的祖父秦仲，我不杀死戎王誓死不回到城邑。"于是，世父率领军队出征抗击西戎，把继承权让给其弟秦襄公，秦襄公为太子。此年秦庄公去世，秦襄公继承其位。讨伐西戎的战斗仍然激烈进行。根据《今本竹书纪年》

---

① 陈平：《关陇文化与秦嬴文明》，江苏教育出版社，2005，第252页。

记载：周幽王"六年，王命伯士帅师伐六济之戎，王师败逋"。就是说，周幽王六年，即公元前 776 年，周幽王命令伯士讨伐六济之戎，周幽王的军队失败了，伯士也战死了。这一年也是秦襄公继位的第二年，西戎的势力更为嚣张。根据《史记·秦本纪》记载："戎围犬丘世父，世父击之，为戎人所虏。岁余，复归世父。"又据《今本竹书纪年》记载："西戎灭盖。"就是说，周幽王六年，即公元前 776 年，西戎包围了犬丘，秦世父抗击西戎，被西戎人俘虏了。一年多之后，西戎释放秦世父。如《今本竹书纪年》所说，在西戎包围犬丘的时候，甚至消灭了"盖"地的秦人军队，可见秦人损失惨重。但是，一年之后，秦世父平安回归，犬丘危机和平解决。这可能和秦襄公继位第一年，即公元前 777 年嫁妹于丰王，并利用秦人与丰王之间的亲戚关系进行斡旋有一定关系。

秦襄公通过"和西戎"与"伐西戎"这两手，"保西垂"的目的得以实现。西垂就是西犬丘，即今甘肃省礼县、西和县的西汉水流域，这里土肥水美，适合发展农业与畜牧业。西犬丘与西戎接壤，是抵挡西戎势力东进的屏障。西周末年，秦襄公"保西垂"的战略意义在于，"保西垂"就是保卫秦人的生存空间和军事根据地，就是守护宗周王室的西部战略藩屏，就是守护华夏民族的西部边陲防线。西垂的地缘战略意义非同一般。秦襄公"保西垂"的成功，也为秦人战略目标转向关中，提供了战略依托。

2. 秦襄公"救周有功"："将兵救周，战甚力，有功。"秦襄公继位之初，采用"和西戎""以女弟穆嬴为丰王妻"以及"伐西戎""戎围犬丘世父，世父击之"的两手策略，达到了"保西垂"的战略目的。可是，周幽王五年，即公元前 777 年，"王世子宜臼出奔申"之后，宗周王朝面临的矛盾迅速激化。周幽王"太室之盟"，申鄫西戎"三方联盟"双双对峙加剧，而宗周王朝在对峙中犯下战略错误，好色、昏庸、骄横的周幽王终于把自己送上不归之路。根据《国语·郑语》记载："幽王八年而桓公为司徒，九年而王室始骚，十一年而毙。"周幽王十一年、秦襄公七年，即公元前 771 年，周幽王被西戎、犬戎及申侯杀死于骊山之下，秦襄公面对宗周王室的重大变故，作为周王室"附庸"的秦国，义不容辞地承担了保卫宗周的任务，秦襄公率领军队进入戎寇横行的关中，投入反击戎寇，保卫宗周，保卫京畿的战斗。

　　秦襄公所救的"周"是周幽王，还是周平王？王玉哲先生认为，"秦襄公很明显是站在周幽王一方，而与太子宜臼即后来的周平王处于敌对地位"，由此推测出"周平王东迁乃避秦非避犬戎"的结论。① 这一结论显然是违背历史事实的。一些学者对这一观点进行了驳斥，刘蓉博士认为"秦襄公所救之周应是周平王，而不可能是周幽王"②。其实，司马迁《史记·秦本纪》讲得非常清楚："七年春，周幽王用褒姒，废太子，立褒姒子为嫡，数欺诸侯，诸侯叛之。西戎犬戎与申侯伐周，杀幽王骊山下。而秦襄公将兵救周，战甚力，有功。周避犬戎难，东徙雒邑，襄公以兵送周平王。"请注意这里的时间顺序，在秦襄公七年、周幽王十一年，即公元前771年，第一时段，周幽王以妾代妻、废嫡立庶，多次欺骗诸侯，诸侯都背叛了；第二时段，西戎、犬戎与申侯兵至骊山，无论是"击鼓"还是"举烽"都没有诸侯去救，这是史有明载，所以"西戎犬戎与申侯伐周，杀幽王骊山下"。第三时段，"秦襄公将兵救周，战甚力，有功"。这里秦襄公是在周幽王死后，率领军队救的"周"，救的是周平王之"周"，因为，周平王本是诸侯心目中周王室"正统"而且被周幽王褒姒虢石父一伙"废黜"，诸侯救周具有打抱不平的同情心和正义感。所以，给予秦襄公"战甚力，有功"表彰的是周平王，给予赐土盟誓和封爵的是周平王。秦襄公救的周就是周平王，不是已经死去的周幽王。这是非常清楚的。与此同类，《史记·卫康叔世家》记载，卫国的国君卫武公也是在周幽王死于骊山之后，也去救"周"，所救的也是周平王之"周"，而且也立下功勋，受到赏赐。

　　戎狄势力大敌当前，华夏诸侯与戎狄贼寇的矛盾上升为主要矛盾。秦襄公"以兵救周"的行动，就是勇敢承担了拯救华夏民族的历史责任。申侯、鄫侯援引西戎犬戎外部势力解决周幽王与周平王之间的继承权矛盾，

---

　　① 王玉哲：《周平王东迁乃避秦非避犬戎说》，《天津社会科学》1986年第3期，第50页。

　　② 刘蓉：《秦襄公将兵救周发微》，《延安大学学报》（社会科学版）2000年第3期，第91—92页。

一方面用援引的戎狄外部势力杀死了周幽王和伯盘，消灭了宗周；另一方面援引的戎狄外部势力，如豺狼入室、烈火焚身，这是申侯、鄫侯也难以控制的，导致戎狄外部势力肆虐于宗周京畿之地。西戎犬戎进入宗周京畿，不仅给周幽王的宗周王室带来灭顶之灾，而且，也给反对周幽王的邦君诸侯、邦君诸正、庶民百姓，尤其是给诸侯们扶持的周平王带来巨大威胁。因为，戎狄民族对于华夏民族，不仅劫你的财，还要你的命，灭你的国。如前所述，世界上诸多农耕文明的灭亡，都是游牧民族入侵造成的。就像勒内·格鲁塞《草原帝国》一书序言所说："游牧者尽管在物质文化上发展缓慢些，但他一直有很大的军事优势。他是马上弓箭手。"① 两周之际，戎狄贼寇强大的压力迫使周平王以及宗周邦君诸侯、庶民百姓不得不躲避戎狄之患，离开战火燃烧的宗周镐京向东方成周迁徙。

秦襄公"以兵救周"表现了拯救华夏民族的大义，这是毫无疑义的，但是，以虢公瀚为代表的一部分周王室邦君诸正，对申、鲁、许、郑等邦君诸侯拥立周平王不以为然，冒天下之大不韪，僭立了周幽王庶弟为周天子即携惠王，与邦君诸侯拥立的天王即周平王对峙，于是，形成了周朝"二王并立"的政治格局。秦襄公支持携惠王还是周平王，这是一个关键的政治抉择。显然，秦襄公认同周王室"立子立嫡"的继承制度，认同周王室合法继承人，所以，选择了支持周朝"正统"周平王的明智立场。如前所述，西戎犬戎、申侯、鄫侯"三方联军"征伐周王室，在骊山脚下杀死周幽王之后，秦襄公等诸侯率领军队拯救周王室，战斗很得力，有功劳。周王室逃避犬戎之难，向东迁徙到洛邑，秦襄公等诸侯以军事力量护送周平王。另一方面，嬴秦所处的临近西申的地理位置也给秦襄公护送周平王提供了千载难逢的机遇。根据《古本竹书纪年》记载，"平王奔西申"，在历史上，西申与西戎有密切联系，周孝王时期，申侯曾说"申骆重婚，西戎皆服"，同时，姜姓申国与姬姓周国世代联姻，周宣王就是申侯之甥，特意扩大申国封地，在河南南阳为申侯建筑谢邑。《诗经·大雅·嵩高》："维

---

① ［法］勒内·格鲁塞：《草原帝国》，蓝琪译，商务印书馆，1999，第 7 页。

申及甫，维周之翰。"甫即吕，申国与吕国被视为西周的羽翼藩屏。申国南迁后，原来的封地西申依然存在。"西申当在今甘肃天水、甘谷以西地区。"[①] 周幽王娶于申国，后宠爱褒姒，废嫡立庶，周平王也是申侯之甥，所以，"平王奔西申"。西申与西汉水上游的嬴秦在地理位置上相邻，这是秦襄公将兵救周，护送周平王东迁的独特地理条件。所以，在周平王东迁中，秦襄公才有可能及时派兵护送勤王。当然，在周平王到达郏鄏之前，有晋文侯等诸侯远道派兵前来迎接；路途中还有七姓之族陪护平王。周平王顺利到达少鄂和京师；然后再由少鄂和京师迁往成周郏鄏。根据《左传·襄公十年》记载，伯舆的大夫瑕禽说："昔平王东迁时，吾七姓从王。牲用备具，王赖之。而赐之骍旄之盟，曰：'世世无失职。'"意思是，从前在平王东迁，我们七姓族人随从负责筹备祭祀牺牲品和日用物品，得到王室的信赖，所以，周平王赐予七姓之族"世世无失职"作为骍旄之盟。又据《国语·晋语》记载郑国大夫叔詹的话说："吾先君武公与晋文侯戮力一心，股肱周室，夹辅平王。"郑武公，晋文侯同心协力，支持周平王；又据《国语·周语中》记载周大夫富辰的话说："郑武、庄有大勋力于平、桓，我周之东迁，晋、郑是依。"意思是，周大夫富辰说，郑武公、郑庄公对于周平王、周桓王有大功勋，周王室东迁，依靠的就是晋国、郑国。又据《史记·卫康叔世家》记载："犬戎杀周幽王，武公将兵往，佐周平戎，甚有功。"就是说，犬戎杀死周幽王，卫武公率领军队前往，辅佐周平王平定戎寇，很有功劳。看来周平王"得道者多助"，而周幽王、携惠王之流"失道者寡助"。周幽王宠爱褒姒，以妾代妻，废嫡立庶，戏弄诸侯，失信于天下；虢石父担任幽王卿士，为人佞巧，善谀好利，与褒姒结党，同流合污。同样，虢公瀚拥立携惠王也不得人心，虢公瀚属于虢石父的同党，携惠王就是周幽王、虢石父之党的余孽，所以，同样遭到晋文侯为首的邦君诸侯的拒绝。在周幽王死后二十一年，即公元前750年，晋文公杀了携惠王，"二王并立"的政治格局结束了。由此可见，西周末年，内忧外患之时，周

---

① 杨宽：《杨宽古史论文选集》，上海人民出版社，2003，第173页。

王室力量衰落，可是，邦君诸侯维护周朝"正统"合法性的力量开始发挥重大作用，这时，一旦周王室遇到外部夷狄势力侵略，或者内部发生重大事变，立刻就有秉持华夏民族大义的四方诸侯闻风而动，主动承担出兵勤王的重任。秦襄公、晋文侯、郑武公、卫武公等邦君诸侯，就是主动承担勤王救周重任的典范。

3. 秦襄公"始为诸侯"：东周王朝的赏赐与回报。据《今本竹书纪年》记载：周平王元年，即公元前 770 年，周平王迁徙到洛邑，赐予晋文侯册命，还赐给秬鬯圭瓒等器物，并且作了《文侯之命》的文书。又据《今本竹书纪年》记载：周平王元年"晋侯会卫侯、郑伯、秦伯，以师从王入于成周"。周平王二年"赐秦、晋以邬、岐之田"。意思是，周平王元年，即公元前 770 年，晋文侯会同卫侯（卫武公）、郑伯（郑武公）、秦伯（秦襄公），以军队随从周平王进入成周。周平王二年，即公元前 769 年，赐给秦国、晋国邬地与岐地。又据《史记·秦本纪》记载："襄公以兵送周平王，平王命襄公为诸侯，赐之岐以西之地，曰：'戎无道，侵夺我岐、丰之地，秦能攻逐戎，即有其地。'与誓封爵之。"就是说，秦襄公派兵护送周平王，周平王册命秦襄公为诸侯，还赐予岐以西的土地，说道："西戎没有道理，侵略夺去了我们岐、丰的土地，秦国如果能攻击驱逐西戎，即可占有这些地方。"周平王与秦襄公举行了盟誓和封爵的仪式。另外，《史记·秦本纪》记载：周平王三年"王赐师徒郑伯命"。《诗·郑风》序："《缁衣》，美武公也，父子并为周司徒。"就是说，在周平王三年，即公元前 768 年，周平王又赐予郑武公司徒的册命。《诗经·郑风·缁衣》就是赞美郑武公，郑武公和郑桓公一样，父子两人担任周王室司徒之职。看来，这次以兵救周，秦、晋、卫、郑四国收获丰厚，尤其是秦国，从周王室的"附庸""大夫"晋升为"诸侯"，周平王一道"命襄公为诸侯"的册命；一张"岐、丰之地"的授权书，确立了秦国作为诸侯国的主权，确立了秦国的责任主体与责任受体：秦襄公与周平王之间责任伦理关系由此建立。《诗经·秦风·终南》描写了秦襄公被周平王册封为诸侯之后，途经终南山下，"锦衣狐裘，颜如渥丹""黻衣绣裳，佩玉将将"的君子神采与诸侯威仪。勉励秦襄公由西垂大夫荣膺一国之君"其君也哉!",不负天子重托,讨伐西戎取岐、丰之地的盟誓"寿考不忘!"。毛诗序说:"戒襄公也,能取周地,始为诸侯,受显服,大夫美之,故作是诗以戒劝之":"终南何有?有条有梅。君子至止,锦衣狐裘,颜如渥丹,其君也哉! 终南何有? 有纪有堂。君子至止,黻衣绣裳,佩玉将将,寿考不忘!"

三、秦国生存责任伦理的终结:秦国的建国大业

秦襄公被册封为诸侯,秦国获得国家主权,开始行使祭祀权、军事权、行政权、外交权等国家主权,这是诸侯国的正当性、合法性基础。于是,秦国开始其诸侯国的建国大业,一是初立西畤,祭祀白帝;二是讨伐西戎,收复岐丰之地;三是初始立国,与诸侯通使聘享之礼。

首先,秦国拥有了祭祀权。"乃用骝驹、黄牛、羝羊各三,祠上帝西畤。"秦国加入了周朝天命信仰世界,这是一种宗教意识形态,是一种精神统治的话语权。周平王二年,秦襄公八年,即公元前769年,秦国被封为诸侯之后,秦襄公作西畤,祭祀白帝。这种对"方帝"白帝的祭祀,逐步建构出秦国五帝志业宗教。根据《今本竹书纪年》记载,周平王"二年,秦作西畤"。又据《史记·十二诸侯年表》记载,"平王元年,秦初立西畤,祠白帝"。(两者相差一年,是因为不同的历法系统)又据《史记·封禅书》记载:"秦襄公既侯,居西垂,自以为主少皞之神,作西畤,祠白帝,其牲用骝驹、黄牛、羝羊各一云。"秦襄公祭祀白帝这件事,"太史读《秦记》,至犬戎败幽王,周东徙洛邑,秦襄公始封为诸侯,作西畤用事上帝,僭端见矣。《礼》曰:'天子祭天地,诸侯祭其域内名山大川。'今秦杂戎翟之俗,先暴戾,后仁义,位在藩臣而胪于郊祀,君子惧焉"。世俗政治权力的争夺,表现在神圣领域就是夺取对至上神的祭祀权。秦国在春秋战国"霸西戎""王天下"的过程中,伴随军事政治力量征服中央四方的,就是宗教祭祀权的巧妙运用,先后祭祀白帝、青帝、炎帝、黄帝、黑帝即中央四方之神,为他们世俗政治权力提供在天国的合法性依据。1978年,在陕西省宝鸡县(今宝鸡市陈仓区)杨家沟太公庙村发现秦公钟镈八件,其铭文记

载："秦公曰：我先祖受天命，赏宅受国。烈烈邵文公、静公、宪公不坠于上，邵合皇天，以觌事蛮方。"就是说，秦公认为，他们先祖接受了上帝的天命，周王赏赐了住宅与封国，秦文公、静公、宪公都在天上永不坠落，他们按照皇天上帝的意志，小心地从事抵抗四方蛮夷的工作。周人死后的君王"王不僭帝"，秦人则主张死后君主"在帝之侧"，这和殷商文化有一定关系。这给秦国统治者提供了君王权力的合法性信仰基础，同时，秦国君主作为责任主体，要对中央四方之帝负责，所以，中央四方之帝就成为责任受体，由此开始建立人和神的责任伦理关系。

其次，秦国拥有了军事权。军事权是合法使用武装力量的权力。军事权是巩固国家政权的基础。由于周平王的许诺"戎无道，侵夺我岐、丰之地，秦能攻逐戎，即有其地"。这给秦国继续履行军事权提供了合法性依据。从戎狄手中夺取"岐、丰之地"，获得土地和人口并巩固嬴秦国家政权，是一个残酷的生命搏斗过程。关于秦襄公征伐西戎的过程，李峰先生认为："公元前766年，即周室东迁四年之后，秦襄公伐戎而至岐。《史记》中说襄公卒于这场战争。很可能这次的军事行动是穿越汧水河谷进行的。20世纪70年代末80年代初，数座春秋早期的墓葬在陇县边家庄出土，人们普遍认为它们同这个地区秦人的活动有关。"[①] 秦襄公"十二年，伐戎而至岐，卒"。秦襄公为夺取岐、丰之地，付出了生命代价。同时，为秦国后代君主讨伐西戎，夺取岐、丰之地奠定了战略基础。

《诗经·秦风·小戎》描述了秦国军队坚甲利兵的威武雄壮气势以及秦襄公爱国爱民温润如玉的君子美德。毛诗序说："小戎，美襄公也。备其兵甲以讨西戎，西戎方强，而征伐不休。国人则矜其车甲，妇人能闵其君子焉。"全诗三章，每章前六句描述秦襄公君子之师，车、马、兵、甲的精美坚固、强劲锐利，后四句描述温婉妇人对君子"温其如玉""温其在邑""秩秩德音"美好品德的赞誉以及"言念君子""乱我心曲""胡然我念之""载寝载兴"的爱慕思念之情。"小戎"作为一种战车，或许是周平王给秦

---

① 李峰：《西周的灭亡——中国早期国家的地理和政治危机》，上海古籍出版社，2007，第311页。

襄公的赏赐品，诗人以《小戎》命篇，或许更有深意。

最后，秦国拥有了外交权。"于是始国，与诸侯通使聘享之礼"，加入周朝诸侯的"国际关系"体系。周朝诸侯国是一个庞大的国际体系，其方国犹如满天星斗，星罗棋布。根据《左传·僖公二十四年》记载，富辰提到周朝诸侯国名字的有 26 国。"臣闻之，大上以德抚民，其次亲亲，以相及也。昔周公吊二叔之不咸，故封建亲戚，以蕃屏周。管蔡郕霍，鲁卫毛聃，郜雍曹滕，毕原酆郇，文之昭也。邗晋应韩，武之穆也。凡蒋邢茅胙祭，周公之胤也。召穆公思周德之不类，故纠合宗族于成周。"又据《左传昭公·二十八年》记载：魏献子提到的周朝诸侯有 55 国。"昔武王克商，光有天下。其兄弟之国者十有五人。姬姓之国者四十人。皆举亲也，夫举无他，唯善所在。"《子华子·晏子》提到周朝诸侯国增加到 70 国："宗周之王也，姬姓之封者凡七十，夫指之不能率其臂，犹臂之不能运其体也。"又据《荀子·儒效》记载，荀子提到周朝诸侯国 71 国，其中姬姓独占 53 国。周公旦"兼制天下，立七十一国，姬姓独居五十三人，而天下不称偏焉"。又据《吕氏春秋·观世》记载，从西周到春秋战国，周朝诸侯国兴灭代谢，前后册封的诸侯国有 400 余国，臣服的有 800 余国："故王者不四，霸者不六，亡国相望，囚主相及。得士则无此之患。此周之所封四百余，服国八百余，今无存者矣，虽存皆尝亡矣。"根据《史记·太史公自序》统计，在春秋时期，诸侯国兼并剧烈，已经有 52 国灭亡了。"《春秋》之中，弑君三十六，亡国五十二，诸侯奔走不得保其社稷者不可胜数。察其所以，皆失其本已。"秦国获得外交权，加入周朝的国际关系体系，登上了诸侯聘享的历史舞台。这为秦国在春秋战国时代兴灭继绝、朝聘盟誓、连横合纵、远交近攻、群雄逐鹿提供了广阔的国际政治空间。秦国在春秋时代称霸西戎，成为"五霸"之一；秦国在战国时代变法图强，成为"七雄"之一，最后，秦国扫平齐、楚、燕、韩、赵、魏六国，建立了中央集权的郡县制国家，天下归于统一。

第六章　方国阶段:"霸西戎"
——秦国德治责任伦理

苏秉琦认为"方国已是比较成熟、比较发达、高级的国家"①。方国是相对于中央王朝的天子之国而言的,方国在地理上独占一方,政治上集权于君主一人,实为地方诸侯之长,方国诸侯被称为"伯"或"霸"。方国阶段是夷夏关系互为消长的时期。最典型的就是秦穆公"霸西戎"。方国处于中央王朝和普通诸侯国之间,以中央王朝天子之国的典章或命令为其合法性信仰,可以借用天子名义行使礼乐征伐权力,天子、方伯、诸侯形成复合性的政治权力结构,不过其权力势能强弱和距离大小因时因地而变。春秋时代,齐桓公、晋文公、秦穆公、宋襄公、楚庄王五位"方伯"所代表的"五霸"都是或强或弱的方国。

秦国作为春秋"五霸"之一,其方国承前启后经历三个阶段的发展:一是从秦襄公于公元前770年被封为诸侯到秦成公,一共七代君主一百一十年,经过"勤王""攘夷"的奋斗,初步确立了秦国的西部方国地位,同时,秦国德治责任伦理开始形成。二是从秦穆公"霸西戎"到秦悼公,一共九代君主一百八十年,秦国作为西部方国诸侯之长的地位确立,同时,秦国德治责任伦理逐步完善。三是从秦厉共公到秦献公,一共七代君主一

---

① 苏秉琦:《中国文明起源新探》,生活·读书·新知三联书店,2000,第145页。

百二十五年，其中四世不宁，秦国作为方国遇到"再封建化"的挑战。同时，秦国德治责任伦理走向衰落，秦人绝处逢生，艰难地探索变法之道。

在方国阶段，秦国德治责任伦理表现为三重关系。秦国责任主体被封为诸侯，称霸西戎成为"方伯"，染指中原谋求"霸王"，秦国"以力假仁"，承担大国责任，塑造了三重德治责任伦理关系。秦国德治责任伦理关系之一：秦国与五帝即四畤和宗庙所祭祀的附属社稷神灵的关系。因为春秋时代周德衰落，周天子政治权威沦丧，诗人诅咒昊天上帝。此时，秦国开始祭祀"方帝"：秦襄公、秦文公、秦德公、秦献公等先后祭祀白帝，秦宣公作密畤，祭青帝；秦灵公作吴阳上畤、下畤、祭赤帝、黄帝；此外，秦文公"十九年，祠陈宝"，即秦国土地神陈锋氏。秦德公"元年，祠社"。即祭祀宗庙社稷之神。希望"子孙饮马于河"，扩展东方土地。秦国君主通过祭祀白帝、青帝、赤帝、黄帝、黑帝即五"方帝"，宣示天命神授以及宗族的荣耀，为秦国政治统治提供合法性根据，为秦国占据泾渭两河流域的土地提供所有权的合法性证明。通过界定最高统治集团与五帝、社稷神灵的伦理关系，确立秦国的国家责任与权力体系。秦国德治责任伦理关系之二：秦国与东周王室、诸侯盟邦的关系。秦穆公"尊王攘夷"，称霸西戎，承担华夏国际责任。公元前649年秦晋联合伐戎，救周襄王，平定王子带之乱；秦穆公三立晋君，拯救晋国骊姬之乱造成的权力空缺；秦穆公"泛舟之役"救济晋国的灾荒；秦穆公参与诸侯邦盟，秦晋伐郜，秦晋围郑；通过霸权的运作，秦国取得韩原之役的胜利，"地至河西"；秦穆公霸西戎，服国十二，"以夏变夷"，传承华夏文明。秦穆公参加公元前632年、631年践土之盟、翟泉之盟；公元前618年，秦康公三年，"秦人来归僖公、成风之襚"，公元前615年"西乞术聘鲁"。公元前611年，秦康公帮助楚国灭庸；公元前506年，申包胥哭秦廷，秦哀公拯救楚国，帮助楚国复国。通过界定秦国与周王室、诸侯盟友的伦理关系，确立秦国在国际关系中的国际责任与权力体系。秦国德治责任伦理关系之三：秦国统治者与黎民百姓的关系。血缘亲亲原则推及黎民百姓，秦穆公善待"食马肉"的乡野之人；崤之战失败，秦穆公作《秦誓》，哀怜将士，承担战败责任。秦穆公将黎民百姓作为德性伦理的责任受体，这是西周民本主义的遗风。通过界定统治者与黎民百姓的伦理关系，确立秦国内部统治阶级与被统治阶级之间的责任与权力体系。

秦国德治责任伦理产生的根据在于：其一，是周平王封秦襄公为诸侯，赋予秦人建立诸侯国、藩屏周室、抵御戎寇的历史使命。其二，是秦人将周天子"赏宅受国"的王命升华为"膺受天命"的五帝信仰；振兴周朝衰落的礼乐制度。其三，是秦人在内政上追求国家公利，防止分利集团，不断实现国家权力与利益最大化；在外交上"虩事蛮夏"，获得天下诸侯与戎狄的承认，达到"盗百蛮，俱即其服"的目标。所以，方国阶段，秦国践行五帝的天命与周天子的王命，以德治为原则，追求天下诸侯的承认和国家利益最大化，这种德治国家的合法性信仰，成了方国阶段秦国发展的根本动力。

第一节　秦国德治责任伦理的开端：
"方国" 的 "尊王攘夷"

从秦襄公于公元前 770 年被封为诸侯，到秦成公一共七代君主一百一十年，经过"勤王""攘夷"的奋斗，初步确立了秦国的西部方国地位，逐步形成秦国德治责任伦理。按照周朝礼制，方国是周天子分封亲戚与勋臣，藩屏周室，封邦建国形成的地方政权组织。周天子"封邦建国"的要素包括赐命，授土、授民，还有赏赐的衣服、器用、车马等物品。周天子是天下"国家主权"所有者，而且"王者无外"，天下诸侯要服从周天子统治，周天子授予地方诸侯"方国主权"。周天子与地方方国之间是一种委托—代理关系，地方诸侯必须服从周天子的天下"国家主权"，履行纳贡与防务责任，同时，地方方国拥有所在诸侯国的"方国主权"，支配其所在国的土地、人民与政事。李峰先生将"方国"称为"封国"，他指出："一个'地方封国'（regional state）之所以被称为'国'（state），是因为它具有西周国家行使的所有功能和作用，而且满足'国家'所需的大多数条件，除去只有周王才拥有的'主权'（sovereignty）。当然，司法——显然是诸侯责任之一——可以是成文法或习惯法；领土范围可由一条边界或邑的分布来确定——西周是一个典型的以邑为基础的国家；建立秩序和安全保障的目的及原因可以是为了当地诸侯国民众的安居乐业，也可以是为了'西周国家'的利益。"①

西周初年，周天子分封了鲁国、卫国、唐国（晋国）等地方方国。根据《左传·鲁定公四年》记载："昔武王克商，成王定之，选建明德，以藩屏周。"周天子作为"国家主权"所有者，根据"明德"标准选拔方国的国君，鲁国、卫国、唐国三国的分封，都有赐命、授土、授民，以及赏赐若干器物。

西周末年，周天子分封了申国、韩国等方国，以加强成周的防守力量。《诗经·大雅》中的《嵩高》《韩奕》就是周王给申侯、韩侯"封邦建国"的册命诗。《嵩高》："维申及甫，维周之翰。四国于蕃。四方于宣。亹亹申伯，王缵之事。于邑于谢，南国是式。"《韩奕》："韩侯受命，王亲命之：缵戎祖考，无废朕命。"在这两首诗中，《嵩高》记载了周宣王对申侯授民、授土，建筑寝庙、赏赐器物的情况；同时，命令申伯负责治理南方的疆土。《韩奕》记载了周宣王对韩侯赐命、授土的情况；同时，命令韩侯负责北方的边防安全。

东周初年，周天子封秦襄公为诸侯的赐命、授土、授民盟誓已经不同于西周方国。周幽王之祸，秦襄公抗击西戎"甚力"，护送周平王"有功"；周平王封秦襄公为诸侯。由于遭遇了西戎的浩劫，周王室再也无法像以前那样赐命、授民、授土了。周平王对秦襄公说："戎无道，侵夺我岐、丰之地，秦能攻逐戎，即有其地。"学术界认为，周平王赐给秦襄公的是一张空头支票。其实，这张支票的价值，不亚于周王室分封鲁国、卫国、唐国、申国、韩国等国时赐命、授土、授民的价值。因为，这是周王室与秦国确立政治关系的合法性盟约，也是秦国立于天下诸侯之林的合法性基础。不

---

① 李峰：《西周的政体》，吴敏娜、胡晓军、许景昭、侯昱文译，生活·读书·新知三联书店，2010，第234页。

过，周王的赐姓，在周孝王封非子为"附庸"的时候，已经有了"秦嬴"之号；周王的"授土"，要靠秦国从戎狄占领的岐、丰之地去夺取和占有；周王的"授民"要靠秦国从戎狄控制的"周余民"居邑里去争取和接收；周王赏赐的衣服、器用、车马等物品，要用嬴秦人和"周余民"中的能工巧匠一起亲自制造。秦国受分封后的立国战略，首先是驱逐渭河平原的戎狄，夺取被戎狄占领的宗周京畿之地，获得建立国家政权所需要的土地、人民以及其他战略资源。经过秦襄公、秦文公、秦宪公、秦武公、秦德公、秦宣公、秦成公等一共七代君主一百一十多年的战斗和建设，秦国作为诸侯国的"方国"地位得以确立，祭祀白帝、陈宝，逐步确立社稷、五帝责任受体。秦国人用血肉之躯夺回了岐、丰之地，为华夏民族守护住了西北大门，用鲜血和汗水书写了自己的辉煌历史。

当时，泾渭之间戎狄势力猖狂，宗周京畿之地被戎狄人焚毁之后，戎人继续在渭河平原强占土地、杀戮人民，侵暴华夏大地。根据《史记·匈奴列传》记载："周幽王用宠姬褒姒之故，与申侯有郤。申侯怒而与犬戎共攻杀周幽王于骊山之下，遂取周之焦获，而居于泾、渭之间，侵暴中国。"可见，在攻灭宗周镐京，掳掠了珍宝美女之后，戎狄势力如潮水一般涌入泾河、渭河平原，控制了泾河、渭河流域，并不断向黄河流域南北两面扩展，一直到山东半岛。在秦国伐戎的东进战役之前，盘踞在渭河平原西部的戎狄，在陕西宝鸡地区的汧渭之会，有矢国的姜姓之戎；在宝鸡地区西虢东迁之后的遗址上，进驻了羌之别种的小虢；在渭河平原中部的宗周镐京之南附近，有亳王之邑的荡社；在宗周镐京之东的骊山地区，有骊山之戎；在渭河平原东部大片地区，有大荔之戎和彭戏之戎。这些戎狄势力不断威胁着渭河流域的华夏人民，而且危及黄河流域南北两岸的华夏诸国。

秦国讨伐戎狄的战略，先是由西垂进入汧渭之会，再由汧渭之会一路向东挺进到华山附近，然后由华山回师一路向西，清除盘踞在陇西的戎寇，彻底收复东西一线渭河流域平原河谷的土地。秦国讨伐戎狄的主要方法，一是通过军事打击，消灭戎人政权组织，对土地实行军事占领；二是通过武装迁徙其民，强迫戎人远走他乡。如秦武公攻打陇西邦冀之戎，就采取灭国迁民的方法。《读史方舆纪要·陕西二》"下邽故城"条下曰:"在渭南县北五十里。秦武公伐邽戎,取其人置县。陇西有上邽,故此为下。"秦国一方面接收善于稼穑的"周余民"、接受"周文化",进一步发展华夏农耕文明的优秀传统;另一方面对戎狄实施武装移民,把他们迁入秦人占领的土地上,"以夏化夷"实现夷夏族群融合。秦国在占有渭河流域平原谷地之后,不断将地方军事力量的"军制"转化为地方政权的"县制",于是,秦国"方国"的政权组织就在渭河流域平原河谷上逐步建立起来了。秦国君主都能勇猛拼搏、励精图治,秦襄公开国,秦文公(秦静公)奠基,秦宪公开拓而英年早逝,秦武公定国而清除三父等权臣,一个新兴的"方国"屹立于华夏西方。

一、秦国"方国"的开国之君秦襄公

秦襄公(前777—前766年,在位12年)用自己的生命开启了抗击戎寇的岐、丰战场。秦襄公被封为诸侯,按照周天子的授命,作为开国之君,他要创建秦国,就要讨伐西戎,从西戎手上夺得岐、丰的土地和宗周余民,他领导秦军在汧邑与矢王的"姜氏之戎"展开搏斗,在周平王五年、秦襄公十二年,即公元前766年,率领秦国军队讨伐戎人至周族发祥地今陕西岐山周原而亡。公元前770年,秦襄公被封为诸侯,就在西垂建立西畤祭祀白帝,确立了秦国德治责任伦理中五帝责任受体中的第一个对象。

二、秦国"方国"的奠基之君秦文公

秦文公(前765—前716年,在位50年)用毕生精力开启了秦国建国大业。根据《史记·秦本纪》记载:"三年,文公以兵七百人东猎。四年,至汧渭之会。曰:'昔周邑我先秦嬴于此,后卒获为诸侯。'乃卜居之,占曰吉,即营邑之……十六年,文公以兵伐戎,戎败走。于是文公遂收周余民有之,地至岐,岐以东献之周。"尹盛平、尹夏清认为,秦文公所居的"汧渭之会",在今宝鸡市陈仓区汧河东岸的魏家崖,其对面汧河西岸就是姜姓矢国所都的贾村原。秦文公所伐的"戎",就是贾村原一带的"姜氏之戎"。"戎败走",是向北败退到千阳、陇县一带的山区,即所谓的"瓜州"。[①] 又根据《今本竹书纪年》记载:"十八年,秦文公大败戎师于岐,来归岐东之田。"可见,秦文公履行了秦襄公与周平王的盟誓,秦国占据了岐西之地,而将占领的岐东之地献给了周王室。

周平王二十一年,即公元前 750 年,就在秦文公讨伐戎狄取得岐邑的同一年,晋文侯出兵消灭了携惠王。根据《今本竹书纪年》记载:周平王"二十一年,晋文侯杀王子余臣于携",结束了周朝"二王并立"的分裂局面。晋国势力得以向西方发展,秦文公也加速了国家建设大业。根据《史记·秦本纪》记载:早在公元前 756 年,即秦文公"十年,初为鄜畤,用三牢。十三年,初有史以纪事,民多化者"。设立鄜畤,祭祀白帝,又设置史官,记录秦国历史事件。到了公元前 747 年,即秦文公十九年"得陈宝",以"陈宝"为"社神"(即陈锋氏),举行隆重祭祀,这是秦国获得"社稷"的象征,"陈宝"社稷之神是秦国德治责任伦理中确立的第二个责任受体。公元前 746 年,即秦文公"二十年,法初有三族之罪"。这是秦国作为方国履行"立法权"所制定的法律条文。公元前 739 年即秦文公"二十七年,伐南山大梓,丰大特"。这是秦文公征服了南山附近盘踞的戎狄,以"大梓"(树神)、"大特"(牛神)作为占领区象征。秦文公在位长达五十年,功绩卓著;秦文公的太子辅佐君主,先于其父而亡,被谥为秦静公,同样功绩不凡。秦国出土青铜器中有诸多"秦子"器,根据学者研究,就是秦静公负责监制的器物。秦文公五十年去世,由秦静公长子继位,就是秦宪公。

三、秦国"方国"的开拓之君秦宪公

秦宪公(前 715—前 704 年,在位 12 年)进军渭河平原中部,收复宗周京畿之地。秦宪公徙居平阳,向东进军消灭了渭河南岸盘踞于镐京之南即今西安市长安区的小亳国,秦国军队还与周王军队联合干预了芮国。根

---

①　尹盛平、尹夏清:《关于宝鸡市戴家湾、石鼓山商周墓地的国别与家族问题》,《考古与文物》2016 年第 2 期,第 41 页。

据《史记·秦本纪》记载：公元前714年，即"宁公（宪公）二年，公徙居平阳，遣兵伐荡社。三年，与亳战，亳王奔戎，遂灭荡社。十二年，伐荡氏，取之。宁公（宪公）生十岁立，立十二年卒，葬西山"。就是说，秦宪公二年，即公元前714年，秦宪公迁居到平阳，派遣军队讨伐荡社。秦宪公三年，即公元前713年，秦国与亳国发生战斗，亳王逃奔向渭河北岸戎人，秦国消灭了渭河南岸的荡社。公元前704年，即秦宪公十二年，讨伐逃跑到渭河北岸三原的荡氏，攻了下来。至此，小亳国灭亡，秦国收复了渭河平原中部宗周京畿附近的核心区域。

秦宪公继续东进对姬姓小国芮国作战略试探。事情的起因是芮国进犯京邑以及芮国的内部发生了权力斗争。根据《古本竹书纪年》记载："晋武公元年，尚一军。芮人乘京，荀人董伯皆叛。"就是在公元前714年，即周桓王四年、晋武公元年，晋国只有一军的兵力，芮国乘机进犯京邑，荀人董伯全部反叛。五年之后，根据《左传·桓公三年》记载："芮伯万之母芮姜，恶芮伯之多宠人也，故逐之，出居于魏"。就是说，公元前709年，即周桓王十一年、秦宪公七年、鲁桓公三年，芮伯万的母亲芮姜夫人，厌恶芮伯万蓄养众多幸臣宠妾，将芮伯万驱逐出境，芮伯万寄居于魏邑。《左传·桓公四年》："秋，秦师侵芮。败焉，小之也。"就是在公元前708年，即周桓王十二年、秦宪公八年，秦国军队趁着芮国君主被逐而侵入芮国，结果被芮国打败，这是由于轻敌的缘故。为了报复入侵芮国的失败，秦国联合周王军队、虢国军队去魏邑抓捕芮伯万。根据《左传·桓公四年》记载："冬，王师、秦师围魏，执芮伯以归。"又根据《古本竹书纪年》记载："（晋武公）八年，周师、虢师围魏，取芮伯万而东之。"就是说，在当年冬天，周王军队、秦国军队、虢国军队包围了魏邑，抓捕了芮伯万并且向东押解到郑郦。

公元前707年，即周桓王十三年、秦宪公九年，由于周桓王率领的蔡、卫、陈三国与郑国发生**繻葛**之战，郑国大夫祝聃一箭射中周天子，随着周桓王的王冠落地，周王朝威信扫地，逐渐沦落为"周国"。根据《古本竹书纪年》记载："（晋武公）九年，戎人逆芮伯万于郑。"就是说，公元前707

年，即周桓王十三年，趁着周王室与郑国发生繻葛之战，戎人趁机将芮伯万从郑郿接走。根据《左传·桓公十年》记载："秋，秦人纳芮伯万于芮。"就是说，在公元前702年，即周桓王十八年，秦国从戎人那里得到芮伯万并送归芮国。这是由于秦宪公于公元前704年去世，大夫废太子而立庶子，为了避免内外交困，秦国与芮国修好。一直到六十年后，公元前640年，即秦穆公二十年，秦国最终消灭芮国。张天恩《芮国史事与考古发现的局部整合》一文指出，2005年5月，陕西省考古研究院等单位对陕西省韩城梁带村西周、春秋时期40余座墓地进行了勘探，出土了数以万计的文物。"尤其是M27等大墓出土铜器的铭文更为珍贵，'芮公'、'芮太子'等文字将墓地与久违了的古芮国联系在一起。"①

秦国抗击戎狄的胜利使得外患暂时缓解，然而，由于秦宪公英年早逝，在秦国统治集团内部却发生了三父等权贵重臣废立太子和君主的事件。公元前703年，三父等人废掉太子，拥立出子为君主。秦出子于公元前703年至前698年在位6年。根据《史记·秦本纪》记载："宁公（宪公）生十岁立，立十二年卒，葬西山。生子三人，长男武公为太子，武公弟德公同母，鲁姬子生出子。宁公（宪公）卒，大庶长弗忌、威垒、三父废太子而立出子为君。出子六年，三父等复共令人贼杀出子。出子生五岁立，立六年卒。三父等乃复立故太子武公。"就是说，秦宪公十岁继承君位，执政十二年去世，葬在西山。他生了三个儿子：长子秦武公为太子，秦武公之弟秦德公与秦武公是同一个母亲，鲁姬子生了秦出子。秦宪公去世后，大庶长弗忌、威垒、三父废掉太子，拥立出子为君主。秦出子六年，即公元前698年，三父等人又密令人杀害了秦出子。秦出子五岁即君位，在位六年被杀害。三父等人又拥立原太子秦武公为秦国君主。

四、秦国"方国"的定国之君秦武公

秦武公（前697—前678年，在位20年）从东部到西部打通渭河流域

---

① 张天恩：《芮国史事与考古发现的局部整合》，《文物》2010年第6期，第35页。

领土，设立县制巩固秦国政权。秦武公即位后，首先灭掉了渭河北岸东部即今陕西白水县一带的彭戏氏，又南渡渭河灭掉了今陕西华县一带的西郑。根据《史记·秦本纪》记载："武公元年伐彭戏氏，至于华山下。"秦武公依照秦国"夷三族"之法清除了杀害出子的三父等人，除去了秦国朝廷内部的后患。根据《史记·秦本纪》记载："三年，诛三父等而夷三族，以其杀出子也。郑高渠眯（弥）杀其君昭公。"在秦国平息内乱的同时，郑国却发生了内乱，高渠弥杀害郑昭公，郑国陷入危机之中，这在一定程度上减轻了秦国东进的压力。秦国朝廷肃整之后，秦武公由东方回师西向，讨伐今甘肃天水一带的邽、冀之戎，又吞灭首都平阳附近的小虢。根据《史记·秦本纪》记载："十年伐邽、冀戎，初县之。十一年，初县杜、郑。灭小虢。"秦武公的军事行动，控制了渭河流域的河谷平原地带，并且建立县制，将秦国的占领区设置为邽、冀、杜、郑四县。在外交上，秦国与鲁国通婚，秦宪公娶了鲁姬子生下秦出子。公元前 685 年，即秦武公十三年、鲁庄公九年，有一位"秦子"远赴东方参与了鲁国与齐国的乾时之战。赵化成认为，这位"秦子"很可能就是秦武公之弟秦德公。根据《史记·秦本纪》记载："二十年，武公卒，葬雍平阳。初以人从死，从死者六十六人。有子一人，名曰白。白不立，封平阳。立其弟德公。"就是说，公元前 678 年，即秦武公二十年，秦武公去世，开始以人从死，从死者六十六人。秦武公有子一人，名叫嬴白，没有被立为太子，而是采用"兄终弟及"的继承法，将其弟秦德公立为君主，将嬴白分封到平阳。不过，在秦国其他地方没有采用分封制，而是将占领的国土直接归于君主管理，设立君主的派出机构"县"，这对秦国"方国"组织机构建设具有奠基意义。秦武公开创的县制，是以后"商鞅变法"在秦国推广县制的历史开端，也是秦始皇建立中央集权政府在全国实行郡县制的历史源头。

秦公钟铭文对秦国"方国"百年建设作了经典结论。1978 年 1 月，陕西省宝鸡县杨家沟公社太公庙大队即今宝鸡市陈仓区虢镇太公庙村的地窖中出土秦公钟 5 件、秦公镈 3 件。这批文物的出土位置是春秋早期秦国首都平阳。秦公钟、秦公镈应是平阳封宫或宗庙遗物。秦公钟铭文印证了从秦襄公、秦文公、秦静公、秦宪公、秦出子到秦武公一共六代君主近百年建设，秦国作为诸侯国的"方国"地位得以确立的历史事实：一是确立了秦国"方国"合法性信仰的基础。秦国君主认为，秦国的立国，一方面是周天子的"王命"，另一方面则是先祖秦非子、秦襄公膺受的"天命"，即"我先祖受天命，赏宅受国。"因为秦非子养马有功被封为"附庸"、秦襄公勤王有功被封为"诸侯"，所以，按照秦人的理解就是"受天命"，其标志就是秦襄公开始祭祀五帝之一的"白帝"。二是获得了建立国家所必需的"授土"与"授民"。秦国血战戎狄占有渭河平原河谷大部分土地，"一寸土地一寸血"，秦人与戎狄贼寇用生命搏斗，"烈烈邵文公、静公、宪公，不坠于上，昭合皇天，以虩事蛮方"。秦人征服了戎狄，"盗百蛮，具即其服"。秦国占有渭河流域平原河谷的土地与人民，具备了"方国"的经济基础，其标志就是秦文公开始祭祀社稷之神"陈宝"。三是国家组织机构建设取得初步成功。"鼈和胤士，咸畜左右，蔼蔼允义，翼受明德。"秦国的武将文臣德才兼备，聚集于君主左右，成为国家栋梁。为了治理国家，秦文公制定了严明的法律，如"夷三族"之法；设立了文官职位，如记事记言的"史官"之职；秦武公在邦、冀、杜、郑四地设立县制，将军事占领区转化为政治统治区，形成了秦的政治治理结构。特别让诸侯惧怕的是，作为五帝之一的白帝、作为社稷之神的"陈宝"，被确立为秦国德治责任伦理中责任主体为之承担责任的责任受体。

宝鸡太公庙秦公钟铭文中的"秦公"究竟是秦出子还是秦武公，学术界看法不一致，最合理的断定是秦武公。从秦襄公元年，即公元前777年秦襄公即位，到秦武公二十年，即公元前678年秦武公逝世之前，秦国已经占有渭河流域平原山谷的大好河山，时间已近百年。如果告慰先祖，铸造钟镈铭志，合情合理。卢连成、杨满仓认为，铜器铭文中记载，这个"秦公"，"盗（应为讨字）百蛮，具即其服"。是立有不少武功的，因此，这个"秦公"不能是出子。文献记载，武公元年伐彭戏氏，十年伐邦戎、冀戎，十一年并吞了杜、郑，还灭了小虢，是立了不少战功的，这与铭文记载的相合。因此，铭文中的秦公，应指秦武公。由铭文"公及王姬"可知，有一位王室之女嫁与秦武公为夫人。①《秦公钟》铭文印证了秦国“方国”事业的基础，在秦武公时期已经基本奠定。

五、秦国“方国”建设之君秦德公、秦宣公、秦成公

秦德公（前677—前676年，在位2年）、秦宣公（前675—前664年，在位12年）、秦成公（前663—前660年，在位4年），三位君主分别在定都雍城、制定东进战略、选择继承人上，为秦国“方国”事业的完成作出重要贡献。首先，秦德公定都雍城，实现了“方国”的地缘战略选择意图。据《史记·秦本纪》记载：“德公元年，初居雍城大郑宫。以牺三百牢祠鄜畤。卜居雍。后子孙饮马于河。”徐日辉先生指出：“从秦文公舍‘汧’而入‘汧渭之会’看，其战略意图是以秦邑为桥头堡，以巩固陇山以西侧为根本，同时进入关中，向东拓展。在站稳脚跟取得发展之后，再以秦邑（秦亭）和‘汧渭之会’形成钳形夹击，向北开拓，完成战略转移。这一战略意图直到秦德公都雍，才算真正完成。”② 公元前677年，即秦德公元年，定都雍城之后，梁伯、芮伯前来朝秦，可见，秦的影响已达到黄河西岸。其次，秦宣公制定东进战略。在晋献公攻击骊戎之后与晋国作战于河阳，“胜之。作密畤于渭南，祭青帝”。因为晋国攻击骊戎已经威胁到秦国了。所以，从秦宣公以后，秦国的主要力量开始向东发展，与当时的中原大国晋国争夺土地。最后，选择秦穆公为继承人。秦成公不立其子，而立其弟秦穆公为继承人，充分体现了“择勇猛者立之”（《公羊传·昭公五年》何休注）的君位继承理念。《史记·秦本纪》：“成公立四年，卒。子七人，莫立，立其弟穆公。”虽然秦成公在位只有四年，但他选择秦穆公为继承人，作出“兄终弟及”的英明抉择，对于秦国“方国”的“霸西戎”事业具有深远意义。

---

① 卢连成、杨满仓：《陕西宝鸡县太公庙村发现秦公钟、秦公镈》，《文物》1978年第11期，第3页。

② 徐日辉：《秦文公兵进“汧渭之会”考》，《秦文化论丛》（第12辑），三秦出版社，2005，第209年。

第二节　秦国德治责任伦理的确立：　"勤王" "救患" "分灾" "讨罪" "恤民"

从秦穆公"霸西戎"到秦悼公一共九代君主一百八十年奋斗，秦国不断拓展"方国"的政治空间，在秦国德治责任伦理中的责任主体进一步确立；五帝、周王室、华夏诸侯、黎民百姓作为责任受体也进一步确立。通过"勤王""救患""分灾""讨罪""恤民"来履行方国责任，秦穆公因此成为春秋五霸之一。

一、秦国"方国"政治空间的拓展

1. "方国"在古代中国源远流长。方国作为一种政治地理单位，在大禹治水时代，按照万国地域疆界将天下版图划分为九州方国。《左传·襄公四年》有《虞人之箴》："茫茫禹迹，画为九州，经启九道，民有寝庙，兽有茂草，各有攸处，德用不扰。"《禹贡》根据九州方国的水土物产资源情况制定了相应的贡赋等级，但是，《禹贡》九州方国并不表示实际政治统治区域的范围。殷商的方国是指相对于"天邑商"的四方诸侯小国。殷商的政治文化中心就是"天邑商"，"天邑商"就是商王畿，就是所谓"内服"，就是中央之国；在"天邑商"之外的四方区域，就是所谓"外服"，"外服"代表了各个方国诸侯；方国受制于"天邑商"，或者服从于"天邑商"。李学勤指出："殷代卜辞和铜器题铭中所说方国很多。所谓'方'是人的集体。'方'者大多是商的敌人，但也有服属于商的，如武丁时代的兴方（乙1462，5075，5159）、武乙时代的危方。"① 其中，周就是殷商的一个西部方国。根据《古本竹书纪年》记载："武乙即位，周王季命为殷牧师。"可见，王季之时周已经是殷商诸侯；根据《史记·周本纪》记载：殷纣王封姬昌为西伯侯，"赐之弓矢斧钺，使西伯得征伐"。周在姬昌时期已经是西部方

---

① 李学勤：《殷代地理简论》，科学出版社，1958，第 61 页。

国。正是依靠殷商王室赋予的牧师、方伯政治特权，季历、西伯昌征伐诸
侯戎狄，不断扩张领土，正如《论语·泰伯》中记载的孔子所言：“三分天
下有其二，以服事殷。周之德，其可谓至德也已矣。”周武王克商之后，周
继承了商代的政治地理概念，形成了“中国—方国—侯国”的三级政治统
治结构。西周将中央之国称为“中国”，其实是指周王统治天下诸侯的枢纽
之地，即成周王畿。1963 年出土于陕西省宝鸡市宝鸡县贾村镇，即今宝鸡
市陈仓区贾村镇，收藏于中国宝鸡青铜器博物院的周成王时代青铜器何尊
铭文有：“余其宅兹中国，自兹乂民。”铭文中的“中国”就是指周天子之
国，即王畿所在之地。在“中国”之外是众多诸侯的“侯国”，在周天子之
国的“中国”和众多诸侯的“侯国”之间，还有四方的“方国”，方国之
君作为诸侯之长被称为“方伯”。形成了“中国（天子）—方国（方
伯）—侯国（诸侯）”的三级政治统治结构。

　　西周初期的方国有管、蔡、齐、鲁、晋、卫、燕、楚、徐等国。王健
先生将方国按形成方式分为两种类型：第一种类型，是周天子授命的方国。
如周初的管、鲁、齐、燕、卫等。周王朝为了加强对诸侯国的统治，主动
地将某些地区的征伐大权授予一些诸侯国国君；第二种类型，虽然没有授
命而是事实上的方国。如楚国、徐国等少数异姓诸侯国。因为其自身势力
的强大，成为称雄一方的强国，周围的中小诸侯国成为其控制下的地方势
力。① 这种情况反映了西周时代“中国（天子）—方国（方伯）—侯国
（诸侯）”之间微妙的政治关系。根据《逸周书·大匡解》记载，周初曾封
管叔为方伯：“惟十有三祀，王在管，管叔自作殷之监，东隅之侯咸受赐于
王，王乃旅之以上陈诰，用大匡顺九则八宅六位，宽俭恭敬，夙夜有严。”
管叔作为三监之一，被封为方伯，负责监视周边的殷商遗民。再如，周天
子封姜太公为方伯，根据《史记·齐太公世家》记载：“太公至国，修政，
因其俗，简其礼，通商工之业，便鱼盐之利，而人民多归齐，齐为大国。
及周成王少时，管蔡作乱，淮夷畔周，乃使召康公命太公曰：‘东至海，西

---

① 王健：《西周方伯发微》，载于《河南师范大学学报》（哲学社会科学版）2002
年第 5 期，第 42 页。

至河，南至穆陵，北至无棣，五侯九伯，实得征之。'齐由此得征伐，为大国。都营丘。"齐国成为东部方国，成为负责"五侯九伯"的诸侯之长。楚国曾经因为周康王给有亲戚关系的齐、晋、鲁、卫四国赏赐，而没有楚国的份而愤愤不平，然而，楚国不断吞并南方小国，成为事实上的方国，此后楚灵王竟然要到成周向周天子索取宝鼎。根据《左传·昭公十二年》记载：右尹子革与楚灵王晚上会见，楚灵王脱去帽子披肩并放下鞭子，说："从前我们先王熊绎和吕级、王孙牟、燮父、禽父一起事奉周康王，齐、晋、鲁、卫四国都有赏赐，唯独我国没有。现在我派人到成周，请求把鼎作为赏赐，周天子会给我吗?"右尹子革回答说："会给君王啊！从前我们先王熊绎住在偏僻的荆山，乘柴车穿破衣，在草莽之中，跋山涉水以事奉天子。只能用桃木弓、枣木箭作为进贡。齐国，是天子的舅父。晋国、鲁国、卫国，是天子的同胞兄弟。楚国因此没有得到赏赐，而他们却有，现在是周朝和四国顺服侍奉君王了。"从楚灵王与右尹子革的对话可以看出，由于西周初期周成王将熊绎封在南方蛮荒之地，仅以子爵爵位赐给他土地五十里，居于丹阳。周康王时代，楚国力量依然弱小，没有得到周天子的赏赐。可是，到了西周后期的周宣王时期，楚国吞并周边小国，已经成为事实上的方国了。1993 年在山西省曲沃北赵村晋侯墓地 64 号墓出土的楚公逆钟为楚国成为事实上的方国地位提供了有力的证据。楚公逆即《史记·楚世家》记载的楚国君主熊鄂，公元前 799 年至公元前 791 年在位，处于周宣王时期。根据楚公逆钟铭文记载：楚熊鄂七年八月甲午日，楚公逆祭祀其高祖熊渠，将所需用的祭祀物品分担予四方首领。楚公逆前往四方，亲自索取收集所用的祭祀物品。四方首领赞美楚公逆，不懈于国家，威仪悉备，照临四方。入贡赤铜九万钧。[①] 可见，周宣王时期，楚国已经控制了"四方首"即楚国周边诸侯国首领的方国，楚公逆成为实际上控制众多小诸侯的诸侯之长即方伯。

　　2. 古代"方国"在"中国（天子）—方国（方伯）—侯国（诸侯）"

---

　　① 黄锡全、于炳文：《山西晋侯墓地所出楚公逆钟铭文初释》，《考古》1995 年第 2 期，第 176 页。

的三级机构之间的责、权、利关系。根据《左传·哀公十三年》的记载：鲁国的子服景伯告诉使者说，按照周朝礼制，天子会合诸侯，那么诸侯之长就率领诸侯进见天子；诸侯之长会合诸侯，那么侯就率领子、男进见诸侯之长。从天子以下，朝聘时所用的玉帛也不相同。这里子服景伯对周天子、方伯、诸侯之间的政治关系作了清楚说明。可见，方伯上有周天子，下有地方诸侯，作为介于周天子与地方诸侯之间的中间政治机构，方伯自身虽然也是诸侯，却作为诸侯之长，对周边诸侯具有一定政治权力、经济权力，如征收赋税、贡物、处理诸侯国内部事务的权力。同时，方国对周天子承担着政治责任、军事责任，按照周礼的要求，必须定期朝聘、纳贡、藩屏周室、保卫天子，跟随王师征讨不服从王命的诸侯国。其中的政治运行机制，根据《礼记·王制》记载："诸侯之于天子也，比年一小聘，三年一大聘，五年一朝。"对于不按时朝聘的诸侯，则有相应处罚。《孟子·告子下》记载："一不朝，则贬其爵；再不朝，则削其地；三不朝，则六师移之。是故天子讨而不伐，诸侯伐而不讨。五霸者，搂诸侯以伐诸侯者也。"意思是，诸侯一次不来朝见，就贬低他的爵位；两次不来朝见，就削减他的土地；三次不来朝见，就调动六军更换国君。所以，天子声讨而不征伐，诸侯征伐而不声讨。五霸是带领着诸侯来征伐诸侯的人。周代先王为了防止方国诸侯的僭越，对方国的权力作了一定限制。比如，按照周礼对方国与诸侯都城规模大小的具体规定。根据《左传·隐公元年》的记载：郑国大夫蔡仲说，方国之都，城墙规模超过三百丈，就是国家的祸害。按照周朝先王制定的礼制：较大方国都城规模是国都的三分之一，中等方国都城是国都的五分之一，较小方国都城是国都的九分之一。① 对于超过规定的都城，则要给予拆除，孔子在鲁国曾"堕三都"，就是维护周礼的举动。

3. 春秋五霸"方国"霸权是周王室王权衰微的替代政治形态。西周"封建国家"的自我矛盾，即"再封建化"必然形成一种自我否定的历史趋势，导致"中国（天子）—方国（方伯）—侯国（诸侯）"三级政治格局

---

① 杨伯峻：《春秋左传注》（修订本），中华书局，1990，第 11 页。

发生动摇与颠覆。随着周天子国家最高政治主权的逐步衰落，边缘方国的地方性"霸权"登上历史舞台，产生一种替代的政治形态，即所谓春秋"五霸"。《白虎通义·爵》："五霸，谓齐桓公、晋文公、秦穆公、楚庄王、吴王阖闾也。霸者，伯也，行方伯之职，会诸侯，朝天子，不失人臣之义，故圣人与之。"赵鼎新认为，五霸就像现代世界体育比赛中地区赛区胜出的"第一名"：即"以齐为中心的中原（东方）区，以楚为中心的南方区，以曲沃晋为中心的北方区，以秦为中心的西方区。"① 孔子洞察到周天子王权衰微之后，诸侯权力、大夫权力、陪臣权力延续寿命的时间周期。《论语·季氏》指出：天下有道，就是西周时代国家最高政治主权即制定礼乐、兴师征伐的权力，都由天子掌握；天下无道，那么，制定礼乐、兴师征伐的权力，都由方国诸侯掌握。由诸侯掌握，很少有延续十代而不丧失权力的；由大夫掌握，很少有延续五代而不丧失权力的；陪臣执掌国家命令，很少有三代不丧失权力的。所以，天下有道，政治权力不在卿大夫之手。天下有道，黎民百姓就不会议论。孔子揭示的"再封建化"以权力下移与政权寿命成比例的形态表现出来，权力愈是下移则政权寿命愈短。仅就五霸中齐、晋、秦三国的政权寿命而言，"齐国从桓公称霸，此后历经孝公、昭公、懿公、惠公、顷公、灵公、庄公、景公、悼公、简公等十公，齐侯手中的权力既已告罄，齐简公终被田常弑杀，姜齐政权名存实亡。"埋下了田氏代齐的种子。晋国从晋文公称霸，此后历经襄、灵、成、景、厉、悼、平、昭、顷九公就形成了赵、魏、韩、智、范、中行六卿擅权的局面，埋下了三家分晋的种子。② 楚国从楚庄王称霸，此后经过共、康、郏敖、灵、楚王比、平、昭，在楚昭王时，险些被吴国消灭。秦国从秦穆公称霸，此后历经康、共、桓、景、哀、夷、惠、悼九公，也出现了秦孝公《求贤令》所说的"会往者厉、躁、简公、出子之不宁，国家内忧，未遑外事，三晋攻夺我先君河西地，诸侯卑秦，丑莫大焉"的衰落之势。方国霸主公利集

---

　　① 赵鼎新：《霸权迭兴的神话：东周时期战争和政治发展》，《学术月刊》2006 年第 2 期，第 132 页。

　　② 晁福林：《论春秋霸主》，《史学月刊》1991 年第 5 期，第 17 页。

团的衰落与大夫、陪臣分利集团的兴起，这是周代"封邦建国"分封制自我否定的必然趋势。

春秋"方国"霸权的本质是"霸道"。孔子从政治哲学视角，将"礼乐征伐自天子出"界定为"王道"，而将"礼乐征伐自诸侯出"界定为"霸道"，并且，明确区分了"王道"与"霸道"的政治哲学本质。根据《论语·为政》的记录："子曰：'道之以政，齐之以刑，民免而无耻；道之以德，齐之以礼，有耻且格。'"孔子认为，以行政命令进行引导、以刑罚处罚进行规范，人民仅仅避免触犯刑法却没有羞耻心；以道德进行引导，以礼义进行规范，人民不但有羞耻心而且心悦诚服。按照孔子观点，"王道"的实施是"德政"，以德治国、以礼治国，能够长治久安，国祚永续。"霸道"的实施是"力政"，以政令治国、以刑罚治国，那么，国家动荡不安，国祚不能长久。值得注意的是，孔子认为"五霸"中的秦穆公能够实行"王道"，以德治国、以礼治国，"虽王可，其霸少矣。"称他为霸是小看他了。孟子对"王道"与"霸道"的政治哲学本质作了进一步界定。根据《孟子·公孙丑上》记录："以力假仁者霸，霸必有大国，以德行仁者王，王不待大。"孟子认为，依靠武力并假借仁义的诸侯，可以称霸，称霸必然要有大的国家。依靠美德实行仁义的诸侯，则可以称王，称王不必要有大的国家。孟子还举例说，从前商汤王以方圆七十里之地，周文王以方圆百里之地成就了王者之业。依靠武力征服他人，并不能让他人心服，只是由于力量不足；依靠道德征服他人，则他人心悦诚服，就如同孔门七十二弟子服从孔子一样。

春秋五霸之所以打着"尊王攘夷"的旗帜，"挟天子以令诸侯""搂诸侯以伐诸侯"，这是西周分封制自身矛盾发展导致的必然结果。因为，如果周王室在没有开拓新领土的条件下，不断地封赏土地给诸侯，必然导致周王室力量衰微，同时，封国诸侯得到封地之后，不断开疆辟土，甚至弱肉强食，扩展自身实力逐步坐大，便成尾大不掉之势。由于西周分封制的矛盾以及四方戎狄蛮夷的外部压力，在西周后期的周厉王时期，周王室与四方诸侯的政治格局便发生动摇与倾斜；在周幽王时期，周王室与四方诸侯的政治格局则遭到严重颠覆与破坏；在周平王东迁之后，周王室在四方诸侯中的权威彻底跌落了。所以，周平王东迁之后，替补周王室王权跌落空缺的，就是"以力假仁""政由方伯"的霸权时代。太史公对这一政治格局的剧变感触良多。根据《史记·十二诸侯年表》记载，太史公读《春秋历谱牒》到周厉王时，没有不合书感叹的！……到了周厉王，最厌恶别人说他的过失，公卿惧怕都不敢言语，于是祸乱发生。周厉王逃奔彘地，京师暴乱之后，共伯和执政。此后，通行实力政策，强者欺凌弱者，兴师用兵也不请示周天子，然而名义上打的是周王室的旗号，充当讨伐会盟的霸主，政令全都出自五霸。诸侯恣意横行，淫侈不轨，贼臣篡子不断滋生。齐、晋、秦、楚，他们在东周建立时都是微小诸侯，封邑只有百里或者五十里。晋国凭借三河阻隔；齐国背靠东海；楚国介于江淮之间；秦国依托于雍州之固。他们从四方边缘兴起，轮流当霸主。周文王、武王褒封的诸侯，全都被他们的威势征服。但是，由于春秋时期周王室军事实力虽然衰微，却依然具有政治合法性的巨大感召力；方国诸侯强国众多，彼此围绕国际权力竞争激烈。正如《管子·霸言篇》所说："强国众，合强攻弱以图霸；强国少，合小攻大以图王。"此时正是"强国众，合强攻弱以图霸"的情况。在方国诸侯强国众多、竞争激烈的形势下，任何一个国家没有力量消灭其他数个强大的国家。所以，只是造成诸侯国相互抗衡的一种相对均势。齐、晋、秦、楚四方霸主轮流兴替，并没有形成天下统一的大格局。司马迁《史记·周本纪》为东周大变局作出结论："平王之时，周室衰微，诸侯强并弱，齐、楚、秦、晋始大，政由方伯。"

4. 秦国从秦穆公"霸西戎"在西部边缘方国霸权的崛起，正是为了替补周王室王权跌落的空缺，适应"以力假仁""政由方伯"霸权时代而作出的历史选择。正是这种历史选择，最终确立了秦国德治责任伦理。所以，从秦穆公到秦悼公一共九代君主一百八十年，秦国的威武之师，在收复了渭河流域的平原河谷之后，面向西北黄土原，继续讨伐西戎，开土拓疆，勤王保周，为华夏文明守护西北大门；同时，眺望中原沃野，"三纳晋君"，出师救楚，让子孙饮马于河，承担西部霸主定鼎中原的崇高理想。根据

《左传·僖公元年》对方国责任的要求："凡侯伯，救患，分灾，讨罪，礼也。"在霸权迭兴的一百八十年间，秦国对来自四个方面的巨大挑战作出了积极应战，承担了西部方国义不容辞的责任：一是面对周王室的内忧外患，继续承担解困救周、维护王权的"勤王"政治道德责任。二是面对诸侯国人民面临的生存危机，承担扶危救困，援助华夏诸侯的"兴国"道德责任。三是面对来自西北戎狄的巨大威胁，承担消灭戎狄，保卫华夏文明的"分灾"道德责任。四是面对来自华夏诸侯国之间的竞争，承担维护国际伦理，主持正义的"讨罪"道德责任。五是面对外敌侵扰、水旱灾害，拯救百姓出水火的"恤民"道德责任。但是，由于春秋大国众多，在地缘政治上形成了五霸轮替的相对均势，与齐桓公、晋文公、楚庄王一样，秦穆公称霸时间、空间、资源条件有限，没有可能实现华夏统一。正如《史记·李斯列传》记载李斯所言："昔者秦穆公之霸，终不东并六国者，何也？诸侯尚众，周德未衰，故五伯迭兴，更尊周室。"但是，由秦穆公确立的秦国德治责任伦理，以及秦国霸业所取得的巨大成就，已经德惠中国、威震四夷了。根据《孔子家语·贤君》记载，齐景公曾问政于孔子："'秦穆公国小处僻而霸，何也？'孔子曰：'其国虽小其志大，处虽僻而政其中，其举也果，其谋也和，法无私而令不愉，首拔五羖，爵之大夫，与语三日而授之以政，此取之虽王可，其霸少矣。'"就是说，齐景公向孔子询问治国理政之策。"秦穆公国家很小，地处偏僻而能够称霸，这是为什么？"孔子说："他的国家虽小，他的志气很大；地域虽偏僻，政策很公正；他的行动果断，谋略协调；法律无私，命令不苟；选拔百里奚，授予大夫的官爵，与他谈了三天，就把国家政务交给他，这样的作为虽然称王都是可以的，称霸还嫌少了。"这是孔子对秦穆公的霸业以及秦国德治责任伦理的充分肯定和高度赞扬。那么，秦国究竟是怎样成就方国霸业以及确立秦国德治责任伦理的呢？

二、秦国继续承担"方国"的"勤王"政治责任

秦国先人从东部来到西部之后"在西戎，保西垂"，非子养马有功被周孝王封为"附庸"，秦仲、庄公抗戎有功被周宣王封为"大夫"，秦襄公勤

王有功被周平王封为"诸侯";对于周王室的"赏宅受国"之恩,秦人以昭德相报,对周天子质朴诚实、忠心耿耿,承担保卫王室责任勇猛无畏、大义凛然。春秋时期,秦国对周王室的忠勇一如既往。如前所述,公元前708年,即周桓王十二年、秦宪公八年,秦国军队曾经配合周王室军队联合讨伐芮国,即《左传·庄公四年》所载"冬,王师、秦师围魏,执芮伯以归"。又根据《古本竹书纪年》记载:"(晋武公)八年,周师、虢师围魏,取芮伯万而东之。"这是由于芮国曾经在公元前714年,即周桓王四年乘乱侵扰京地,芮伯万又"多宠"而不守周礼、逃奔魏邑,所以,秦宪公出兵与周王室军队、虢国军队讨伐芮国,将芮伯万押解至郏鄏。

公元前675年,即周惠王二年、秦宣公元年,秦宣公刚一即位就遇到周王室大夫边伯等五人作乱,赶走周惠王准备立王子颓为天王。由于是周王室内部斗争,秦国没有直接参与,但秦国对王室的安危时刻铭记。《石鼓文》第九鼓《吾水》中有"吾水既清,吾道既平。吾時既止,嘉树则里。天子永宁,日维丙申"的诗句。李仲操先生认为,诗中的"丙申"日是东周惠王在发生王子颓政变之后终于复国的日子。他指出:"在石鼓上篆刻诗文的人应是秦宣公,理由是:石鼓文所记历史事件,与秦宣公时的历史吻合。"[1] 诗中"天子永宁"一语,则可以看到秦人保卫周王室安宁的责任心。根据《史记·周本纪》记载:周庄王去世后,其子周釐王继位。周釐王去世后,其子周惠王继位。最初,周庄王宠爱姚姬,生下一子叫颓,很受宠爱。周惠王即位后,夺取大臣的园林作为自己豢养牲口的场所,因为这件事,大夫边伯等五人作乱,打算召集燕国、卫国的军队,攻打周惠王。惠王逃到温邑,后来又住到郑国的栎邑去了。边伯等拥立周釐王的弟弟即周惠王的叔父颓为王。他们奏乐逾越礼制,表演各种歌舞,郑国、虢国的国君知道了很恼火。公元前673年,即周惠王四年,郑国和虢国一起发兵讨伐,杀死了王子颓,周惠王重回王都。周惠王五年,秦宣公四年,即公元前672年,秦国作密畤于渭南,祭祀青帝。青帝太昊,是主宰东方之帝。由

---

① 李仲操:《石鼓山和石鼓文》,《文博》1999 年第 1 期,第 21 页。

于晋献公率领军队在秦国东部进攻骊戎，对秦国敲山震虎，秦国不甘罢休与晋国战于河阳，取得了胜利。所以，秦宣公作密畤，并作《吾水》铭记。此诗背景与秦宣公年代符合，表现了秦宣公应战晋国，发愤图强，意欲东进，保卫王室的决心。

公元前649年，即周襄王三年、秦穆公十一年，王子带图谋取得王位引来戎狄作乱，秦国联合晋国讨伐戎狄拯救周王室。根据《史记·匈奴列传》记载：最初，周襄王想讨伐郑国，所以娶了戎狄的女子做王后，并且同戎狄兵一起讨伐郑国。不久，周襄王废黜了狄后，狄后怨恨；周襄王的后母叫惠后，有个儿子叫子带，惠后想立子带为王，于是惠后同狄后、子带为内应，为戎狄打开城门，因此戎狄进入都城，打败周王室军队，赶走了周襄王，而立王子带为周天子。于是，一部分戎狄就住到了陆浑之地，往东到达卫国，侵犯危害中原人民。据《左传·僖公十一年》记载："夏，扬、拒、泉、皋、伊、洛之戎同伐京师，入王城，焚东门，王子带召之也。秦、晋伐戎以救周。"可见，参加进攻都城的戎狄可谓人多势众，里应外合，气焰嚣张。此时，面对周王室的危机，秦穆公立即联合晋国出兵击溃戎狄，最终拯救了周王室。秦国再次积极履行了勤王救周的"方伯"政治责任。

公元前635年，即周襄王十七年、秦穆公二十五年，被击溃的戎狄势力再次纠合起来，向周王室发起反扑。周襄王被戎狄驱赶出国都，逃到郑国避难，并派人到秦国、晋国、鲁国告难。秦穆公立刻调遣军队前往黄河岸边，准备接纳周襄王，却遭到晋国的拒绝。据《左传·僖公二十五年》：晋文公听从了大臣狐偃的建议，故意辞退秦国军队，抢在秦国军队前面，夺走了出兵勤王的最佳机会。晋国军队驻扎在阳樊，调动右师包围了温地，调动左师迎接周襄王。周襄王复位后，晋文公去朝见，受到周襄王极高的礼仪接待，获得了周襄王赐给的阳樊、温、原、攒茅之田，晋国遂有南阳。在这次"勤王"举动上，秦穆公对保卫王室赤胆忠心，对友邦诸侯又能成人之美，帮助晋国实现了立功受赏目标，彰显了秦国作为负责任方国的宏大气度；可是，晋国君臣的精明胜过了秦人的忠勇，晋文公由于这次"勤王"取得了称霸中原的政治资本。

秦国拥护周王室的立场则坚定不移，直到秦景公时期，周天子依然参加其亲政的冠礼仪式，虽然史籍失载，秦公一号大墓石磬铭文则披露了这一珍贵信息："汤汤厥商。百乐咸奏，允乐孔煌。鉏铻载入，有凯载漾。天子燕喜，共桓是嗣。高阳有灵，四方以宓平。"① 意思是，商乐响起如汤汤潮水。百种乐器一齐演奏，音色多么洪亮辉煌。表示停止演奏的鉏铻之器入场，还有袅袅余音荡漾。在宴会上周天子非常喜悦，让秦国新君继承共公、桓公的大业。高阳氏颛顼在天之灵，保佑秦国四方安宁和平。

三、秦国继续承担"方国"的"兴国""分灾""恤民"责任

秦穆公时期（前659—前621年，在位39年），是秦国德治责任伦理展现的典型时期。通过以下历史事件，可以发现秦国德治责任伦理展现出来的风采：秦穆公任用百里奚、蹇叔等人"三纳晋君"——晋惠公、晋怀公、晋文公，拯救晋国因为骊姬之乱导致的国内政治危机，勇于承担为华夏诸侯"兴国"的天下责任。第一次，接纳公子夷吾，并护送他到晋国被立为晋惠公。秦国因为践行诺言和捍卫盟约，获得河西之地。第二次，接纳太子子圉，在韩原之战以后，太子子圉在秦做人质，他违背秦晋两国缔结的盟约，逃回晋国被立为君主即晋怀公。第三次，接纳公子重耳，并且派兵护送重耳为晋国君主即晋文公，以秦国宗室之女做重耳之妻，再次结成"秦晋之好"。晋文公不负众望，"尊王攘夷"，为秦晋两国"东行济河，整师以复强周室"提供了客观条件。同时，在"三纳晋君"过程中，以"泛舟之役"赈济晋国饥荒，体现了人道主义情怀，善待食马肉者"三百野人"而取胜韩原，体现了民本主义精神。秦国崤之战失败，秦穆公作《秦誓》，为将士以及黎民百姓承担责任。

1. 秦穆公"三纳晋君"之前，晋国"骊姬之乱"祸害晋国诸公子的历史背景。公元前770年，晋文侯、秦襄公共同护送周平王东迁洛邑；公元前

---

① 王辉、王伟：《秦出土文献编年补订》，三秦出版社，2014，第17—18页。

750 年，即周平王二十一年，晋文侯杀死携惠王于虢国，结束了"二王并立"的局面。由于晋文侯、秦襄公抗戎勤王有功，得到周平王赐命和封赏。晋文侯死后，其子晋昭侯继位，分封晋文侯之弟桓叔于曲沃。由于曲沃邑规模大于晋君的翼城，于是居住在曲沃的桓叔后裔与居住在翼城的晋文侯嫡系后裔之间矛盾不断，连续打了六七十年内战，直到公元前 679 年，曲沃晋武公打败晋侯缗，占有晋国全部土地，曲沃晋武公被周釐王封为诸侯，于是"曲沃代翼"。晋武公死后，其子晋献公时，为避免类似"曲沃代翼"的事件再次发生，他诛杀群公子之后，迁都于绛城（今山西省绛县，隶属于运城市）。此时，周王室五大夫作乱，王子颓攻周惠王，惠王出奔，居郑之栎邑。晋献公出兵讨伐骊山之戎，得到了骊姬姊妹二人，"俱爱幸之"。史苏曾为晋献公伐骊戎占卜而结果不吉，并提出了著名的"女戎论"。由于晋国进攻骊戎威胁秦国，为此秦宣公曾与晋国战于河曲，并在渭河南岸建立密畤，祭祀青帝。公元前 661 年，即晋献公十六年，晋国灭霍，灭魏，灭耿。针对晋国的兼并扩张，公元前 659 年，即秦穆公元年，秦穆公亲自率领军队讨伐黄河一线的茅津之戎，获得了胜利。公元前 656 年，即晋献公二十一年，骊姬陷害太子申生，晋献公杀太子申生于新城，逐群公子。夷吾出逃到梁国，重耳出逃到狄国，晋国出现内乱。公元前 656 年，即秦穆公四年，秦穆公从晋国迎娶了晋献公女儿做妻子即穆姬，穆姬是晋太子申生的姐姐。秦穆公试图通过联姻与晋国发展关系。公元前 655 年，即晋献公二十二年，晋国"假道灭虢"吞并了虞（今山西省平陆一带）、虢（今河南省三门峡市一带）二国，此时，晋国实力更加强大。晋国向西跨过黄河直抵秦国边界，向南渡过黄河，扼守崤函天险，堵塞秦国东进通道。然而，由于秦穆公娶了晋献公女儿，即秦穆公夫人穆姬，两国结成"秦晋之好"，于是晋献公消灭虞、虢二国之后，就以秦穆公夫人陪嫁媵人的方式无意中送给秦国一份"大礼物"——虞国大夫百里奚，百里奚又给秦穆公引荐了具有战略思维的宋国人蹇叔。

2. 晋国"假道灭虢"吞并虞、虢无意间送给秦国一份"大礼物"：百里奚、蹇叔。因为百里奚、蹇叔二位杰出人才来到秦国，给秦国带来了国运兴盛。秦穆公发现了杰出人才携带着最宝贵的知识信息，知识信息能够转化为军事决策优势——利用知识信息不对称克敌制胜或者避免知识信息不对称而导致的失败。根据《史记·秦本纪》记载：公元前655年，即秦穆公五年，晋献公俘获了百里奚之后，把他作为秦穆公夫人出嫁时的陪嫁人送到秦国。百里奚逃离秦国跑到宛地，楚国边境的人捉住了他。秦穆公听说百里奚有才能，想用重金赎买，但又担心楚国不给，就派人对楚王说："我家的陪嫁奴隶百里奚逃到贵国，请允许我用五张黑色公羊皮赎回他。"楚国就答应了，交出百里奚。在这时，百里奚已经七十多岁。秦穆公解除了对他的禁锢，跟他谈论国家大事。百里奚推辞说："我是亡国之臣，哪里还有值得问的！"穆公说："虞国君主不任用您，所以亡国了。这不是您的罪过。"穆公坚持向他咨询国家大事，谈了三天，穆公非常高兴，把国家政事交给了他，号称五羖大夫。百里奚谦让说："我比不上我的朋友蹇叔，蹇叔很有贤才，可是世人不知道。我曾经游学求官被困在齐国，向铚地的人讨饭吃，蹇叔收留了我。我想事奉齐国君主姜无知，蹇叔阻止了我，让我有幸躲过齐国政变的灾难，于是到了周王室。王子颓喜爱牛，我干了养牛工作，王子颓想任用我参政，蹇叔阻止我，我离开了，很幸运没有跟王子颓一起被诛杀。事奉虞国君主的时候，蹇叔也劝阻过我。我知道虞国君主不会重用我，但实在是为了私利和爵禄，就暂且留下。我两次听了蹇叔的话，两次都逃脱危险；一次没听，就遇上了虞国亡国之难，因此我知道蹇叔的本领。"于是，秦穆公以重金聘请蹇叔，让他当了上大夫。此后，秦国三纳晋君、称霸西戎等重大战略决策，都离不开百里奚、蹇叔、由余等杰出人物的政治智慧。《史记·秦本纪》记载，李斯在《上书谏逐客》中说："昔穆公求士，西取由余于戎，东得百里奚于宛，迎蹇叔于宋，求丕豹、公孙支于晋，此五子者，不产于秦，而穆公用之，并国二十，遂霸西戎。"秦穆公对人才价值的发现是秦国将黎民百姓作为责任受体的逻辑起点。当然，秦穆公与晋献公之女穆姬结成"秦晋之好"姻缘关系，也使两国交往具有戏剧性效果。

　3. 秦穆公任用百里奚、蹇叔"三纳晋君"承担方国责任。第一次，接纳公子夷吾，并护送他到晋国被立为君主，这就是晋惠公。秦国因为践行诺言和捍卫盟约，由此获得河西之地。根据《史记·秦本纪》记载：公元前651年，即晋献公二十六年，晋献公去世。骊姬儿子奚齐被立为君主，里克杀死了奚齐。骊姬妹之子卓子被苟息立为君主，里克又杀死了卓子和苟息。晋国国内没有君主了。流亡在梁国的夷吾派人请秦国国君帮他回晋国。秦穆公答应了，就派百里奚率兵护送夷吾。夷吾对秦国人说："如果我真的登上君位，愿意割让河西八座城给秦国。"他回到晋国登上君位了，派丕郑向秦国道谢。却违背诺言不割让河西八座城给秦国，并且杀死了里克。丕郑听说此事之后很害怕，就和秦穆公商议说："晋国人不想要夷吾做君主，实际上是要立重耳做君主。现在夷吾违背诺言而且杀死里克，都是吕甥和郤芮的主意。如果您用重利引诱吕甥、郤芮到秦国来，那么，重耳回国就方便了。"秦穆公答应了丕郑，就派人跟他一起回晋国引诱吕甥、郤芮。吕、郤等人怀疑丕郑有诈，就报告夷吾并杀死了丕郑。丕郑的儿子丕豹逃奔到秦国，劝穆公说："晋国君主无道，百姓不亲附他，可以讨伐他了。"穆公说："百姓如果不认为合适，不拥护晋君，他们为什么能杀掉他们的大臣呢？既然能杀死他们的大臣，这正是由于晋国上下还是和谐的。"穆公没有公开听从丕豹的计谋，但在暗中却重用他。

秦穆公给晋国输送粮食的"泛舟之役"，承担对晋国黎民百姓的"分灾"责任。秦国君臣"泛舟之役"的举动，体现了古代人道主义的光辉。晋国违背人道主义，不但不承担对秦国黎民百姓的救灾责任，而且乘人之危发动韩原之战。根据《史记·秦本纪》记载：公元前647年，即秦穆公十三年，晋国发生大旱，派人来秦国求援粟米。丕豹劝说秦穆公不要给，要秦穆公趁着晋国饥荒去讨伐。秦穆公又问公孙支，公孙支说："歉收与丰收的事情交替出现，不能不给。"又问百里奚，百里奚说："夷吾得罪了您，晋国黎民百姓有什么罪？"秦穆公采纳百里奚、公孙支的意见，给晋国运送粮食。遇到水路用船，遇到陆路用车，从秦都雍城出发，源源不断地直到晋都绛城。公元前646年，即秦穆公十四年，秦国发生饥荒，请求晋国援助粟米。晋惠公就此事征求群臣意见。虢射说："趁着秦国饥荒攻打，可大获成功。"晋国君主听从了虢射的意见。公元前645年，即秦穆公十五年，晋国军队攻打秦国。秦穆公出兵迎战，让丕豹率领大军，他也亲自前往迎击。九月壬戌日，秦穆公与晋惠公夷吾在韩地交战。晋君甩下自己的军队往前冲，跟秦国军队争夺财物。返回的时候，车马陷进泥里。秦穆公率部驱车追赶，没有抓住晋惠公，反而被晋国军队包围了。晋国军队攻击秦穆公，秦穆公受了轻伤。

在秦穆公危难之际，曾经食马肉的三百野人敢死队，解救秦穆公，活捉了晋惠公，这是秦穆公君臣以江山社稷为责任受体，并主动为黎民百姓承担责任，"惠于庶人"而得到的丰厚回报。根据《史记·秦本纪》记载：这时，曾经在岐山之下偷吃秦穆公良马的三百多乡野之人不顾危险驱马冲进晋军，晋军包围圈被冲开，不仅让秦穆公脱险，还活捉了晋惠公。当初，秦穆公丢失一匹良马，岐山之下三百多乡野之人一起把它抓住吃掉了，官吏捕捉到这些人要加以法办。秦穆公说："君子不能因牲口而伤害人。我听说，吃良马肉，如果不喝酒，会伤人。"于是，就赐给他们美酒并且全部赦免了。这三百多人听说秦国要去迎战晋国，都要求跟着一起去。当他们发现秦穆公陷入窘境，也都推开敌人锋利的刀刃，拼死战斗，来报答食马肉的恩德。结果，秦穆公俘虏了晋惠公回到秦国，向全国发令："请大家斋戒，我将要用晋国君主祭祀上帝。"周天子听到以后，说"晋国君主是我同姓"，替晋惠公求情。晋惠公夷吾之姐是秦穆公夫人穆姬，穆姬听到以后，身穿丧服，光着脚丫，说："我不能挽救自己兄弟，以至于还得要君上下达命令杀他，实在有辱于君上。"秦穆公说："我俘虏了晋国君主，以为成就一件大事，可是现在天子来求情，夫人也忧愁。"于是，跟晋国君主订立盟约，同意让他回国，更换上等宾馆，馈赠七牢礼品，待以诸侯之礼。十一月，送晋惠公夷吾回国；夷吾献出了晋国河西土地，派遣太子子圉到秦国做人质。秦穆公把同宗女儿嫁给了太子子圉。这时候，秦国版图向东扩展到黄河。秦穆公韩原之战的胜利，是承担江山社稷责任，善待黎民百姓的结果。秦国因此获得了晋国献出的河西之地，实现了秦德公时期"后子孙饮马于河"的理想愿景。

第二次，接纳太子子圉，他却违背秦晋两国缔结的盟约，逃回晋国被立为君主，这就是晋怀公。根据《史记·秦本纪》记载：公元前642年，即秦穆公十八年，此年东方霸主齐桓公去世。公元前640年，即秦穆公二十年，秦国灭了渭河平原东部的梁国。梁伯喜好修筑宫殿城沟，导致人民疲惫而怨恨，秦国终于灭了梁国。公元前638年，即秦穆公二十二年，在秦国做人质的晋太子子圉听说晋惠公生病，说："梁国是我母亲的国家，秦国却出兵灭了它。我的兄弟很多，父君百年之后，秦国必定留住我，晋国也会改立其他公子为君主。"于是，晋太子子圉逃离秦国，返回晋国。公元前637年，即秦穆公二十三年，晋惠公去世，晋太子子圉即位为晋国君主，即晋怀公。他害怕流亡在外的重耳回国夺权，下令全国召回跟随重耳的人，由于大臣狐突没有召回跟随重耳在秦国的两个儿子狐毛和狐偃，晋怀公便杀了狐突。国内人心震恐，大臣卜偃称疾不出。晋怀公在国内不得人心，公卿们都倒向有仁德的重耳一方，希望重耳回国执政。

第三次，接纳公子重耳，派兵护送重耳回国，重耳被晋国立为君主，这就是晋文公。晋怀公违背秦晋两国缔结的盟约，逃离秦国，返回晋国，其背信弃义行为，在秦国引起公愤。秦穆公对子圉的逃离很恼恨，就从楚国迎来晋公子重耳，并把原来嫁给子圉的女儿嫁给重耳。公子重耳最初推辞不肯，后来也就接受了。秦穆公对公子重耳更加礼遇厚待。公元前636年，即秦穆公二十四年，春天，秦国派人告诉晋国大臣，要送公子重耳回国。晋国答应了，于是派人护送重耳回到晋国。此时，秦康公为太子，临别赋诗《渭阳》一首，以赠送舅氏重耳。《国风·秦风·渭阳》："我送舅氏，曰至渭阳，何以赠之？路车乘黄。我送舅氏，悠悠我思。何以赠之？琼瑰玉佩。"根据《韩非子·十过》记载：秦穆公"革车五百乘，畴骑二千，步卒五万，辅重耳入之于晋"。二月，重耳即位成为晋国君主，这就是晋文公。

4. 秦与晋"尊王攘夷"，"勠力同心"。晋文公是一位杰出的君主，晋文公二年，即公元前635年，春天，秦穆公出师于黄河之滨，晋文公派出军队成功地平息了王子带之乱，接纳周襄王于王城。同年秋天，秦国与晋国

"勠力同心"联合讨伐处于秦国与楚国之间的鄀国。根据《清华大学藏战国竹简·系年》记载:"晋人杀怀公而立文公,秦晋焉始合好,勠力同心。二邦伐鄀,徙之中城,围商密,止申公子仪以归。"① 意思是,晋国人杀死了晋怀公而立晋文公,秦国与晋国关系又开始和好,勠力同心。两国讨伐鄀国(今河南省内乡县一带)。迁徙到中城,包围了鄀国的国都商密,囚拘戍守商密的楚斗克即申公子仪并押解回秦国。在《左传·僖公二十五年》中也有详细记载:"秋,秦、晋伐鄀。"秦晋两国伐鄀国,确实是勠力同心,配合默契。秦国军队穿过析隈(今河南省内乡县、淅川县西北部一带)的时候,抓住了驾驭战车的人,包围了商密。在夜晚伪装表演了一场秦国军队与申公子仪、息公子边歃血为盟的结盟仪式,商密人以为秦国夺去了析地,戍守的子仪、子边反叛了。于是商密向秦国投降了。在秦穆公支持下,晋文公在晋楚城濮之战中取得胜利,开始朝会周襄王并与诸侯结成践土之盟。根据《清华大学藏战国竹简·系年》记载:"晋文公立四年,楚成王率诸侯以围宋伐齐,戍谷,居鉏。晋文公思齐及宋之德,乃及秦师围曹及五鹿,伐卫以脱齐之戍及宋之围。楚王舍围归,居方城。令尹子玉遂率郑、卫、陈、蔡及群蛮夷之师以交文公,文公率秦、齐、宋及群戎之师以败楚师于城濮,遂朝周襄王于衡雍,献楚俘馘,盟诸侯于践土。"② 意思是,公元前633年,即晋文公四年,楚成王率领诸侯包围了宋国,准备讨伐齐国,戍守在谷地(今山东省谷城县一带),居住在鉏地(今河南省滑县一带)。晋文公回想流亡期间齐国、宋国对自己的恩德,于是联合秦国军队,包围了楚国的盟友曹国与卫国的五鹿(今河南省濮阳一带),通过讨伐卫国以解除楚国在齐国的戍守以及对宋国的包围。楚成王撤回了包围的军队,驻扎在方城。楚国令尹子玉遂率领郑国、卫国、陈国、蔡国以及众多蛮夷的军队准备与晋文公会战,晋文公则率领秦国、齐国、宋国以及众多戎狄的军队将

① 清华大学出土文献研究与保护中心编,李学勤主编:《清华大学藏战国竹简》(贰),中西书局,2011,第150页。
② 清华大学出土文献研究与保护中心编,李学勤主编:《清华大学藏战国竹简》(贰),中西书局,2011,第153—154页。

楚国打败于卫国的城濮（今山东省范县一带）。于是，朝会周襄王于郑国的衡雍（今河南省原阳县东南、原武县西北一带），献上了楚国俘虏与首级，同时，与诸侯会盟于郑国的践土（今河南省原武县西南、武陟县东南一带）。晋文公不负众望，"尊王攘夷"，晋国的霸业取得辉煌成就。也实现了秦晋两国"东行济河，整师以复强周室"的崇高理想。

5. 秦晋因讨伐郑国而分裂与秦穆公的责任担当。秦晋两国"东行济河，整师以复强周室"的理想，因秦晋讨伐郑国产生分歧而受挫；晋文公去世后，秦国与晋国发生三大战役：崤之役、彭衙之役、王官之役；秦穆公承担"崤之役"的失败责任。在秦晋"崤之役"以后，秦穆公以及"三谋人"百里奚、蹇叔、公孙支对周王室、诸侯友邦、江山社稷、黎民百姓的责任担当作了重新权衡。

其一，秦晋关系因两国讨伐郑国而出现分歧。《左传》《国语》《史记》等传世文献对此都有明确记载。晋国秦国之所以讨伐郑国，一是因为在晋文公流亡时郑国的"无礼"，二是晋楚城濮之战时，郑国支持楚国。晋郑之间积怨甚深，郑国多次出使晋国修好，在公元前632年晋郑缔结衡雍之盟，两国的矛盾依然没有化解，加之此时郑国又背着晋国与楚国结盟。所以，公元前631年，即周襄王二十一年、秦穆公二十九年，晋文公与秦穆公的秦晋联军出兵包围了郑国，晋国军队在函陵驻防，秦国军队在氾南驻防。就在大战一触即发之际，郑国派遣烛之武到秦国军中游说，对秦、晋、郑之间战略关系作了理性分析，并对秦穆公晓以此举"阙秦以利晋"的后果："亡郑厚晋，于晋而得矣，而秦未有利。晋之强，秦之忧也。"秦穆公被烛之武说服，秦国就与郑国签订盟约，并让杞子、逢孙、杨孙帮助郑国守卫都城，秦国军队撤退了。晋国军队随之撤退了。2011年出版的《清华大学藏战国竹简·系年》对这段历史有简要记载："晋文公立七年，秦、晋围郑，郑降秦不降晋，晋人以不憖（悦）。秦人豫（舍）戍于郑，郑人属北门之管于秦之戍人，秦之戍人使归告曰：'我既得郑之门管已（矣），来袭之。'秦师将东袭郑，郑之贾人弦高将西市，遇之，乃以郑君之命劳秦三帅。秦师乃复，伐滑，取之。晋文公卒，未葬，襄公亲率师御秦师于崤，大败之。秦穆公欲与楚人为好，焉脱申公仪，使归求成。秦焉始与晋执乱，与楚为好。"就是说，在公元前 626 年，即晋文公七年，秦国、晋国包围了郑国，郑国坚持投降秦国，而不投降晋国，晋国人因此而不悦。秦国人戍守在郑国，郑国有人暗中将城门钥匙交给了秦国戍守人。秦国戍守人杞子派人回到秦国报告说："我们已经得到了郑国都城的钥匙，赶快来偷袭。"秦国军队劳师远征，即将偷袭郑国，郑国的商人弦高在西去做生意的路上遇到了秦国军队，知其来者不善便谎称遵奉郑国君主之命，前来犒劳秦军三位统帅。三位统帅以为偷袭郑国的机密泄露，郑国已经做好准备。于是，秦国军队无奈回师，顺道讨伐滑国，顺手夺取了滑国。此时晋文公突然去世，还没有举行葬礼。晋襄公亲自率领大军抵御秦国军队，在崤函道上将秦军打得大败。秦穆公这时就想与楚国修好，于是释放了秦晋伐都之役中囚拘的申公子仪，让他回楚国说服君主签订秦楚两国和平盟约。秦国开始跟晋国争执，而与楚国和好。

其二，秦晋三大战役：崤之役、彭衙之役、王官之役。第一次战役：崤之役。发生在公元前 627 年，即周襄王二十五年、秦穆公三十三年、鲁僖公三十三年，秦晋发生了崤之役（在今河南省陕县硖石乡一带），秦全军覆没。对于秦穆公的劳师远征，蹇叔、百里奚曾经一致反对，认为此举犯了兵家之大忌。"蹇叔、百里奚对曰：'径数国千里而袭人，希有得利者。且人卖郑，庸知我国人不有以我情告郑者乎？不可。'穆公曰：'子不知也，吾已决矣。'"出乎秦国预料的是，在秦国劳师远征郑国之际，晋国人立刻翻脸，必欲将秦军置之死地而后快。据《史记·秦本纪》记载："当是时，晋文公丧尚未葬。太子襄公怒曰：'秦侮我孤，因丧破我滑。'遂墨衰绖，发兵遮秦兵于崤，击之，大破秦军。无一人得脱者。虏秦三将以归。文公夫人，秦女也，为秦三囚将请曰：'穆公之怨此三人入于骨髓，愿令此三人归，令我君得自快烹之。'晋君许之，归秦三将。三将至，穆公素服郊迎，向三人哭曰：'孤以不用百里奚、蹇叔言，以辱三子，三子何罪乎？子其悉心雪耻，毋怠。'遂复三人官秩如故，愈益厚之。"秦穆公主动承担崤之役失败的责任，认为自己不听蹇叔、百里奚劝告，劳师远征，孤注一掷，在战略上犯了“贪人败类”的严重错误。

第二次战役：彭衙之役。在崤之役的两年后，即公元前625年，周襄王二十七年、秦穆公三十五年，秦晋发生了彭衙之战（在今陕西省白水县一带），秦军又一次溃不成军。根据《左传·文公二年》记载：“春，秦孟明视帅师伐晋，以报崤之役。二月，晋侯御之，先且居将中军，赵衰佐之，王官无地御戎，狐鞫居为右。甲子，及秦师战于彭衙，秦师败绩。晋人谓秦拜赐之师。”秦国两次战败，国内出现了怀疑甚至排斥外来卿大夫的不同声音。此时，秦穆公发表《秦誓》，主张打破宗法世卿世禄制度任人唯亲的陋俗，阐述唯才是举、任人唯贤以造福于子孙黎民的崭新观点：《秦誓》成为秦穆公重用外来人才与承担黎民责任的宣言，也是一位高瞻远瞩的政治家发表的秦国德治责任伦理施政大典。正如王晖所言：“《书·秦誓》并非学术界一般所说的是秦穆公的‘悔过书’或‘罪己诏’，它反映的是秦穆公尊贤使能的用人思想。”[①] 秦穆公打破“封建亲戚”任人唯亲的血缘宗法伦理，而主张“人之彦圣，其心好之”任人唯贤的德治责任伦理，这种为子孙黎民谋幸福的思想，对秦国战胜敌人以及秦国崛起具有非凡意义！

第三次战役：王官之役。公元前624年，周襄王二十八年、秦穆公三十六年，秦晋发生了王官之役。彭衙之役失败后，秦穆公仍然重用孟明（姜姓，百里氏，名视，字孟明，史称孟明视。）等人。根据《左传·文公二年》记载：“秦伯犹用孟明。孟明增修国政，重施于民。”果然，秦穆公再一次率军讨伐晋国，秦军攻克了王官（在今山西省闻喜县西一带），又北上攻破鄗邑（在今山西省闻喜一带）。晋军避之不出，秦军求战不成。秦军南下自茅津（在今山西省平陆西南黄河渡口）渡河到达崤地，秦穆公“封崤中尸，为发丧，哭之三日”班师回朝。据《左传·文公三年》记载，秦伯讨伐晋国，渡过黄河焚毁渡船，夺取王官和鄗地，晋国军队不敢出战，于是从茅津渡河，安葬了烈士尸体就回去了。秦国战略转向西北，即称霸西戎，这是由于善用孟明。君子因此知道秦穆公做君主，推举贤人的周到，

---

① 王晖：《从〈秦誓〉所见秦穆公人才思想看秦国兴盛之因》，《陕西师范大学学报》（哲社版）2007年第1期，第5页。

推举贤人的专一；知道孟明做臣属，能够坚持不懈，能戒惧反思；知道公孙支的忠诚，能够慧眼知人，推举良才。《诗经·周南·采蘩》说："何处采蘩蒿？沙洲与河沼。给谁来使用？公侯的大事。"这是说秦穆公的领袖风范，"夙兴夜寐毫不懈怠，为了君主尽心竭力。"这是说孟明视的忠诚美德，"保留其合理谋略，造福子孙后代。"这是说公孙支慧眼识人。

其三，秦穆公胸怀嬴姓同姓以及华夏诸侯的情怀。公元前 623 年，秦穆公三十七年，王官之役结束之后，传来了楚国消灭嬴姓江国的消息。秦穆公得知嬴姓诸侯江国被楚国吞并，对楚国的举动深表震惊，对江国的灭亡深表哀怜，对秦国东进受阻爱莫能助，深表愧疚。根据《左传·文公四年》记载：公元前 623 年，秦穆公三十七年，楚国消灭了江国（在今河南息县西南一带），秦穆公为这件事换上了素服，以表示气氛肃穆；避开了正寝不居，以表示坐卧不安；去除盛馔而撤除音乐，以表示内心悲哀。这一举动大大超过了周礼规定的礼数，大夫向他进谏言。秦穆公说："我们嬴姓的同姓诸侯国灭亡了，虽然没有能力前去拯救，岂敢不哀怜吗？是我自己震惊戒惧。"《诗经·大雅·皇矣》有言："唯有末世的夏商二国，大政上没有一点收获。唯有四方诸侯方国，如何筹谋如何安宁。"这说的就是秦穆公！秦穆公对嬴姓诸侯以及其他华夏诸侯的责任担当，由此可见一斑。王官之役一年后，晋军又占领了祁邑的新城（在今陕西省澄城县一带），阻隔住了秦军东进的崤函天险。

四、秦国继续承担"方国""以夏变夷"的德治责任

崤之役失败之后，秦国的战略调整为霸西戎。崤之役失败之后，秦国面对的是三大集团的强大实力：以晋国为首的北方集团，以楚国为首的南方集团，以齐国为首的东方集团。这三大集团围绕着郑国与宋国一线进行激烈争夺，图谋"挟天子以令诸侯"称霸中原。秦国崤之役失败，相对于晋国、楚国、齐国三大集团中的任何一个，国力尚为逊色。如果要冲出崤函天险，勉强争霸中原，秦国将面临南北夹击、左右掣肘，甚至面临被三大集团合力围剿的悲惨命运。所以，秦国与晋国交恶之后，就释放了囚拘

在秦国的申公子仪，试图交好楚成王，积极寻求与楚国搞好关系，可是，不久楚成王就死于非命了。正如《吕相绝秦书》所言："天诱其衷，成王殒命，穆公是以不克逞志于我。"如此形势，真是天不助秦！秦穆公与熟知东方诸侯以及天下大势的"三谋人"蹇叔、百里奚、公孙支立即作出战略转移的重大决策：霸西戎。

1. 崤之役失败之后，秦国加紧进行国内政治、经济、军事改革，建立德治责任政府体系。一方面避免内政外交不分，建立设官分职行政分工体系，并配套了相应的奖惩机制；另一方面避免君主专断而导致军事失败，在君主决断的基础上，增加了"三谋人"参与最高政治、军事决策，避免随意性，增加合理性。其实，崤之役之前，秦国设官分职的行政分工体制已见雏形。根据《吕氏春秋·不苟》记载：晋国使者叔虎、齐国使者东郭蹇访问秦国，公孙支请求会见。秦穆公问他："请求会见客人，是你分工负责的事，还是丞相委派你会见？"公孙支回答："都不是的。"公孙支做了他不应该做的事情，违背了官职分工原则，秦穆公让官吏治了公孙支的罪。尤其是吸取崤之役失败的教训，秦穆公"辨官相试，乃有见功"。即注重由上到下评定品级，辨别官员的能力，进行分工调整，而且有了成功表现。

2. 秦穆公在君臣之间建立一种"阴者思阳，阳者思阴"亲密协作的政治伦理制度。根据 2016 年出版面世的《清华大学藏战国竹简·子仪》记载："既败于崤，恐民之大妨。移易故职，欲民所安，其且不更。公益急，三谋辅之，靡土不饬。髦幼在公，阴者思阳，阳者思阴。民恒不实，乃毁常各务。降上品之，辨官相试，乃有见功，公及三谋，庆而赏之。乃券册秦邦之羡余，自蚕月至于秋令备焉。骤及七年，车逸于旧数三百，徒逸于旧典六百，以示楚子仪于礐会。"① 就是说，秦国在崤之战失败以后，秦穆公害怕臣属抗拒君命，放弃原来的职业而另谋出路，所以希望臣民各安其职。还没有出崤之役的当月，秦穆公更加着急，三位谋士蹇叔、百里奚、

---

① 清华大学出土文献研究与保护中心编，李学勤主编：《清华大学藏战国竹简》（陆），中西书局，2016，第 128 页。根据子居《清华简〈子仪〉解析》，对释文作了修改。

公孙支全力辅佐，对于秦国境内国土进行整治，无论老幼全部投入国家事业。秦穆公与臣属黎民之间，就像阴求阳、阳求阴，阴阳彼此相求一样亲密无间。这是因为，黎民臣属久无适当位置，就会各顾其私、不任国事。所以，秦穆公由上到下重新评定品级，辨别官员的能力进行分工调整，为他们找到合适职位。如果臣属有了成功表现，秦穆公和"三谋人"就给予庆贺赏赐。官府按时记录秦国人力资源的盈余，或者是除了一家正卒一人，其余为羡余，都加以登记，从春季到秋季都非常完备。崤之役七年之后，战车超过旧数三百，徒卒超过常规编制六百。让申公子仪在碏，即今宝鸡市陈仓区碏溪镇的大会上检阅。可见，崤之役失败，秦穆公痛定思痛，进行了一场政治、经济、军事改革，增强了国力，为称霸西戎、左右诸侯奠定了基础。

3. 秦穆公挥师西进北上，攘除戎狄，称霸西戎，成为春秋五霸之一。由于西北蛮族涌入中国，中原华夏民族遭受戎狄侵扰，面临灭亡命运。所以，"尊王攘夷"，保护周王室与华夏诸侯，抗击戎狄势力，就为大国称霸提供了客观条件。起初，戎狄攻灭宗周京畿之地以后，肆虐于渭河、泾河流域，接着就蔓延到黄河南北两岸，直到山东半岛的广大地区，对卫、周、宋、郑、齐、鲁等国造成了巨大威胁。

首先，齐桓公打出"尊王攘夷"的旗号，拯救被戎狄侵扰的国家，成为春秋五霸之首。根据《史记·齐太公世家》记载：公元前663年，齐桓公"二十三年，山戎伐燕，燕告急于齐。齐桓公救燕，遂伐山戎，至于孤竹而还"。公元前661年，桓公二十五年，狄人侵入邢国，齐桓公出兵救援邢国。公元前658年，齐桓公二十八年，卫文公有狄乱，告急于齐。齐率诸侯城楚丘而立卫君。齐桓公讨伐戎狄，拯救燕国、邢国、卫国的壮举受到孔子的称赞，仲尼称之曰："微管仲，吾其被发左衽矣！"齐桓公"三十八年，周襄王弟带与戎、翟合谋伐周，齐使管仲平戎于周"。正如《史记·齐太公世家》记载齐桓公所说："寡人兵车之会三，乘军之会六，九合诸侯，一匡天下。"齐桓公"尊王攘夷"成就了霸业。可是，公元前643年，即齐桓公四十三年，桓公重病去世，五公子争位，国内混乱，齐国霸权随之衰落。

其次，晋文公举起了"尊王攘夷"的旗号，成就了晋国霸业。在西方的秦武公消灭渭河平原上的戎狄以后，公元前 678 年，晋侯缗二十八年，"曲沃代翼"，晋武公统一了晋国，结束了长达六七十年的内战。晋献公继位之后，吞并了耿、霍、魏、虢、虞、骊戎，梁、芮等小国也表示臣服，又驱逐了太原与中条山的狄族。晋烛过说："昔者吾先君献公并国十七，服国三十八，战十有二胜，是民之用也。"在此基础上，晋文公通过"尊王攘夷"，成就霸业。根据《后汉书·西羌传》记载："周襄王既居外四年，乃使使告急于晋。晋文公初立，欲修霸业，乃兴师伐逐戎翟，诛子带，迎内周襄王，居于洛邑。"就是说，周襄王在外流亡四年，派遣使者向晋国告难，派兵驱逐扬、拒、泉、皋、伊、洛之戎，杀死王子带，平息了五大夫之乱，迎接周襄王，回到王都洛邑。晋文公"尊王攘夷"之举，奠定了晋国霸业的基础。可是，随着晋文公突然去世，晋国霸权也逐渐式微。

最后，秦穆公再次举起了"尊王攘夷"的大旗，成就了秦国霸业。秦穆公即位之后，曾向茅津之戎发起进攻。根据《史记·秦本纪》记载："穆公任好元年，自将伐茅津，胜之。"此后，娶晋献公之女，结成秦晋之好，令东方诸侯艳慕。穆姬到秦国，又相继带来了百里奚、蹇叔等人。在秦穆公夫人穆姬与"三谋人"策划下，秦国三纳晋君，干预晋国君主废立大事，并为秦国获得了河西之地；秦穆公与晋文公共同平息王子带之乱，接纳周襄王的军事行动，也为秦国奠定了霸业的基础；同时，秦穆公支持晋文公讨伐楚国，取得城濮之战的胜利；秦晋两国勠力同心，讨伐都国，智取商密，囚拘了楚国大夫申公子仪。《吕相绝秦书》说："昔逮我献公，及穆公相好，戮力同心，申之以盟誓，重之以昏姻。"可是，秦晋之间的战略同盟关系，被秦晋崤之役彻底终结了。秦国的霸业因为崤函天险阻隔，东出无门，只能僻居西方一隅。

4. 随着一位西方圣人由余的到来，秦国通往广袤西北的大门豁然打开，秦穆公灭国十二，称霸西戎。华夏民族对戎狄的认识，根据其地理条件与生产方式，可以划分为三大类型：第一类，居住在渭河流域平原川谷中的戎狄，基本采用农耕生产方式，他们与华夏民族的社会形态比较接近；第二类，居住在渭河流域平原川谷以外黄土高原上的戎狄，采用半农半牧的生产方式，他们与华夏民族的社会形态有所接近但存在一定差异；第三类，居住在黄土高原之外的广阔草原上，基本采用游牧的生产方式，他们与华夏民族的生活方式存在巨大差异。针对第一类，可以采用军事征服的方式，占领其领土，统治其民众，将征伐的军事组织转变为行政机构"县制"直接管理。针对第二类，可以采用以军事威慑为基础，占领其领土，保留其首领与管理机构，通过"羁縻"策略，建立华夏与戎狄主从行政关系，即"附属国"的管理模式。针对第三类，即在草原上逐水草而居的游牧戎狄，只能采用军事征伐、武装驱逐，或者强制移民的方式"以夏变夷"，用华夏文明进行同化。① 秦穆公之前，秦国主要征服的是第一类，即居住在渭河流域平原川谷中，基本采用农耕生产方式的戎狄，秦武公时期基本上征服了他们；而秦穆公所面对的则是第二类，即居住在渭河流域平原川谷以外黄土高原上，采用半牧半农生产方式的戎狄，这是秦穆公"霸西戎"所要征服的对象。至于第三类，即居住在黄土高原之外的广阔草原上，采用游牧生产方式的戎狄，则是战国以后华夏民族所要面对的了。

聂新民先生从地理学角度分析了秦穆公讨伐西戎的具体地理位置，以及西戎诸国的地形地貌特征，他指出："黄土高原第二条带被三条大致呈南北走向的山岭分成四个大的区域。这三条山岭是六盘山、陇山，子午岭，黄龙山、劳山。秦都雍城的北面正对陇山到子午岭之间的地域，这就是秦人首先要夺取的目标。"② 可见，秦穆公"霸西戎"，针对的就是居住在黄土高原第二条带的戎狄。只有确定了目标，知己知彼，才能克敌制胜。

秦穆公崤之役之后抗御戎狄采用的方法与过去有明显区别。过去，从秦襄公、秦文公一直到秦武公、秦穆公崤之役之前，基本上采用军事讨伐

---

① 樊志民：《秦霸西戎的农史学观察》，《敦煌学辑刊》1995 年第 1 期，第 101—102 页。樊志民先生在这篇文章中，从秦国农业发展史角度分析秦霸西戎在华夏文明发展史中的作用，具有深刻的启发意义。

② 聂新民：《秦霸西戎地域考——秦国势力在黄土高原的扩张过程》，《西北史地》1986 年第 2 期。引自《聂新民文稿》，西北大学出版社，2013，第 89—90 页。

的方法，征服了"第一条带"渭河流域平原与山谷地区的戎狄，取得了辉煌战果。可是，对于在渭河流域平原与山谷之外的黄土高原"第二条带"的戎狄，单纯采用军事讨伐的方法就非常困难。秦穆公在与晋国的交往中发现，被秦国驱逐的陆浑之戎，反而被晋国利用，反倒成为对抗秦国的有生力量。陆浑之戎曾被秦穆公从瓜州驱逐到伊川，被晋国接纳安置，此后陆浑之戎就成为晋国"不侵不叛之臣"并被利用来对付秦国与其他国家。

秦穆公借鉴晋国对待陆浑之戎的经验，把对付渭河流域平原与山谷以外黄土高原"第二条带"西戎的策略，从"攻逐"转变为"羁縻"策略。根据西戎人"辟匿"（偏僻封闭）、"淳德"（淳朴老实）、"忠信"（忠诚守信）"好乐"的特点，因势利导，智取戎国。秦穆公先后使用"女乐二八"，让戎王沉溺于声色，消弭其战斗意志，荒怠于政事；故意让由余等使者请假延期，引起戎王怀疑，离间其君臣关系。最后，当充分了解了戎国的地形特征与兵力部署，运用"挞伐"与"羁縻"相结合的策略，即以强大军事力量为后盾，"占有其地、保留其部族首领，利用其原有统治机构统治，迫使其承认与秦之从属关系"①。秦穆公采用这种策略征服了西戎十二国。

根据《史记·秦本纪》记载：公元前 626 年，即秦穆公三十四年，戎王派由余出使秦国。秦穆公得知由余贤能。就问内史王廖说："我听说邻国有圣人，这将是对立国家的忧患。现在由余有才能，这是我的祸害，我该怎么办呢？"内史王廖说："戎王地处偏僻，不曾听过中原地区的乐曲。您不妨试试送他歌舞伎女，借以改变他的心志。并且为由余向戎王请求延期返戎，以此来疏远他们君臣之间的关系；同时留住由余不让他回去，以此来延误他回国的日期。戎王一定会感到奇怪，因而怀疑由余。他们君臣之间有了隔阂，就可以俘获他了。再说戎王喜欢上音乐，就一定没有心思处理国事了。"穆公说："好。"于是穆公与由余座席相连而坐，互递杯盏一块儿吃喝，向由余询问戎地的地形和兵力，把情况了解得一清二楚，然后命令内史王廖送给戎王十六名歌伎。戎王接受，并且非常喜爱迷恋，整整一

---

① 樊志民：《秦霸西戎的农史学观察》，《敦煌学辑刊》1995 年第 1 期，第 102 页。

年不曾迁徙，更换草地，牛马死了一半。这时候，秦国才让由余回国。由余多次向戎王进谏，戎王都不听，穆公又屡次派人秘密邀请由余，由余于是离开戎王，投降了秦国。穆公以宾客之礼相待，对他非常尊敬，向他询问应该在什么样的形势下进攻戎族。秦穆公三十七年，即公元前 623 年，秦国采用由余的计谋攻打戎王。根据《史记·秦本纪》记载："故自陇以西有緜诸（今甘肃省天水市）、绲戎（今甘肃礼县，即犬戎）、翟（今甘肃省临洮市）、獂之戎（今甘肃省天水市），岐、梁山、泾、漆之北有义渠（今甘肃省庆阳市和平凉市）、大荔（今陕西省大荔县）、乌氏（今宁夏回族自治区固原市）、朐衍之戎（今陕西省定边县）。"公元前 623 年，秦穆公开避了千里疆土，终于称霸于西戎地区。周天子派召公过带着钲、鼓等军中指挥用的器物来向穆公表示祝贺。

五、秦国在"方国"后期征战不断，秦国德治责任伦理式微

秦国从秦康公到秦悼公这一段时间，秦国继续采取"联楚抗晋"战略，诸侯国征战不断，秦国德治责任伦理逐渐式微。在城濮之战（前 632）和崤之战（前 627）晋国战胜楚国和秦国之后，面对晋国霸权的巨大威胁，按照霸权均势原理，秦穆公与"三谋人"调整秦国战略，将"联晋抗楚"转变为"联楚抗晋"。公元前 635 年，即秦穆公二十五年，秦国释放了秦晋伐都时囚拘在秦国长达八年之久的楚国重臣申公子仪，即楚斗克，促成了秦国与楚国的联合，共同抵御晋国霸权，以平衡晋国的强大压力。一方面，秦国积极抵御晋国霸权的军事攻势，缓解诸侯国军事压力；另一方面，秦国积极支持楚国复兴发展壮大，追求大国战略均势。在秦楚联盟的影响下，晋灵公、晋成公时，晋国霸权中衰，晋景公、晋厉公时，由于晋国调整政策，晋国实力大增，反过来抑制了秦楚的力量，秦国有麻隧之战的失败，楚国则有鄢陵之战的失败。晋悼公即位后，伐彭城，围新郑，攻焦、夷，在诸侯争霸中出尽风头，晋国霸权如日中天。可是物极必反，秦楚的再次联合，抑制了晋国的野心，在各方诸侯国的博弈下，最终达成春秋弭兵之

会，实现了阶段性天下和平，体现了秦国德治责任的担当。

1. 秦康公时期（前 620—前 609 年在位），抵御晋国的军事势力，践行秦穆公"联楚抗晋"战略，积极推动秦国霸业。秦穆公曾经教导秦康公以霸业为志向，并将源出于蓝田谷的兹水改名为"霸水"。根据近年出土的《北京大学藏西汉竹书·周驯》记载：秦穆公在霸水岸边教诲他的后嗣秦康公"曰：'敬天畏鬼，毋杀无罪，我法行此，吾故能立柏（"柏"通"霸"）于兹泉之上，而命之曰柏水。尔尚谨承……毋重之，必将务治，苟身能治，国家亦治。处上位者，将逞其志，唯汝身乱，则国家亦乱。国与身乱，虽为人主，其安得所愿？'"① 秦康公时期，秦晋之间的争霸斗争：一是"令狐之战"，秦国送公子雍为晋国立后嗣，却遭到晋国军队突然袭击。二是"河曲之战"，秦国给予晋国失德之举以强有力的回击。此后，秦国积极联合楚国，按照秦穆公"联楚抗晋"战略，帮助楚国抗击庸国以及蛮夷之国，建立秦楚同盟以制约晋国霸权。

其一，秦晋"令狐之战"。公元前 620 年，秦康公元年，秦晋发生"令狐之战"，原因是晋国拥立君主人选的改变，晋国起先拥立晋襄公之弟公子雍，后来改立晋襄公七岁儿子，于是引起秦晋两国的战争。如果说秦穆公"三立晋君"公子夷吾、子圉、重耳对秦国来说是一出历史喜剧，那么，秦康公试图拥立公子雍对秦国来说就是一出历史悲剧：秦国派兵护送公子雍前往晋国途中，在令狐（今山西省运城市临猗县）遭到晋国军队的突然袭击。公元前 621 年，秦穆公去世，晋襄公也去世了。公元前 620 年，秦康公继位秦国君主，晋国由谁继位君主还没有决定。晋卿赵盾主政，打算拥立此时旅居在秦国的晋襄公之弟公子雍为君主，就派先蔑、随会到秦国接他回晋国。秦国答应了晋国请求。为防止不测，秦康公派遣军队护送公子雍，秦军到了令狐，此时，由于晋襄公夫人为立君之事哭闹，晋国公卿改变了主意，另立晋襄公七岁的儿子即晋灵公。因为一国不能有两主，赵盾历来行事刚烈，就派遣晋军反倒来攻打护送公子雍的秦军。根据《左传·文公

① 北京大学出土文献研究所：《北京大学藏西汉竹书·周驯》（叁上），上海古籍出版社，2015，第 143 页。

七年》记载，赵盾说："如果我们接受了秦国送来的公子雍，我们就是秦国的座上嘉宾，如果不接受，我们就是秦国的刀下贼寇。现在既然不接受，而又延缓出兵，就会让秦国产生非分之心。如果要先发制人，就要先夺人之心，这是治军好谋略；如果要驱逐贼寇，就要像追击逃兵，这是治军的好政策。"于是，命令士卒磨利兵器，喂饱战马，隐蔽着军队连夜出发，四月初一将秦国军队击败在令狐，追至刳首（今陕西省合阳县），四月初二，晋国的先蔑投奔秦国，随会也跟着投奔秦国。

其二，秦晋"河曲之战"。秦康公派兵护送公子雍回国，"令狐之战"让秦国人蒙受耻辱，于是引发"河曲之战"，秦晋两国"同态复仇"，一报还一报，战事不断。公元前619年，即秦康公二年，秦国攻打了晋国，占领了武城，这是为令狐之战雪耻。公元前617年，秦康公四年，晋国不甘罢休，报复秦国，占领了少梁。公元前615年，秦康公六年，秦国反击晋国，占领了羁马（今山西省永济市）。两军在河曲交战，由于秦康公采纳了随会的计谋，秦军把晋军打得大败。由于害怕秦国军队再次入侵，晋国就派遣大夫詹嘉驻守瑕地，堵住桃林之塞（此地就是以后秦国的函谷关），阻塞住了秦人东进之路，使秦国在春秋时期难以在东方得志。晋国河曲之败，晋国大夫判断一定是随会的智慧在秦国起了作用，建议一定要设法让随会从秦国回到晋国。晋国为了让随会回国，就派魏雔余诈称魏邑叛晋降秦，欺骗秦康公将随会一家人送回到魏邑了。此事曾被秦国的绕朝看穿。根据《左传·文公十三年》记载，随会离开前，"绕朝赠之以策，曰：'子无谓秦无人，吾谋适不用也。'"随会离开秦国之后，使用反间计陷害绕朝，绕朝被秦康公杀害。《韩非子·说难第十二》感叹："故绕朝之言当矣，其为圣人于晋，而为戮于秦也。"1973年出土于马王堆三号汉墓帛书《春秋事语》记载此事，证明秦康公听信晋国间谍的谗言，杀死了绕朝。让人们明白了绕朝之死的历史真相。事实证明，秦穆公重用百里奚、蹇叔、孟明视、由余等人，让人才欢颜，秦国称霸西戎，国运兴隆；秦康公轻信谗言，导致随会被骗走，绕朝被杀害，让英才寒心。由此可见，晋国与秦国的人才之争，其实质就是国运之争。

其三，秦国"助楚灭庸"。秦康公为了抗衡晋国，积极联合楚国做盟友，在楚庄王时期，秦国"助楚灭庸"，为秦国制衡晋国赢得了主动权。楚国在公元前 632 年"城濮之战"败给晋国，五年之后，秦国在公元前 627 年"崤之战"也败给晋国。晋国成为秦楚两国共同的敌人，为此，秦穆公与"三谋人"制定了"联楚抗晋"战略。秦康公即位之后，积极实施秦穆公的"联楚抗晋"战略，拉拢楚国抗击晋国。公元前 626 年，楚国发生权力斗争，楚成王被儿子商臣逼死，商臣继位即楚穆王。公元前 613 年，楚穆王去世，楚庄王继位。根据《史记·楚世家》记载，楚庄王即位三年，左抱郑姬，右抱越女，整天坐在钟鼓之间。伍举想让楚庄王在政治上有所长进，便以隐喻的话故意问他："有鸟在于阜，三年不蜚不鸣，是何鸟也？"楚庄王回答："三年不蜚，蜚将冲天；三年不鸣，鸣将惊人。举退矣，吾知之矣。"楚庄王洞察了楚国内政外交局势之后，就任用伍举、苏从、孙叔敖、子重等贤能人才。此时，楚国遭遇大饥荒，庸国（今湖北省竹山县）背叛了楚国，伙同群蛮、戎人、麇国、百濮讨伐楚国。根据《左传·文公十六年》记载：戎人趁机攻击楚国南部，抵达阜山（在今湖北房县一带），戎军驻扎大林。接着又攻击楚国东南部，抵达阳丘（今江西省泰和县），以攻击訾枝。此时，庸国人率领群蛮背叛楚国，麇国人率领百濮在选地聚集，准备联合攻打楚国。于是申、息二地的北门都不敢打开。楚国人谋划迁往阪高（今湖北省当阳市）。蒍贾不同意，他认为楚国能迁到阪高，敌人也能追到那里去。所以，主张以攻为守，首先打击庸国。由于庸国人数众多，经过一段时间战斗，庸国取得了暂时胜利。庸国人说"楚国不足以与我们抗衡"就不再设防。楚庄王组织军队进攻庸国，在关键时刻，秦康公派遣秦国军队助楚灭庸，秦国军队、巴国军队和楚国军队协同战斗，迫使群蛮归服并缔结了盟约，最后，一起把庸国消灭了。

秦国"助楚灭庸"是春秋时期一件大事。一方面为楚庄王称霸中原提供了可能，另一方面也为制约晋国霸权提供了可能。公元前 606 年，楚庄王讨伐陆浑之戎，问鼎于中原；公元前 597 年，晋楚大战于邲（今河南省荥阳），"邲之役"晋国失败；公元前 589 年，楚国为了遏制晋国，就在蜀

（在今山东省泰安市一带）会盟诸侯，秦国也派大夫说参加。"蜀之盟"标志着秦国联楚抗晋战略的成功实现，在战略上形成大国均势平衡。另外，庸国有丰富的盐业资源，有通往秦、楚、巴的盐道，三国灭庸可以为各国食盐资源的供应提供保障。这也是此后秦楚两国争夺盐泉的起因。

2. 秦桓公时期（前604—前577年在位），秦国偏离了秦穆公、秦康公、秦共公三公"尊王攘夷""联楚抗晋"的战略；然而，晋国却在晋景公、晋厉公时期采取了拆散秦楚联盟，又拆散齐楚联盟，再派遣申公巫臣（屈巫）通吴，联吴制楚的新战略，将秦楚两国各个击破。秦国先是在"辅氏之战"败给晋国；然后"秦桓公既与晋厉公为令狐之盟，而又召狄与楚，欲道以伐晋"。秦国的错误决策被晋国一一利用和破解，最后导致"麻隧之战"惨败，秦国德治责任伦理趋于衰落。

其一，秦晋"辅氏之战"。公元前594年，秦桓公十年，晋景公六年，秦晋"辅氏之战"，秦国被打败。此役的一个关键点在于晋国的一位老父，因为魏颗将军做出了免去其女儿为魏武子殉葬的决定，为了报答魏颗将军的恩德，在关键时刻，用"结草"的办法，就是将青草一路挽结，绊住了杜回的腿，让魏颗制服了秦国将军杜回，为"辅氏之战"的胜利起了关键作用。根据《左传·宣公十五年》记载，公元前594年，即秦桓公十年，秋季七月，秦桓公讨伐晋国，军队驻扎在辅氏（在今陕西省大荔县一带）。二十七日，晋景公在稷地军事演习，占领了狄人土地，封立了黎侯就回来了。当他到达西洛水的时候，魏颗率领晋军与秦军交战，在辅氏击败秦军，俘获秦国杜回将军，这个杜回还是一位大力士。原来是一个老人一路上用草蔓挽成草结，把秦国大力士杜回的腿绊住了，这位老人就是曾经被魏颗释放的那位女子的父亲。这位女子曾在魏颗的父亲魏武子病危时被要求殉葬，魏颗没有照着做，而是按照此前的安排，让这位女子结婚嫁人了。魏颗的做法深得人心，这位老父志愿参战，就是为了报答魏颗的恩德，而在关键时刻让魏颗活捉了大力士杜回，使晋军在"辅氏之战"中打败秦国。然而，秦国从公元前685年，秦武公二十年，"初以人从死"直到公元前384年，秦献公元年"止从死"，才废除了"从死"殉葬制。

其二，秦晋"令狐之盟"。在公元前 580 年，秦桓公二十四年、晋厉公三年，秦桓公偏离"联楚抗晋"战略，轻率答应晋厉公邀请，便签下"令狐之盟"。秦桓公在晋国与楚国之间的战略摇摆，给秦国埋下麻隧之战失败的隐患。根据《左传·成公十一年》记载：晋厉公即位之初，就谋划秦晋和平谈判，约定两国君主在令狐会见，晋厉公屈尊先至，可是，秦桓公心存疑虑不肯过河，驻跸于河西王城，只是让史颗在河东与晋厉公签订盟约。晋国也让郤犨在河西与秦桓公签订盟约。正如范文子所言，这次盟会从一开始就缺乏诚意，秦桓公不久就背弃了盟约。秦桓公既在北方联合白狄，又在南方联合楚国。可是，秦国背盟的招数被晋国一一破解，而且在诸侯中大造舆论。公元前 580 年，晋厉公派遣郤犨出使鲁国，意在稳住东方诸侯，迫使鲁国不敢背叛晋国而接应秦楚等国。公元前 579 年，晋厉公又麻痹楚国，对楚国施展了"和平"攻势，与楚国签订和平盟约，史称"华元弭兵"。根据《左传·成公十二年》记载：晋楚两国盟于宋西门之外。盟约是："凡晋、楚无相加戎，好恶同之，同恤灾危，备救凶患。若有害楚，则晋伐之；在晋，楚亦如之。交贽往来，道路无壅；谋其不协，而讨不庭。有渝此盟，明神殛之，俾坠其师，无克胙国。"晋国与楚国结盟，打消了楚国与秦国联合的意图，而且，楚共王还将秦国包围晋国的意图告密给晋国。晋厉公与楚国缔结盟约，意在稳住楚国。接着，晋国出兵讨伐本来想要与秦国联合共同抗晋的白狄。根据《左传》记载："狄人间宋之盟以侵晋，而不设备，秋，晋人败狄于交刚。"晋国在交刚（在今山西隰县一带）打击了白狄军事势力，而且，白狄俘虏还向晋国透露了秦国的情报，秦国与白狄联合的图谋也被打破。

当晋国在东部稳住了鲁国，南部拉拢了楚国，北部打败了白狄之后，晋厉公就让吕相发布《绝秦书》，向秦国宣战："我寡君是以有令狐之会。君又不祥，背弃盟誓。白狄及君同州，君之仇雠，而我之昏姻也。君来赐命曰：'吾与女伐狄。'寡君不敢顾昏姻，畏君之威，而受命于吏。君有二心于狄，曰：'晋将伐女。'狄应且憎，是用告我。楚人恶君之二三其德也，亦来告我曰：'秦背令狐之盟，而来求盟于我，昭告昊天上帝、秦三公、楚三王曰：余虽与晋出入，余唯利是视。'不谷恶其无成德，是用宣之，以惩不壹。"可见，秦国在北方联合白狄，南方联合楚国，试图从南部、北部、西部三面合围晋国的计划彻底破产。秦桓公在道义上、军事上的优势丧失殆尽，只能秦国一国孤立应对以晋国为首的诸侯联军的强大攻势。

其三，秦晋"麻隧之战"。公元前578年，秦桓公二十六年，晋国与齐、宋、卫、鲁、郑、曹、邾、滕八国诸侯组成军事联盟，就连周王室的周简王也派大夫刘康公、成肃公率军助战，秦国陷入严重政治、军事危机之中，秦晋"麻隧之战"爆发。根据《左传·成公十三年》记载：秦桓公既然和晋厉公在令狐缔结了盟约，而又暗中召集白狄和楚国，要勾结他们一起进攻晋国，因此，秦国在诸侯中丧失人心，晋国与诸侯团结一致，联合讨伐秦国。晋厉公统帅四军：晋国栾书率领中军，荀庚辅佐；士燮率领上军，郤锜辅佐；韩厥率领下军，荀罃辅佐；赵旃率领新军，郤至辅佐，郤毅驾驭戎车，栾针为车右。孟献子说："晋国将帅乘着人和，军队必建大功。"五月初四日，晋军率领着诸侯军队与秦军大战于麻隧（在今陕西省泾阳县北一带）。秦军惨败，秦将成差和不更女父被俘虏了。诸侯方面，曹宣公死在军中，成肃公死在瑕地。晋国军队就渡过泾水，一直抵达侯丽（在今陕西省咸阳一带）才调头返回，军队在新楚迎接晋厉公。总之，"麻隧之战"使秦国军队遭受重创，国家信誉下降，综合国力衰落，十余年不敢向东方觊觎晋国的国土。

由于秦桓公偏离三代秦君"联楚抗晋"的既定战略，抛弃国家信用，秦国德治责任伦理趋于衰落，丧失华夏诸侯大国责任，此后遭到东方诸侯的鄙视："秦僻在雍州，不与中国诸侯之会盟，夷狄遇之。"（《史记·秦本纪》）晋国的霸权势如破竹，除了公元前578年，秦桓公二十六年，晋国在"麻隧之战"打败了秦国；公元前575年，楚共王十六年，晋国又在"鄢陵之战"打败了楚国，曾经故意给晋国泄露秦国秘密的楚共王也被晋将魏锜射瞎一只眼睛。秦楚友好联盟瓦解之后，晋国一霸独强。

3. 秦景公时期（前576—前537年在位），秦国汲取共、桓二公的教训，积极追求战略均势平衡，恢复"联楚抗晋"策略，反抗晋国霸权，取得了秦晋"栎之战"和"棫林之战"的不俗成就。公元前 573 年至公元前 558 年晋悼公在位十五年间，晋国在中原一带围绕郑国、陈国与楚国的争夺，取得巨大成就，"挟天子以令诸侯"，晋国霸业如日中天，大有将周天子取而代之的威势。针对晋国的疯狂举动，秦景公站出来主动挑战晋国霸权。一是继续奉行"尊王攘夷"政策，尊重周王室，确立秦国政治军事活动的合法性；二是继续执行秦穆公联合楚国战略，双方缔结婚姻之好并出兵相互支援，挑战晋国霸权；三是积极应对晋国的军事挑衅，诱敌深入，不断消耗晋国实力。公元前 558 年，棫林之战结束不久，晋悼公一病暴亡。晋平公时期，六卿主政，君主守成，晋国霸权逐步衰落了。

其一，秦景公继续奉行"尊王攘夷"政策，尊重周王室，进一步确立秦国政治合法性基础。虽然传世史籍缺乏记载，秦公一号大墓石磬铭文"天子燕喜，共桓是嗣。高阳有灵，四方以宓平"① 表明秦景公尊重周天子，秦国新君继承共公、桓公的事业，以获得周天子的恭喜为自豪。秦祖高阳氏为黄帝之后，表明秦人属于华夏正统，不忘先祖之本。所以，秦人希望高阳氏在天之灵，保佑秦国四方安宁和平。可见，在政治合法性上，秦景公尊重周天子；在信仰合法性上，秦景公尊重轩辕黄帝、高阳颛顼等五帝。华夏文明中政治与宗教的根本信仰，秦景公都予以尊重。与此形成对比，此时的晋国霸权对周王室则表现傲慢，从朝聘之数、礼仪乐舞等政权合法性根基上挑战周天子。根据《左传·襄公八年》记载：公元前 565 年，周灵王七年，邢丘（今河南省温县）之会，晋国命令诸侯国大夫必须朝聘晋国，并规定了诸侯国对晋国的"朝聘之数"。鲁、齐、卫、邾的大夫以及郑国君主亲自参会，向晋国奉献贡品。晋国给诸侯国规定朝贡的"朝聘之数"，直接截断了诸侯国给周王室的朝贡资源，削弱了周王室的经济基础，引起周王室对晋国的不满。

其二，秦景公继续执行秦穆公联合楚国战略，双方出兵相互支援，取得"栎之战"胜利，而且还缔结婚姻之好，同心合力抵抗晋国霸权。公元

---

① 王辉、王伟：《秦出土文献编年补订》，三秦出版社，2014，第 17—18 页。

前564年，秦景公十三年，秦景公乞师于楚，主动挑战晋国霸权；当时由于惧怕晋国，楚国的子囊曾经建议楚共王拒绝秦国的请求，可是楚共王与秦景公却达成共识，出兵武城，以做秦国后援。根据《左传·襄公九年》记载：秦景公让士雁向楚共王请求出兵支援，准备讨伐晋国，楚共王答应了。子囊说："不行……"楚共王告诉他："我已答应了，即使不如晋国，必须出兵支援。"秋天，楚共王出兵驻扎在武城，作为秦国军事后援。秦国出兵讨伐晋国，晋国正在闹饥荒，没有报复反击之力。两年之后，楚国准备讨伐晋国，也向秦国请求出兵支援。秦军直接介入楚国与晋国在郑国至宋国一线的争夺战争。秦国与楚国进行战略协同，在这场"栎之战"中，战败了晋国。根据《左传·襄公十一年》记载：公元前562年，秦景公十五年冬天，楚国子囊请求秦国出兵支援，秦国右大夫詹率领军队协同楚共王共同讨伐郑国，在强大的军事压力下，郑简公就迎上前来归服秦楚联军。郑国军队随同秦楚联军转而讨伐宋国。但是，对于郑国归服楚国的行径，晋悼公并不善罢甘休，晋国军队再次出兵，最终征服郑国。所以，秦楚联军再次出兵讨伐晋国，以报复晋国对郑国的征服。在冬季，楚国子囊与秦国庶长无地，进攻宋国，军队驻扎在杨梁，以报复晋国夺取了郑国。接着，秦国另一支军队直接出兵讨伐晋国以解救郑国，这就是著名的"栎之战"。根据《左传·襄公十一年》记载：秦国的庶长鲍、庶长武率领军队讨伐晋国来拯救郑国。庶长鲍的部队率先踏进晋国境内，晋国的士鲂率领部队抵御，他认为秦国部队人数少而轻于防备。十二月五日，庶长武从辅氏渡过黄河和庶长鲍夹击晋国部队。十二月十二日，秦军和晋军在栎地作战，晋军大败，这是因为晋军轻视秦军的缘故。由于秦楚联军在与晋国争夺郑国、宋国的战斗中同心协力，配合默契，终于在战略上扭转了被动局面，取得了部分战略优势。秦楚两国关系日渐亲密。根据《左传·襄公十二年》记载：秦景公将妹妹秦嬴嫁给了楚共王，为了秦嬴夫人回秦国娘家，楚国司马子庚到秦国去聘问。秦景公嫁妹楚共王，两国缔结婚姻之好，被认为合乎礼义。在古代，军事联盟与政治婚姻是国与国交往的常见形式。

其三，秦景公积极应对晋国的军事挑衅，诱敌深入，让敌人陷入两线作战，不断消耗晋国实力。公元前559年，秦景公十八年，晋国率领的诸侯联军一边在向地会盟讨伐楚国，另一边因为"栎之战"而谋划报复秦国。于是，爆发"棫林之战"或者叫"迁延之战"。根据《左传·襄公十三年》记载，夏天，诸侯联军追随晋悼公讨伐秦国，晋悼公待在边境，不想率军深入秦国境内，就让六卿率领诸侯联军进攻。到了泾河岸边，诸侯联军不想渡河，在晋国叔向的劝导下，鲁国、莒国率先渡河，郑国、卫国也跟着渡河，其他诸侯军队相继全部渡河，齐国、宋国表现尤其怠惰。秦国在泾河上游施放了毒药，诸侯军队的士兵被毒死了很多。秦国军队诱敌深入，郑国军队领头继续前进，诸侯军队跟随着前进。诸侯军队与秦国军队一路缠斗到棫林地区，并不能使秦国屈服讲和。

此时，晋国联军内部荀偃与栾黡之间发生了分歧，荀偃主张继续前进，发布命令说："鸡鸣而驾，塞井夷灶，唯余马首是瞻。"就是说，听到鸡鸣就套车，填井平灶，只能按照他的马头方向前进。栾黡主张撤军回国，也宣布说："晋国之命，未是有也！余马首欲东。"就是说，晋国的命令，不是这样！我的马头方向要调向东方回国了。他的军队也跟着回去了。荀偃看到晋国军队分裂，后悔当初的主张，怕被秦国抓到更多俘虏，就再次发布命令，让所有军队全部返回。晋国人称这次战役为"迁延之役"。

晋国栾氏与士氏的结怨。栾针说："这次战役本来是为报复在'栎之战'中打败了晋国的秦国。可是，这场战役的结果却是无功而返，这是晋国的奇耻大辱！我们两人在军车上，怎能不觉得羞耻！"于是，栾针和士鞅便率军冒险，一起冲进秦军拼命，结果栾针战死了，士鞅活着回来。栾黡对士匄说："我兄弟不想去，你儿子要他去。我兄弟死了，你儿子回来，这是你儿子杀了我兄弟。如果你不驱逐他，我就要杀了他。"于是士鞅逃亡到秦国。

"迁延之役"结束之后，公元前558年，晋悼公参加楚丘之会后不久病死。根据《左传·襄公十年》记载，在楚丘，宋平公为晋悼公设宴，请求用《桑林》之舞。荀罃辞谢了。荀偃、士匄则说："有诸侯鲁国、宋国在此观看礼乐，鲁国在宾客祭天时使用《禘乐》，宋国在招待君王时用《桑林》，不也可行么！"舞蹈开始，乐师举着旌夏旗领舞进来，晋悼公因恐惧退入房里，于是，只好去掉旌夏旗。晋悼公楚丘之会后回国，一病不起而死。公元前 557 年，晋平公继位，秦晋两国都想结束战争状态。公元前 549 年，秦景公二十八年，晋平公派遣韩宣子到秦国寻盟，公元前 547 年，秦景公三十年，秦国派遣公子针到晋国结盟。根据《左传·襄公二十六年》记载，秦景公之弟公子针"如晋修成"，晋卿叔向非常重视，特地让子员接待公子针。叔向说："秦晋不和久矣！今日之事，幸而集，晋国赖之；不集，三军暴骨。"表明春秋大国对和平的期待。公元前 546 年，秦景公三十一年，宋国大夫向戌召集诸侯举行弭兵之会，会议决定除齐、秦二国之外，各诸侯国都要同时向晋、楚二国纳贡，霸权的相对均势，带来了国际间五十年的和平局面。

4. 秦哀公（前 536—前 501 年在位）时期，弭兵之会以后，以晋国和楚国为主体，以齐国、秦国为二翼的大国集团之间形成相对均势，没有发生大的战争。由于吴国没有参加弭兵之会，不受盟约的约束，于是，处于南方的吴国与楚国之间便爆发"柏举之战"，楚国军队溃败，郢都被占领，面临亡国危险。此时申包胥哭秦廷，秦哀公承担了拯救楚国的国际责任，派出五百辆战车救楚，赶走吴国入侵者，让楚昭王复国。楚国失败的原因，一是晋国的"以吴制楚"战略起了作用，二是楚国政治腐败导致众叛亲离。而楚国得以复国的原因，一是秦哀公出兵相救；二是吴国内部夫概与阖闾的分裂。

其一，秦哀公时期的秦晋吴楚关系。晋国"以吴制楚"战略开始于晋景公时期。晋国"以吴制楚"让吴国发展壮大，与申公巫臣有直接关系。当初，楚国的申公巫臣因为美妇人夏姬以及土地赏赐问题而结怨于楚国当政重臣子重与子反，申公巫臣逃奔晋国，并出使吴国以反叛楚国。根据《左传·成公二年》记载，楚国讨伐陈国的时候，得到了美妇人夏姬，楚庄王想得到她，被申公巫臣以道德说教劝阻，子反想得到她，被申公巫臣以淫乱不祥劝阻，楚庄王把夏姬赐给了连尹襄老。在"邲之战"，连尹襄老战死了，其子黑要私通夏姬。申公巫臣和夏姬商量，以和晋国交换连尹襄老尸首为借口,乘着出使齐国的机会,将夏姬带到郑国,在得到郑襄公允许之后,申公巫臣就和夏姬结婚,然后逃到了晋国。申公巫臣得到夏姬,引起子反的怨恨。还有一件事是因为土地赏赐问题。根据《左传·成公七年》记载,当时楚国包围宋国取得胜利,军队回国以后,子重请求以申吕的土地作为赏赐。楚庄王答应了。申公巫臣说不行,他告诉楚庄王,申吕土地是国家抵御北方获得兵员军赋的战略要地,如果私人获得此地,晋国和郑国的势力就一定能到达汉水之滨。楚庄王就不给子重赏赐土地了。因此,子重怨恨申公巫臣。楚庄王去世,楚共王即位之后,子重和子反杀死了申公巫臣的族人子阎、子荡,还杀死了清尹弗忌、连尹襄老之子黑要,同时瓜分他们的家产。子阎的家产被子重瓜分,子荡的家产被沈尹和子罢瓜分;连尹襄老之子黑要和清尹弗忌的家产被子反瓜分。申公巫臣在晋国写信告诉子反、子重二人说:"你们邪恶贪婪、滥杀无辜,我一定要让你们疲于奔命而死!"申公巫臣请求出使吴国,得到晋景公批准。巫臣到了吴国也得到吴王寿梦的喜爱。正如《徐偃王传》记载:"初,楚子重构怨于申公巫臣,巫臣奔晋,子重尽杀其族。巫臣自晋遗之书曰:'余必使尔罢于奔命以死。'故通吴于晋,教之叛楚,以伐楚与国。"申公巫臣做了晋国和吴国的友好使者,带给吴国三十辆兵车作为教练车,并把十五辆无偿赠送。还送给吴国弓箭射手和兵车御者,培训吴国人使用兵车,教授吴国人布置战阵,让他们反叛楚国。申公巫臣还把儿子狐庸留在吴国做了外交官。吴国从此就开始讨伐楚国、巢国、徐国,楚国的子重奉命四处奔驰。在马陵之会,吴国军队进入州来,子重奉命从郑国赶去救援。一年之中,子重、子反曾经七次奉命奔驰以抵御吴国军队。吴国占领了属于楚国的所有蛮夷之族,因此,吴国发展壮大和中原诸侯国有了外交往来。《清华大学藏战国竹简·系年·第十五章》也印证了申公巫臣教吴人叛楚的历史事实:"王命申公聘于齐,申公窃载少鲞(即夏姬)以行,自齐遂逃适晋,自晋适吴,焉始通吴、晋之路,教吴人叛楚。"①

---

① 清华大学出土文献研究与保护中心编,李学勤主编:《清华大学藏战国竹简》(贰),中西书局,2011,第170页。

其二，楚国的亡国之祸。楚国在楚平王时期，政治腐败，奸佞当道，伍子胥奔吴，给楚国埋下灭亡祸根。《韩非子·有度》曾说："荆庄王并国二十六，开地三千里。"可是，楚庄王去世之后，楚共王继位，楚国实力衰落。此时晋悼公会盟诸侯，晋国霸权中兴。楚灵王时期，喜好宫女细腰，迷信祭祀鬼神。楚平王时期，楚国奸佞当道，政治更加腐败。根据《史记·秦本纪》记载：秦哀公八年，即公元前529年，楚国公子弃疾弑杀了他的父王楚灵王，自立为王，这就是楚平王。秦哀公十一年，即公元前526年，楚国派人到秦国准备给太子建聘娶秦女伯嬴为妻子，回到楚国，楚平王看到伯嬴天生丽质，就夺子之妻而据为己有，让秦女伯嬴做了自己妻子，以后生下太子珍。当时，太子建和他的师傅伍奢正在城父（在今河南省襄城西一带）守城。这件违背伦理之事，楚平王怕太子建和他的师傅伍奢反对，就听信费无忌谗言让人把伍奢召来，诬陷说太子建正在策划谋反。伍奢不承认此事，便被拘禁在监狱。楚平王一边派人刺杀太子建，一边逼迫伍奢写信给他两个儿子伍尚和伍子胥，让二人回到郢都，以便一起斩杀。长子伍尚回到郢都就和父亲伍奢一起被杀害了。太子建事先闻知风声，带着公子胜逃奔郑国。伍子胥也闻风从楚国逃跑到郑国，并与太子建会合。报仇心切的太子建竟然勾结郑国大臣篡夺郑国君权，被郑定公杀死。伍子胥与公子胜从郑国逃奔吴国。

公元前516年，即楚平王十三年，违背伦理、不讲道义的楚平王去世。将军子常说："太子珍年少，更何况他的母亲伯嬴就是以前太子建所应娶的。"就想另立令尹子西，子西是楚平王庶弟，守规矩、讲道义。子西说："国家有常法，变更立君会导致祸乱，再说此话必致诛杀。"仍立太子珍，就是楚昭王。

逃奔吴国的伍子胥得到了吴王阖闾的重用。根据《史记·吴太伯世家》记载，吴王阖闾元年，推举伍子胥为外交官，并和他谋划国事。这一年楚国杀死了伯州犁，他的孙子伯嚭逃奔吴国，被封为大夫。吴王阖闾三年，吴王与伍子胥、伯嚭出兵伐楚，拔掉了舒邑，杀死了吴国叛逃此地的将领烛庸、盖馀二公子。吴王打算攻入郢都，孙武将军说："民众劳累，不可

以，等着吧。"此后，吴国夺取了楚国六、灊、居、巢等地。公元前 506
年，即吴王阖间九年，吴王请教伍子胥、孙武能否进攻郢都，二人告诉他：
"楚国将领子常贪婪，唐国、蔡国都怨恨他，君王若想大举讨伐，必须得到
唐国、蔡国合力方可。"吴王阖间按照二人建议，联合了唐国和蔡国，一起
向西讨伐楚国，一直打到汉水，楚国也出兵阻拒吴国，两国军队在汉水两
岸夹江布阵，吴王阖间之弟夫概以五千人冒险袭击楚兵，楚兵大败而逃。
吴王阖间发动军队一路全力追杀，一直打到郢都，楚军五战五败。这就是
吴楚柏举之战。楚昭王从郢都逃跑，投奔郧地，然后又同郧公之弟逃奔随
国。此时，吴国军队进入郢都，伍子胥、伯嚭挖掘楚平王之墓鞭打尸体以
报杀父之仇。

其三，秦哀公五百战车救楚国。秦哀公时期，秦国仍然奉行"联楚抗
晋"策略，一是秦楚继续政治联姻。如伯嬴嫁楚，她本来嫁给太子建为妻，
楚平王爱慕伯嬴天生丽质，据为己有，生下楚昭王。二是秦楚军事上继续
相互支援。近年出土青铜钟，上有铭文："秦王卑（毕）命，竞坪（平）王
之定，救秦戎。"可以意译为：受秦王卑（"卑"通"毕"，秦哀公名毕）求
师之命，强大的楚平王率援军至定（地名）营救秦军。[1] 秦楚二国相互派兵
相助，在秦康公时期，秦国曾经"助楚灭庸"，秦哀公前期，"救秦戎"钟
铭文又载楚国出兵救助秦国军队。秦哀公十五年之后，"晋公室卑而六卿
强，欲内相攻，是以久秦晋不相攻。"减轻了晋国对秦国、楚国的军事压
力。可是，由晋景公培植用来对付楚国的另一个劲敌吴国却成为楚国心腹
之患。吴楚柏举之战，楚国郢都被吴军占领，楚昭王逃亡随国，吴国追杀
不休，楚国有随时灭亡的危险。此时，楚国大夫申包胥大哭秦廷，要求秦
国出兵相助。他对秦哀公说："吴国的道行，就像野兽毒蛇，吞食天下，从
大国楚国开始了，我们君王丧失了社稷，逃亡在荒野草莽之地，让我前来
告急说，吴国是夷狄，夷狄的贪欲是无穷的，消灭了楚国，他从西边就和
秦国接壤了，如果与秦国做邻居，必然导致疆场之患！正待吴国还没有稳

---

① 黄锡全、刘森淼：《"救秦戎"钟铭文新解》，《江汉考古》1992 年第 1 期，第 77
页。

定，请君主谋划吧。如果得到君主您的灵明，拯救保存安抚了楚国，世世代代侍奉君主！"秦哀公告辞了申包胥说："我已经听到请求了，请先在宾馆安歇，我谋划好了就告诉你。"申包胥回答说："我们君主还在荒野草莽之中，没有得到休息，下臣我怎么敢安歇？"于是依靠着庭室的墙壁站立而哭，日夜哭声不断，汤水不入于口，整整七天七夜。秦哀公为申包胥赋《无衣》之诗："岂曰无衣？与子同袍。王于兴师，修我戈矛，与子同仇！岂曰无衣？与子同泽。王于兴师，修我矛戟，与子偕作！岂曰无衣？与子同裳。王于兴师，修我甲兵，与子偕行！"他告诉申包胥，军队今天就出发。申包胥九叩首后才肯坐起来。秦哀公说："楚国有这样的大臣都要亡国了，我没有像这样的大臣，看来我离亡国的日子不多了！"于是出兵拯救楚国。申包胥引导秦国军队到达楚国，秦国大夫子满、子虎率领着五百辆军车讨伐吴军。子满说："我不知道吴军出没的道路。"就让楚国军队先与吴国战斗，然后两军会师，大败吴军于沂（楚邑，在今河南省正阳一带）。此时，吴国发生了吴王阖闾与夫概的内部权力斗争，吴国上下人心涣散，就撤出了楚国。秦哀公拯救楚国取得全面胜利。公元前 501 年，秦哀公三十六年，哀公去世。太子秦夷公早死不得立，而立秦夷公之子秦惠公。秦惠公在位十年去世，儿子秦悼公继位。秦悼公在位十四年去世，其子秦厉共公继位。

秦惠公、秦悼公在位时期，东方晋、齐两个大国家发生内乱，晋国六卿之间发生内斗，齐国田氏与国氏、高氏争夺齐国控制权也发生内斗。秦惠公在位时期，公元前 496 年，晋国赵简子处死了由于延误邯郸五百户迁往晋阳事件的主事人赵午，赵午之子赵稷联合范氏家主范吉射与中行氏家主中行寅发动叛乱。晋定公派遣智文子（智跞）、魏襄子（魏侈）、韩简子（韩不信）协同赵简子一起平叛，范氏、中行氏逃到齐国。此后，赵简子剿清了范氏、中行氏势力。秦悼公在位时期，公元前 489 年，齐国发生了田氏与齐公室之间的内部争斗。齐景公去世了，国、高二氏立公子荼，即孺子为君，田乞驱逐国、高二氏，杀了国君孺子，另立公子阳生，即齐悼公，自立为相。从此田氏掌握齐国政权。公元前 485 年，吴国军队打败齐国军队。齐国人杀了齐悼公，立悼公的儿子齐简公为君。公元前479年，齐国田乞之子田常杀了齐简公，立简公之弟平公为君，田常又当了国相。

第三节　秦国德治责任伦理的终结：
“诸侯卑秦，丑莫大焉”

从秦厉共公到秦献公一共七代君主一百二十五年，这是春秋时期与战国时期的社会转型期。自从秦灵公建立吴阳上畤祭祀黄帝、下畤祭祀炎帝，进一步完善了“五帝”责任受体，基本完成了秦国五帝志业宗教体系；随着“三家分晋”历史变故，秦国内部“再封建化”矛盾加剧，德治责任伦理逐渐衰落了。秦孝公曾说“会往者厉、躁、简公、出子之不宁，国家内忧，未遑外事”；“三晋攻夺我先君河西地，诸侯卑秦，丑莫大焉”。所以，随着德治责任伦理的逐渐衰落，秦国不断强化法治责任规范，“献公即位，镇抚边境，徙治栎阳，且欲东伐复穆公之故地，修穆公之政令”。秦灵公、秦简公、秦献公开始尝试变法，将政治、军事重心向东方的泾阳、栎阳推进，实行“初租禾”“止从死”“为户籍相伍”等政策。在这125年社会转型期，秦国德治责任伦理衰落，秦国法治责任伦理逐渐萌生。

一、秦国德治责任伦理中“方国”责任受体的尾声

秦国与南方的越国、楚国发展战略互信关系，讨伐中西部戎狄，“以夏变夷”，提高了在华夏诸侯中的威望。在弭兵之会以后，晋国六卿内斗，三家分晋；齐国田氏主政，田氏代齐；楚国遭受吴国重创，一蹶不振；秦哀公拯救楚国，楚国支持越国抗衡吴国，公元前473年，越王勾践灭掉了吴国，越国发展壮大之后，开始“挟天子以令诸侯”称霸于中原。不过，越王勾践的兴起，已经是春秋“五霸”的尾声了。秦厉共公（前476—前443年，在位34年）讨伐戎狄，结盟诸侯。尤其是秦国与越国、楚国之间发展战略互信关系，标志着秦国德治责任伦理中的“方国”责任受体进入尾声。根据《吴越春秋·勾践伐吴外传》记载：公元前473年，即勾践二十四年，

"勾践已灭吴，乃以兵北渡江淮，与齐、晋诸侯会于徐州，致贡于周"。公元前472年，即勾践二十五年，"勾践乃使使号令齐、楚、秦、晋皆辅周室，血盟而去。""厉共公不如越王之命，勾践乃选吴越将士西渡河以攻秦。军士苦之，会秦怖惧，逆自引咎，越乃还军。军人悦乐，遂作《河梁之诗》曰：'渡河梁兮渡河梁，举兵所伐攻秦王。孟冬十月多雪霜，隆寒道路诚难当。阵兵未济秦师降，诸侯怖惧皆恐惶。声传海内威远邦，称霸穆桓齐楚庄，天下安宁寿考长。悲去归兮何无梁。'自越灭吴，中国皆畏之。"看来，适应南方温暖气候的越人，不能适应北方孟冬十月霜雪严寒的环境，加之秦厉共公及时认错道歉，越国与秦国的矛盾以富有诗意的方式得以顺利解决。

秦国结好楚国，通过楚国结好了越国，得到了一部分国家和地方的认可，纷纷赠送财物"赂秦"。公元前475年，秦厉共公二年，蜀人来赂。公元前472年，秦厉共公五年，楚人来赂。公元前471年，义渠前来赂秦，绵诸也前来求援。公元前470年，楚国王子英投奔秦国。公元前467年，秦厉共公十年，"庶长将兵拔魏城（今山西省芮城北）"。公元前463年，秦厉共公十四年，晋国、楚国人前来赂秦。公元前453年，即秦厉共公二十四年，晋国的韩、赵、魏三家杀死了智伯，共同瓜分了智氏家的土地。这是春秋战国大变局的标志，这也为秦国与三晋争夺"河西之地"埋下了伏笔。公元前452年，秦厉共公二十五年，晋国智伯之族的智开与邑人来奔秦国。公元前449年，越国派使者迎娶秦厉共公的女儿。公元前445年，楚国与秦国缔结盟约。秦国与南方的楚国、越国良好关系的建立，在一定程度上提高了秦国在华夏诸侯中的威望，也为秦国征服中西部戎狄"以夏变夷"，承担华夏责任，提供了一次重要战略机遇。

有了楚国、越国相对稳定的外部环境，秦国便开始讨伐中西部戎狄。根据《后汉书·西羌传》记载："是时义渠、大荔最强，筑城数十，皆自称王。"公元前461年，秦厉共公十六年，秦国派遣二万人的军队讨伐大荔戎（今陕西省大荔县），夺取了大荔王城。杨宽在《战国史料编年辑证》中指出："时大荔称王，筑有城邑，故有王城，在今陕西大荔县城之东。《括地志》云：'同州冯翊县及朝邑县本汉临晋县地，古大荔戎国。'今朝邑县东三十步故王城，即大荔王城。"①公元前 457 年，秦厉共公二十年，秦厉共公亲自率领军队讨伐绵诸戎（在今甘肃天水市一带）（《史记·六国年表》）。为了稳固秦国后方，公元前 456 年，秦厉共公二十一年，在频阳（在今陕西省富平县东北一带）设县。公元前 451 年，秦厉共公二十六年，派遣左庶长在南郑（在今陕西省汉中市南郑区一带）建城。当军事准备完成之后，公元前 444 年，秦厉共公派遣军队征伐义渠戎国，俘虏了义渠国王，只是没有灭掉义渠国。《后汉书·西羌传》说："自是中国无戎寇，唯余义渠种焉。"直到公元前 272 年，即秦昭襄王三十五年，宣太后诱杀义渠王于甘泉宫，发兵消灭义渠国，设立北地郡。秦厉共公有子二人，秦躁公和秦怀公，长子秦躁公继位。接着，少子秦怀公继位，被庶长鼌与大臣发兵围攻而自杀。

二、秦国德治责任伦理中"五帝"责任受体的完成

秦怀公死后，由他的孙子秦灵公（前 424—前 415 年，在位 10 年）继位。公元前 422 年，秦灵公二年，建立吴阳上畤祭祀黄帝，建立吴阳下畤祭祀炎帝；秦灵公之子秦献公（前 384—前 362 年，在位 23 年）在栎阳建立畦畤祭祀白帝，秦灵公、秦献公父子以炎帝、黄帝、白帝为秦国德治责任伦理的责任受体，作为秦国政权合法性信仰来源。既然秦国君主以上帝的"天命"为政权合法性信仰来源，因此，在秦国君主德治责任伦理中的责任受体首先是"五帝"即白、青、黄、赤、黑五位上帝为责任受体。从秦襄公、秦文公父子设立西畤、鄜畤，秦宣公设立密畤，一直到秦灵公、秦献公父子设立吴阳上畤、下畤、畦畤，形成了独特的秦国五帝志业宗教信仰体系。从时间跨度上说，秦国从公元前 770 年秦襄公祠白帝，经过公元前 422 年秦灵公"作上、下畤"（《史记·六国年表》），公元前 368 年秦献公作畦畤一共 402 年，跨越整个春秋时期，始终不忘祭祀"五帝"，以"五

帝"为责任受体，向"五帝"承担责任，以"五帝"作为政权合法性来源，而敬畏有加。从空间跨度来说，在西垂建立西畤，雍城建立鄜畤，渭南建立密畤，吴阳建立上、下畤，到栎阳建立畦畤，跨越陇山、渭水，从西到东直线距离达到近 400 公里。从文化跨度来说，秦灵公、秦献公父子建立吴阳上下畤和栎阳畦畤，进一步完善了五帝志业宗教信仰体系。秦国祭祀的"五帝"，属于以黄帝为核心的炎黄文化谱系。从嬴秦人在东方的始祖神白帝、青帝、颛顼开始，一直到更大范围的整个华夏文化始祖神炎帝、黄帝，融合了东西南北的华夏文化，承担"五帝"祭祀责任，以"五帝"为责任受体，并以此为秦国志业理想，不断从古国、方国，走向王国、帝国之路。

三、秦国德治责任伦理中"社稷"责任受体的危机

秦国的国势从秦厉共公去世、秦躁公继位之后，就余威渐消，遭遇戎狄与邻国反扑。公元前 441 年，秦厉共公三十四年，发生日食，秦厉共公去世，其子秦躁公继位。公元前 439 年，秦躁公二年，南郑反叛秦国。公元前 430 年，秦躁公十三年，义渠为报复而讨伐秦国，到达渭阳，逼近雍都。公元前 427 年，秦躁公十四年，在战争失败阴影的笼罩下秦躁公去世，大臣们立了秦躁公之弟秦怀公继位。秦怀公（前 429—前 425 年，在位五年）是庶长从晋国迎接回秦国的，所以，国家统治权被大臣们把持着，秦怀公在位仅五年，就被庶长鼌与大臣发兵围攻，秦怀公被逼迫自杀身亡。秦怀公之死，导致秦国统治集团再生产遇到了严重危机。由于秦怀公的太子秦昭子也死了，大臣们就立了秦昭子之子继位，这就是秦灵公。

接着，秦国丧失了河西之地，秦出子被大臣杀死。当初，公元前 422 年，秦灵公三年，"作上、下畤"（《史记·六国年表》），以吴阳上畤祭祀黄帝，吴阳下畤祭祀炎帝，希望在信仰世界重建嬴秦的志业，向天下诸侯宣布嬴秦人作为炎黄子孙、华夏根脉，应该承担历史责任。可是，三晋的剑戟已经指向秦国河西之地了。公元前 419 年，即秦灵公六年，魏军一举攻克了秦国少梁城（在今陕西省韩城市一带），秦国进行反击。公元前 415 年，秦灵公十年，派兵修补了繁庞（在今陕西省韩城市东南一带），并在籍姑

（在今陕西省韩城市北一带）筑城。此年，秦灵公壮志未酬就去世了。秦灵公之子秦献公不得立，大臣们从国外迎回了秦怀公少子，秦昭子之弟，秦灵公的叔父继位，这就是秦悼子即秦简公，秦献公流亡魏国。秦国的国势，在秦灵公去世、秦简公即位之后，遭遇到三晋军事力量的疯狂进攻，秦国丢失了河西大片土地。公元前413年，秦简公二年，秦国军队被魏国将军吴起打败，魏国夺取郑下（在今陕西省华县一带），打开了进入渭河平原的通道，令秦人恐惧。公元前412年，秦简公三年，秦国河西城防重镇繁庞被魏国公子击率领的军队攻取。公元前409年，秦简公六年，秦国在河西数座城邑被吴起率领的军队一一攻取：其中有临晋（在今陕西省大荔县东南一带）、元里（在今陕西省大荔县北一带）；洛阴（在今陕西省大荔县西南一带）、合阳（在今陕西省合阳县一带）。魏国在占领的秦国土地上设立西河郡，任命吴起为郡守，"守西河而秦兵不敢东向，韩、赵宾从"（《史记·孙子吴起列传》）。面对严峻的军事形势，秦简公发布命令，"令吏初带剑"即开始让官吏随身带剑随时防备敌人袭击；公元前408年，即秦简公七年，秦国被迫退到洛水以西，在洛河岸边以修筑墙垣与开挖壕堑相结合的方法修筑长城。此长城南起华山之下的华阴，向东北过渭河，沿着洛河右岸北上，经过今大荔、蒲城、白水到达黄龙山南麓，这就是"堑洛"，同时"城重泉"即在重泉（在今陕西省蒲城一带）建城邑。这段秦国长城，史称"堑洛长城"。（五十六年之后，公元前352年，秦孝公十年，魏国则修筑了"滨洛长城"）。秦简公为了应对强敌，"初租禾"，即开始改革税制，按照地亩征收租税，以充实军赋资源。公元前400年，秦简公十六年，在不断退缩防御中秦简公去世了，秦简公之子秦惠公被立为君主。公元前395年，秦惠公五年，"伐緜诸"（《史记·六国年表》），公元前393年，秦惠公七年，秦国又被魏国打败于注（在今河南省临汝一带），公元前391年，秦惠公九年，秦国与楚国联合讨伐韩国宜阳，夺取六个城邑；公元前390年，秦国出兵被魏国占领的武城（在今陕西省华县东一带）和陕（在今河南三门峡市一带），秦国遭到魏国反击而败北。公元前389年，秦惠公十一年，秦国出动50万秦兵进攻阴晋（在今陕西省华阴一带），根据《吴子·励士》记载：

魏国士兵"不待吏令，介胄而奋击之者，以万数"。吴起专门挑选了"无功者五万人"给予他们立功机会，然后"兼车五百乘，骑三千匹，而破秦五十万众"。晋阴之战，魏国以少胜多，"其令不烦，而威震天下"。而秦国倾全国之力，五十万大军被击溃，"取笑于诸侯，失权于天下矣"。公元前 387年，秦惠公十三年，南方蜀国也来攻击秦国，夺取了南郑，"蜀取我南郑"（《史记·六国年表》）；魏国又出兵攻击秦国，夺取了武下（在今陕西省华县一带），秦国将领识被俘虏。在一片失败声中秦惠公去世。公元前 386年，秦惠公之子，年仅两岁的秦出子被立为君主。秦出子二年，秦庶长改迎接秦灵公之子秦献公于河西而立他为君主。杀死了秦出子及其母亲，沉入深渊之旁。《史记·秦本纪》说："秦以往者数易君，君臣乖乱，故晋复强，夺秦河西地。"秦孝公在《求贤令》中也说："会往者厉、躁、简公、出子之不宁，国家内忧，未遑外事，三晋攻夺我先君河西地，诸侯卑秦，丑莫大焉。"可见，秦国内忧外患，秦国德治责任伦理衰落，秦国社稷面临极大危机，谁来拯救秦国社稷的危难呢？

四、秦国"方国"后期变革与秦国法治责任伦理萌生

秦国丧失河西之地，三晋军事力量直逼渭河平原，成为秦国心腹之患。所以，秦国绝处逢生的关键，已经不仅仅是领土的得失与士卒的多少，而是深层次的国家制度变革。秦简公、秦献公都曾经游历三晋，受到东方国家思想的影响，回国主政之后积极探索秦国制度变革。秦简公实施了两项制度变革：一是军事制度变革，即"令吏初带剑"和"百姓初带剑"；二是经济制度变革，即"初租禾"。秦献公也实施了两项制度变革：一是丧葬制度改革"止从死"。二是组织制度变革："为户籍相伍""初县蒲、蓝田、善明氏""城栎阳"。这些国家制度变革，为秦国法治责任伦理的建立奠定了初步的基础。

1. 秦简公的两项制度变革。秦简公"从晋来，享国十五年"。秦简公时期，秦国已经丢失河西之地，他痛定思痛，实施了两项制度变革：一是公元前 409 年，秦简公"六年，令吏初带剑"，"其七年，百姓初带剑"

（《史记·秦本纪》）。这是秦国的一项军事制度改革，武装全体官吏与平民百姓，承担保卫国家社稷的安全责任，这是古代人民战争思想的表现。二是公元前408年，即秦简公“七年，初租禾”（《史记·六国年表》）。这是秦国的一项经济制度改革，实行按亩收租，将劳役地租转变为实物地租，这是经济关系的一次重大变革。林剑鸣先生《秦史稿》认为：“公元前408年（秦简公七年）的‘初租禾’（《史记·六国年表》）。‘租’，就是土地税，‘禾’，就是粮食。‘初租禾’，就是头一次按土地亩数征收租税。”[1] 高士荣先生也认为“初租禾”的实质，是对于秦国君主直接控制的“公田”以外的“私田”实行“履亩而税”的政策，就是按照各户实际占有的土地面积征收实物地租。[2] 土地所有者具有一定的经营自主权利，同时承担为国家缴纳租税的责任。就在秦国实行“初租禾”之后，三晋的军事、经济制度改革也加紧进行。公元前406年，魏文侯之臣、政治家李悝提出“尽地力之教”，实行“平籴之法”，著成《法经》六篇。这是秦国与魏国两个敌对国家之间进行的一场制度变革的较量。

2. 秦献公的两项制度改革：秦献公也是从三晋回到秦国的，他的归国之途充满了风险而且富有戏剧性。根据《吕氏春秋·当赏》记载：秦出子的母亲任用宦者，群贤人不高兴都隐匿了，老百姓郁闷怨恨非议君主。公子连流亡在魏国，听到以后想回国，在许多官吏与民众帮助下公子连来到了郑地的要塞，守塞官吏右主然不让他进入，说：“臣下有义务，一臣不侍两主。公子还是尽量离开吧！”公子连离开郑地了，又进入翟国，通过焉氏塞，守塞官吏菌改让他进入。秦出子之母听到了大为惊骇，命令军吏派兵，奉命说：“敌寇进入边境。”军吏与士卒开始出发时都说：“前往截击敌寇”，走到中途则改变说：“不是截击敌寇，而是迎接君主。”公子连随同士卒们都回来了，到达雍都，包围了秦出子之母，秦出子之母自杀。公子连立为君主，就是秦献公。

---

[1] 林剑鸣：《秦史稿》，中国人民大学出版社，2009，第130页。

[2] 高士荣：《秦国农业改革探析》，《西安财经学院学报》2012年第5期，第125页。

　　秦献公的两项制度改革的内容，第一项是改革君主和贵族的丧葬制度，即"止从死"。公元前384年，秦献公元年"止从死"，即废除秦国君主和贵族死后的从死陪葬制度。从秦武公"初以人从死"，到秦献公"止从死"的294年之间，史料有记载的主要有：公元前678年，即秦武公二十年，秦武公去世，"初以人从死"，从死者六十六人。公元前621年，秦穆公"三十九年，穆公卒，葬雍，从死者百七十七人。秦之良臣子舆氏三人名曰奄息、仲行、针虎亦在从死之中。秦人哀之，为作歌《黄鸟》之诗"。公元前541年，秦景公三十六年，秦景公之弟后子针"惧选"，即害怕被选去从死，逃到晋国，他给晋国赵孟说："针惧选于寡君，是以在此，将待嗣君。"公元前537年，即秦景公三十九年，秦景公去世，根据《左传·昭公五年》记载："秦后子复归于秦，景公卒故也。"就是说，秦景公死了，后子针才回到秦国。事实证明，秦景公死后，用了大量活人殉葬。根据出土发掘的"秦公一号大墓"（在今陕西省凤翔县南指挥乡）即秦景公墓中，发现有186具殉葬者，一是用箱殉的从死者一共72具；二是用匣殉的从死者一共94具；三是无葬具的20具人牲。可见，秦国从死人数规模之大！2015年出版的《北京大学藏西汉竹书·周驯》披露了传世文献从未见到的关于秦国从死制度的材料，以及秦献公"止从死"的情况。根据《周驯》记载：从前秦献公有病，召唤他的继承人仲敬子来到身边，告诉他："秦国的老规矩，遇到君主的大丧，必须让众多余子们从死。今天寡人将要久眠黄泉之下，我想不让他们从死，你看这事能不能行？"仲敬子说："秦国的老规矩，怎么可以轻易改变？"秦献公说："作为人们的君主，如果他的臣下犯了罪，岂可全都不予赦免？有罪犹可赦免，更何况是无罪的人？没有罪的人却要强迫杀死他，我不忍心。他的生命尚未穷尽，却想要他马上终结，岂可以说有德性？既然已经离开了他的人民，还留下一个不惠的名声，怎么让老百姓长久地怀念？请你敬听我话，不要违逆"……秦献公……进入卧室，对夫人说："你有六个孩子，你宁愿为一个人的利益而牺牲其他五个人？还是宁愿为五个人的利益而牺牲其中一个人？"夫人回答说："宁愿为五个人的利益。"结果就是牺牲了一个人的利益，没有伤害众人。① 从这一资料可以看出以下四点：一是秦国历史上确实存在一套老规矩、老制度，就是"適有大丧，必从群孽"的从死制度。二是秦献公主张废除这没有德性的从死制度。不仅贵族死后要"止从死"，而且君主死后也要"止从死"。理由是"无罪而强杀之，吾弗忍也。其命尚未穷，而欲其亟终，岂可谓德？"体现了秦献公的人道精神。三是秦献公就这一"止从死"的重要制度变革征求太子仲敬子的意见，仲敬子从自身利益考虑，不听秦献公之命，反对"止从死"制度。四是秦献公征求夫人意见，对"止从死"的利害作了权衡，选择了不能伤害众人利益的原则。最后，仲敬子的太子身份被秦献公废黜，继承权也被剥夺了。在国家面临灭亡危机的环境中，从死制度是一种"恶"的工具理性的无奈选择，在一定程度上震慑或消除了潜在的篡弑者，增强了君主权威，避免使国家陷于周期性政变动荡的流血牺牲。但是，从死制度从根本上违背了"善"的人道价值理性，违背了政治伦理中的德治责任伦理精神。秦献公"止从死"是人道价值和德性精神的重新发现，是人性的回归！晋国的魏犨曾把一位将要"从死"的女子解救出来，这位女子的父亲"结草"以报，活捉了秦国大力士杜回，激励了士气，为晋国赢得"辅氏之役"的胜利。秦献公"止从死"肯定也赢得了秦国百姓的人心。

第二项是建构秦国新型组织和制度，即"为户籍相伍""初县蒲、蓝田、善明氏""城栎阳"。公元前 383 年，秦献公"二年，城栎阳（在今陕西省西安市阎良区武屯镇一带）"。在栎阳建城，将秦国政治军事中心向东方推进一百七十公里，其目的在于征伐东方，收复河西之地，恢复秦穆公的霸业。正如秦孝公《求贤令》所言："献公即位，镇抚边境，徙治栎阳，且欲东伐，复穆公之故地，修穆公之政令。"对于实现秦献公的目的来说，栎阳的地理位置非常合适，北面控制戎狄，东面直通三晋，商业发达。根据《史记·货殖列传》记载："献、孝公徙栎邑，栎邑北却戎翟，东通三晋，亦多大贾。"秦献公在栎阳建城，在新的地域进行组织制度改革：秦献

---

① 北京大学出土文献研究所：《北京大学藏西汉竹书·周驯》（叁上），上海古籍出版社，2015，第 137—138 页。

公六年"初县蒲、蓝田、善明氏"。这是在栎阳周边的政治军事组织布局，此前，秦国已设置了陕（在今河南省三门峡市一带）、郑（在今陕西省华县一带）、杜（在今陕西省西安市长安区一带）、频阳（在今陕西省富平县一带）四县，形成了以栎阳为核心的政治、军事防御网。秦献公"七年，初行为市"发展秦国与国外的商业贸易。秦献公"十年，为户籍相伍"，这是对设县的地方进行户籍管理。根据《周礼·地官司徒》记载："五家为比，十家为联。五人为伍，十人为联。四闾为族，八闾为联。使之相保相受，刑罚庆赏，相及相共；以受邦职，以役国事，以相葬埋。"秦国建立户籍制度，设置基层组织"伍制"，融合军事、治安、赋役为一体，体现了兵、政、经合一的政治理念。当完成上述组织建设之后，秦献公十一年，又在栎阳城设县，即"县栎阳"，将栎阳的政治军事中心的首都功能与栎阳的地域行政管理功能两者加以明确区分。

秦简公、秦献公二位君主"初租禾""为户籍相伍"与"令吏带剑""止从死"的一系列制度改革，表明秦国对国家税收与官吏队伍的管理逐步从"低端战略"向"高端战略"转变的迹象。当然这一转变的完成则在商鞅变法之后。公元前374年，秦献公十一年，秦献公会见周太史儋，谋划国家发展战略。公元前368年，秦献公十七年，又在栎阳建立畦畤，祭祀白帝。秦国以栎阳作都城35年，可以看作秦国新型国家体制的试验区，也是秦国法治责任伦理的萌芽时期。

五、一个新时代开启：秦国德治责任伦理转变为秦国法治责任伦理

东方诸侯撕掉了周朝宗法血缘关系的面纱，抛弃了周朝礼乐仪式的繁文缛节，甚至将周朝圣人倡导的道德仁义视为幼稚的儿戏！秦国德治责任伦理随之彻底衰落了。此时暴力元规则开始起支配作用，昔日的公卿大夫们露出了争夺权力、争夺土地、争夺王权的青面獠牙！

曾经在公元前481年，秦悼公十一年，齐国的田恒（田成子）杀死了齐简公；公元前391年，秦惠公九年，齐国田成子的四世孙田和自立为君

主，废黜了齐康公，迁之于海上，公元前379年，齐康公卒。姜太公之国灭亡了，齐国成了田氏天下！公元前453年，秦厉共公二十四年，晋国的韩、赵、魏三家杀死了智伯，共同瓜分了智伯家的土地。公元前403年，秦简公十二年，周威烈王初命魏斯、赵籍、韩虔三大夫为诸侯。公元前376年，秦献公九年，韩、赵、魏三家联合消灭晋公室，瓜分其土地，晋靖公被废为庶人，史称“三家分晋”。韩、赵、魏三家彼此也相互攻击，公元前370年，秦献公十五年，魏国诸子争立，韩懿侯、赵成侯趁机讨伐魏国，战于浊泽，大破之。根据《史记·魏世家》记载：大破魏国之后，赵成侯主张杀死魏䓖，立公中缓，两国割地而退；韩懿侯则向赵成侯建议，趁着魏国内乱，将魏国一分为二，终极解除魏国之患。可是，赵成侯不听建言，韩懿侯心中不悦，韩、赵二国的谋略不合，就连夜退兵了。魏国子䓖“遂杀公中缓而立，是为惠王”。由于韩、赵二国谋略不合，魏惠王身不死、国不分，躲过了一场国家分裂灾难。（看当今世界，大国采取的策略就是将敌国一分为二：东西德，南北越，南北韩；当年罗斯福与斯大林也主张让中国分江而治，毛泽东不听，打过长江去！）公元前367年，秦献公十八年，赵、韩二国攻击周王室，将周王室一分为二，即西周国与东周国；看到韩国、魏国威胁周天子，次年，秦献公出兵“勤王”，败韩、魏于洛阳。（《史记·六国年表》）得到周天子赞赏，为秦国获得了战略“软权力”。由于韩、赵与魏国的浊泽之战虽然没有将魏国一分为二，却使魏国的国势由盛转衰，这就给秦国发展提供了历史机遇。

公元前364年，秦献公二十一年，根据《史记·秦本纪》记载：“二十一年，与晋战于石门（在今山西省运城一带），斩首六万，天子贺以黼黻。”又据《史记·六国年表》记载：“章蟜与晋战石门，天子贺，斩首六万。”根据《史记·周本纪》记载：“显王五年，贺秦献公，献公称伯。”秦献公派遣章蟜与魏国战斗，“斩首六万”，这是一次巨大的胜利。周天子向秦献公祝贺这次胜利，奖赏了黼黻，并授予“伯”（霸）即诸侯之长的称号。秦国的战略态势转向更为主动，公元前362年，秦献公二十三年，秦国大败魏军于少梁，攻取了庞城（在今陕西省韩城一带），俘虏魏国将领公叔痤，后又放他回魏国。次年，秦献公去世，其子秦孝公继位，经过商鞅变法，给秦国带来了巨大突变。随着秦国从方国阶段进入王国阶段，方国阶段的秦国德治责任伦理也转变为王国阶段的秦国法治责任伦理。

第七章 王国阶段："王天下"
——秦国法治责任伦理

王震中先生关于"王国阶段"的界定，可以用来说明从秦惠文王称王到秦王政称帝之前这一段秦国历史形态。可以将这段秦国历史界定为"王国阶段"。当然，秦国的这段历史只是历史上夏商周三个王国的缩影，战国时期列国的称王，只是帝国前夕昔日王国政治理念的回光返照。在中国古代国家发展阶段理论上，王震中先生提出了邦国—王国—帝国"三个阶段"理论，弥补了苏秉琦先生古国—方国—帝国"三部曲"理论中的"王国"之缺。王国不同于邦国，也不同于帝国。邦国的标志是建立了国都，其"强制性权力"波及国都周围的"二级或三级的城邑或宗邑"，以及城邑或宗邑周围更远的鄙邑。所以，王震中先生所称的"邦国"就是苏秉琦先生所称的"方国"。王国的标志是称王或者获得王权的邦国成为"天下共主"，王国不仅拥有"王畿"，而且支配着诸多邦国。王国与邦国之间通过分封制建立分权联盟，一方面因为分封制而使王国权力结构呈现离散性，另一方面，因为有王权的介入而使邦国权力结构呈现残缺性，所以，王国是既有离散性又有残缺性的"复合型国家结构"。① 王国也不同于帝国，帝国的标

---

① 王震中：《文明与国家起源的"聚落三形态演进"说和"邦国—王国—帝国"说》，《黄河文明与可持续发展》2013年第1期，第12—13页。

志是建立了中央集权的权力结构，采用郡县制层级官僚管理，重要的官僚由皇帝或者中央直接任免，形成了中央集权的官僚结构，即从皇帝或中央到郡县的层级行政权力体系。

王国阶段，秦国法治责任伦理的形成。如果说在古国阶段，秦国从附庸到被封为诸侯，秦国责任主体逐步形成，确定了秦国主权的基础，确立了秦国生存责任伦理；方国阶段，秦国祭祀五帝、江山社稷，"尊王攘夷"，善待黎民百姓，秦国责任受体逐步形成，出现了国家权力及其象征体系，确立了秦国德治责任伦理；那么，在王国阶段，通过商鞅变法，秦国实行分户制、连坐制、军爵制、郡县制、丞相制，确定了法治国家的基本模式，所以，秦国法治责任伦理逐步建立。伴随着秦国法治责任伦理的建立，秦国责任主体扩大，秦国责任受体扩展，秦国大力发展农业生产，大力发展军事实力，实行纵横捭阖、远交近攻的国家战略，以立法的形式为中央四方五帝、为江山社稷、为黎民百姓承担更大责任，展现了秦国法治责任伦理的社会威力，最后，秦国成为实力远超关东诸国的西部强大王国。

秦国法治责任伦理的建立与秦国法治国家的建立是同步的。秦国法治责任主体不断扩大，从古国阶段的戎秦人、附庸、大夫、诸侯，方国阶段的方伯、霸主，发展到王国阶段的秦王、秦昭襄王甚至称"西帝"；秦国责任受体也不断扩展，从五帝、社稷、黎民百姓，扩展到"王天下"；在王国阶段，秦国责任主体与责任受体两者的交汇，形成了具有秦国特色的法治责任伦理，缔造了法治国家，激发了全社会巨大的政治、军事、经济能量，为秦始皇统一天下打下坚实基础。秦国之外的其他国家，由于其责任主体的相对弱势、责任受体的相对缺位，导致其法治责任伦理不能发展完善，所以，未能达到秦国法治责任伦理的成熟水平，有的国家仍然在德治责任伦理的幻想中徘徊，缺少秦国法治责任伦理的优势，不能凝聚成强势的民族精神，也不能激发全社会巨大的政治、军事、经济能量。

秦国法治责任伦理包括三方面内容，一是确立了法治责任伦理的愿景：1. 帝王之业——五帝志业宗教中的神圣责任受体，变成了人间的最高统治者，即帝王。商代的统治者是死后称帝，周朝的统治者是"王不僭帝"，秦国变成了帝王合一、政教合一，即政治权力与宗教信仰结合在一起，秦王拥有了至高无上的权威，王国成为行走在大地上的神！在国家愿景中，秦国抛弃了方国"五霸"时代"尊王攘夷"的说教，直接否定了宗法封建贵族制度，否定了作为这种制度的人格化象征周天子及其周王室的权威。秦国从秦惠文王开始称王，秦昭襄王开始称西帝，标志着秦国帝王之业的逐步成功。2. 富国强兵——华夏社稷中的贵族责任受体变成国家官僚公利集团，秦国扬弃了封建贵族的家族制度，消灭了潜在的贵族分利集团，以国家官僚公利作为价值标准，将国家公利作为政治行动的最高追求。3. 黎民百姓责任受体，变成了秦王治理下的编户齐民。秦国抛弃了仁义说教，提出"以法为教，以吏为师"。依法治民，法以利民，通过耕战"利出一孔"，让民众获得爵禄。实现了华夏社稷责任受体与黎民百姓责任受体的统一。这是国家愿景的历史转换，力争将"多君为政之世"变成"一君为政之世"，将周朝在国家治理上的"低级战略"升级为秦王国治理上的"高级战略"。

二是确立了法治责任伦理的工具理性思维方法：秦国祛除了包含在道德、礼俗中的巫魅，通过工具理性实现霸王之业以及国家公利目的，创造了理性的法律，理性的法官机构，理性的行政机构，理性的财政税收政策，于是，以工具理性为特色的法治国家诞生了。法治国家建立了国家信用体系，通过赏罚机制，赏信罚必，保障法治国家愿景的实现。

三是建立了法治责任伦理的制度规范。秦国统治者推崇发展生产力，追求实力至上：兼顾硬权力、软权力、综合实力。所以，举国上下致力于富国强兵，农耕军战，遵循"天规则"：人要吃饭，粮食是根本；遵循"元规则"：军事暴力，"可下以财者，厚遗结之；不肯者，利剑刺之"（李斯语）。在此基础上，建立了秦国法治责任伦理规范：1. 家庭分户制度，家庭责任伦理规范；2. 什伍连坐制，连带责任伦理规范；3. 军爵粟爵，这是获得社会承认的"地位性物品"，军事与农业责任伦理规范；4. 国营工业："物勒工名"，军工责任伦理规范。5. 国家权力机构责任规范：君主与丞相二权分立的责任伦理规范以及郡县官僚的责任伦理规范。

第一节　秦国法治责任伦理的奠基：
秦国从 "称霸" 到 "称王"

从秦孝公（前361—前338年，在位24年）再次称霸，秦惠文王（前337—前311年，在位27年）称王，到秦武王（前310—前307年，在位4年）一共55年，王业初成。从秦昭襄王（前306——前251年，在位56年）经秦孝文王（前250—前250年，在位三天）、秦庄襄王（前249—前247年，在位3年）一共60年，王业大成。秦王政（前246—前222年，在位25年）用十年时间消灭六国，统一天下。在王国阶段，商鞅变法为秦国法治责任伦理奠定基础。秦孝公时期，以"强国之术"收复河西之地；秦惠文王时期，"秦法未败"秦国占领巴蜀。秦国由秦孝公时期的"称霸"发展到秦惠文王时期的"称王"，秦武王时期便立下宏愿："寡人欲容车通三川，窥周室，死不恨矣。"周王室衰微，周天子形同傀儡，秦武王试图取而代之，登上天子的尊位。

一、秦孝公用商鞅变法为秦国法治责任伦理奠定基础

商鞅变法奠定了秦国的政治制度、法律制度以及经济制度的基础。在此基础上，秦国扬弃了德治责任伦理价值体系，确立了法治责任伦理价值体系。秦国推行商鞅的"强国之术"，国家综合实力迅速增强，很快收复了被魏国占领的大部分河西之地，为秦国打开了东进的大门。

公元前361年，秦孝公元年，秦国发布《求贤令》。根据《史记·秦本纪》记载，由于秦国地处偏僻的雍州，不参加中原各国诸侯的盟会，诸侯们像对待夷狄一样对待秦国。秦孝公于是广施恩德，救济孤寡，招募战士，明确了论功行赏的法令，并向天下发布《求贤令》："宾客群臣有能出奇计强秦者，吾且尊官，与之分土。"《求贤令》内容主要有以下四点：其一，秦孝公回顾了秦国在方国阶段秦穆公霸业取得的辉煌业绩。他说：从前，我们秦穆公在岐山、雍城之间，实行德政，振兴武力，在东边平定了晋国

的内乱，疆土达到黄河边上；在西边称霸于戎狄，拓展疆土达千里。天子赐予霸主称号，诸侯各国都来祝贺，给后世开创了基业，盛大辉煌。其二，秦孝公指出秦国"四世之乱"给国家造成的损失。他说：就在前一段厉公、躁公、简公、出子的时候，接连几世不安宁，国家内有忧患，没有空暇顾及国防和外交，结果晋国攻夺了我们先王河西的土地，诸侯也都看不起秦国，耻辱没有比这更大的了。其三，秦孝公肯定了秦献公初步改革所取得的成绩以及未竟的事业。他说，献公即位，安定边境，迁都栎阳，并且想要东征，收复穆公时的原有疆土，重修穆公时的政令。其四，秦孝公提出了自己继承先君遗志的历史使命以及求贤强秦的具体措施。他说，我缅怀先君的遗志，心中常常感到悲痛。宾客和群臣中有谁能献出高明的计策，使秦国强盛起来，我将让他做高官，分封给他土地。秦孝公《求贤令》中的国家战略目标明确，就是要使秦国强盛起来；给予宾客和群臣中贤能者的待遇明确，既有高官的许愿，又有封赏土地的承诺。可见，秦孝公为振兴秦国，求贤于天下，情真意切。

　　商鞅变法方案"三道一术"：帝道、王道、霸道、强国之术。商鞅听到了《求贤令》的消息来到秦国，曾经向秦孝公提供四套变法方案。第一套讲帝道、第二套讲王道，秦孝公认为那是将来的事情，都没有采纳；第三套讲霸道，秦孝公开始有了采纳的意愿；第四套讲强国之术，正好符合秦孝公的意愿，秦孝公非常喜欢地采纳了。商鞅的四套变法方案可以简称为"三道一术"。秦孝公对商鞅四套方案的选择过程颇有周折。根据《史记·商君列传》记载："卫鞅曰：'吾说公以帝道，其志不开悟矣。'后五日。复求见鞅，鞅复见孝公，益愈，然而未中旨。罢而孝公复让景监，景监亦让鞅。鞅曰：'吾说公以王道而未入也。请复见鞅。'鞅复见孝公，孝公善之而未用也。罢而去。孝公谓景监曰：'汝客善，可与语矣。'鞅曰：'吾说公以霸道，其意欲用之矣。诚复见我，我知之矣。'卫鞅复见孝公。公与语，不自知膝之前于席也。语数日不厌。景监曰：'子何以中吾君？吾君之欢甚也。'鞅曰：'吾说君以帝王之道比三代，而君曰：'久远，吾不能待。且贤君者，各及其身显名天下，安能邑邑待数十百年以成帝王乎？'故吾以强国之术说君，君大说之耳。然亦难以比德于殷周矣。'"

通过秦孝公对商鞅帝道、王道、霸道、强国之术四套变法方案的选择过程，可以看到秦孝公最感兴趣的是如何使秦国强盛起来的问题。商鞅提出的四套变法方案，其实就是当时理论界的四种政治哲学理念：所谓"帝道"，就是一种倡导顺应天地之道，主张天下为公的政治哲学理念。这是黄帝、颛顼、帝喾、帝尧、帝舜即"五帝"治理天下的政治哲学方案。所谓"王道"就是主张以天下为家，既用明德又用刑罚；既有明德之行又有杀伐之威的政治哲学理念。这是夏禹、商汤、周文王即"三王"治理天下的政治哲学方案。所谓"霸道"就是一种在王道衰落，诸侯争权夺利状态下，能够率领诸侯形成政治同盟，"挟天子以令诸侯"，以武力、权谋、礼治、契约为手段，追求诸侯利益的政治哲学理念。这是齐桓公、晋文公、秦穆公、宋襄公、楚庄王即春秋"五霸"治理天下的政治哲学方案。商鞅提出的这三种政治哲学方案，秦孝公兴趣都不大，只是希望恢复秦穆公的霸业，所以秦孝公只对"霸道"稍有留意而已。秦孝公真正感兴趣的是"强国之术"，即如何解决令他日夜焦虑的秦国救亡图存、富国强兵问题。什么是"强国之术"？《韩非子·定法》指出：所谓"强国之术"，就是商鞅在治理秦国时提出的使用"什伍连坐制"让民众承担连带责任；使用赏罚这两种"选择性激励"手段，而且奖赏有信用，刑罚逃不脱；民众努力耕作劳动不休息，勇猛杀敌不怕死，最终达到国富兵强的目标。这就是商鞅的"强国之术"。即使秦孝公、商鞅死了，秦惠文王即位，秦国根据"强国之术"建立的各种法律没有失效，依然在秦国发挥作用。

商鞅"三道一术"的实质是什么？荀子曾对王道、霸道、"强国之术"的实质作了比较。《荀子·王制》指出：王道在于争夺人心，霸道在于争夺盟友，强国之道在于争夺土地。争夺了人心的，可以臣服天下诸侯，做天下的王者；争夺了盟友的，可以会盟诸侯，做诸侯的盟主；争夺土地的，可能给自己树敌，成为诸侯的敌人。臣服诸侯的称王，做诸侯盟主的称霸，做诸侯敌人的称危。荀子站在儒家立场上，认为一个国家如果运用"强国之术"夺得了土地，往往失去了天下人心，为自己树立了众多敌人，面临被其他诸侯攻击的危险，使诸侯国陷入土地争夺的危险之中。

可见，"强国之术"只是一种争夺土地资源的权宜手段。当秦国运用"强国之术"取得河西之地以后，于是就将"强国之术"逐步纳入商鞅提出的霸道、王道、帝道的"三道"政治哲学方案了，即以霸、王、帝之道作为秦国的政治理想，以"强国之术"作为政治手段。商鞅变法之时，秦孝公考虑的主要问题是如何恢复和巩固秦穆公的霸业，夺回河西之地；可是秦惠文王在获得了河西之地之后，已经不满足于秦穆公式的霸业了，他要追求王道，所以称王；秦昭襄王已经不满足于称王了，他追求帝道，所以称帝；秦始皇连帝道都不满足了，认为他的功劳已经超过了三皇、五帝，变成了行走在大地上的神，他要做皇帝。可见，商鞅提出的"三道一术"为秦国的霸、王、帝之业奠定了坚实基础，而霸、王、帝之道和"强国之术"就成为秦孝公之后历代秦国君主遵循的政治哲学方案了。

公元前 359 年，秦孝公三年，"卫鞅说孝公变法修刑"开始，至公元前 347 年，秦孝公十五年，商鞅"变法修刑"历时长达 12 年，在秦国系统地实施了"强国之术"。公元前 359 年，秦孝公三年，作为商鞅"变法修刑"的序幕，秦国发布了《垦草令》。公元前 356 年，秦孝公六年，第一次正式颁布商鞅变法令；公元前 350 年，秦孝公十二年，第二次正式颁布商鞅变法令。此后，公元前 349 年，秦孝公十三年，"初为县有秩吏"（《史记·六国年表》），开始完善县级官僚组织。公元前 348 年，秦孝公"十四年，初为赋"。开始颁布新的军赋制度。公元前 347 年，秦孝公十五年，商鞅变法命令全部颁行完毕。商鞅"变法修刑"的整个过程经过 12 年落下了帷幕。①

1. 商鞅修刑：秦国法治责任伦理的法律制度前提。商鞅修刑是根据魏国李悝《法经》，改"法"为"律"，制定了秦律。根据董说《七国考》引用桓谭《新书》记载："魏文侯师李悝著《法经》，以为王者之政，莫急于盗贼，故其律始于盗贼。盗贼须劾捕，故著《囚》《捕》二篇。其轻狡、越城、博戏、借假、不廉、淫侈、逾制为《杂律》一篇，又以其律具其加减。

---

① 晁福林：《商鞅变法史事考》，《人文杂志》1994 年第 4 期，第 75 页。

是故所著六篇而已。卫鞅受之，入相于秦，是以秦、魏二国，深文峻法相近。"唐长孙无忌《律疏序》指出："周衰刑重，战国异制。魏文侯师于李悝，集诸王国刑典造《法经》六篇，一盗贼，二贼法，三囚法，四捕请之法，五杂法，六具法。商鞅传授，改法经为律。汉相萧何更加李悝所造《户》《兴》《厩》之三篇，谓之《九章之律》。"周海锋先生根据《岳麓书院秦简》《睡虎地秦墓竹简》对萧何增加三篇的观点作了纠正，认为在商鞅变法之后的秦国这些律名已经存在："从岳麓秦简看来，萧何制《九章律》的记载是有误的，《兴律》见于岳麓秦简，《魏户律》已见于睡虎地秦简，《厩》律或为《睡虎地秦律·厩苑律》之简称。萧何并非创立了《兴》《厩》《户》三律名，而是对此三律做过大幅度的调整。"①

公元前 359 年，秦孝公三年，商鞅在秦国发布《垦草令》，拉开了商鞅变法的序幕。据《商君书·更法篇》记载，秦孝公在听完商鞅与甘龙、杜挚的辩论后，决定实施变法，"于是遂出垦草令"。《商君书·垦令篇》作为垦草令的草案，文中提出二十种重农主义方针，例如，要求提高官吏政务效率，日毕日清，事不过夜；精简官吏队伍，压缩财政支出，减轻农民负担；取消公卿大夫余子特权，让他们承担徭役，自食其力；征收吃闲饭人的赋税；禁止儒家异端邪说思想干扰农民；禁止奇装异服、靡靡之音败坏社会风俗；禁止商人倒买倒卖粮食，让商家的仆僮承担徭役；增加酒肉等商品的销售税率，禁止私人经营旅馆业；禁止私人经营建筑业；实行全国统一的农业税率，将"因地而税"，改为"舍地而税人"，实行定人、定额、定期收取赋税，解除了人们开垦荒地导致军赋加重的顾虑，有利于促进人们扩大耕地面积，对发展生产有积极作用；将山林湖泽经营权收归国有；鼓励农民开垦荒地，定居务农，不随便迁徙；实行什伍连坐制，监督防范奸民为非作歹。《商君书·垦令篇》文字质朴、简约，被认为是垦草令的草案。

2. "徙木立信"：秦国法治责任伦理的信用条件。在秦孝公支持下，商

---

① 周海锋：《岳麓书院藏秦简（肆）的内容与价值》，《文物》2015 年第 9 期，第 84 页。

鞅制订了法律条文，可是立法的必要条件是建立人民对法律条文的信任。所以，商鞅在颁布新法之前，"徙木立信"，宣布在新法律的执行上，信用第一，一定遵循赏信罚必的原则。即凡是做了法律允许的事情必然奖赏；凡是做了法律禁止的事情必然惩罚，无法逃脱。无论什么人，在法律面前一律平等，即使太子犯法也与庶民同罪。根据《史记·商君列传》记载："令既具，未布，恐民之不信，已乃立三丈之木于国都市南门，募民有能徙置北门者予十金。民怪之，莫敢徙。复曰：'能徙者予五十金。'有一人徙之，辄予五十金，以明不欺。"吴起在魏国变法也曾经"徙木立信"，商鞅变法也沿用吴起的方法，表明商鞅要走吴起变法的道路，首先确立了秦国百姓对秦公室的信任，对秦国法律的信仰。

司马光《资治通鉴》评论商鞅"徙木立信"的举动，认为商鞅变法成功的关键是建立了国家信任："夫信者，人君之大宝也。国保于民，民保于信。非信无以使民，非民无以守国。是故古之王者不欺四海，霸者不欺四邻，善为国者不欺其民，善为家者不欺其亲。"一个国家从上到下如果丧失了诚信，就会相互欺骗，离心离德，事业就会失败；只有从上到下建立了普遍信任，政府和人民诚实守信，勇于承担责任，国家事业才能兴旺。国家信用体系的建立是商鞅变法成功的关键。

3. 商鞅变法（第一次）：秦国法治责任伦理的规范。在公元前356年，秦孝公六年，秦国第一次颁布了正式变法令。商鞅开始第一次变法，其内容主要有以下几个方面：

其一，什伍连带责任制："令民为什伍，而相牧司连坐。不告奸者腰斩，告奸者与斩敌首同赏，匿奸者与降敌同罚。"公元前375年，秦献公十年，"为户籍相伍"对设县的地区实施户籍登记与编伍，便于基层组织对农户征收赋税和行政管理；公元前356年，秦孝公六年，商鞅变法"令民为什伍，相牧司连坐"。就是在户籍登记与编伍的基础上，增加了一定的法律责任，就是同一编伍的家庭，既要相互保护，又要相互监督，防止违法犯罪。如果一家犯法了，那么其余四家或九家必须揭发检举；如果不揭发检举作奸者，则会处以腰斩的刑罚；如果揭发检举作奸者，则会获得与斩敌首同样的奖赏；如果藏匿了作奸者，则要承受与投降敌人同样的惩罚。对秦国百姓实施的连带法律责任制，这是商鞅的创造，其他六国未有。

其二，家庭分户责任制："民有二男以上不分异者，倍其赋。"商鞅变法命令民众家里有两个成年男子不分户的，要加倍征收税赋。把宗法大家庭变为一夫一妻核心家庭，让所有成年男子都承担农耕和兵役责任，杜绝余子们游手好闲的习俗。商鞅在《垦草令》中曾针对秦国的宗法大家庭提出："均出余子之使令，以世使之，又高其解舍，令有甬官食概，不可以避役，而大官不可必得也，则余子不游事人，则必农。农则草必垦矣。"就是说，制定了除过嫡长子之外其余儿子（余子）服役的法令，依照家世高低来服役，提高了免于服役条件，命令从甬官那里领取标准口粮，余子既不能逃避服役，又不一定能当上大官，所以，就不去游食侍奉他人。那么他们必去务农，荒地就开垦了。

其三，"公战"军爵制与"私斗"受刑责任制：商鞅变法鼓励"公战"，禁止"私斗"。"有军功者，各以率受上爵；为私斗者，各以轻重被刑大小。"就是说，将一个人参加"公战"即国家军事战斗建立功勋与一个人社会地位尊卑的"地位性物品"即军爵联系起来，设立了十八级以后又增加到二十级的军功爵，建立的功勋越大获得的爵位越高，鼓励"公战"。宗法家族的血亲复仇是一种社会恶疾，"杀人之父，人亦杀其父；杀人之兄，人亦杀其兄。"许多游侠刺客目无国法，也卷入宗法家族血亲复仇的私斗之中。商鞅变法对于参与宗法家族私斗的人，按照造成后果的轻重处以大小不同的刑罚，禁止"私斗"。

其四，复身制与末利收孥责任制：商鞅变法激励"本业"，抑制"末利"。"僇力本业，耕织致粟帛多者复其身。事末利及怠而贫者，举以为收孥。"就是说，凡是致力于"本业"即农耕与纺织，如果生产粮食和布帛多的，那么，就可以复身，即自身承担的徭役可以被免除，从而激励"本业"。凡是从事"末利"即商贩和游食，因为怠惰和贫穷而破产的，他们的妻子儿女就要被没收到官府罚为奴隶，从而抑制"末利"。

其五，官职爵位功勋制：商鞅变法任用官职仅凭能力，不凭亲戚关系，凭能力取得军功，由军功决定官职爵位，宗室成员没有军功，不得享有官职爵位，改变了世卿世禄制度。"宗室非有军功论，不得为属籍。明尊卑爵秩等级，各以差次。"秦国宗室贵族如果没有建立军功，不得列入公室属籍，拥有官职爵位，不得享受公室属籍特权。所以，以军功决定公族属籍，官职爵位。表明尊卑贵贱和爵秩等级，都是按照功勋的等级差别。这就打破了世卿世禄制度，为群臣客卿立功出仕开辟了道路。根据《商君书·境内》记载，客卿领兵打仗，完成消灭敌人的人数定额，就可以由客卿转为正卿。"能攻城围邑斩首八千已上，则盈论；野战斩首二千，则盈论。""故客卿相，论盈，就正卿。"就是说，如果是攻城围邑，斩首敌军八千以上，就完成了定额；如果是在野战中斩杀敌军二千，就完成了定额。凡是到秦国担任将领的客卿完成了定额，就可以升任为正卿了。

其六，功勋爵秩名田宅制：商鞅变法将官爵与田宅相对应，光荣和显赫取决于功勋。"名田宅，臣妾衣服，以家次。有功者显荣，无功者虽富无所芬华。"就是说，按照官爵等差次序的名分占有相应数额的田宅，占有相应数额的臣妾，以及配备表明身份的衣服。所有这些都是按照官爵的等差次序而区别。总之，使得有功勋的人获得官爵而显赫光荣，没有功勋获得官爵的人，即使富裕也没有什么声誉光彩。所以，秦国一切官职爵位的光荣和显赫取决于建立的功勋，而不是贵族血统和亲戚关系。

商鞅变法第五、六项内容表明，对官员的任用与升迁，实行国家功勋制。秦国统治集团再生产的问题——官员的任用与升迁凭什么？秦国官吏的任用与升迁不是按照贵族血统、亲戚关系、私下请托贿赂，而是按照国家功勋制解决官吏任用升迁问题。在商鞅变法之前，秦国政治生态也是一派世俗主义的腐败景象。根据《商君书·农战》记载：曲意逢迎君主，围绕私人考虑，虽然对国家不利，然而这样做了，都是为了爵禄。出卖权力，搞权钱交易，虽然不是忠臣，而这样去做了，都是为了钱财。所以，下面的官员希望升迁的，都说："多送钱财贿赂上司则升官愿望就能实现。"又说："我不送钱财贿赂上司而求得升官，就像用狸猫作诱饵去引诱老鼠，必然没有希望了。如果以真实情况老老实实侍奉上司而求得升迁，就像用断了的墨绳矫正弯曲的木料，更是没有希望。这两种做法都不能获得升迁，那么，我怎能不在下面搜刮勒索获得钱财贿赂上司而求得升迁呢！"老百姓说："我拼命从事农业耕作，先充实国家仓库，剩下的养活亲人；为了君上拼命战斗，以求君主尊荣国家安宁；结果却发现国家仓库空虚，君主卑微，家庭贫穷，与其如此，那还不如求个官做！"

黄留珠先生指出："秦自商鞅变法之后，改变了昔日那种'有罪可以得免，无功可以得尊显'的故俗，实行'效功而取官爵'的仕进新制。"就是官吏的任用与升迁采用国家功勋制，主要有两条途径："（一）'兴兵而伐，则武爵武任。'这就是说，在战争的情况下，按军功大小赐爵任官。（二）'按兵而农，粟爵粟任。'这是说，在和平的条件下，则以交纳粮食多少来赐爵任官。当真正做到了这两个方面之后，则必然会'兵起而胜敌，按兵而国富'，这样也就可以称王天下了。"①

商鞅第一次变法，在秦国经过激烈争论，最后得以实施，取得了显著成效。根据《史记·商君列传》记载：商鞅劝说秦孝公改革变法、修订刑律，使用厚赏峻罚的方法，对内鼓励耕种庄稼，发展农业生产，对外劝勉战士拼死沙场，提高军事实力。秦孝公认为非常好，给予肯定。甘龙、杜挚不以为然，彼此发生了争执。秦孝公决定任用商鞅变法，黎民百姓觉得痛苦。三年之后，黎民百姓也觉得方便，于是，聘任商鞅为左庶长。

4. 商鞅变法（第二次）：秦国法治责任伦理的实施途径。公元前350年，秦孝公十二年，秦国第二次颁布了正式变法令。商鞅开始第二次变法，其内容有以下几个方面：

其一，建筑冀阙宫廷，政治中心由雍迁往咸阳："作为筑冀阙宫庭（通"廷"）于咸阳，秦自雍徙都之。"商鞅曾对赵良说：他在咸阳"大筑冀阙，营如鲁卫矣。"宫廷是国君及其臣僚办公的地方，冀阙则是宫廷之外悬示、公布法令的建筑物，咸阳的冀阙宫廷营造的规模和鲁国、卫国一样宏伟。秦国的政府机构从雍都、泾阳、栎阳全部集中到了咸阳。形成了以咸阳处

---

① 黄留珠：《秦汉仕进制度》，西北大学出版社，1985，第20页。

于中枢位置的政治空间模式。

其二，禁止同室内息，补充分户令："令民父子兄弟同室内息者为禁。"如果说分户令是通过税收调节的经济手段鼓励秦国的成年男子都要承担耕战责任，防止大家庭的余子们游手好闲、惹是生非、群殴私斗，那么，商鞅禁止老百姓父子兄弟的同室内居，则是通过移风易俗的避嫌禁忌手段，改变成年男女与父母同室而居的情况，防止乱伦亵渎亲情，防止淫逸丧失廉耻，让成年男子自立自强。这是对分户令的必要补充。商鞅曾经对赵良说："始秦戎翟之教，父子无别，同室而居。今我更制其教，而为其男女之别。"商鞅在秦国实施男女之别也是一项华夏伦理文明建设的重要举措。

其三，全面实行县制："集小（都）乡邑聚为县，置令、丞，凡三十一县。"秦国曾经在秦武公时期开始设县，一直到秦献公，设县的范围不断扩大。商鞅变法在全国范围内普遍设县，而且以法律的形式将县制固定下来，具有非同寻常的意义，奠定了中央集权的官僚社会的基础。商鞅也为此后秦始皇统一在全国实施郡县制铺平了道路。

其四，土地制度改革："为田开阡陌封疆，而赋税平。"公元前408年，秦简公实施"初租禾"，这是在国民收入分配领域的重大改革，但是，商鞅还不满足于此，公元前350年，开始在生产领域实施重大改革。在农业生产的耕地上开辟阡陌封疆，实行国家授田制，明确家庭生产责任。商鞅越过贵族直接将土地授予农民，极大地调动了农民耕战积极性，具有非凡意义。1966年11月8日，毛泽东主席对到访的越南劳动党中央第一书记黎笋说："为什么拿破仑的军队能够打遍欧洲呢？就是有农民支持。"张文木先生说：为什么拿破仑能够赢得农民支持？"与商鞅变法相似，一部《拿破仑法典》对于欧洲农民而言，就是国家将土地越过贵族直接交与农民的法典。"① 商鞅土地制度改革调动农民耕战积极性的非凡意义就在于此。公元前348年，"初为赋"，使得按照土地征税与按照人头征赋得以公平均衡。同时也增加了国家可支配税赋资源的总量，为将国家管理从"低级战略"升级为"高

---

① 张文木：《重温毛泽东战略思想》，山东人民出版社，2016，第92—96页。

级战略"提供了可靠保证。

其五，度量衡的国家标准改革："平斗桶、权衡、丈尺。"制定量具的国家标准，对各种资源的容积、重量、长度进行准确计量，以利于量化管理与商品交易，简化了因为计量标准不统一带来的换算麻烦。传世的秦国标准量器有"商鞅方升"，藏于上海博物馆。根据《战国策》记载，蔡泽说："夫商君为孝公平权衡、正度量、调轻重，决裂阡陌，教民耕战。"可见，商鞅变法制定度量衡国家标准，促进了生产、流通、分配过程中计算的确定性与精确化，节约了生产和交易成本，有利于防止机会主义欺诈，保障了工业、商业、农业的正常发展，以及日常生活正常进行。

此外，公元前349年，秦孝公十三年，"初为县有秩吏"（《史记·六国年表》)，开始在各县设置"秩吏"一职，完备了县级官僚组织。公元前348年，秦孝公"十四年，初为赋"。开始颁布新的军赋制度，按照人头征收军赋，如前所述，使得按照地亩与按照人头计算的赋税更加均衡。公元前347年，秦孝公十五年，商鞅变法的命令全部颁行完毕，整个过程经过12年落下了帷幕。根据《韩非子·和氏》记载："商君教秦孝公以连什伍，设告坐之过，燔诗书而明法令，塞私门之请而遂公家之劳，禁游宦之民而显耕战之士。孝公行之，主以尊安，国以富强，八年而薨，商君车裂于秦。"在商鞅变法结束的八年之后，即公元前338年，秦孝公二十四年，秦孝公去世，秦惠文君继位，商鞅被秦国车裂。商鞅虽死，给秦国带来的法治责任伦理创新的成就犹存。

5. 商鞅变法的巨大成果：商鞅变法运用"强国之术"的理性化法治制度，取代了秦国传统的陈规陋俗，顺应了历史发展大趋势。二十年间，秦国"国治而兵强，地广而主尊"，面貌焕然一新。《韩非子·奸劫弑臣》指出："古秦之俗，君臣废法而服私，是以国乱兵弱而主卑。商君说秦孝公以变法易俗而明公道，赏告奸，困末作而利本事。"道出了商鞅变法成功的秘密。因为正是通过"变法修刑"，进行制度变革，建立秦国法治责任伦理，实施重农主义、重军主义，抑制了机会主义，巩固了国家"公利"的经济基础。

其一,秦国法治责任伦理的确立。秦国通过加强君主权力确立了法治责任主体;通过追求帝王之业,确立了向五帝、社稷、"天下"负责的法治责任受体;通过制定法律、政治、经济制度,确立了责任标准;通过郡县授权而不是封建分权,建立官僚责任制、通过赏罚二柄,建立"选择性激励"法治责任机制。由此确立了秦国法治责任伦理,这是秦国之所以崛起最根本的伦理原因。从伦理学观点看,"封建制"以自然血缘关系为基础,推崇宗法德治责任伦理,而"郡县制"以地缘统治服从关系为基础,强调法治责任伦理,在法治责任伦理规范上实施分户责任制、什伍连坐责任制、军功爵责任制、官僚责任制,在最高权力机构实行君主国家所有权与丞相国家管理权的二权分离,秦国统一之后,甚至形成第三权的分离,即监察御史权的分离。秦国的国家管理也从"低端战略",转变为"高端战略"。伊恩·莫里斯的《西方将主宰多久:从历史的发展模式看世界的未来》指出:"统治国家有两种方式:高端和低端策略。"[①] 秦简公、秦献公的"初租禾""为户籍相伍"是"低端战略"向"高端战略"转变的开始,而商鞅变法的成功,则标志着秦国从"低端战略"向"高端战略"转变的完成。

其二,"天子致伯"秦国恢复霸业。公元前 361 年,即秦孝公元年,黄河和崤山以东有六个强国,齐威王、楚宣王、魏惠王、燕悼侯、韩哀侯、赵成侯并立。淮河、泗水之间有十多个小国。楚国、魏国与秦国接壤,魏国修筑长城,从郑县筑起,沿洛河北上,北边据有上郡之地;楚国的土地从汉中往南,据有巴郡、黔中。周王室衰微,诸侯用武力相征伐,彼此争杀吞并。秦国采用了联合齐国、赵国,拉拢楚国、韩国,孤立和打击魏国的外交策略。因为楚国、韩国都是魏国合纵中的伙伴,为了瓦解其合纵同盟,公元前 357 年,秦孝公五年,秦国首先与楚国结成了姻亲关系。公元前348 年,秦孝公十四年,"韩昭侯如秦"(《史记·韩世家》),秦国与韩国达成和平协议。公元前 344 年,秦孝公十八年,"齐卿大夫聘秦"(根据"商鞅量铭")。商鞅运用尊魏为王的计谋还成功地离间了魏国与十二个诸侯国

---

① [美] 伊恩·莫里斯著:《西方将主宰多久:从历史的发展模式看世界的未来》,钱峰译,中信出版社,2011,第 145 页。

之间的关系。公元前 344 年，魏惠王会诸侯于逢泽，率领宋、卫、邹、鲁等国家，朝见周天子。企图借用朝见周天子的机会联合诸侯向秦国发动进攻。秦国发现了魏惠王的图谋，秦孝公就派遣商鞅到魏国向魏惠王游说。据《战国策》记载，卫鞅往见魏惠王，大加称颂："我听说大王劳苦功高而能号令天下。可如今大王率领的十二家诸侯，不是宋国、卫国，就是邹国、鲁国、陈国、蔡国，大王固然可以随意加以驱使，然而就凭这些力量还不足以称王天下。大王不如向北联结燕国，东伐齐国，赵国自会服从；再联合西方的秦国，南伐楚国，韩国自会望风而服。大王有讨伐齐国、楚国的心愿且行事合于道义，实现王者之业的日子便不远了。大王自可顺从天下之志，加天子衣冠，再图齐国、楚国。"魏惠王听了，十分高兴，便按照天子的规制，修建了宏伟的宫殿，制作了天子才能穿着的丹帛服饰，还制作了画有青龙的九斿之旗、画有星宿的七星之旟。对魏惠王妄自尊大、僭越天子之制的不轨行为，齐国、楚国君主十分愤怒，各路诸侯也都投到齐国讨伐魏惠王的旗帜下面。公元前 343 年，齐国讨伐魏国，以田盼为主将，田忌、田婴为副将，孙膑为军师，在马陵道上（在今山东省郯城县一带）杀掉了庞涓，俘虏了魏太子申，消灭了十万魏国士兵。

魏国兵败马陵之后，实力遭受巨大损失。据《史记·商君列传》记载，卫鞅告诉秦孝公：秦国和魏国的关系，就像人得了心腹疾病，不是魏国兼并了秦国，就是秦国吞并了魏国。为什么要这样说呢？魏国地处山岭险要的西部，建都安邑（在今山西省夏县西北），与秦国以黄河为界而独占崤山以东的地利。形势有利就向西进犯秦国，不利时就向东扩展领地。如今凭借大王圣明贤能，秦国繁荣昌盛，而魏国往年被齐国打得大败，诸侯们都背叛了他，可以趁此良机攻打魏国。魏国抵挡不住秦国，必然要向东撤退。一向东撤退，秦国就可以占据黄河和中条山险固的地势，向东就可以控制各国诸侯，这可是统一天下的帝王之业啊！公元前 343 年，秦孝公十九年，周天子支持秦国抵制魏国称王的僭越行为，所以"天子致伯。"即周天子赐给秦孝公"伯"（霸主）称号，次年，诸侯纷纷来到秦国祝贺秦孝公，秦孝公派公子少官率领秦国军队与诸侯在逢泽会盟，朝见了周天子。

其三，秦国收复河西失地。公元前342年，秦孝公二十年九月，商鞅率兵征伐魏国，魏国派公子卬迎战。两军相拒对峙，卫鞅派人给魏将公子卬送了一封信，写道："我当初与公子相处得很快乐，如今你我成了敌对两国的将领，我不忍心相互攻击，可以与公子当面相见，订立盟约，痛痛快快地喝几杯然后各自撤兵，让秦、魏两国相安无事。"魏公子卬认为卫鞅说得对，会盟，喝酒，而卫鞅埋伏下的士兵突然袭击并俘虏了魏公子卬。趁机攻打他的军队，彻底打垮了魏军，押着公子卬班师回国。商鞅欺骗公子卬事件表明，面对个人私德与国家公利的矛盾，商鞅抛弃了朋友之间忠诚信义的德性伦理，从国家公利出发，按照秦国法治责任伦理，使用兵家的诡诈之道，取得了伐魏之战的胜利。公元前341年，秦孝公二十一年，秦国与齐国、赵国结成伐魏的秘密同盟。第二年，即公元前340年，三国同时进攻魏国。《竹书纪年》记载道："二十七年五月，齐田盼伐我东鄙围平阳。九月，秦卫鞅伐我西鄙。十月，邯郸伐我北鄙。王攻卫鞅，我师败逋。"显然，秦、齐、赵三国在进攻魏国问题上确实已经达成默契。苏秦甚至说，齐、魏马陵之战也全是商鞅从中挑拨的结果。此后，魏惠王的军队多次被秦国击溃，国内空虚，一天比一天衰弱，就派使者割让河西地区给秦国。魏国不得不离开安邑，迁都大梁。秦国"地东渡洛"，收复了大片河西之地。

其四，秦国封卫鞅为"商君"。公元前340年，秦孝公二十二年，卫鞅被册封为商君，"秦封卫鞅于邬，改名曰商"（《竹书纪年》），获得於（通"邬"）商之地十五邑（在今河南省内乡县至陕西省商县一带）的封地。刘向《新序论》评价秦孝公和商鞅的历史功绩："秦孝公保崤函之固，以广雍州之地，东并河南，北收上郡，国富兵强，长雄诸侯，周室归籍，四方来贺，为战国霸君，秦遂以强，六世而并诸侯，亦皆商君之谋也。夫商君极身无二虑，尽公不顾私，使民内急耕织之业以富国，外重战伐之赏以劝戎士。法令必行，内不私贵宠，外不偏疏远。是以令行而禁止，法出而奸息。"

二、秦惠文君称王，秦国的"霸业"拓展为"王业"

秦惠文王驷（前337—前311年在位27年）称王。公元前325年，秦惠文君十三年，称王，这是秦国称王第一人。"惠王即位，秦法未败也"。通过自胜（内）而达到胜敌（外），通过内政与外交的结合实现秦国王业。

1. 公元前 325 年，秦惠文君称王，拓展王业取得了巨大成就。商鞅变法运用"强国之术"使秦国强大起来，公元前 343 年，秦孝公十九年，被周天子命为"伯"，秦国再次称霸西方。公元前 325 年，秦惠文君已经不满足于称霸，秦国开始称王。因为，自从公元前 770 年周平王东迁洛邑，公元前 707 年，楚武王挑战周天子开始称王，此后楚庄王"问鼎"企图取代周天子，引发齐国、晋国、秦国"尊王攘夷"抵抗运动。所以，春秋时期，除了南方楚国、吴国、越国这几个蛮夷之国称王之外，中原各国无一称王。可是，自从东周王朝被分裂为东周、西周之后，周德衰落，丧失人心，周天子无其德而有其名，周王室政治威望衰落。此时，作为"普天之下，莫非王土"意义的"王"的称号，已经名不副实。经过"田氏代齐""三家分晋"之后的齐、魏二国与周王室关系较为疏远，所以，公元前 353 年，齐威王称王，不朝周天子；公元前 344 年，魏惠王朝周天子，又自称"夏王"；公元前 334 年，即周显王三十五年，魏国与齐国相会于徐州，魏、齐二国相互称王了。在齐、魏二国称王的形势下，周天子派大夫辰致文武之胙于秦国，根据《秦封宗邑瓦书》（现藏陕西师范大学博物馆）记载，公元前 334 年，秦惠文君四年，"周天子使御大夫辰来致文武之胙"。周天子试图与秦国联合起来共同制约齐、魏二国的僭越行为。在这种情况下，秦国的地位得以突现，频频受天子眷顾。可是，当秦惠文君收复了河西之地和上郡十五县之后，秦国实力大增，已经不满足于称霸了。于是，公元前 325 年，秦惠文君十三年，秦国背叛了周王室，也开始称王了。公元前 324 年，秦惠文君改元，称秦惠文王元年。由于秦国称王，公元前 323 年，"六国皆称王"。从公元前 353 年至公元前 323 年，三十年间，除了春秋时已有旧二王，即楚国、越国之外，又有了新八王，即齐国、魏国、宋国、秦国、韩国、赵国、燕国、中山国的国君纷纷称王。秦国的国君称王，引发了东周政治格局的巨大变化。那么，秦国"称王"与"称霸"有什么实质差异呢？

秦国"称王"与"称霸"的实质差异，一方面是政治哲学理念的差异。

按照华夏文化的政治理念，诸侯"称霸"是以"尊王"为前提的，作为一方诸侯之长，至少在名义上，霸主服从周王的指令，积极维护周朝礼制规范，干预不服从周朝礼制的诸侯，打击侵扰华夏的四方夷狄，征讨不来朝贡的"不廷"者。作为最高统治者的"王"是具有唯一性、排他性的政治实体。"王者无外"（《公羊传·僖公二十四年》），"夫诸侯无二君，而周无二王"（《国语·吴语》）。王者无二，这是中国"王"的原始意义。所以，春秋诸侯的政治理念是"尊王攘夷"，不能僭越周朝宗法封建制度的政治秩序。然而，诸侯相互称王，从周王室正统的意义上说，就是一种对周王室排他性、唯一性王权的僭越；可是，春秋战国时期，周王室与诸侯国实力对比上，出现"末大必折，尾大不掉"（《左传·昭公十一年》）的历史必然趋势，诸侯称王就是反映这种历史必然趋势的理性诉求。另一方面是伦理关系的差异。在伦理上，诸侯称霸，"霸"是责任主体，周天子称王，"王"是责任受体，四方"霸"主，要对中央之"王"承担"藩屏"责任。然而，诸侯由称霸转变为称王，颠覆了原来的责任主体与责任受体的关系，是责任主体与责任受体的大反转，原来是以周王室为责任受体，霸主率领一方诸侯要对周王承担责任；诸侯称王之后，不再把周王室作为责任受体，不再对周王承担责任；而是自己变成了责任受体，要让天下诸侯为自己承担责任。诸侯称王完全改变了周王室与诸侯之间的责任伦理关系，使东周王朝失去了具有排他性、唯一性的华夏之王的地位。此时大国诸侯相互称王，只是大国之间的妥协，是一种短暂的历史现象。按照华夏文化"王者无外"的一般政治观念，王是具有排他性、唯一性的政治实体。一旦大国在实力上相互抗衡，保持相对平衡状态被打破，历史天平必然向一个大国倾斜。这是一个风云激荡的过程，等待一切尘埃落定之后，华夏文化之中，有且只能有一个唯一的王。从秦惠文王开始称"王"，预示着秦国不仅仅试图要将周王室取而代之，而且，要在激烈的政治军事斗争中胜出于诸侯之上，恢复华夏文化"王者无外"以及王者无二的原始意义。秦国国君称王其实是要实现帝王之业的国家理想。

2. 秦惠文王继续推进秦国法治责任伦理建设。秦惠文王车裂商鞅，一方面是由于在商鞅变法之时，太子驷犯法，商鞅"刑其傅公子虔，黥其师公孙贾"。赵良曾对商鞅说："公子虔杜门不出已八年矣！君又杀祝懽而黥公孙贾。"所以，昔日受到商鞅打击的贵族公子虔等人必然要在新君即位之后报仇雪恨。另一方面，由于商鞅"大臣太重"，甚至秦孝公临终前欲传君位给商鞅，其权势已经犯了新君的忌讳，所以，秦惠文王必欲除之而后快。商鞅虽然被处死，但是，作为一位有为之君，秦惠文王却继承了商鞅变法、修刑的全部遗产。《韩非子·定法》说："及孝公、商君死，惠王即位，秦法未败也。"贾谊的《新书·过秦上》也说："孝公既没，惠文、武、昭襄王，蒙故业，因遗策，南取汉中，西举巴蜀，东割膏腴之地，北收要害之郡。"1975 年湖北云梦《睡虎地秦墓竹简》等出土文献也证明，秦惠文王继承发展了商鞅变法、修刑的成果。竹简中有《法律问答》一篇，有一段问答是："何谓旬人？旬人，守孝公、献公冢者也。"这条法律解释肯定是商鞅去世之后的法官所写，很可能撰写于秦孝公之后的秦惠文王时期。

3. 秦惠文王在军事上建立兵符调兵制度，兵权收归君主，实现了君主调兵权与将帅指挥权二权分离。战国时期，秦国按照军功爵制度分封的"封君"，根据杨宽先生《战国史》统计有 25 人之多。[①] 例如，在商鞅的封邑，就有"於商十五邑"，并拥有一定的武装力量即"邑兵"。根据《史记·商君列传》记载："秦孝公卒，太子立。公子虔之徒告商君欲反，发吏捕商君。商君亡至关下，欲舍客舍。客人不知其是商君也，曰：'商君之法，舍人无验者坐之。'商君喟然叹曰：'嗟乎，为法之敝一至此哉！'去之魏，魏人怨其欺公子卬而破魏师，弗受。商君欲之他国，魏人曰：'商君，秦之贼。秦强而贼入魏，弗归，不可。'遂内秦。商君既复入秦，走商邑，与其徒属发邑兵北出击郑。秦发兵攻商君，杀之于郑黾池。秦惠王车裂商君以徇，曰：'莫如商鞅反者！'遂灭商君之家。"这段记载说明，商鞅在商邑拥有私人武装力量。因为商鞅被公子虔等人诬告谋反，最后逃回封地商邑之后，"与其徒属发邑兵北出击郑"。此时商鞅作为"封君"就能够调动

---

① 杨宽：《战国史》（增订本），附录二《战国封君表·秦国的封君》，上海人民出版社，2003，第 693—695 页。

封邑内的武装力量"邑兵"。但是，秦惠文君派军队杀死商鞅，消灭了商鞅率领的武装力量"邑兵"之后，未见秦国"封君"拥有武装力量，并能私自调动的权力。秦惠文王之后，秦国实行了兵符调兵制度。君主是最高军事统帅，军权收归于君主，军队必须由君主统一调动，同时，为提高将军在战场根据实际情况应变的能动性，实行君主对军队的调动权与将军在战场的指挥权的二权分立，但是根据将帅的表现，君主有权对他们生杀予夺。齐廉允先生指出："齐秦两国都实行领导权高度集中的军队领导体制，国君是军队的最高统帅，对各级军事指挥官均有生杀予夺的权力。齐将田忌战功卓著，手握重兵，后遭邹忌挑唆被齐王误认为有谋反之心，他连申辩的机会都没有，就被轻易剥夺兵权，不得不逃奔楚国。秦将白起屡立奇功，就因为在攻赵问题上与秦昭王意见分歧而被轻易责令自杀。"① 秦国兵符调兵制度的实物证据就是出土的四件虎符，主要有"杜虎符""新郪虎符""战国金虎符"和"阳陵虎符"。

秦惠文王时期利用"虎符"实施兵符调兵制度，标志着秦国君主与将军之间法治责任伦理的建立。法治责任伦理建立的前提是彼此信任，"虎符"就是为了防止欺骗，在君臣之间建立信任关系的信物。1973 年，在陕西省西安市山门口公社北沉村出土的"杜虎符"，根据考证为秦惠文王时期的器物，上面刻有文字九行四十字："兵甲之符，右在君，左在杜。凡兴土被甲，用兵五十人以上，必会君符，乃敢行之。燔燧之事，虽毋会符，行殹。"② 意思是说，这件兵甲符，右边一半在君主手上，左边一半在杜县军官手上。凡是兴兵披甲，用兵在五十人以上的，杜县左符必须和君主右符会合，才敢执行军令，出兵行动。遇到突发紧急情况，虽然没有会合兵甲符，也可以行动。《荀子·君道篇》："合符节，别契券者，所以为信也。"遇到军情，君主派出信使传递军令，就将右符交给他去与杜县军官的左符去"合符"，如果左右会合成功，表明掌握右符的君主与掌握左符的军官彼此信息通道无误，可以建立相互信任关系，按照军令履行具体法治责任。

---

① 齐廉允：《齐秦两国军事制度之比较》，《管子学刊》2010 年第 2 期，第 56 页。
② 黑光：《西安市郊发现秦国杜虎符》，《文物》1979 年第 9 期，第 93 页。

兵甲之符"虎符"的设置，一方面表明，掌握右符的君主是国家军事力量排他性的唯一控制者，君主代表着军事责任的委托方；另一方面表明，掌握左符的军官代表着军事力量的受托方，在赴任之前由君主授命担任将军，将军就拥有了独立的指挥权，行使灵活机动的军事指挥权，甚至"君命有所不受"（《孙子·九变篇》语）。因为将军要为战争的结局承担军事责任。可见，秦国至迟在秦惠文王时期，就建立了兵符调兵制度，君主作为军队的最高统帅，拥有了排他性军事调动控制权，避免了春秋分封制度下四方诸侯架空周天子、拥兵自重的权力分散状况，这为秦国中央集权体制"帝王之国"的建立提供了根本保证。

4. 秦惠文王在政治上继续实行商鞅军功爵制度，将客卿出仕与功勋出仕相结合，形成了客卿出仕制度。秦国开启了多以客卿为将相之先河，避免了类似于六国宗室贵族专权的状况。在秦国历史上有使用外来人才的优良传统，秦穆公用百里奚、蹇叔、公孙支等称霸西戎。秦孝公用商鞅国富兵强。秦惠文王继承这一优良传统，重用张仪、公孙衍、司马错等人才得以称王。秦国重用外来人才从商鞅变法到秦惠文王执政，逐步走向制度化，这就是客卿出仕制度。客卿出仕制度由三个部分构成：一是由秦国君主招聘，以客卿出仕。如《史记·秦本纪》记载秦孝公《求贤令》说："宾客群臣有能出奇计强秦者，吾且尊官，与之分土。"卫鞅前来秦国应聘，通过和秦国君主谈话"面试"，提出强国良策，被秦孝公拜为"客卿"。再如，公元前328年，秦惠文君十年，张仪见秦惠文君，献伐诸侯之策，被拜为客卿。根据《史记·张仪列传》记载："张仪遂得以见秦惠王。惠王以为客卿，与谋伐诸侯。"又如，秦昭襄王拜蔡泽为客卿。根据《战国策·秦策》记载：应侯"入朝言于秦昭王曰：'客新有从山东来者蔡泽，其人辩士。臣之见人甚众，莫有及者，臣不如也。'秦昭王召见，与语，大说之，拜为客卿"。二是客卿必须建立军功，才可以由客卿转为正卿，获得相应官爵或宗邑土地的奖赏。商鞅变法规定的"有军功者各以率受上爵"。具体的授予爵位的指标，在《商君书·境内》中有明确规定："能攻城围邑斩首八千已上，则盈论；野战斩首二千，则盈论。""故客卿相，论盈，就正卿。"就是说，如果客卿率领军队完成了攻城围邑斩首敌人八千以上的定额，或者，野战斩首敌人二千的定额，就可以从客卿晋升为"正卿"，并有相应爵级。如商鞅讨伐魏国取得战功，被封为大良造，此后获得於商十五邑的封赏。再如公元前328年，秦惠文君十年，秦国公子华和张仪率领军队包围并占领魏国蒲阳，张仪说服秦惠文君随即归还魏国，并派公子繇到魏国做人质，魏国将上郡十五县和少梁的领土纳入秦国，秦惠文君拜张仪为百官之长，即"相邦"。如果客卿建立功勋，还可以获得"宗邑"土地的奖赏。1948年陕西户县农民修浚沣河发现于河滩沙之中，现藏陕西师范大学博物馆的《战国秦封宗邑瓦书》，其上的文字记载：秦惠文君"四年，周天子使御大夫辰来致文武之胙，冬十壹月辛酉，大良造庶长游出命曰：'取杜才（在）鄠邱到于潏水，以为右庶长歜宗邑。'乃为瓦书，卑司御不更顜封之，曰：'子子孙孙以为宗邑。'顜以四年冬十壹月癸酉封之，自桑郭之封以东，北到桑匽之（以上正面）封，一里廿辑。大田佐敄童曰未、史曰初。卜蟄；史羁手，司御心，志是霾（埋）封。（背面）"。在这份瓦书中，"大良造庶长游"即"四年相邦樛游戈"的樛游；樛游同时兼有"相邦"的官职和"大良造庶长"的爵位。"右庶长歜"史籍未见，陈直认为是《史记·穰侯列传》中的客卿寿烛。《战国秦封宗邑瓦书》表明，只要客卿能够强秦立军功，就能获得宗邑土地的奖赏，这是秦国军功爵制落实兑现的物证。根据杨宽先生统计，从秦惠文君十年到秦始皇统一全国，即公元前328年至公元前221年，先后有二十二位秦相，其中七分之四为外来的客卿，客卿出仕在秦国政界如异军突起。这表明客卿出仕与功勋出仕相结合，形成了客卿出仕制度。三是客卿出仕制度的实施以秦国法律为基础。按照秦国法律，客卿必须对自己行动的后果承担直接责任或者连带责任。所谓依法承担直接责任，就是客卿违背秦国法律，没有豁免权，法外开恩十分罕见，一律依法处理；所谓连带责任就是客卿保举的人违法犯罪，客卿就要承担连带责任。最典型的是秦昭襄王处理范雎的案例，范雎因为保举投降赵国的郑安平以及"与诸侯通"的王稽而承担连带责任，秦昭襄王曾经在一段时间对范雎法外开恩。但是，根据《史记·范雎列传》载："秦之法，任人而所任不善者，各以其罪罪之。"又据《睡虎地秦墓竹简》记载：公元前 255 年，秦昭襄王"五十二年，王稽、张禄死"。秦昭襄王虽然没有诛杀范雎，看来范雎最后还是体面地被"赐死"了。

秦惠文王十年到秦始皇统一这段时间秦国为什么能够形成客卿出仕制度？黄留珠先生指出："其主要原因当然出自秦与其他各国政治军事斗争的需要，然而也不能不看到，它既是秦较早突破宗法制的束缚，举用外人的传统特点的继续和发展，同时也是秦统治者不断总结仕进的经验教训，不断调整仕途的必然结果。"① 可见，秦国客卿出仕制度的形成，其一由于战国时代客观形势，即秦国与六国之间激烈的国际斗争，需要大批政治、军事、外交人才，刺激了秦国统治者对各类人才的需要。其二由于秦国地处边缘，需要从中心地带获得大量政治军事外交决策的知识信息，引进人才，客卿出仕就能满足秦国政治军事外交决策的知识信息的需要。其三由于秦国不断打击宗法贵族势力，抵制分利集团的离心倾向，秦武公之后到秦献公之前，曾经存在"以人从死"制度，这项不人道的制度，使得包括三良在内的宗法贵族力量在客观上被削弱了；秦献公"止从死"之后，以人道原则对待宗法贵族，免除了他们的"从死"之惧。秦孝公用商鞅变法，则从法律制度上抑制宗法贵族力量，即宗室成员没有立下军功，不得进入宗室的"属籍"。所以，秦国以国家功勋至上的公利价值观取代血缘亲戚的宗法价值观，于是，秦国在包括客卿仕进在内的用人问题上，能够超越狭隘的血缘和亲戚关系，对群臣客卿实行以能力和功勋决定出仕的制度。

5. 秦惠文王的法治责任伦理以及取得的巨大历史功绩：收复河西、上郡之地，控制东进崤函天险。用司马错之策，征服巴蜀开拓疆土，占据灭楚地缘优势。用张仪之谋，"散六国之纵，使之西面事秦"。现分述如下：

其一，收复河西、上郡之地，控制东进崤函天险。根据《史记·秦本纪》记载：公元前 333 年，秦惠文君"五年，阴晋人犀首为大良造。六年，魏纳阴晋，更名宁秦。七年，公子卬与魏战，虏其将龙贾，斩首八万。八

① 黄留珠：《秦汉仕进制度》，西北大学出版社，1985，第 44 页。

年，魏纳河西地。九年，渡河取汾阴、皮氏。与魏王会应，围焦，降之。十年，张仪相秦，魏纳上郡十五县。"就是说，公元前333年，秦惠文君五年，阴晋人犀首担任大良造之职。公元前332年，秦惠文君六年，魏国交出了阴晋，秦国将阴晋更名为宁秦。公元前331年，秦惠文君七年，派遣公子卬与魏国作战，俘虏了魏国将领龙贾，斩首八万人。公元前330年，秦惠文君八年，魏国给秦国交出全部河西之地。公元前329年，秦惠文君九年，秦国军队渡过黄河，攻占了汾阴、皮氏。秦惠文君与魏王相会于应邑，秦国军队包围焦城，焦城投降了。秦惠文君命公子华和张仪率兵进攻魏国，占领了蒲阳（在今山西省永济北一带），魏国在秦军攻击下节节败退，为了求和，便将上郡的全部十五县，以及河西的少梁献给秦国。至此，黄河以西的地区即河西之地全部归秦国所有，从此魏国一蹶不振。又据《史记·秦本纪》记载：公元前327年，秦惠文君"十一年，县义渠。归魏焦、曲沃。义渠君为臣。更名少梁曰夏阳。十二年，初腊。十三年四月戊午，魏君为王，韩亦为王。使张仪伐取陕，出其人与魏"。就是说，公元前327年，秦惠文君十一年，由于获得的上郡临近义渠，义渠向秦国投降，秦国就在义渠设县。同年把焦城、曲沃归还给魏国。义渠国君主向秦国称臣。秦国把少梁改名为夏阳。公元前326年，秦惠文君十二年，秦国初次举行十二月的腊祭。公元前325年，秦惠文君十三年，四月戊午日，改君为王，即秦惠文王。魏国君主再次称王，即魏襄王；韩国君主也称王，即韩宣惠王。秦惠文王派张仪攻取魏国陕县（在今河南省三门峡一带）土地，占领东进要塞崤函天险，将那里的居民赶出去交给魏国。

　　魏国为什么迅速衰落？魏国之兴在文侯之世，他重用贤者，礼敬士人，以子夏、段干木、田子方为师，文臣有李悝，武将有吴起。支持李悝实行政治改革，使魏国成为战国初期最强的国家，但魏文侯在外交上缺乏战略眼光，为了扩张领土，四面出击，把魏国变成四战之地，给未来埋下隐患。魏国之衰从魏惠王开始，他无其实而喜其名，依靠魏文侯打下的国力基础，率先称王，结果四面树敌，成为众矢之的。第一次是伐赵，被齐国派田忌、孙膑用计大败于桂陵；再一次是伐韩，又被田忌、孙膑大败于马陵；另一次是被商鞅率领秦国军队打败，尽失河西之地。在《孟子·尽心下》中，孟子感叹："不仁哉，梁惠王也！""梁惠王以土地之故，糜烂其民而战之，大败，将复之，恐不能胜，故驱其所爱子弟以殉之，是之谓以其所不爱及其所爱也。"意思是，梁惠王为了争夺土地，驱使他不喜爱的百姓粉身碎骨去作战，吃了大败仗。准备再战，又怕不能取胜，便驱使他所喜爱的子弟去殉死。这就叫把他所不喜爱的祸害加给他所喜爱的人身上。这几次大败使魏国兵力耗尽，国力空虚。最后，魏安釐王的失策加速了魏国的灭亡。正如苏代所批评的"以地事秦，譬犹抱薪救火"，没有联合韩国抗击秦国，更是失策。由于缺乏对国际关系的计算理性，导致魏国军事、外交全面失败。真是此消彼长，秦国王业从此兴起。

其二，用司马错之策，征服巴蜀开拓疆土，占据灭楚地缘优势。公元前316年，苴国和蜀国相互攻打，分别到秦国告急。秦惠文王要出动军队讨伐蜀国，又认为道路艰险狭窄，不容易到达。这时韩国又来侵犯秦国。秦惠文王要先攻打韩国，然后再讨伐蜀国，恐怕有所不利；要先攻打蜀国，又恐怕韩国趁着久战疲惫之机来偷袭，犹豫不能决断。司马错主张秦国应该先去攻打蜀国，可是张仪却反对说不如先去攻打韩国。秦惠文王说愿意听听他们各自的意见。据《战国策·秦策》记载：张仪回答说："我们先跟楚、魏两国结盟，然后再出兵到三川，堵住辕辕和缑氏山的通口，挡住屯留的孤道，这样魏国和南阳就断绝了交通，楚军逼近南郑，秦兵再攻打新城、宜阳，这样我们便兵临东西周的城外，惩罚二周的罪过，并且可以进入楚、魏两国。周王知道自己的危急，一定会交出传国的九鼎宝器。我们据有九鼎宝器，再按照地图户籍，假借周天子的名义号令诸侯，天下又有谁敢不听我们命令呢？这才是霸王之业。至于蜀国，那是一个在西方边远之地，由野蛮人当酋长的国家，我们即使劳民伤财发兵前往攻打，也不足以因此而建立霸业；臣常听人说：'争名的人要在朝廷，争利的人要在市场。'现在三川、周室，乃是天下的朝廷和市场，可是大王却不去争，反而争夺戎、狄等蛮夷之邦，这就距离霸王之业实在太远了。"司马错说："事情并不像张仪所说的那样，据我所知：要想使国家富强，务必先扩张领土；要想兵强马壮，必须先使人民富足；要想得到天下，一定要先广施德政。这三件事都做到以后，那么天下自然可以获得。如今大王地盘小而百姓穷，所以臣渴望大王先从容易的地方着手。因为蜀国是一个偏僻小国，而且是戎狄之邦的首领，并且像夏桀、商纣当政的时候一样紊乱，如果用秦国的兵力去攻打蜀国，就好像派狼群去驱逐羊群一样简单。秦国得到蜀国的土地可以扩大版图，得到蜀国的财富可以富足百姓；虽是用兵却不伤害一般百姓，并且又让蜀国自动屈服。所以秦国虽然灭亡了蜀国，而诸侯不会认为是暴虐；即使秦国抢走蜀国的一切财富珍宝，诸侯也不会以秦国为贪婪。所以我们只要做伐蜀一件事，就可以名利双收，甚至还可以得到除暴安良的美名。今天如果我们去攻打韩国，就等于是劫持天子了，这是一个千夫所指的恶名，而且也不见得能获得什么利益，反而落得一个不仁不义的坏名。干天下人不愿做的事情，实在是一件危险的事。这其中危险在于：周天子是天下的共主，同时齐国是韩国与周王室的友邦，周王室自己知道要失掉九鼎，韩国自己清楚要失去三川，这样两国必然精诚合作，共同联络齐国、赵国去解楚国、魏国之围，周会自动地把九鼎献给楚国，韩会把土地割让给魏国，这一切大王是不能制止的，这也就是臣所说的危险所在。因此，攻打韩国是失策，先伐蜀国才是万全之计。"秦惠文王说："好的！寡人听你的。"于是秦国就出兵攻打蜀，经过 10 个月的征讨，终于占领了蜀国。

公元前 316 年，秦国司马错灭掉蜀国，又乘胜攻灭了苴国和巴国。秦国取得巴蜀之后，秦惠文王于公元前 314 年封蜀公子通为蜀侯，陈庄为相，张若为郡守，治理巴蜀地区。由于蜀地"戎伯尚强"（《华阳国志》），便从秦地移民万家，并以首都咸阳为样板，修筑成都城。在蜀地建立丝织、冶铁、煮盐等管理机构，即"锦官""盐铁市官并长丞"，促进工商业经济发展，使秦国的巴蜀地区不断富强；同时，加强军备开拓西南疆域，"取笮及江南地"（《华阳国志》），巩固了秦国西南的大后方。所以，秦国取得巴蜀开拓了大片疆土，增加了大量人口资源，这里丰富的物产又为军事战略物资的需要提供了保障。更为重要的是，蜀地的江河直通楚国，强劲的秦国士兵乘着大船沿江而下，就可以直达楚国。正像《史记·张仪列传》记载张仪游说楚怀王时所说的：秦国拥有西方的巴郡、蜀郡，用大船装满粮食，从汶山启程，顺着江水漂浮而下，到楚国三千多里。两船相并运送士兵，一条船可以载五十人和供他们吃三个月的粮食，顺流而下，一天可走三百多里，即使路程较长，可是不花费牛马的力气，不到十天就可以到达扞关。扞关形势一紧张，那么边境以东，所有的国家就都要据城守御了。黔中、巫郡将不再属于大王所有。秦国发动军队出武关，向南边进攻，楚国的北部地区就被切断。秦军攻打楚国，三个月内可以造成楚国的危难，而楚国等待其他诸侯的救援，需要半年以上的时间，从这形势看来，根本来不及。所以，秦国得到巴蜀，秦国的虎狼之师可以从两面迂回进攻消灭楚国，楚国灭亡了，秦国的霸王之业就可以成功，天下就可以统一了。

其三，用张仪之谋，"散六国之纵，使之西面事秦"。随着军事、政治、经济实力的增强，秦国便不断向东方扩张，引起了关东六国的恐慌，六国开始联合以对抗秦国，秦国也开始组织统一战线进行反击。这就有了"合纵"与"连横"的国际关系以及外交战略。关于"合纵"，就是"合众弱以攻一强"的意思，就好比组织群狼去攻击恶虎，历史上六国多次采用合纵战略挫败秦国的东扩势头；秦国也曾参加燕国与赵、楚、韩、魏的合纵联盟去挫败东方强大的齐国。关于"连横"，就是"事一强而攻众弱"的意思，就好比豺狗配合恶狼共同去攻击羊群，历史上秦国曾试图与魏国连横抗击齐、楚等国的合纵；屈原也曾试图让楚国与齐国连横攻击秦国。在战国的形势下，六国曾数次运用合纵的策略，而秦国则用连横来攻击敌国。《战国策·赵二注》鲍彪谓："从约者，天下之心，亦其势也。夫秦有吞天下之心，不尽不止。诸侯皆病之，而欲徯之，此其心也。同舟遇风，胡越之相救如手足于其头目，此其势也。以天下之心，行天下之势，如水之就下，孰能御之？故谓之从。从者，从也，顺也。其所不可者，诸侯之心不一。夫其心不一者，非明计智算也，或见少利而相侵，或修小怨而相伐，或眩于名实，而为横人之所恐喝。此张仪所以投隙而起。使诸侯之智少灵于连鸡，则秦人自保之不给，安能图并吞之举耶！"① 这段话可以说是对合纵、连横策略的缘起与利弊的具体说明。苏秦、张仪都师从于鬼谷子门下，鬼谷子的谋略思想对他们两人的影响很大。苏秦、张仪都认为在实力相当的情况下，外交谋略是极其重要的，有时，它甚至会起到决定性的作用。鬼谷子的谋略思想是纵横外交战略学说的理论基础。鬼谷子谋略思想的精髓就是强调在实力之外还有许多因素可以决定事情的成败，认为善于观察思考，找出妥善的谋略，抓住时机，决定利益的取舍，选择利益之所在，就能够发挥长处，补足短处。叶自成指出："苏秦、张仪各自的合纵、连横战略是中国春秋战国时期的均势政策，而他们两人也是中国古代的均势大师。在战国时期，整个局势呈一超多强的格局。苏秦的合纵思想就是要联合六国以与秦国抗衡，建立起一种力量平衡，以此来求得六国的安全。而张仪则要以连横战略打破这种均势，使秦国吞并六国，统一天下。他们的结盟与反结盟的措施实际上都是要建立均势和打破均势，因此说他们是均势策略的大师。"② 公元前 328 年，秦国以张仪为相，公孙衍便离开秦国，做了魏国丞相，由此合纵的形势开始形成了。

在公元前 318 年，公孙衍发动第一次"五国伐秦"的合纵之举。参加"五国伐秦"的有魏、赵、韩、燕、楚五国，声势很大。当时曾推楚怀王为纵长，但是楚国和燕国并没有出兵，实际出兵的只有魏、赵、韩三国，当他们进攻到函谷关时，秦国出兵反击，三国联军于是纷纷退兵。次年，秦国派庶长樗里疾乘胜追击，一直进攻到韩邑修鱼，即今河南原阳西南，俘虏韩国将领申差，打败赵国公子渴，又打败韩国太子奂，斩首八万二千。

张仪为秦国用连横之策说服魏王，他以魏国在地理上处于"四战之国"的形势恐吓魏王，根据《战国策·魏策》记载，张仪对魏王说：魏国土地纵横不到一千里，士兵不过三十万。四周地势平坦，像车轴的中心，可以畅通四方的诸侯国，又没有名山大川的隔绝。从新郑到大梁不过百里，从

---

① 诸祖耿：《战国策集注汇考》中册（增补本），凤凰出版社，2008，第 952 页。
② 叶自成：《中国春秋战国时期的外交思想流派及其与西方的比较》，《世界经济与政治》2001 年第 12 期，第 29 页。

陈国到大梁，只有二百多里。战车飞驰，士兵奔跑，没等用多少力气就已经到了。魏国的南边和楚国接境，西边和韩国接境，北边和赵国接境，东边和齐国接境，士兵驻守四面边疆，光是防守边塞堡垒和运送粮食的人就不少于十万。魏国的地势，本来就是个战场。假如魏国向南与楚国友善而不和齐国友善，那么齐国就会攻打你的东面；向东与齐国友善而不和赵国友善，那么赵国就会攻打你的北面；与韩国不合作，那么韩国就会攻打你的西面；不亲附楚国，那么楚国就会攻打你的南面；这就叫作四分五裂的地理形势啊。然后，张仪以魏国的国家安全利益劝魏王与秦国连横，他说："为大王计，莫如事秦。事秦则楚、韩必不敢动。无楚、韩之患，则大王高枕而卧，国必无忧矣。"意思是，我替大王着想，不如侍奉秦国。如果您侍奉秦国，那么楚国、韩国一定不敢轻举妄动；没有楚国、韩国的外患，那么大王就可以高枕无忧，安心地睡大觉了，国家一定没有什么可以忧虑的事了。张仪深知，魏国是秦国连横的关键，如果魏国服从了秦国，再去说服韩国、赵国，进而说服楚国，那么，东方合纵攻秦之策就不攻自破了。此后，秦国试图制服韩、赵、魏三国，连年用兵，迫使三国与秦国连横。

张仪为秦国用连横之策，去南方的楚国对楚怀王进行游说，拆散了齐楚的合纵同盟。据《战国策·秦策》记载：齐国帮助楚国进攻秦国，已经攻下了秦国的曲沃（曲沃有两处，此处的曲沃在今河南省陕县曲沃镇）。秦国想要报仇进攻齐国，可是由于齐国、楚国是友好国家，秦惠文王为此感到非常忧虑。于是，秦惠文王就对张仪说："寡人想要发兵攻齐，无奈齐、楚两国关系正密切，请贤卿为寡人考虑一下怎么办才好。"张仪说："请大王为臣准备车马和金钱，让臣去南方游说楚王试试！"于是，张仪去南方楚国见楚怀王说："敝国国王最敬重的人莫过于大王了，我做臣子，也莫过于希望给大王您做臣子；敝国所最痛恨的君主莫过于齐国，而臣张仪最不愿侍奉的君主莫过于齐王。现在齐国的罪恶，对秦王来说是最严重的，因此秦国才准备发兵征讨齐国，无奈贵国跟齐国缔结有军事攻守同盟，以致使秦王无法好好侍奉大王，同时也不能使臣张仪做大王的忠臣。然而如果大王能关起国门跟齐国断绝邦交，让臣劝秦王献上方圆六百里商於的土地

（今陕西商州以南至汉中的地区）。如此一来，齐国就丧失了后援，而必定走向衰弱；齐国走向衰弱以后，就必然听从大王号令。由此看来，大王如果能这样做，楚国不但在北面削弱了齐国的势力，而又在西南对秦国施有恩惠，同时更获得了商於六百里土地，这真是一举三得的上策。"楚怀王一听，非常高兴，就赶紧在朝宣布："寡人已经从秦国得到商於六百里肥沃的土地！"群臣听了怀王的宣布，都一致向怀王道贺，唯独客卿陈轸最后晋见，而且根本不向怀王道贺。这时怀王就很诧异地问："寡人不发一卒，而且没有伤亡一名将士，就得到商於六百里土地，寡人认为这是一次外交上的重大胜利，朝中文武百官都向寡人道贺，偏只有贤卿一人不道贺，这是为什么？"陈轸回答说："因为我认为，大王不但得不到商於六百里，反而会招来祸患，所以臣才不敢随便向大王道贺。"怀王问："这是什么道理呢？"陈轸回答说："秦王之所以重视大王的原因，是因为有齐国这样一个强大盟邦。如今秦国还没把土地割让给大王，大王就跟齐国断绝邦交，如此就会使楚国陷于孤立状态，秦国又怎会重视一个孤立无援的国家呢？何况如果先让秦国割让土地，楚国再来跟齐断绝邦交，秦国必不肯这样做；要是楚国先跟齐国断交，然后再向秦国要求割让土地，那么必然遭到张仪欺骗而得不到土地。受了张仪的欺骗，以后大王必然懊悔万分；结果是西面惹出秦国的祸患，北面切断了齐国的后援，这样秦、齐两国的军队都将进攻楚国。"楚王不听从，说："我的事已经办妥当了，你就闭口，不要再多说，你就等待寡人的成果吧！"于是楚怀王就派使者前往齐国宣布跟齐国断绝邦交，还没等第一个使者回来，楚怀王竟急着第二次派人去与齐国绝交。

　　事情果然如陈轸所预料的，楚国与齐国断绝邦交之后，张仪便改口是六里之地的许诺用来激怒楚国，此时，秦国暗中联合齐国、韩国一起攻打楚国。据《战国策·秦策》记载：张仪回到秦国之后，秦王就赶紧派使者前往齐国游说，秦国、齐国的盟约暗暗缔结成功。果然不出陈轸所料，当楚国一名将军去秦国接收土地时，张仪为了躲避楚国的索土使臣，竟然装病不上朝。得知此信，楚怀王说："张仪以为寡人不愿诚心跟齐国断交吗？"

于是楚怀王就派了一名勇士前去齐国骂齐王，张仪在证实楚国与齐国确实断交以后，才勉强出来接见楚国的索土使臣，说："敝国所赠贵国的土地，是这里到那里，方圆总共是六里"。楚国使者很惊讶地说："臣只听说是六百里，却没有听说是六里。"张仪赶紧郑重其事地巧辩说："我张仪在秦国只不过是一个微不足道的小官，怎么能说有六百里呢?"楚国使臣回国报告楚怀王以后，怀王大怒，就准备发兵去攻打秦国。这时陈轸走到楚王面前表示："现在我可以说话了吗?"怀王说："可以。"于是陈轸就很激动地说："楚国发兵去攻打秦国，绝对不是一个好办法。大王实在不如趁此机会，不但不向秦国要求商於六百里土地，反而再送给秦国一座大都市，目的是跟秦国连兵伐齐，如此或许可以把损失在秦国手里的再从齐国拿回来，这不就等于楚国没有损失吗? 大王既然已经跟齐国绝交，现在又去责备秦国的失信，岂不是等于在加强秦、齐两国的邦交吗? 这样的话，楚国必受大害!"可惜楚怀王仍然没有采纳陈轸的忠谏，而是照原定计划发兵北去攻打秦国。

公元前312年，楚怀王命令楚国大将屈匄（通"丐"）率兵进攻秦国，面对楚怀王大兵压境，秦惠文王曾使宗祝作《诅楚文》向"皇天上帝及不显大神巫咸、大沈、久湫之光列威神"控诉楚王熊相（楚怀王）倍盟犯诅，"却划伐我社稷，伐灭我百姓"的罪恶意图，使得秦军的虎狼之师抗击楚军师出有名。秦国这时分三路出兵加以反击，东路由名将樗里疾统率，从函谷关进入韩国的三川地区，帮助韩国对围攻雍氏的楚将景翠进行反包围；中路由庶长魏章统率，从蓝田出发，经武关，到商於之地反击进攻的楚军。西路由甘茂统率，从南郑出发，向东进攻楚国的汉水流域，配合魏章一起攻取楚国的汉中。楚国大将屈匄与秦国魏章率领的军队在丹阳展开激战，结果楚军兵败杜陵，被斩首甲士达八万之多，屈匄等七十余将领被俘。接着魏章由此向西进攻，与西路向东进攻的甘茂所部会合，攻取了楚国汉中六百里地。东路樗里疾曾帮助魏章打败楚将屈匄，因而被封为严君，又帮助韩国反攻楚国景翠所部得胜，接着就向东进发，帮助魏国打败齐军于淮水一带，齐将声子战死，齐将匡章败走。樗里疾所统率的这支秦军穿越韩、魏二国，一直攻到魏国的东北边。楚怀王因汉中失守而大怒，再发大军袭秦，一度深入蓝田，结果又大败。经过反复争夺，秦国军队占领了楚国汉中六百里并建立汉中郡，从此秦国本土与巴蜀连成一片，国家实力进一步壮大。

张仪对魏国、楚国连横以后，又分别说服韩国、赵国、燕国、齐国与秦连横，六国合纵同盟攻秦的图谋被破坏了。李斯在《谏逐客书》中赞扬秦惠文王用张仪之谋"散六国之纵，使之西面事秦，功施到今"。但是张仪的连横是一种均势外交，不能大量赢得土地，要兼并他国土地就要诉诸武力。所以，雄心勃勃的秦武王即位之后，对张仪的做法很不满意，张仪便离开秦国去魏国任相。东方各国听说秦武王不信任张仪，便不愿再同秦国连横。

三、秦武王对秦国法治责任伦理的拓展

秦武王（前310—前307年，在位4年）继续拓展秦国王业。由于秦惠文王用张仪之谋，"散六国之纵，使之西面事秦"，韩、魏、齐、楚、赵几个大国都宾服于秦国。秦武王继位之后，巩固已有的有利形势，继续拓展秦国的王业。秦武王重视军战，制定东进战略。设置左右丞相，建立委托代理责任制；君臣签订"息壤之盟"，确立法治责任伦理范本。重视农耕，制定并推广《田律》。现将以上三个方面分述如下：

其一，秦武王重视军战，制定东进战略。公元前310年，秦武王继位之时，韩、魏、齐、楚、赵等大国都宾从于秦。于是，秦武王首先致力于巩固后方和整顿内政。公元前310年，秦武王元年，武王与魏襄王在临晋相会，以巩固秦、魏联盟，接着就镇压巴、蜀地区的割据势力及少数民族。丹、黎两个小国原臣服于蜀，后又降秦。武王派兵镇守丹、黎，又派兵戒备义渠戎人，以确保秦国后方的安定。公元前308年，秦武王与魏襄王相会于应，又与韩襄王相会于临晋外。秦武王会见魏国、韩国君主之后，告诉甘茂说："寡人欲容车通三川，窥周室，死不恨矣。"（《史记·秦本纪》）秦武王告诉甘茂说，他想要车队通过三川郡，窥视周王室，死了也不悔恨！

当时，三川郡属于韩国，三川是黄河、伊水、洛水交汇的地方，东周、西周也处于三川，是周王畿洛阳的所在地。秦武王"容车通三川"，其实是要到达周王畿洛阳，但是要到达洛阳，必须经过中原大国韩国，于是，秦武王制定东进战略，在公元前 308 年使甘茂、庶长封率兵攻伐宜阳，以实现"窥周室，死不恨矣"的愿望，推进秦国的王业向前发展。

其二，秦武王重视农耕，修订并推广《田律》。根据《史记·秦本纪》记载：公元前 310 年，秦武王元年，"诛蜀相壮"。在诛杀了蜀相壮之后，秦武王在蜀地颁布《田律》建立土地责任制。1979 年 1 月，青川县城郊公社白井坝生产队社员在郝家坪修建房屋时，发现一座古墓。四川省博物馆和青川县文化馆随即进行清理。以后，又在郝家坪双坟梁发现一百座战国墓。自 1979 年 2 月至 1980 年 7 月，先后三次发掘，共清理七十二座墓葬。在 M50 墓边箱之内，发现了青川郝家坪秦墓木牍。木牍记载了公元前 309 年，秦武王二年，王命左丞相甘茂更修田律等事。按照《史记》的记载，公元前 310 年，秦武王元年，甘茂伐蜀，木牍中"二年"的时间定位正与这段历史记载相符合。其中，木牍 16 正面文字："二年十一月己酉朔朔日，王命丞相戊（茂）、内史匽氏，臂更修为《田律》：田广一步，袤八则，为畛。亩二畛，一百（陌）道。百亩为顷，一千（阡）道。道广三步。封高四尺，大称其高。埒（埒）高尺，下厚二尺。以秋八月，修封埒（埒），正疆畔，及发千（阡）百（陌）之大草。九月，大除道及阪险。十月为桥，修陂隄，利津隧鲜草。虽非除道之时，而有陷败不可行，辄为之。"[1] 意思是说，（秦武王）二年十一月初一，王命左丞相甘茂、内史匽，取臂（秦律），更修为（蜀地）《田律》。律令如下：畛道的标准，定为宽一步，长八则（一则三十步），一亩有两条畛道和一条陌道。百亩合一顷，一条阡道，道宽三步。封，高四尺，为最高者。埒，高一尺，下厚二尺。于三年秋八月始行，修封、埒，端正疆畔等界域，并刈杀阡陌上的荒草。九月，修路及水道；十月，造桥，修陂堰筑堤坝，以利疏通河道。纵使没修道路时杂

---

① 陈伟主编：《秦简牍合集》（贰），武汉大学出版社，2014，第 190 页。

草较少，然路有毁坏坎坷不平而不可行，遂相机而修道。青川郝家坪秦墓木牍表明，秦国"开阡陌"对作为客体的劳动对象的土地进行定量划分修整，从而建立了秦国在新开辟的蜀地上的土地责任制。

其三，秦武王设置左右丞相，建立君臣委托代理责任制。根据《史记·秦本纪》记载：公元前 309 年，秦武王"二年，初置丞相，樗里疾、甘茂为左右丞相"。虽然在秦惠文君时期，公元前 334 年，秦惠文君"四年相邦樛（liáo）游戈"的发现，已经证明"相邦"职位的存在。[①] 在相邦职位的基础上，秦武王时又设立了"左右丞相"。而且，只有到了秦武王时期，"丞相"才成为秦国独立创造的一个官名。所以"丞相"名称，及其"掌丞天子，助理万机"（《汉书·百官公卿表》）的特殊地位却是在秦国确立的。应劭说："丞者，承也；相，助也"，"相也者，百官之长也"（《吕氏春秋·举难》）。秦国设立相邦、左右丞相之职，上承最高统治者君主的命令，领导百官管理整个国家的事务。这就和那些有三卿或者六卿执政的诸侯国明显不同。秦国创造并确立丞相制度的意义，在于完成了春秋战国以来政治制度的一个重大转变：以新的官僚科层制取代传统的世卿世禄制度，在君主与丞相管理班子之间建立了委托代理责任关系。君主称为委托人，丞相称为代理人。君主授权于丞相的管理班子，丞相代表君主从事国家管理活动，委托代理的信托责任关系就发生了，君主与丞相之间的法治责任伦理随之形成。

其四，"息壤之盟"：秦国法治责任伦理的一个范本。当秦国君主与丞相班子的委托受托法治责任关系建立之后，在重大事项上如何实施？宜阳之战，秦武王与丞相甘茂之间签订的"息壤之盟"，成为君臣法治责任伦理范本。根据《资治通鉴》记载：公元前 308 年，秦武王三年，秦武王让甘茂与魏国约定讨伐韩国，命令向寿一同前往。甘茂到达魏国，命令向寿回到秦国，告诉秦武王说："魏国已经听从我的建议一起讨伐韩国了，然而，希望君王不要讨伐！"秦武王迎接甘茂到息壤询问原因。甘茂回答说："宜

---

① 王辉、王伟：《秦出土文献编年订补》，三秦出版社，2014，第 35 页。

阳是一个大县，其实就是郡。今天君王要冒着数重危险，行军千里，要攻克太不容易了。"甘茂就用"曾子杀人"的故事告诉秦武王人言可畏；还用"乐羊伐中山"的故事告诉秦武王信任的脆弱性。甘茂害怕遭到樗里疾、公孙奭的诽谤，就与秦武王签订了保证君臣互信的"息壤之盟"，到了秋天，出兵讨伐宜阳。公元前307年，秦武王四年，甘茂攻击宜阳，五个月还没有攻下，樗里疾、公孙奭果然发出非议。秦武王召回甘茂，想要罢兵。甘茂提醒秦武王："息壤在彼。"秦武王说："是的。"于是增加兵力支持甘茂。甘茂斩杀敌人六万，拔掉了宜阳。韩国的公仲侈到秦国来请求和平。由此可见，秦武王与丞相甘茂之间建立法治责任伦理的必要条件是信任，没有信任，就无法建立委托人与受托人之间的信托责任关系。甘茂攻下宜阳之后，同时还攻取黄河对岸的武遂，并在此筑城，秦国势力深入中原，真的实现了张仪曾经说过的秦国"王业"："据九鼎，案图籍，挟天子以令天下，天下莫敢不听，此王业也。"（《战国策·秦策》）而甘茂的"息壤在彼"一语，成为君王与丞相之间通过信任建立君臣法治责任伦理的范本。

甘茂攻下宜阳之后，秦武王本想一举攻灭东周，夺取九鼎，成就王业。秦武王的想法被东周谋士周最劝阻。于是，秦武王让樗里疾率领兵车百乘访问周都，作战略试探。根据《战国策·秦策》记载："秦令樗里疾以车百乘入周，周君迎之以卒，甚敬。楚王怒，让周，以其重秦客。游腾谓楚王曰：'昔智伯欲伐厹由，遗之大钟，载以广车，因随入以兵，厹由卒亡，无备故也。桓公伐蔡也，号言伐楚，其实袭蔡。今秦者，虎狼之国也，兼有吞周之意；使樗里疾以车百乘入周，周君惧焉，以蔡、厹由戒之，故使长兵在前，强弩在后，名曰卫疾，而实囚之也。周君岂能无爱国哉？恐一日之亡国，而忧大王。'楚王乃悦。"东周君迎接樗里疾率领的兵车进入周都，樗里疾进入王宫，并告知周赧王，秦武王将亲临王宫，试举周鼎，遭到周赧王拒绝。樗里疾迁周赧王于西周国。秦武王孔武有力，十分喜欢大力士，任鄙、乌获、孟说等力士皆被委以大官。公元前307年，秦武王四年，秦武王带大力士孟说来到周都太庙，秦武王与孟说举龙文赤鼎为戏，不慎绝膑，数月而死。秦武王"窥周室，死不恨矣！"一语成谶。东周国与西周国也因介入秦国连横合纵而发生冲突。此后秦国在秦昭襄王时期,运用魏冉的蚕食战略不断削弱东方诸侯,最终消灭延续了八百年的周王朝。

第二节 秦国法治责任伦理的形成:
从 "王业" 到 "帝业" 的探索

这一阶段秦国经历三王,是秦国从王业进入帝业的过渡时期。秦孝公采纳"强国之术",用商鞅"变法修刑",秦国复兴秦穆公之业,再次称霸;秦惠文王时期,收复全部河西以及上郡十五县,向南吞并巴蜀富庶之地,秦国由此走上富强之路,秦惠文王成为秦国称王第一人;秦昭襄王时期,魏冉蚕食六国,范雎远交近攻,秦国挑战国际权力体系,试图从称王升级为称帝。秦国剑指东方,秦国与六国的博弈就像冠军队与明星队的对抗比赛;更像狡猾的黄鼠狼与绳子系在一起的连鸡之间的较量。秦国军队在南部击破楚国,中部击溃韩国、魏国,东部削弱齐国,北部打残赵国。此时六国合纵抗秦,秦则以连横破纵,秦国以灵活的外交斗争与猛烈的军事进攻,逐次削弱诸国,造成了不得不由秦统一天下的态势。如果说秦穆公时期,乃至秦孝公时期是一个强国众多,只能称霸的时代,那么,秦昭襄王时期,则是强国较少,可以称王、称帝的时代。正如《管子·霸言》所言:"强国众,合强以攻弱,以图霸。强国少,合小以攻大,以图王。强国众,而言王势者,愚人之智也。强国少,而施霸道者,败事之谋也。"所以,秦惠文王将秦国霸业升级为王业,而秦昭襄王则要将秦国王业升级为帝业。此时,秦国法治责任伦理就在这种博弈中逐步完善。

一、秦昭襄王确立秦国法治责任伦理的新目标:从"王业"升级到"帝业"

秦国从"王业"升级到"帝业"有什么实质的不同呢?秦国的"王业"升级到"帝业",在实质上有以下三点不同:一是宗教信仰的差异。按照中华传统宗教观念,在夏商周三代信仰体系中,最高的神就是"帝",或者"上帝"。殷人崇拜"帝"或者"上帝",认为死去的祖先君主可以"宾于帝",甚至直接称呼死去的祖先君主为"帝"。但是,活着的君主则称为"王"而不得称为"帝"。君主称"帝"则意味着已经死去,而且唯有死去,才能够发挥"帝"的宗教信仰权能,居于天上"帝所"的先君能够决定人间的吉凶祸福。秦人在宗教信仰上继承殷文化,创立"五帝志业宗教",祭祀白帝、青帝、黄帝、赤帝、黑帝。并且,秦人作为责任主体,是以"五帝"为责任受体,一切政治军事活动都要向"五帝"负责任。这和周文化是不同的。周人信仰的"帝"或者"上帝"是至上神,也叫作"天","天生烝民",众民都是天生之子,周天子即是天之"元子"。死后可以"严在上",即恭敬地在上帝左右,"三后在上",即太王、王季、文王在天上,可以赐福于子子孙孙。但是,"王不僭帝",周人的君主称为"天子",却从来不称为"天""帝",因为"天""帝"是至上神,具有超越的"道""德"本质。按照"禀彝说",人只能秉承"天""帝"的美德。秦人信奉"五帝",一方面继承殷文化对上帝的宗教信仰传统,如秦襄公被封为诸侯,认为自己受天命主白帝之神,便开始建立西畤祭祀白帝,此后,秦国君主祭祀五帝,形成对上帝的宗教信仰。另一方面又打破殷文化君主活着不能称帝的禁忌,对周文化"王不僭帝"的宗教信仰也不屑一顾,自以为征服天下的盖世功勋可以和"五帝"并肩,治理天下的智慧超过了尧、舜、禹,自己就是行走在大地上的神,于是,以"王"僭"帝",[①] 秦国让活着的君王直接"称帝"。活着的君王转变成与"五帝"一样的责任受体了。二是政治哲学的差异。按照中华传统政治哲学,讲究"治世之道"与"治世之术"。如商鞅游说秦孝公讲的"三道一术"即帝道、王道、霸道,强国之术,其中的政治哲学理念具有很大差异。荀子认为,强国之术的实质是争夺土地,霸道是争夺诸侯盟友,王道是争夺天下人心。按照周人的理解,帝道就是"顺帝之则",顺应天地之道。根据《诗经·皇矣》的诗句:"帝谓文王,予怀明德,不大声以色,不长夏以革,不识不知,顺帝之

---

① 张远山:《以"王"僭"帝"的秦汉秘史》,《书屋》2011 年第 7 期,第 46 页。

则。"就是说，上帝告诉周文王，要按照上天赋予的明德，不要疾言厉色，不要倚仗兵革，不要道听途说，而要按照上帝的法则，或者按照天地之道，追求天下大公。这就是帝道的政治哲学意义。三是伦理关系的差异。在宗教信仰上"帝"或者"上帝"是至上神；在政治哲学上"帝道"是至公的政治实体，"帝业"是至上、至公的政治事业；在伦理关系上，秦国称帝，活着的秦国君主与接受祭祀的"五帝"并列，秦国君主由最高责任主体翻转为最高责任受体，无论是战国诸侯之王、东周天子、邦国公侯、黎民百姓，都要向秦"帝"承担责任。秦国君主过去还要向周天子负责，向诸侯盟友负责、向黎民百姓负责，秦国君主一旦称帝，不再是责任主体，而是责任受体，别人反过来都要向秦国君主承担责任。秦国君主作为"帝"按照自己的意志，可以征讨战国诸侯之王，废黜东周天子，控制邦国公侯，支配黎民百姓。这是责任伦理关系的一次大反转，一次责任伦理关系的质变。

二、秦昭襄王"王业"与"帝业"追求的曲折历程

从秦惠文王"愿以异日"、秦昭襄王称"西帝"与"去帝号"，到最后"王郊见上帝于雍"，秦国的"王业"经过秦惠文王、秦武王的开拓，已经取得了极大成就，早有称帝雄心。根据《战国策·楚一》记载：张仪为秦国破纵连横对楚怀王说："秦地半天下，兵敌四国，被山带河，四塞以为固。虎贲之士百余万，车千乘，骑万匹，粟如丘山。法令既明，士卒安难乐死。主严以明，将知以武。虽无出兵甲，席卷常山之险，折天下之脊，天下后服者先亡。且夫为纵者，无以异于驱群羊而攻猛虎也。夫虎之与羊，不格明矣。今大王不与猛虎而与群羊，窃以为大王之计过矣。"虽然秦相张仪凭借纵横家三寸不烂之舌，对秦国的综合实力的叙述有夸张之词，但是，"秦地半天下，兵敌四国"并非虚语。秦惠文王开疆拓土，野心勃勃，苏秦到秦国游说秦惠文王"称帝而治"。秦惠文王对苏秦的"称帝"建议，以清醒的理智和谦恭礼貌的态度给以婉拒："愿以异日"。根据《战国策·秦一》记载：苏秦对秦惠文王说："大王之国，西有巴、蜀、汉中之利，北有胡貉、

代马之用，南有巫山、黔中之限，东有崤、函之固。田肥美，民殷富，战车万乘，奋击百万，沃野千里，蓄积饶多，地势形变，此所谓天府，天下之雄国也。以大王之贤，士民之众，车骑之用，兵法之教，可以并诸侯，吞天下，称帝而治。愿大王少留意，臣请奏其效。秦王曰：'寡人闻之，毛羽不丰满者，不可以高飞；文章不成者，不可以诛罚；道德不厚者，不可以使民；政教不顺者，不可以烦大臣。今先生俨然不远千里而庭教之，愿以异日。'"可见，秦惠文王在政治上已经非常成熟，对秦国称帝之事，既能面对现实又富有远见。

秦昭襄王称帝的战略试探：第一次，魏冉主持操纵秦、齐二国称"西帝""东帝"，不久"去帝号"，秦国称帝梦想落空。由于周王室衰落，六国纷纷称王，此时，秦国、齐国二国实力最强，于是谋求称帝。公元前288年，秦昭襄王十九年，秦昭襄王自称"西帝"，秦国主事者魏冉又到齐国怂恿齐闵王称"东帝"。根据秦国"五帝志业宗教"信仰，西方为白帝，东方为青帝。根据《史记·秦本纪》记载："王为西帝，齐为东帝，皆复去之。"又据《史记·魏世家》记载："秦昭襄王为西帝，齐闵王为东帝，月余皆复称王归帝。"齐国和秦国为什么又去掉了帝号？在齐国，苏秦劝告齐闵王去掉帝号。根据《战国策·齐四》记载：苏秦告诉齐闵王说："如果齐国和秦国都称帝，大王您说，天下诸侯更为尊重秦国，还是更为尊重齐国？"齐闵王说："尊重秦国。"苏秦说："如果都放弃称帝，那么，天下诸侯是更为爱戴齐国，还是更为爱戴秦国？"齐闵王说："爱戴齐国，憎恨秦国。"苏秦问："齐、秦都称帝，两国讨伐赵国，还是讨伐宋国？哪个对齐国更有利？"齐闵王说："讨伐宋国有利。"苏秦说："齐国与秦国都称帝，天下诸侯尊重秦国，轻视齐国；齐国放弃称帝，天下诸侯爱戴齐国，憎恨秦国；讨伐赵国不如讨伐宋国有利。所以，臣下希望大王明确宣布放弃称帝，亲近天下诸侯；背弃盟约，拒斥秦国，不去争谁比谁更受尊重。大王利用这次机会消灭宋国。于是，苏秦劝谏齐闵王放弃了称帝，撤销了帝号，让齐国去攻打秦国的盟友宋国。其实，魏冉操纵齐国、秦国二王，改变"王"号，尊称"帝"号，向天下公开宣布秦国称帝意图，是对天下诸侯国进行的一次战略试探。

第二次，苏秦合纵五国伐齐，鼓动秦为西帝，赵为中帝，燕为北帝，苏秦死，秦国称帝梦想再次落空。公元前286年，秦昭襄王二十一年，齐国联合魏国、楚国消灭了宋国，三家瓜分了宋国的土地，宋国灭亡。就在齐国灭宋的紧急关头，苏秦写信给燕昭王，鼓动燕昭王让秦国、赵国、燕国称帝。按照秦国五帝志业宗教，西方白帝、中央黄帝、北方黑帝。苏秦让这三个国家依次称为西、中、北三帝，苏秦的目的是希望合纵诸国讨伐齐国。根据《战国策·燕策一》记载：苏秦致信燕昭王："秦为西帝，赵为中帝，燕为北帝，立为三帝而以令诸侯。韩、魏不听，则秦伐之。齐不听，则燕、赵伐之。天下孰敢不听？天下服听，因驱韩、魏以攻齐，曰，'必反宋地而归楚之淮北'。夫反宋地，归楚之淮北，燕、赵之所同利也。并立三帝，燕、赵之所同愿也。"就是说，苏秦致信燕昭王让秦国称西帝，赵国称中帝，燕国称北帝，共立三帝来命令天下诸侯。如果韩国、魏国不服从，就让秦国讨伐；如果齐国不服从，就让燕国和赵国讨伐。天下诸侯谁敢不服从？天下诸侯全都服从了，就率领韩国、魏国攻打齐国，并且声明："必须归还宋国的土地，同时归还楚国的淮北。"归还宋国的土地，同时归还楚国的淮北，这是燕国、赵国共同的利益；三帝并立，这是燕国、赵国共同的愿望。公元前284年，秦昭襄王二十三年，"尉斯离与韩、魏、燕、赵共击齐，破之"（《史记·六国年表》）。秦国尉斯离率领大军与韩国、魏国、燕国、赵国合纵攻击齐国，破灭了齐国。策划三国称帝，密谋合纵诸侯攻击齐国的苏秦被齐国处死了；加之赵国、燕国无意称帝，秦昭襄王第二次称帝梦想也落空了。同年，由楚国派遣的齐国丞相淖齿，抽擢了齐闵王的筋，悬挂在庙堂之上，一夜间就死了。齐国遭受秦国、燕国合纵六国的毁灭性打击，从此一蹶不振。

第三次，秦国乘长平之战余威包围邯郸，魏安釐王派遣新垣衍劝说赵平原君以拥戴秦昭襄王称帝为条件，以换取解除邯郸之围。可是，鲁仲连"义不帝秦"，秦昭襄王称帝梦想最后落空。公元前284年，秦昭襄王二十三年，东方的齐国遭受毁灭性打击之后，公元前279年，秦昭襄王二十八年，秦国向南方的楚国用兵，攻破鄢郢；公元前 260 年，秦昭襄王四十七年，秦国向北方的赵国用兵，长平之战阬杀四十万赵军，秦国击溃了南北两翼楚国、赵国，开拓了帝业的空间。根据《史记·范雎蔡泽列传》记载，蔡泽说："楚地方数千里，持戟百万，白起率数万之师以与楚战，一战举鄢郢以烧夷陵，再战南并蜀汉。又越韩、魏而攻强赵，北阬马服，诛屠四十余万之众，尽之于长平之下，流血成川，沸声若雷，遂入围邯郸，使秦有帝业。楚、赵，天下之强国而秦之仇敌也，自是之后，楚、赵皆慑伏不敢攻秦者，白起之势也。"① 就是说，楚国有方圆数千里的土地，有百万手持剑戟的士兵，白起率领数万秦军与楚军交战，一战攻占鄢郢，焚毁了夷陵；二战向南面兼并了蜀汉。又跨越韩国和魏国进攻强大的赵国，向北面阬杀了马服子赵括，四十多万士卒于长平之下，鲜血流成了河，咆哮声如同雷霆，遂包围了邯郸城，使秦国有了帝业。楚国、赵国都是天下强国而且是秦国仇敌，从此之后，楚国、赵国因害怕而服从不敢攻秦国，就是慑于白起的威势。

公元前 257 年，秦国包围邯郸，赵国平原君向楚国、魏国请求救援，魏安釐王派遣新垣衍劝说赵平原君告诉赵王以拥戴秦昭襄王称帝为条件，以解除邯郸的围兵。根据《史记·鲁仲连邹阳列传》记载："魏王使客将军新垣衍间入邯郸，因平原君谓赵王曰：'秦所为急围赵者，前与齐闵王争强为帝，已而复归帝；今齐闵王已益弱，方今唯秦雄天下，此非必贪邯郸，其意欲复求为帝。赵诚发使尊秦昭王为帝，秦必喜，罢兵去。'平原君犹预未有所决。"就是说，魏安釐王派遣客籍将军新垣衍走小道进入邯郸，通过赵平原君对赵王说："秦国军队之所以急于包围赵国，此前因为与齐闵王争强称帝，不久又撤销了帝号；如今齐国已经衰弱，只有秦国雄踞天下，这次围城肯定不是为了邯郸，其意图是要再次称帝。赵国真能派遣使者尊奉秦昭襄王称帝，秦王一定高兴，马上撤兵。"听了新垣衍的话，赵平原君犹豫未决。此时鲁仲连通过平原君去见新垣衍，用历史上殷纣王、齐闵王等暴君对待臣仆的历史事实，说明一旦秦昭襄王称帝，秦国为主宰，列国为奴

---

① 司马迁：《史记》，中华书局，1959，第 2423 页。

仆的危害："彼秦者，弃礼义而上首功之国也。权使其士，虏使其民。彼则肆然而为帝，过而为政于天下，则连有赴东海而死矣。吾不忍为之民也！所为见将军者，欲以助赵也。"就是说，秦国是一个抛弃了礼义，崇尚首功制的国家。用权术对待士人，用奴役对待民众。如果让他肆无忌惮称帝，进而统治天下，那么我鲁仲连就跳进东海去死。我不忍做他的顺民！我来见将军，就是为了帮助赵国。听了鲁仲连的话，新垣衍不敢再说让秦昭襄王称帝的事情，秦军听到了这个消息，向后退却了五十里。恰逢魏公子无忌窃符救赵，杀死了晋鄙，夺取了军权，率领魏军击溃秦军，救援赵国，秦国军队就撤离而去。由于鲁仲连"义不帝秦"，魏国新垣衍劝说赵国让秦昭襄王称帝的梦想最后也落空了。

公元前253年，秦昭襄王五十四年，"王郊见上帝于雍"。秦昭襄王郊祭上帝于雍城。公元前288年，秦昭襄王十九年，自称"西帝"，不久"去帝号"，一生称帝之路，一波三折。公元前251年，秦昭襄王五十六年，他溘然去世，真的去见上帝了。秦昭王称帝梦想落空，可是秦昭襄王用魏冉连横合纵之策蚕食诸国，用范雎之策实行远交近攻，却为秦国奠定了帝业的基础。秦昭襄王去世后，秦庄襄王用吕不韦为相，继续远交近攻之策，从"攻人"到"义兵"，扩大了秦国的战略空间，历史等待着"千古一帝"（李贽《藏书·卷二目录》）秦始皇最终完成秦国的千古帝业。

三、依法治国：秦昭襄王确立秦国法治责任伦理的方略

从商鞅变法到秦昭襄王时期，秦国逐步变为一个伟大的法治国家，这和奉行依法治国方略有直接关系。尤其是秦昭襄王，不但继续完善法律体系，而且能够以身作则、率先垂范，堪称秦国君主中一位依法治国的典范。

秦国成就"霸业""王业"的秘诀是什么？一个明确的答案是制定国法，依法治国。韩非子批判当时流行在诸侯国的一些片面观点。《韩非子·忠孝》指出："故世人多不言国法而言从横。诸侯言从者曰：'从成必霸'；而言横者曰：'横成必王'。山东之言从横未尝一日而止也，然而功名不成，霸王不立者，虚言非所以成治也。王者独行谓之王，是以三王不务

离合而正，五霸不待从横而察，治内以裁外而已矣。"就是说，世人大多不讲国家法治，而说纵横之术。谈论合纵的诸侯说："合纵成功必然称霸。"而谈论连横的说："连横成功必然称王。"山东六国谈论纵横之术的言论没有一天停下来，然而没有成就功勋荣誉，没有建立霸业、王业，都是说了一套空话来治理国家。王者之所以是王者，在于特立独行，所以，三王不用离合之术而端正，五霸不用纵横之术而明察，在于内政大治然后裁决外交关系而已！秦国内政大治，然后主宰外交关系的关键就是依法治国方略。秦国的"霸业""王业"不断取得成功，到秦昭襄王时期，已经"四世有胜"！仅就制定国家法律而言，秦国的法律远远超出列国之上。

　　1975 年湖北省云梦县出土睡虎地秦墓竹简，其中有秦律十八种。高敏先生考证后指出，出土秦律是"在商鞅秦律的基础上，经过从商鞅死后到秦昭襄王这段时期逐步积累而撰写成的"[1]。此时，秦国沿用商鞅"变法修刑"制定的秦律总数已达至少十八种之多。根据睡虎地秦墓竹简记载的秦律，这十八种秦律可分为经济法与行政法两部分。其一，有关经济法的有《田律》《厩苑律》《仓律》《金布律》《关市》《工律》《工人程》《均工》《效》，共计律名九种，七十条律文。其二，有关行政法的包括《徭律》《司空》《军爵律》《置吏律》《传食律》《行书》《内史杂》《尉杂》《属邦》，共计律名九种，三十八条律文。[2]《秦律十八种》表明秦惠文王到秦昭襄王时期，"秦法未败"，而且不断完善，为推进秦国法治建设和法治责任伦理的实施提供法律依据。

　　秦昭襄王用依法治国的实践回答了"孝公难题"。当年，商鞅"变法修刑"，秦孝公问商鞅：秦国制定的法律条文，如何使官吏和民众"明知而用之"即知法用法，并且保持法律一致？这就是"孝公难题"。凌斌先生认为，"商鞅帮助我们看到，变法之后的法治之路，不是只有一条，而是两条；不是只有'普法之治'，还有'专法之治'"[3]。秦国实行"专法之治"，

---

　　① 高敏：《商鞅〈秦律〉与云梦〈秦律〉的区别和联系》，参看《云梦秦简初探》，河南人民出版社，1981，第41页。

　　② 栗劲：《秦律通论》，山东人民出版社，1985，第1页。

　　③ 凌斌：《法治的两条道路》，《中外法学》2007年第1期，第20页。

即由专门的法官、法吏负责法令的解释与实施。这从商鞅变法到秦昭襄王时期都是一以贯之。按照《商君书·定分》规定：制定好法令之后，"法令皆副，置一副天子之殿中，为法令为禁室，有铤钥，为禁而以封之，内藏法令一副禁室中，封以禁印。有擅发禁室印，及入禁室视禁法令，及禁剟一字以上，罪皆死不赦。一岁受法令以禁令。天子置三法官，殿中置一法官，御史置一法官及吏，丞相置一法官。诸侯、郡、县皆各为置一法官及吏，皆此秦一法官"。就是说，法令复制一份放在天子的殿中，殿中给法令建一个禁室，有锁钥，用封条把它封起来，把法令的副本藏入其中，用禁印封上。有擅自启开禁室印封的，和进入禁室偷看禁室的法令以及删改禁室法令一个字以上的，都是不可赦免的死罪。每年一次，将禁室所藏法令颁发给主管法令的官吏。天子设置三个法官，宫殿中设置一个，御史设置一个，丞相设置一个。诸侯和郡县也为他们各设置一个法官和法吏，全都比照秦都的法官。在睡虎地秦墓竹简中有《尉杂》篇规定："岁雠辟律于御史。"就是说，廷尉每年都要到御史处去核对法律条文。① 看来，秦国按照商鞅的思路制定"专法之治"的依法治国方略，一直到秦昭襄王时期，都能得到具体落实。而且，通过徙木立信，赏信罚必，形成了法律信任，形成了政府信任。这在秦国军事、行政、社会，乃至君王的决策、处理政务上都有突出表现。

秦昭襄王时期，秦国用法治方略缔造强大军队。商鞅变法实施军功爵制度，建立二十等军功爵制，这一制度从秦孝公、秦惠文王、秦武王、秦昭襄王一直延续下来，睡虎地秦墓竹简中也有具体反映。其中《军爵律》规定：从军有劳绩应授爵位和赏赐的，如还没有拜爵本人已死，而其后嗣有罪依法应耐迁的；以及本人依法应耐迁的，都不能得到爵位和赏赐。如已经拜爵，但还没有得到赏赐，本人已死及依法应耐迁的，仍给予赏赐。要求退还爵两级，用来赎免现为隶臣妾的亲生父母一人，以及隶臣斩获敌首应授爵为公士，而请求退还公士的爵，用来赎免现为隶妾的妻一人，可

---

① 睡虎地秦墓整理小组：《睡虎地秦墓竹简》，文物出版社，1978，第 64 页。

以允许，所赎的都免为庶人。工隶臣斩获敌首和有人斩首来赎免他的，都令作工匠。如果形体已有残缺，用作隐官工。[①] 这条《军爵律》告诉我们，即使犯了罪的人，只要能够在战场上斩获敌人首级，也可以获得爵位与赏赐，还可以用爵位与赏赐赎免犯罪的父母妻子。所以，即使到了秦帝国后期，少府章邯竟然发骊山刑徒组织成 20 万人的军队，并且在挽救秦帝国的过程中，南征北战立下不凡战功。可见，秦人对国家法律的信任已经深入骨髓。这种信任激发出的巨大军事能量就是秦国军队战斗力的秘密。

荀子曾经和赵孝成王、楚临武君讨论齐国、魏国、秦国的用兵之道，荀子认为，齐国的技击，魏国的武卒，在秦国锐士面前，都不是秦国锐士的对手。为什么如此？《荀子·议兵》指出："齐人隆技击，其技也，得一首者，则赐赎锱金，无本赏矣。是事小敌毳，则偷可用也，事大敌坚，则涣然离耳。若飞鸟然，倾侧反覆无日，是亡国之兵也，兵莫弱是矣。是其去赁市佣而战之几矣。魏氏之武卒，以度取之，衣三属之甲，操十二石之弩，负服矢五十个，置戈其上，冠胄带剑，赢三日之粮，日中而趋百里，中试则复其户，利其田宅，是数年而衰，而未可夺也，改造则不易周也。是故地虽大，其税必寡，是危国之兵也。秦人其生民狭阨，其使民也酷烈，劫之以势，隐之以阨，忸之以庆赏，鳝之以刑罚，使天下之民，所以要利于上者，非斗无由也。阨而用之，得而后功之，功赏相长也，五甲首而隶五家，是最为众强长久，多地以正，故四世有胜，非幸也，数也。故齐之技击，不可以遇魏氏之武卒；魏氏之武卒，不可以遇秦之锐士。"

秦昭襄王时期，通过法律机制缔造秦国法治责任政府。商鞅变法之后，秦国鼓励耕战，利出一孔，非战无由。坚决贯彻秦法"使民有功而受赏，有罪而受诛"的规定，即使遇到非常情况，也坚决不动摇。有一年秦国出现饥荒，有人建议将五苑里的果蔬发放给民众，秦昭襄王依法办事，反对无功而赏，坚持按功行赏的原则。秦大饥，应侯请曰："五苑之草著、蔬菜、橡果、枣栗，足以活民，请发之。"昭襄王曰："吾秦法，使民有功而

---

① 睡虎地秦墓整理小组：《睡虎地秦墓竹简》，文物出版社，1978，第 55—56 页。

受赏，有罪而受诛。今发五苑之蔬草者，使民有功与无功俱赏也。夫使民有功与无功俱赏者，此乱之道也。夫发五苑而乱，不如弃枣蔬而治。"

　　秦昭襄王对待自己也是依照秦国法律办事，反对超越法律搞个人崇拜。秦昭襄王生了病，老百姓听说以后，擅自买牛为秦昭襄王祈祷，秦昭襄王不但没有感谢他们，而且按照秦国法律，惩罚了那里的里长。根据《韩非子·外储说右下》记载："秦昭襄王有病，百姓里买牛而家为王祷。公孙述出见之，入贺王曰：'百姓乃皆里买牛为王祷。'王使人问之，果有之。王曰：'訾之人二甲。夫非令而擅祷，是爱寡人也。夫爱寡人，寡人亦且改法而心与之相循者，是法不立；法不立，乱亡之道也。不如人罚二甲而复与为治'。"从前，春秋时期，秦穆公赠酒于食马肉的乡里野人，这是重视德治价值；战国时期，秦昭襄王却惩罚了擅自买牛为他祈祷的人，这是重视法治价值。表明秦国从重视德治的国家转变为重视法治的国家。

　　在秦国，无论职位多高、功劳多大、关系多硬，法律面前一律平等。丞相范雎保任郑安平、王稽在秦国担任重要职位。公元前257年，秦昭襄王五十年，赵安平攻击赵国，被赵军包围，情急之下，赵安平以两万人投降敌人；公元前255年，秦昭襄王五十二年，王稽为河东守，他背着朝廷与诸侯勾结，罪行败露，以法论处。按照秦国法律"任人而所任不善者，各以其罪罪之"。范雎身居丞相高位，给秦国立下大功，又同秦昭襄王关系亲密。秦昭襄王试图对范雎法外超恩，但是，法不容情，根据睡虎地秦墓竹简中的《编年纪》记载：公元前255年，秦昭襄王"五十二年，王稽、张禄死"。张禄是范雎的化名，范雎此年死于非命，必与郑安平、王稽案件有关。即使到了秦王政时期，按照同样的法律，吕不韦也因为嫪毐案件连坐而被免职。可见，秦国官吏的一切行为都要为其结果承担责任。

　　荀子曾经在秦国实地考察，他会见应侯范雎，还有他的学生李斯，发现秦国政府的官员，从基层、中层、高层的各级官吏清廉、敬业、忠诚，秦国政府办事高效、简便，都能成功，秦国法治责任政府达到了"治之至"的水准。根据《荀子·强国篇》记载："应侯问孙卿子曰：入秦何见？孙卿子曰：其固塞险，形势便，山林川谷美，天材之利多，是形胜也。入境，观其风俗，其百姓朴，声乐不流污，其服不佻，甚畏有司而顺，古之民也。及都邑官府，其百吏肃然，莫不恭俭、敦敬、忠信而不楛，古之吏也。入其国，观其士大夫，出于其门，入于公门；出于公门，归于其家，无有私事也；不比周，不朋党，倜然莫不明通而公也，古之士大夫也。观其朝廷，其朝闲，听决百事不留，恬然如无治者，古之朝也。故四世有胜，非幸也，数也。是所见也。故曰：佚而治，约而详，不烦而功，治之至也，秦类之矣。"之所以秦国政府治理国家如此优良，关键就是依法治国。

四、秦昭襄王依法治国取得巨大成功

1. 秦昭襄王用魏冉连横、合纵之策蚕食诸国。公元前307年，秦昭襄王即位，年仅20岁，本为楚人的宣太后主政，满朝文武不少为宣太后亲族，经过平定一场以庶长壮为首的诸公子内乱，秦国军政大权实际操于宣太后的同母异父弟魏冉之手。魏冉在外交上采用秦、楚两国联合的方针。公元前305年，秦昭襄王即位不久，就用厚礼贿赂楚国。楚国来秦国迎娶女子。公元前304年，秦昭襄王与楚怀王在黄棘订立盟约，秦昭襄王把楚国上庸归还给楚国。公元前303年，齐国、韩国、魏国以楚国与秦国联合而违背了合纵同盟为由，三国联合讨伐楚国。楚国让太子横到秦国当人质请求救助。秦国就派客卿通率军救助楚国，三国慑于秦的威力才率军离去了。公元前302年，韩、魏、秦三国在临晋会盟，表示休战。在秦国当人质的太子横与秦国一位大夫私下殴斗，楚国太子杀死了这位大夫逃回楚国，秦国、楚国关系因此交恶。

公元前301年，秦国和齐国、韩国、魏国共同攻打楚国，杀死楚国大将唐昧，攻下了楚国的重丘。公元前300年，秦国又攻打楚国，把楚军打得大败，杀死三万楚兵，杀死楚国将军景缺。公元前299年，秦国又攻打楚国，夺取了八座城市。在楚国节节败退之际，秦昭襄王给楚怀王送去一封国书，表示愿意修好，并约请楚怀王到武关结盟。求和心切的楚怀王不听劝阻贸然赴会，被秦国将军劫持到咸阳，秦昭襄王提出要楚国割让巫、黔中二地才放他回去。楚怀王提出先立盟约再割地，秦国不允。秦国对楚怀王的要挟并没有得逞。此时楚国另立了新君王对付秦国，秦昭襄王骑虎难下非常生气，派军出武关攻打楚国，把楚军打得大败，杀死楚国五万士兵，夺取了析邑等十五座城离开楚国。楚怀王试图逃跑，秦国封锁了通往楚国的道路，楚怀王由小路逃跑到赵国，赵国拒绝接纳，再逃跑到魏国，被秦国派兵捉回。秦国这种不讲仁义道德的行为激怒了东方国家，并给秦国在国际关系上惹来很大的麻烦。

公元前298年，齐国借机发起第二次合纵攻秦，参加的有魏、赵、韩，后来宋、中山也参加。六国合纵的联军攻破函谷关，秦国不得已割地求和，将河外的封陵归还给魏，将武遂归还给韩，六国合纵的联军才退走。公元前296年楚怀王病死于秦国。公元前295年，秦国免去楼缓相位，任用魏冉为丞相与楚国修好；齐国免去孟尝君相位，任用吕礼为相也与秦国修好。不过，秦国、齐国的暂时停战各有目的：齐国的目的是为了集中兵力攻击宋国，扩张自己的领土；秦国的目的是为了集中兵力攻击韩、赵、魏、楚等国，蚕食他们的土地。

公元前294年，即秦昭襄王十三年，秦国派向寿伐韩国，取武始，派白起攻新城。公元前293年，即秦昭襄王十四年，白起攻韩、魏二国联军于伊阙，斩首二十四万，虏公孙喜，拔五城。公元前292年，即秦昭襄王十五年，白起攻魏国，取垣城，又归还了。转而攻取原属楚国后属韩国的宛城，宛城是中原冶铁重镇，具有重要经济意义。公元前291年，即秦昭襄王十六年，司马错率领另一支秦军攻取魏国的轵及邓。公元前289年，即秦昭襄王十八年，司马错重新攻取垣城，"河雍，决桥取之"。

公元前288年，即秦昭襄王十九年，秦昭襄王曾在宜阳称"西帝"，又怕齐国反对，就派魏冉到齐国尊齐闵王为"东帝"，不久都又取消了帝号。秦昭襄王称帝美梦没有实现，却又给自己招来麻烦。在苏秦的鼓动下，以齐国为首的合纵联盟又活动起来。公元前287年，即秦昭襄王二十年，韩、赵、魏、燕、齐五国攻秦的合纵联盟便已经形成。可是，五国表面上一致，实际上却是各有打算：齐国的目的是攻宋，而苏秦的真实用意则是替燕国执行反间计划，联络赵、魏趁机攻齐，以报齐国公元前314年的灭燕之仇。

赵、魏真心伐秦，却是有心无力。所以，五国伐秦大军在成皋只是徘徊、观望、叫嚷，并没有真的向秦国发起进攻就无功而退了。

公元前286年，即秦昭襄王二十一年，齐国终于将宋国灭掉了。齐国的急剧扩张直接威胁到三晋和楚国的利益，于是，伐秦的联盟开始瓦解，联合伐齐的联盟开始酝酿：公元前285年，秦昭襄王与楚顷襄王在宛城相会，又与赵惠文王在中阳相会。公元前284年，秦昭襄王与魏王在宜阳会盟，与韩王在新城会盟。次年与楚王在鄢城会盟，又在穰城会盟。燕昭王也亲自与赵惠文王等国的君主会盟。在秦国实际操纵下，燕、赵、魏、韩、秦、楚等国合纵伐齐的同盟正式形成。公元前284年，燕昭王任命乐毅为上将军，合纵同盟在燕国乐毅统一指挥下，六国数十万大军联合征讨齐国，齐国主将触子临阵脱逃，副将达子在抵抗中阵亡，齐国军队战败，齐闵王逃跑到了莒，为其相淖齿所杀。乐毅让魏国军队攻占旧宋国地，让赵国军队攻取河间，秦国军队攻取了定陶，后来封给了魏冉。乐毅自率燕军长驱直入，攻入齐都临淄，夺取了齐国所有的宝物，焚烧了齐的宗庙宫室。齐国城池没有被攻下的，只有聊、莒和即墨三处，其余都隶属于燕国，达六年之久。公元前279年，齐国将军趁燕国不备进行反攻，收复了失地。可是，复国之后的齐国已不是秦国的对手了。

2. 秦国乘东方国家之乱，不断蚕食韩、赵、魏、楚等国土地。公元前286年，即秦昭襄王二十一年，左更错攻取魏国河内。魏国献安邑，秦国赶走城中的魏国居民，然后招募秦国人迁到河东地区定居，并赐给爵位，又把被赦免的罪人迁到河东。公元前285年，即秦昭襄王二十二年，蒙武攻打齐国，在河东设置了九个县。公元前283年，即秦昭襄王二十四年，秦国攻取魏国的安城，一直打到国都大梁，燕国、赵国援救魏国，秦军撤离。公元前282年，即秦昭襄王二十五年，秦国攻占赵国两座城。公元前281年，即秦昭襄王二十六年，赦免罪人，把他们迁往穰城。公元前280年，即秦昭襄王二十七年，左更错攻打楚国，赦免罪人并把他们迁往南阳。白起攻打赵国，夺取代地的光狼城。又派司马错从陇西出发，通过蜀地攻打楚国的黔中，攻占下来。公元前279年，即秦昭襄王二十八年，大良造白起进攻楚国，壅西山水为渠灌鄢，攻占了鄢城、邓城，赦免罪人迁往那里。这一年，秦昭襄王约赵惠文王在渑池相会，暂时修好，以便进攻楚国。公元前278年，即秦昭襄王二十九年，大良造白起进攻楚国，攻占了郢都，改为南郡，楚王逃跑了。公元前277年，即秦昭襄王三十年，蜀守张若进攻楚国，夺取巫郡和江南，设置黔中郡。公元前276年，即秦昭襄王三十一年，白起攻打魏国，攻占了两座城。公元前275年，即秦昭襄王三十二年，丞相穰侯魏冉进攻魏国，一直攻到大梁，打败暴鸢，杀了四万人，暴鸢逃跑了，魏国给秦国三个县请求讲和。公元前274年，即秦昭襄王三十三年，客卿胡阳进攻魏国的卷城、蔡阳、长社，都攻了下来。在华阳攻打芒卯，打败了他，杀了十五万人。魏国把南阳送给秦国请求讲和。公元前272年，即秦昭襄王三十五年，秦国帮助韩国、魏国、楚国攻打燕国，开始设置南阳郡。公元前271年，即秦昭襄王三十六年，客卿灶进攻齐国，攻占了刚、寿两地，送给了穰侯魏冉。公元前270年，即秦昭襄王三十七年，秦军两次逼近大梁，但没有达到消灭魏国的目的，因为魏国处于战略要冲，如果要灭魏国，燕、赵、韩等国必然相救。尤其是赵国实力尚强，不削弱赵国，消灭魏国就没有希望。秦国不断蚕食韩国、赵国、魏国、楚国的土地，即使一边与他们会盟，另一边也没有停止进攻的步伐。秦国在中原大地之所以能够耀武扬威，先是齐国忙于伐宋，暂时无暇进行合纵对抗秦国；尔后是在秦国暗中操纵下，燕国合纵攻击齐国的战争，齐国实力几乎丧失殆尽。所以，给了秦国不断蚕食列国一个良好的战略机遇。

3. 秦昭襄王用范雎之策实行远交近攻。公元前271年，即秦昭襄王三十六年，当时相国穰侯魏冉与客卿灶商议，要攻打齐国夺取刚、寿两城，借以扩大自己在陶邑的封地。公元前270年，即秦昭襄王三十七年，秦国进攻赵国的蔺、离石、祁三地，并已攻下，赵国派公子郚到秦国去做人质，请求献出焦、黎、牛狐三城，与秦国交换蔺、离石、祁。赵国背约，不献出焦、黎、牛狐三城。秦王大怒，派胡易出兵讨伐赵国，进攻阏与。赵将赵奢领兵援救。魏国派公子咎带领精锐部队驻扎在安邑，两面夹攻秦军。在阏与大败秦军，秦军返回，又进攻魏将魏几。赵将廉颇救援魏几，大败了秦军。阏与之败，秦国终不能逞志于赵国。这时，有个叫范雎的魏国人化名张禄先生，讥笑穰侯魏冉竟然越过韩、魏等国去攻打齐国。他趁着这个机会通过秦国的谒者王稽进见秦昭襄王，提出"远交近攻"之策，并阐明宣太后在朝廷内专制，穰侯在外事上专权的事实。这使秦昭襄王幡然醒悟，准备免掉穰侯魏冉的相国职务，任用范雎为相。据《战国策·秦策》记载：范雎说："大王越过韩、魏的国土去进攻齐国，这不是好的计谋。出兵少了，并不能够损伤齐国；多了，则对秦国有害。臣揣摩大王的计谋，是想本国少出兵，而让韩、魏两国全部出兵，这就不相宜了。如今明知盟国不可以信任，却越过他们的国土去作战，这可以吗？显然是疏于算计了！"范雎说："这就是所说的借给强盗兵器而资助小偷粮食啊！大王不如采取远交近攻的策略，得到寸土是王的寸土，得到尺地是王的尺地。如今舍近而攻远，这不是个错误吗？"范雎说："如今韩国、魏国的形势，居各诸侯国的中央，是天下的枢纽。大王如果想要成就霸业，一定先要亲近居中的国家而用它做天下的枢纽，来威胁楚国和赵国。赵国强盛，那么楚国就要归附秦国；楚国强盛，那么赵国就要归附秦国。楚、赵都来归附秦国，齐国一定恐慌，齐国恐慌肯定会卑下言辞，加重财礼来服侍秦国。如果齐国归附，那么对韩国、魏国就有虚可乘了。"秦王说："寡人本想亲睦魏国，但魏国的态度变幻莫测，寡人无法亲善它。请问怎么办才能亲善魏国呢？"范雎说："用卑下的言辞，加重财礼来服侍它；这样不行，就割地贿赂它；如果这样还不行，就起兵来攻伐它。"范雎的建议被秦昭襄王采纳，并拜范雎为客卿。范雎认为，魏冉"越韩、魏而攻强齐"的外交战略是错误的，秦国应该在外交上先从与秦国接邻的韩国、魏国等实力相对较弱的国家开始，采取经济贿赂或军事进攻的办法逐步兼并这些诸侯国，这是"近攻"；对齐国、楚国、赵国等秦国一时无力顾及的国家应采取安抚拉拢的办法，用重金贿赂或军事压力使他们保持中立，这是"远交"。这样秦国攻取的韩、魏等国的土地马上就能与秦本土连成一片，使"尺寸之地皆入于秦"。范雎还提出了"毋独攻其地而攻其人"即在战争中不能仅仅夺取土地，还要着重消灭敌人有生力量的策略。

公元前 268 年，秦国派五大夫绾率兵伐魏国，攻取魏国的怀城；公元前 266 年，攻取魏国的邢丘。范雎的外交策略取得初步胜利，秦昭襄王就以范雎取代魏冉为秦国丞相。公元前 265 年，即秦昭襄王四十二年，秦国发兵攻韩国的少曲、高平，拔之。公元前 264 年，即秦昭襄王四十三年，秦又派大将白起攻韩国的陉城，拔五城、斩首五万级。公元前 263 年，即秦昭襄王四十四年，白起又率兵攻韩国太行山以南地区。秦国对魏国、韩国不断扩大的蚕食引起了赵国的不安，于是秦国与赵国发生战略冲突。

公元前 262 年，即秦昭襄王四十五年，秦国五大夫贲攻打韩国，攻下了十座城。公元前 260 年，即秦昭襄王四十七年，秦国攻打韩国的上党，上党却投降了赵国，赵国接受了上党并封冯亭为华阳君，秦国因此派王龁率兵向上党进攻，赵国派老将廉颇驻守长平（今山西省高平西），两军相持不下。《史记·廉颇蔺相如列传》记载：秦军与赵军在长平对阵，那时赵奢已死，蔺相如也已病危，赵王派廉颇率兵攻打秦军，秦军几次打败赵军，赵军坚守营垒不出战，秦军屡次挑战，廉颇置之不理。赵王听信秦军间谍散布的谣言，秦军间谍说："秦军所厌恶忌讳的，就是怕马服君赵奢的儿子赵括来做将军。"赵王因此就以赵括为将军，取代了廉颇。秦国用反间计使赵国用赵括代替廉颇之后，秦昭襄王立即以武安君白起为上将军，以王龁为尉裨将。赵括统军后轻易出击，秦军佯装败走，暗地埋下伏兵。秦国出动奇兵二万五千人绝赵军后方，又一军五千骑绝赵军壁间，赵军被一分为二，粮道断绝。秦国不断出轻兵进行袭击。赵军筑壁坚守，等待救兵。秦昭襄王闻赵军粮道断绝，他亲自到河内，封给百姓爵位各一级，征调十五岁以上的青壮年全部集中到长平战场，拦截赵国的救兵，断绝他们的粮食。到了九月，赵国士兵断绝口粮四十六天，军内士兵们暗中残杀以人肉充饥。白起采取迂回、运动的战略战术，在长平大败赵军，除了留下年幼的 240 人归赵，白起用欺诈之术把 40 多万降卒全都阬杀。长平之战赵军总共 45 万余人被杀，秦军死亡也超过一半。秦军取得长平之战的胜利，但是，由于范雎与白起之间的矛盾，并没有一举消灭赵国。公元前 259 年，即秦昭襄王四十八年，秦昭襄王听取了范雎的建议"罢兵"，让韩国向秦国献出垣雍，赵国献出六座城邑便讲和了。可是，得到喘息之后的赵国并没有献出六城，而是联合齐国、魏国、楚国在公元前 257 年，即秦昭襄王五十年，与秦国在邯郸城下展开大战，王龁率军败逃，郑安平率军投降，秦军大败。公元前 256 年，即秦昭襄王五十一年，秦国将军摎进攻韩国，取阳城、负黍，斩首四万；又进攻赵国，取十二县，斩首虏九万。这时，秦国驻守河东的王稽却暗中"与诸侯通"，在魏楚联军攻击下，河东和太原郡失守。郑安平、王稽均为范雎保任，秦法规定"任人而所任不善者，各以其罪罪之"，范雎因此而受到牵连。不过，秦国继续采用"远交近攻"的外交策略，推动统一大业。

五、"物勒工名"：秦国法治责任伦理的一个案例

战国初期"物勒工名"的例证，有台北古越阁购藏的一件传出于浙江的"越王州句之唯用剑，余邗工利"越王州句铜剑。李学勤先生认为，"余邗"即江西余干，"工"即工匠，"利"为人名，这件青铜剑的题刻，先是"物勒主名"，越王州句，即朱句，是越王勾践之曾孙，越王不寿之子，在位三十七年，即公元前 448 年至前 412 年，同时，增加了作造者工匠"利"的名字。这是"物勒工名"的最早一例证。①

1. 真正"物勒工名，以考其诚"的制度，开始于战国时期的秦国。最著名的有（1）大良造鞅戟："十三年，大良造鞅之造戟。"秦孝公十年，即公元前 352 年，以公孙鞅为大良造，此戟作于十三年，即公元前 349 年。（2）大良造庶长鞅戈镦："十六年，大良造庶长鞅之造，雍灶。"孝公十六年，即公元前 346 年。（3）大良造庶长鞅殳镦："□造庶长鞅之造殳，雍，骄□。"（4）首阳斋藏十六年大良造庶长鞅铍，秦孝公十六年，公元前 346 年。铭文为："十六年，大良造庶长鞅之造，毕湍侯之铸。""毕"为地名，"湍侯"为姓名或姓。（5）十七年大良造庶长鞅殳鐏，秦孝公十七年，公元前 345 年。铭文为"十七年大良造庶长鞅之造殳，雍爽"。（6）十九年大良

---

① 李学勤：《新出现的十二字越王州勾复合剑》，《中国文物世界》1994 年第 112 期。

造庶长鞅殳鐏，秦孝公十九年，公元前 343 年。铭文为："十九年大良造庶长鞅之造殳，犛郑"。"犛"为秦县，今陕西武功。"郑"为工姓或名。[①]

李学勤先生指出："商鞅诸器铭文是'物勒工名，以考其诚'制度之始，同时期其他各国铭文还没有这种体例。1960 年，陕西临潼出土了一件鼎，盖铭为'公朱（厨）左官'，……考订为周安王十一年（前 391）。……这件鼎的形制、字体看来应更晚一些，铭云'公厨'，疑为东、西周公用器，所用是东、西周纪年，不是周王纪年。因此，'物勒工名'之制始于秦国，应该还是可信的。"[②]从物勒工名的结构上看，主要有：（1）制造时间；（2）监造者；（3）制造地点；（4）器名；（5）工名，从秦孝公十六年前后，增加了工匠或制造部门负责人的名字。

秦孝公时期秦国青铜兵器铭文，通过"物勒工名"表明二级责任结构开始建立，如：

首阳斋藏十六年大良造庶长鞅铍，秦孝公十六年（公元前 346 年）：

"十六年大良造庶长鞅之造，毕湍侯之铸"

十六年大良造鞅戈镦，秦孝公十六年（公元前 346 年）：

"十六年大良造庶长鞅之造，雍灶"

上述二器提供了以下信息：（1）铸造器物的时间。"十六年"，即秦孝公十六年（公元前 346 年）。（2）作造器物的命造人，"大良造庶长鞅"，庶长为官名，《史记·秦本纪》记载，秦孝公六年"乃拜鞅为左庶长"；大良造是爵名，"十年，卫鞅为大良造"。大良造为秦爵第十六级；卫鞅即商鞅。这似乎与春秋时期"物勒主名"的题刻相似。但是，最关键的在于：（3）器物的铸造工匠和铸造地区。铸造地区分别是"毕""雍"，铸造工匠或工官是"湍侯""灶"。器物上面已经题刻了工匠或工官的名字，表明兵器制造过程中命造人与主持人二级责任伦理结构开始建立。

商鞅死后，兵器制造过程中命造人与主持人二级责任结构并没有被废

---

① 王辉、王伟：《秦出土文献编年订补》，三秦出版社，2014，第32—33页。

② 李学勤：《秦孝公、惠文王时期铭文研究》，《中国社会科学院研究生院学报》1992 年第 5 期，第20页。

除，秦惠文君时期继承商鞅诸器的程式，仍然题刻了兵器制造中命造人与主持人的名字：如，秦惠文君四年，即公元前334年，"四年相邦樛斿戈"（"樛斿"即瓦书之"大良造庶长游"）的题刻铭文："四年相邦樛斿之造，栎阳工上造间（正面）吾（背面）。"王辉先生指出，"樛斿"即宗邑瓦书之"大良造庶长斿"。二器作于同年，而一用爵称，一用官名者，可能当时始有相邦这一官名。……今所见秦相邦以此戈为最早。樛斿同时兼有"相邦"的官职和"大良造庶长"的爵位。"上造"为工"间"之爵，"吾"或即衙，今陕西白水县。①

2. 秦惠文君称王之后，即秦惠文王时期，秦国青铜兵器将二级责任结构发展为三级、四级责任结构的铭刻体例。如，秦惠文王后元四年，即公元前321年，"王四年相邦张仪戟"的题刻铭文："王四年相邦张仪，内史□操之造，□界戟，□工师贱工卯（正面），锡（背面）"。这件青铜兵器表明，秦惠文王时期，二级责任结构中增加了"工师"一级，变成了由命造人"相邦"和"内史"、主持人"工师"、操作人"工"组成的三级责任结构。而且，这一结构继续完善。秦惠文王前元或后元十三年，即公元前325年或前312年的"十三年相邦仪戈"题刻铭文："十三年相邦仪之造，咸阳工师田，工大人耆，工禾贵"。这件题刻铭文，有命造人"相邦"，主持人"工师""工大人"，操作人"工"四级责任人题刻。这件青铜兵器题刻铭文表明，秦惠文王时期，二级责任结构已经逐步发展为由相邦、工师、工大人（丞、曹长）、工组成的四级责任结构体系了。

3. 秦昭襄王时期，四级责任结构体系已经完全定型。秦昭襄王六年，即公元前301年，"六年相邦疾戈"的题刻更加完备。"六年相邦疾戈"，秦昭襄王六年（前301年）题刻铭文："六年相邦疾之造，西工师央，丞宽，工賨"。这件青铜器题刻由相邦、工师、丞、工四级构成，表明秦昭襄王时期，四级责任结构体系已经完全定型。

秦王政时期，即公元前246年至公元前222年，继续沿用秦昭襄王时期

---

① 王辉、王伟：《秦出土文献编年订补》，三秦出版社，2014，第35页。

的四级责任结构体系，不过，主持人"咸阳工师""西工师"变成了"寺工""诏事""少府工室""属邦工室"，表明秦国中央制造机构的变化。如，秦王政三年，即公元前244年的"三年相邦吕不韦戟"，其题刻铭文："三年相邦吕不韦造，寺工詟，丞义，工沱（池）①（戈内正面），寺工左（戈内背面），寺工（矛骹）。"秦王政五年，即公元前242年的"五年相邦吕不韦戈一"，题刻铭文："五年相邦吕不韦造，诏事图，丞戠，工寅（内正面），诏事（内背面铸），属邦（内背面刻）。"秦王政五年，即公元前242年的"五年相邦吕不韦戈二"，其题刻铭文："五年相邦吕不韦造，少府工室阾，丞冉，工九。武库（内正面），少府（内背面）。"

商鞅变法之后，秦国逐步实行郡县制，所以在"相邦"作为命造人的中央制造青铜兵器之外，也有以"郡守"为命造人的地方制造青铜兵器。这种青铜兵器的责任结构演变过程与中央制造的青铜兵器责任结构变化类似，也经历了从二级责任体系到四级责任体系的变化。如，秦惠文王五年，即公元前320年"王五年上郡疾戈"题刻铭文："王五年上郡疾造，高奴工蔼"。这是二级责任体系。秦昭襄王六年，即公元前301年的"六年汉中守戈"题刻铭文："六年汉中守运造，左工师齐，丞熙，工牪（背面），公（正面）"。这是四级责任体系。秦王政十三年，即公元前234年"十三年蜀守颠戈"题刻铭文："十三年蜀守颠造，西工昌，丞背，工是"。这也是四级责任体系。

4. 秦国青铜兵器制造的法治责任伦理结构。德国学者伦克给责任下的定义为：所谓责任就是："某人/为了某事/在某一主管面前/根据某项标准/在某一行为范围内负责。"② 这是一种有限责任在人与人、人与物、人与事、人与国家法律之间建立伦理关系：①责任主体——行为人：工师（寺工）、丞、工；②责任事项——行为结果：兵器（剑戟戈矛等）；③责任主管——监造人，相邦、内史等；④责任标准——秦国法律：工律、工人程；⑤责

---

① 工名原隶书为"窵"，施谢捷《秦兵器刻铭零释》改释为"沱（池）"。
② 甘绍平：《应用伦理学前沿问题研究》，南昌：江西人民出版社，2002，第120页。

任范围——此兵器的保存、发放、持有或训练作战中的效果。秦国青铜兵器制造的法治责任伦理结构体系：

第一级，中央或地方的命造人。他们是"相邦""丞相"或者"郡守"，具体的中央命造人有"秦子"（秦静公）、"相邦鞅"（商鞅）、"相邦仪"（张仪）、"相邦樛斿"（樛斿）、"丞相寿"（寿烛）、"相邦吕不韦"等。中央命造人是法定的最高兵器制造命令的发布者、生产任务的下达者。《睡虎地秦墓竹简·秦律杂抄》指出，"非岁红（功）及毋（无）命书，敢为它器，工师及丞赀各二甲"。就是说，器物按照"岁红（功）"即年度计划进行生产，或者按照"命书"即朝廷下达的命令进行生产，不是本年度应生产的产品，又没有朝廷的命书，而擅敢制作其他器物的，工师和丞各罚二甲。《睡虎地秦墓竹简·秦律杂抄》同时规定，"为（伪）听命书，法（废）弗行，耐为侯（候）；不辟（避）席立，赀二甲，法（废）"。就是说，装作听朝廷的命书，实际废置不予执行，应耐为侯；听命书时不下席站立，罚二甲，撤职永不叙用。可见，秦国工业生产的法律责任非常明确，所以，在青铜兵器上首先题刻命造人的名字，表明武器生产不是擅自为之，而是有严格的法律令依据，以及严格的审查监督程序。秦国不断兼并各国土地，得到的土地就设立郡守，以巩固边防，郡级机构军政合一。作为中央下属的各个地方命造人"上郡守疾""上郡守寿""汉中守运""蜀守颠"等，他们也要服从中央的命令。《韩非子·亡征》曾告诫："出军命将太重，边地任守太尊，专制擅命，径为而无所请者，可亡也。"

第二级，中央或地方工业机构和兵器生产的主持人。秦国中央或地方工业管理机构有工室、寺工、少府工室、属邦工室等，"工师""寺工""诏事"等是其管理职位，其中有"工师田""工师叶""寺工詟""诏事图"等管理人，他们是工业机构管理人和产品制造的主持人。《周礼》《管子》《荀子》都有对工师责任的明确界定，《荀子·王制篇》："论百工，审时事，辨功苦，尚完利，便备用，使雕琢文采不敢专造于家，工师之事也。"就是说，评定百工的技能，审查时尚变化，辨别花费的功夫和苦心，注重产品的坚固便利，方便配备使用，使得器物的雕琢和文采不敢私自在家中制作，这是工师的职责。

工师的物资筹备责任，《吕氏春秋·季春纪》在"季春之月"作了明确规定："是月也，命工师令百工审五库之量，金铁、皮革筋、角齿、羽箭干、脂胶丹漆，无或不良。百工咸理，监工日号，无悖于时；无或作为淫巧，以荡上心。"就是说，这个月，命令百工之长，让他们派遣百工去详细审察五库中的数量，金铁、皮革筋、兽角兽齿、羽毛箭杆、油脂粘胶丹砂油漆，不得有坏的。百工全都去治理自己应做的工作，监督工程的官吏天天发布命令，不许违背时令，不得制作过于精巧而无益的技艺与制品来影响君王的志向。

工师的监督管理责任，《吕氏春秋·孟冬纪》在"孟冬之月"作了明确规定："是月也，工师效功。陈祭器，按度程，无或作为淫巧，以荡上心，必功致为上。物勒工名，以考其诚；工有不当，必行其罪，以穷其情。"就是说，这个月，百工之长要考核百工制造的器物。陈列各种祭器，按照法度程式制作，不要制得过分夺巧来影响君王之心，一定要以精巧细致为好。所制作的器物要刻上制造工的名字，以考察工匠诚信与否；如果工匠制造不当，一定要惩治其罪，并追究其诈巧之情。工业生产的标准化规定：制作同一器物大小长度宽度必须相同；记账时不同规格的产品不能列于同一项下面；权、斗桶和升，至少每年应校正一次。这是《睡虎地秦墓竹简·工律》的规定："为器同物者，其小大、短长、广夹（狭）必等。为计，不同程者毋同其出。县及工室听官为正衡石赢〈嬴〉（纍）、斗用（桶）、升，毋过岁壺〈壹〉。有工者勿为正。（假）试即正。"就是说，制作同一器物，其大小、长短和宽度必须相同——技术标准的规定。计账时，不同规格的产品不得列于同一项内出账——会计标准的规定。县和工室由有关官府校正其衡器的权、斗桶和升，至少每年应校正一次。本身有校正工匠的，则不必代为校正。这些器物在领用时就要加以校正——衡器标准规定。

另外，工师还有培训新工人的责任。《睡虎地秦墓竹简·均工》规定：新工人开始工作，第一年要求达到规定数额的一半，第二年所收产品数额应与过去做过工的人相等。工师好好教导，过去做过工的一年学成，新工人两年学成。能提前学成的，向上级报告，上级将有所奖励。满期仍不能学成的，应记名而上报内史。可见，工师是中央直辖的工业管理机构主持人，隶属于内史。秦王政时期的寺工与此前的工师职位相当。1995 年至1996 年在西安相家巷村出土的秦代封泥中，就有"寺工之印""寺工丞印"，这和秦国青铜兵器题刻铭文中的"寺工"正相符合。

第三级，中央和地方工业机构的下属机构管理人。他们是"工大人"，"丞"相当于云梦睡虎地秦墓竹简中的"丞"或"曹长"。其职位仅次于工师、寺工。其中有"工大人耆""丞义""丞戬"等。《睡虎地秦墓竹简·秦律杂抄》中规定：考察时产品被评为下等，罚工师一甲，丞和曹长一盾，徒络组二十根。三年连续被评为下等，罚工师二甲，丞和曹长一甲，徒络组五十根。各县工官新上交的产品，评为下等，罚该工官的啬夫一甲，县啬夫（县令）、丞、吏和曹长各一盾。城旦做工而被评为下等，每人笞打一百下。所造大车评为下等，罚司空啬夫一盾，徒各笞打五十下。这说明，无论中央工业机构或者郡县工业机构，如果由于工师管理不善，工大人、丞要为产品质量承担连带责任。如果工人偷盗了公家财物，数量较少，则可以免除对曹长的处罚，《睡虎地秦墓竹简·法律答问》规定："工盗以出，臧（赃）不盈一钱，其曹人当治（笞）不当？不当治（笞）。"就是说工匠盗窃公物，赃值不满一钱，不应笞打同班曹长。兵器生产中的物资管理制度：《睡虎地秦墓竹简·秦律杂抄》记载：在都邑服徭役和因有官府事务居于官舍，如借用官有器物，借者死亡，应令服徭役的徒或其舍人负责，和参加屯戍的情形一样。官有武器均应刻记其官府的名称，不能刻记的，用丹或漆书写。百姓领用武器，必须登记武器上的标记，按照标记收还。缴回所领武器而上面没有标记和不是该官府标记的，均应没收归官，并依《赀律》（当为关于财物的法律）责令赔偿。

第四级，中央或地方工业机构和兵器生产的操作人。他们是"工"，其中有"工禾贵""工卬""工鬻""工牲"等。《睡虎地秦墓竹简·均工》规定："隶臣有巧可以为工者，勿以为人仆、养。"就是说，隶臣有技艺可做工的，不要叫他给人做仆庸、烹炊的劳役。《睡虎地秦墓竹简·军爵律》规定："工隶臣斩首及人为斩首以免者，皆令为工。其不完者，以为隐官工。"就是说，工隶臣斩获敌首和有人斩首来赎免他的，都令做工匠。如果形体已有残缺，用做隐官工。一旦对劳动时间进行计算，管理科学就开始了。关于秦国兵器生产中的劳动定额制度，《睡虎地秦墓竹简·工人程》规定：隶臣、下吏、城旦和工匠在一起生产的，在冬季劳动时，得放宽其标准，三天收取相当夏季两天的产品。做杂活的隶妾两人相当工匠一人，更隶妾四人相当工匠一人，可役使的小隶臣妾五人相当工匠一人。隶妾和一般女子用针制作刺绣等产品的，女子一人相当男子一人计算。秦国从法律上规定了劳动定额以及复杂劳动与简单劳动的换算比例，表明秦国对劳动管理的重视。

第三节　秦王政扫平关东六国与秦国法治责任伦理的终结

一、秦庄襄王用吕不韦为相，从"攻人"到"义兵"

秦庄襄王用吕不韦为相，改变范雎"攻人"战略，在军事上主张用"义兵"。公元前251年，即秦昭襄王五十六年，秦昭襄王卒。公元前249年，秦庄襄王即位，吕不韦为相国，庄襄王在位三年即死，一直到秦王政九年，即公元前238年，秦王政22岁亲政以前，吕不韦执政达12年之久。吕不韦开始修正商鞅"尚首功"即按照杀死敌军人数授予爵位的做法，改变范雎"攻人"即追求消灭敌人有生力量的政策。因为，按照"尚首功""攻人"方针政策，秦国军队在战场上勇猛消灭敌人，已经对山东六国形成了压倒性优势。据不完全统计，从公元前354年秦孝公八年到公元前256年秦昭襄王五十一年，先后屠杀一百六十一万七千人（小杀戮不计）；其中，"秦昭襄王时达到顶峰，共屠杀十四次，杀一百二十五万三千人"[1]。这真是骇人听闻的数字。但是，秦国军队"尚首功"大量屠杀交战国士卒，包括

长平之战阬杀降卒的做法，造成了东方六国人民的恐惧和愤怒，引发六国人民的全民拼死抵抗，这给秦国的统一大业造成巨大障碍。所以，吕不韦提倡"义兵论"，让秦国军队变成仁义之师，用"七不"政策以争取天下人心。《吕氏春秋·怀宠》提出："故兵入于敌之境，则民知所庇矣，黔首知不死矣。至于国邑之郊，不虐五谷，不掘坟墓，不伐树木，不烧积聚，不焚室屋，不取六畜。得民虏奉而题归之，以彰好恶；信与民期，以夺敌资。若此而犹有忧恨冒疾遂过不听者，虽行武焉亦可矣。"秦国军队，将战斗锋芒对准敌国的统治者而不是人民；秦军在消灭暴虐的诸侯军队的同时，主动保护人民的生命与财产安全，得到了六国人民的理解。此时，秦国的外交政策仍然是远交近攻。公元前249年，秦庄襄王派蒙骜进攻韩国，韩国献出成皋、巩县。秦国国界伸展到大梁，开始设置三川郡。公元前248年，即庄襄王二年，秦王又派蒙骜攻打赵国，平定了太原。公元前247年，即庄襄王三年，蒙骜进攻魏国的高都、汲县，攻了下来。蒙骜又进攻赵国的榆次、新城、狼孟，攻占了三十七座城。王龁攻打上党，开始设置太原郡。秦国一系列胜利以及三川郡和太原郡的设立，使赵、魏等国感到威胁，魏国信陵君无忌率赵、魏、韩、楚、燕五国的军队，又一次联合起来反击秦军，秦军退到黄河以南。蒙骜打了败仗，解脱围困撤离了。五国联军取得一次胜利。公元前247年，即庄襄王三年五月丙午日，庄襄王去世。

二、周朝天命德性信念伦理的异化与东周王朝的灭亡

东周的灭亡并非"他杀"，而是一个自我否定与自我异化的过程。首先，东周王朝在精神上，由于天命德性信念伦理发生了自我异化，从而导致周王朝信仰失落。其次，东周王朝在制度上，由于封建制与宗法制发生了自我异化，从而导致社会失序。最后，东周王朝信仰失落、制度失序，导致政治、经济、军事资源流失、综合实力衰微，最后被秦国新生力量消灭了。

首先，东周王朝在精神上，由于天命德性信念伦理发生自我异化，从而导致巫魅迷信盛行，信仰失落。公元前606年，周定王元年，楚庄王讨伐

陆浑之戎，军队到达洛水流域的东周疆域，周定王派王孙满慰劳，楚庄王问鼎轻重大小。根据《左传·宣公二年》记载：王孙满回答楚庄王，周朝政权合法性基础"在德不在鼎"，并说：周"成王定鼎于郏鄏，卜世三十，卜年七百，天所命也。周德虽衰，天命未改。鼎之轻重，未可问也"。王孙满清楚表达了东周政权的合法性基础是天命与德性，凭此即可以使周王朝延续三十世，七百年。

公元前 550 年，周灵王二十二年，太子晋反思历史，将周朝区分为"以德为基"与"以祸为基"两个大的历史阶段。根据《国语·周语下》记载，太子晋说：周人从后稷开始安定人民，再经过十五世到周文王平定天下，加上武王、成王、康王，十八世而天下才真正安定了。安定天下竟然如此艰难！从周厉王改变周朝的法典，已经有十四位周王了。以德为基，即以天命德性信念伦理为基础，再经过十五位周王而天下平定；以祸为基，即以违背天命德性伦理的巫魅迷信为基础，再经过十五位周王，大概要不可救药了。

周灵王时期，东周违背天命德性伦理的巫魅迷信已经不可救药了。根据《史记·封禅书》记载：这时期大夫苌弘以驱使鬼神的巫术效力于周灵王。由于诸侯不来朝拜周天子，周王室实力衰微又对不朝贡的诸侯无可奈何。于是苌弘就公开搞起了驱使鬼神的巫术活动，设置了射击狸首的巫术仪式。狸首，代表不来朝拜的诸侯。通过射击狸首的巫术仪式，试图用驱使鬼神的巫术手段，恐吓四方诸侯来周王室朝拜。可是，诸侯不信这一套，晋国反而派人逮捕苌弘并把他杀掉了。周王室信奉鬼神巫术从苌弘开始。这是东周王室在精神上对天命德性信念伦理的自我否定，从而导致巫魅迷信盛行，信仰失落。

其次，东周王朝在制度上，由于封建宗法制发生自我异化，从而导致篡弒不断，内耗不休，社会失序。春秋时期，东周王室曾发生五次王位危机：先后有王子克事件、王子颓事件、王子带之乱、周景王杀弟佞夫事件、王子朝之乱。尤其是王子朝之乱，给东周王室带来沉重打击。金学清博士指出："王子朝之乱前后历时近二十年，大小战斗达二十次以上，动乱波及地点五十多处，差不多所有王畿内大族都分党卷入了战斗。王室在动乱中被搅得天翻地覆，晋国为之五度出师。公元前520年，即鲁昭公二十二年冬，晋国派出七位大夫勤王才暂时将王子朝势力敉平。为了稳定王室，晋国不遑启处十余年，诸侯勤戍六年。王室仅剩的一点元气被摧残得干干净净，很多世族都在此次大动乱中消亡了。王室从此趋于消沉，至贞定王时，天下无伯，'王室遂卑'。"①

战国时期，东周王室封建宗法制度的弊病更为严重，王室盛行篡弑之风，有时达到无法无天的地步。公元前441年，周贞定王死后，他的四个儿子相继争夺王位。先是长子姬去疾继承王位即周哀王。过了三个月，二儿子姬叔弑杀周哀王篡位即周思王。过了五个月，三儿子姬嵬弑杀周思王篡位即周考王。四儿子姬揭还没有弑杀周考王，周考王汲取弑兄夺位的教训，周考王分封其弟即周贞定王四儿子姬揭于河南，让他住在"王城"，世袭周公的官职，既是封赏又是防范，这就是周桓公。于是，周桓公就成为东周王朝西周国的开国之君。

周桓公去世后，其子周威公继位；周威公去世后，其长子周惠公姬朝继位，仍然住在"王城"，而其少子姬根争立。公元前367年，周显王二年，赵成侯、韩懿侯出兵帮助姬根争夺君位，周显王迫于压力，另封姬根于洛阳成周的巩，以奉东周王室，号称东周惠公。于是，东周王室被一分为二。根据雷学淇《竹书纪年义证》的解释："縠城、缑氏与王城为西周，平阴、偃师与巩为东周。周显王虽为天子，止居于洛阳即成周，依东周以存立耳。自是王畿七城，始又有'东周''西周'之目。"② 东周王朝从此一分为二，周天子名存实亡，诸侯纷纷称王、称帝。东周王朝的不断分封与分裂，导致政治、经济、军事资源耗散，周王室综合实力衰微。

最后，东周王朝信仰失落、社会失序，导致周王室丧失活力，虚弱不

---

① 金学清：《东周王室研究》（博士论文），华东师范大学，2003年，第107—108页。

② 〔清〕雷学淇：《竹书纪年义证》，中华古籍资源库，善本书号：A02201，第36卷。

堪，最后就被秦国新生的强大力量消灭了。公元前 256 年，即秦昭襄王五十一年，西周君与诸侯联合出伊阙进攻秦国，使得秦国与阳城之间的交通被阻断。秦国于是派将军摎进攻西周。西周君入秦，献其邑三十六，人口三万，还献其九鼎宝器于秦国，周赧王卒，周不再称王。公元前 249 年，秦庄襄王元年，东周君与诸侯图谋反秦，秦庄襄王派相国吕不韦前去讨伐，全部兼并了东周的土地，周王室的最后残余也被清除了。秦国消灭东、西二周，表明了秦国已经具备击败东方六国联合进攻的实力，以及由秦国完成天下统一的雄心壮志；标志着秦国终结了一个延续八百年的封建王朝，正在创建一个中央集权的伟大帝国。

三、秦王政对内消灭分利集团，对外扫平关东六国

1. 从公元前 246 年秦王政即位，直到公元前 239 年，即秦王政八年，秦国的主攻目标仍然是韩、赵、魏三国。公元前 245 年，即秦王政二年，秦国麃公率兵攻打魏国卷邑，杀了三万人。公元前 244 年，即秦王政三年，秦国蒙骜攻打韩国，夺取十三座城邑。又攻打魏国取得畅、有诡。公元前 242 年，即秦王政五年，将军蒙骜攻打魏国，平定了酸枣、燕邑、虚邑、长平、雍丘、山阳城，夺取了二十个城邑，开始设置东郡。东郡连接三川郡直达齐国边境，犹如一把利剑直刺中原，将东方合纵联盟的腰身一剑两断，这为秦国逐个消灭各诸侯国创造了有利条件。公元前 241 年，即秦王政六年，在赵将庞煖率领下，韩国、魏国、赵国、卫国、楚国五国进攻秦国，攻占了寿陵邑。秦国派出军队反击，五国联军已经不堪一击，在秦国没有得到任何好处，赵军却挥师向东进攻齐国顺手牵羊夺取了饶安。秦国攻下卫国，让卫君角率领他的宗族迁居到野王。公元前 240 年，即秦王政七年，将军蒙骜在攻打赵国的龙、孤、庆都时战死了，秦军回师进攻魏国的汲。秦国派长安君成蟜攻打赵国上党，成蟜在屯留投降赵国。公元前 238 年秦国又派杨端和攻取了魏国的首垣、蒲、衍氏并大举向魏的东部进攻，攻取仁、平丘、小黄、济阳、甄城，接着又攻到淮水、历山以北，从而扩大了秦国的东郡。使秦国东北与燕国，东面与齐国，北面与赵国，南面与韩、魏两国接壤。

2. 从公元前239年，即秦王政八年之后，秦王政开始亲自治国理政，巩固自己的政治核心地位，他消灭了秦国内部的几个分利集团势力，为扫平山东六国敌对势力创造了条件。首先，消灭了同父异母弟长安君成蟜举兵叛乱的集团势力；其次，消灭了太后宠爱的长信侯嫪毐举兵谋反的集团势力；同时，以连坐罪除掉了文信侯吕不韦担任相国所形成的政治集团势力。

公元前239年，秦王政八年，秦王政派遣同父异母弟长安君成蟜率领军队攻打赵国，长安君成蟜受到樊於期等人的怂恿，他在屯留举兵谋反叛乱，秦王政派遣将军壁平叛，将成蟜手下军官杀死，将那里的百姓迁往临洮。樊於期等逃跑到燕国去了。后来，荆轲刺秦王献上的首级就是参与谋反的樊於期的人头。前来平叛的将军壁战死了，屯留人士兵蒲鶮（hè）再次举兵谋反叛乱，最后也被镇压并处以鞭戮尸体的刑罚，长安君成蟜的势力被全部剿灭。

公元前238年，即秦王政九年四月，在雍城举行标志成年的冠礼和带剑仪式，祭祀了雍畤上帝，秦王政开始亲理朝政。由于太后淫乱不止，吕不韦害怕被发觉致祸，就私下找到大阴人嫪毐冒充宦官送给太后，并生下两个儿子。嫪毐受宠被封为长信侯，得到山阳的封地，宫室、车马、衣服，以及在苑囿中打猎随嫪毐的意愿。以后又把太原郡改为嫪毐封国。其中有家僮数千人，还有门客千余人。此时有人告发嫪毐冒充宦者的事情发作，嫪毐便与太后密谋说："一旦秦王政死了，就让咱们儿子为继承人。"于是嫪毐盗用了秦王政的大印和太后的大印，调动都城的部队和侍卫、家臣等人攻打蕲年宫。秦王政命令相国、昌平君、昌文君平叛，杀死数百人。嫪毐等人战败逃跑，通令悬赏五十万全部都被抓获，在好畤将嫪毐处以车裂之刑，其家族被满门抄斩，卫尉竭、内史肆、佐戈竭、中大夫令齐等二十人被判处枭首之刑，其家臣罪轻的被判处劳役三年的鬼薪之刑，四千余家被迁徙到蜀郡房陵县。

按照秦国法律，"任人而所任不善者，各以其罪罪之"。因为吕不韦是嫪毐的举荐人，他任用的嫪毐犯罪，他就以连带责任犯了连坐罪，秦王政理应以法处死吕不韦。由于吕不韦辅佐先王秦庄襄王功劳大，加上宾客中为他游说的人众多，秦王政许久不忍对吕不韦实施刑罚。公元前237年，秦王政十年，吕不韦只是以嫪毐连坐罪被免除了相国职务。公元前236年，秦王政十一年，文信侯吕不韦回到河南的封国，一年多时间里，诸侯国的宾客们络绎不绝，相望于道，来往于文信侯的封国。公元前235年，秦王政十二年，由于害怕吕不韦发动政变，秦王政赐给文信侯书信一封："君何功于秦？秦封君河南，食十万户。君何亲于秦？号称仲父。其与家属徙处蜀。"文信侯觉得威胁和逼迫降临，害怕被判处死刑，于是饮用鸩酒自杀而死，被悄悄安葬在洛阳北芒山。宾客凡是前去吊唁的，如果是晋人，就驱逐出去；如果是秦人，六百石以上剥夺爵位并迁徙；五百石以下没有亲临的也迁徙，但不剥夺爵位。此后，管理国事不行正道，如嫪毐、吕不韦者，其家人户籍定成徒隶，一律照此办理。由于秦王政所痛恨的吕不韦、嫪毐已死，于是就让迁到蜀郡的嫪毐门客复归原籍。

在处理长安君成蟜、长信侯嫪毐、文信侯吕不韦三大集团的同时，秦王政依然有条不紊地推进秦国的军事、外交事业。公元前238年，即秦王政九年，赵悼襄王入朝于秦，秦王政置酒在咸阳接待，秦、赵二国联合，秦王让赵国去攻打燕国。此后，燕国使者来拜见秦王。根据《战国策·燕策》记载，燕国使者说："燕王听说秦、赵两国联合，燕王派我送来千斤黄金祝贺。"秦王说："燕王昏庸无道，我要让赵国去灭掉燕国，你还来祝贺什么？"燕国使臣说："我听说赵国全盛时，南邻秦国，北近燕国，赵国方圆三百里，不能战胜秦国，是因为赵国势力小，现在大王要赵国灭掉燕国，如果赵国兼并燕国，赵、燕势力合一，肯定不听从秦国了。我暗自为大王担忧。"秦王认为说得对，于是派兵援救燕国。据《韩非子》记载，公元前236年，即秦王政十一年，赵国通过卜筮得出攻打燕国的兆象是"大吉"。可是，当赵国庞煖进攻燕国的大梁时，秦国将军王翦就从上党出兵了，攻取了赵国的阏与、橑阳；当赵军进攻至燕国的釐地，自己的河间六个城已被秦国的桓齮、杨端和攻占了；当赵军进攻燕国的阳城时，自己的邺城、安阳已被秦国的桓齮占领了。等到赵国的庞煖从燕国回师南援时，漳水流域已完全为秦国占领，河间各城也全部易手了。赵国因为卜筮的"大吉"，丧失了土地，军队受到侮辱，君主赵悼襄王不得意而死。公元前234年，即秦王政十三年，桓齮攻打赵国平阳邑，杀了赵将扈辄，斩首十万人。同年，桓齮又攻打赵国，赵国以李牧为将军，击秦军于易安，大破秦军。公元前232年，即秦王政十四年，秦国又派两支军队攻赵国，一军到了邺城，一军到了太原，向赵国的番吾进攻，又被李牧所击破。李牧一再战胜秦军，但是，《战国策·齐策》说："赵亡卒数十万，邯郸仅存。"此时，秦国的远交近攻外交策略已经取得极大成功。

3. 通过选拔推举，任用了尉缭、李斯、顿弱等人，形成了以秦王政为核心的政治军事领导集体。自从公元前239年，即秦王政八年，秦王政亲理国政之后，就已经用尉缭、李斯、顿弱的军事、经济、外交谋略开始策划消灭六国了。尉缭建议秦始皇"毋爱财物，赂其豪臣"，即用经济手段贿赂诸国权贵，从内部瓦解敌国。据《史记》记载，大梁人尉缭来到秦国，劝说秦王道："凭着秦国这样强大，诸侯就像郡县的长官，我只担心山东各国合纵，联合起来进行出其不意的袭击，这就是从前智伯、夫差、闵王所以灭亡的原因。希望大王不要吝惜财物，给各国权贵大臣送礼，利用他们打乱诸侯的计划，这样只不过损失三十万金，而诸侯就可以完全消灭了。"秦王听从了他的计谋，会见尉缭时以平等的礼节相待，给尉缭的衣服饮食也与秦王一样。让他当秦国的最高军事长官，始终采用他的计谋，李斯执掌国政。贺润坤等人认为，"尉缭的军事名著《尉缭子》一书是其入秦后的作品，其军事思想基本上可视为秦的军事思想的一部分"[1]。尉缭的军事思想再加上他的外交思想，为十年统一战争提供了战略方针的指导。

李斯也建议秦始皇对各国权贵"可下以财者，厚遗结之；不肯者，利剑刺之"，从而彻底消灭山东六国。据《史记·秦始皇本纪》记载：李斯从荀子那里学习了"帝王之术"，便来到秦国向秦王政分析列国的强弱众寡，指出秦国消灭关东六国的时机不可丧失，由称王升格称帝，这是万世才有

---

① 贺润坤：《论战国时期关东诸国各派思想对秦国政治思想的影响》，《秦俑秦文化研究》，陕西人民出版社，2000，第95页。

的一次机会！李斯指出：待人而成事者，往往失去转瞬即逝的机会；能够成就大功勋的人，就在于他能抓住可乘之机，下狠心去做。从前秦穆公称霸，却没有吞并六国，这是为什么？原因在于诸侯国还多，周德没有衰落，五霸交相更替，都还尊重周王室。自从秦孝公以来，周王室日渐卑微，诸侯彼此兼并，关东变成了六国，秦国乘胜役使诸侯整整六代了。现在诸侯服从秦国就像郡县服从朝廷一样。以秦国的强大，大王的贤明，就像打扫灶灰一样，足以消灭诸侯，成就帝业，实现天下统一，"此万世之一时也！"如果现在怠慢而不急速行动，一旦诸侯再次强大，相聚签订合纵盟约，即使像黄帝一样贤明，也不能兼并了。秦王政就任命李斯为长史，听从了他的计谋，暗中派遣谋士带着金玉珍宝去各国游说。对各国著名人物能收买的，就多送礼物加以收买；不能收买的，就用利剑把他们杀掉。这些都是离间诸侯国君臣关系的计策，接着，秦王就派良将随后攻打。

同样的记载见于《战国策·秦策四》，在这里提出并执行这一计划的是顿弱。秦王想召见秦臣顿弱，顿弱说："山东诸侯共有六国，可是大王的威势不能加于诸侯，却加之于自己的母亲。我私下认为，大王所作所为，实在不足称道。"秦王说："山东的诸侯可以兼并吗？"顿弱说："韩国，地处诸侯各国的咽喉要冲；魏国，居于诸侯各国的胸腹重地。请大王给我万金，以便出行他国，任我到韩、魏，把他们的将相之才搜罗到秦国来，那么韩、魏就会顺从秦国；韩、魏顺从秦国，那么整个天下就有希望在秦国的掌握之中。"秦王说："我们国家穷，恐怕不能供给您万金。"顿弱说："天下的形势，迟早总是有变化的，不是合纵实现，就是连横成功。如果连横成功，秦国就可以称帝；合纵成功，楚国就可以称王。秦国称帝则天下诸侯皆向秦国朝贡；楚国称王，大王虽有万金，到那时恐怕也不会归您所有了。"秦王说："好。"于是就给了顿弱万金，派他向东去韩、魏两国游说，果然搜罗了他们的将相；顿弱又向北去燕、赵两国游说，用反间之计杀了赵将李牧；齐王入朝秦国，四国也都跟着入朝秦国，这都是由于顿弱这一番游说的作用啊！其实，秦国经济贿赂之谋在很早就被主张远交近攻的应侯范雎成功使用了。尉缭、李斯、顿弱的经济贿赂之谋到了秦国统一的关键时候，只是被广泛使用而已。

公元前233年姚贾用经济贿赂之谋成功地瓦解了燕、赵、吴、楚四国攻秦联盟。据《战国策·秦策五》记载，公元前233年，燕、赵、吴、楚等四国联军将要攻打秦国。秦王政就召集群臣和六十位宾客讨论这件事，他首先发问说："燕、赵、吴、楚组成联合阵线，企图攻打秦国。在国内寡人有很多难题，在国外将士又节节败退，寡人真不知如何是好？"群臣听了这番话，都不知道如何回答，这时姚贾回答说："臣愿为大王出使四国，一定可以消除他们的念头，不让他们出兵攻秦。"于是秦王就拨给姚贾战车一百辆，黄金一千斤，让他穿戴上自己的衣冠，挂上自己的佩剑。姚贾向秦王辞行，遍访四国，不但根绝了四国攻秦的图谋，而且分别跟四国缔结盟约成为秦国的友邦。姚贾向秦王复命以后，秦王非常高兴，马上封给他一千户的城邑，任命他为上卿。

4. 秦王政用尉缭、李斯、顿弱的政治、经济、军事、外交谋略策划消灭六国，使得秦国的帝王之业从公元前231年到公元前221年十年间得以迅速完成：

其一，秦灭韩。据《史记》记载，公元前231年，即秦王政十六年九月，韩国向秦国称臣，并割让南阳一带的土地给秦国。公元前229年，即秦王政十八年，秦国派内史腾去接受韩国所献之地，由他代理南阳太守之位。第二年，内史腾攻打韩国，擒获了韩王安，收缴了他的全部土地，将这个地方设置为颍川郡。①

其二，秦灭赵。这是秦国收买诸侯豪臣瓦解其国家的成功案例，秦国王翦暗中给赵王宠臣郭开等人很多金钱，让他们搞反间之计。据《战国策·赵策》记载，公元前229年，即秦王政十八年，秦国派大将王翦进攻赵国，赵国派了李牧、司马尚来抵抗。李牧几次打败秦军，杀死了秦国将军桓齮。王翦等人为此担忧，于是，给赵王宠臣郭开等人很多钱，让他们

---

① 公元前229年，即秦王政十八年，内史腾来到南郡，为了严明律法，他发布文告给县、乡。又命人发布文书，申明为吏之道。他的两篇文告，是考古工作者在云梦睡虎地秦陆安令喜墓中发掘出的。

搞反间，扬言："李牧、司马尚准备勾结秦国反对赵国，以便在秦国取得更多的封地。"赵王怀疑他们，便派赵葱和颜聚取代李牧、司马尚为将，杀了李牧，罢了司马尚的官。过了三月，王翦乘机紧急进攻，大破赵军，杀了赵葱，俘虏了赵王迁及大将颜聚，于是灭了赵国。

其三，秦灭燕。燕国派荆轲刺杀秦王，试图用暗杀手段阻止秦国攻燕，反而招致亡国之难。据《史记》记载，公元前227年，即秦王政二十年，燕太子丹担心秦国军队打到燕国来，十分恐慌。秦军已经到达易水，祸患将要降临燕国了。燕太子丹暗地里供养着二十名壮士，这时他派荆轲把督亢（河北涿县）地图献给秦王，乘机向秦王行刺。荆轲去刺杀秦王，被秦王发现了，秦王杀死荆轲并以肢解之刑示众，然后就派遣王翦、辛胜去攻打燕国。燕国、代国发兵迎击秦军，秦军在易水西边击溃了燕军。秦王增派援兵到王翦军队中去，终于打败燕太子的军队。燕王喜二十九年，攻占了燕国的蓟城，拿到了燕太子丹的首级。燕王向东收取了辽东郡的地盘，在那里称王。公元前222年，即秦王政二十五年，燕王喜三十三年，秦军攻取了辽东，俘虏了燕王喜，终于灭掉了燕国。

其四，秦灭魏。据《史记》记载，公元前225年，即秦王政二十二年，秦军水淹大梁，俘虏了魏王假，终于灭了魏国，设置其为郡县。

其五，秦灭楚。起初，秦王政问李信和王翦攻取楚国需要多少兵力，李信说二十万足够，王翦说至少六十万。秦王政以为王翦老矣，派李信、蒙恬攻楚，结果大败于楚军。秦王政闻讯立即乘快车亲赴频阳向王翦道歉，让王翦率领六十万大军攻取楚国。为了让秦王政放心，王翦向他求取良田美宅作为承担攻楚责任的信用抵押。据《史记》记载，公元前224年，即秦王政二十三年，秦王再次诏令征召王翦，强行起用他，派他去攻打楚国。攻占了陈县往南直到平舆县的土地，俘虏了楚王。秦王巡游来到郢都和陈县。楚将项燕拥立楚公子昌平君做了楚王，在淮河以南反秦。公元前223年，即秦王政二十四年，王翦、蒙武去攻打楚国，打败楚军，昌平君死，项燕就自杀了。

其六，秦灭齐。这是运用尉缭、李斯、顿弱的经济贿赂之谋，秦国收买诸侯豪臣瓦解其国家的成功案例。据《史记》记载：公元前221年，即秦王政二十六年，齐王建四十四年，秦国进攻齐国。齐王听从宰相后胜的计谋，不交战就率军投降秦国。秦国俘虏了齐王建，把他迁到共城。终于灭亡齐国改为一郡。天下由秦统一，秦王政创立称号作做皇帝。起初，齐君王后有贤德，侍奉秦国比较谨慎，与诸侯相交有信用，齐国又处在东部海滨，秦国日夜进攻三晋、燕、楚，这五国面对秦国的进攻只有分别谋求自救，因此齐王建在位四十多年没有遭受战祸。君王后一去世，后胜做了齐国宰相，他接受了秦国间谍的许多金钱，派很多宾客到秦国，秦国又给他们很多金钱，宾客们都回来进行反间活动，劝说齐王放弃合纵而归向秦国，秦国因此能灭亡五国。五国灭亡后，秦军终于攻入临淄，百姓没人敢反抗。齐王建于是投降，被迁到共城。所以齐国人抱怨王建不早与诸侯合纵攻秦，听信奸臣及宾客的话以致亡国，人们编了歌唱道："松树呢，还是柏树呢？让王建住到共城的不是宾客吗？"意思是痛恨王建使用宾客不注意审查。

第八章　帝国阶段："治天下"
——秦国术治责任伦理

苏秉琦指出，古代国家发展"三部曲"——"古国""方国""帝国"，秦国最具有典型性。"襄公（古国）穆公（方国）到始皇帝（帝国）三部曲。"① 帝国阶段，秦国一方面"用夏变夷"，形成了"多元一体"的中华共同体；另一方面"扫平六国"，形成了"中华一统"的政治大格局。通过中央集权的郡县官僚制，将中华共同体与政治大格局固定下来，取代了延续八百年的周天子封建诸侯的贵族制度，中华文明进入秦帝国阶段。

秦帝国阶段，从公元前 221 年开始。此年秦始皇称帝，到公元前 210 年秦始皇去世，一共在位 12 年，国号仍然用秦；公元前 209 年，秦二世即位，到公元前 206 年被处死，在位 3 年；秦王子婴公元前 206 年在位只有 46 天，秦帝国灭亡。

秦帝国时期，秦国术治责任伦理的形成。伴随着秦国从称"王"到称"帝"，秦帝国决策层李斯等人的"帝王之术"，齐燕方士卢生等人的"政治巫术"，李斯、韩非等人的"督责之术"，直接影响了秦帝国大政方针的制定。秦帝国大政方针在落实中发生的严重扭曲，造成了秦国法治责任伦理严重异化，最后嬗变为帝国阶段的秦国术治责任伦理。在秦国术治责任伦

---

① 苏秉琦：《华人·龙的传人·中国人——考古寻根记》，辽宁大学出版社，1994，第 132 页。

理的背景下，秦始皇、秦二世滥用"帝王之术""政治巫术""督责之术"，造成陈胜、吴广起义，天下大乱，最终导致秦帝国灭亡。

第一节　"帝王之术"：　秦国术治责任伦理的正路

战国君主称王，标志着战国七雄不再尊重周王室曾经拥有的唯一性、排他性的政治权力；战国七雄自身都享有了不依赖别的国家的唯一性、排他性的政治权力；秦国也是如此。可是列国称王违背华夏文明"王者无外"的政治理念。当时，秦昭襄王联合齐闵王称西帝与东帝，由于秦国只是相对实力处于列国之上，还没有在绝对实力上完全压倒东方六国，因此，秦昭襄王称帝理想一波三折没有取得成功，最后只得随同齐闵王宣布取消帝号。可见，没有在国家实力上占据绝对优势，就没有可能获得六国在政治权力上的合法性认同。所以，秦国只有消灭关东六国，实现天下统一，才有可能称帝，这是战国时代历史理性的必然选择。

一、秦国从"王业"到"帝业"：万世之一时

秦国从称王升格为称帝是万世才有的一次机会。按照李斯等人的策略，秦王政经过十年统一战争，消灭了关东六国，一个真正行走在大地上的神——秦帝国及其"皇帝"出现了。秦王政消灭关东六国之后，让大臣们讨论秦国的帝号。根据《史记·秦始皇本纪》记载，秦王政告诉群臣说："我凭着这个渺小之身，兴兵诛讨暴乱，靠的是祖宗的神灵，六国国王都依他们的罪过受到了应有的惩罚，天下安定了。现在如果不更改名号，就无法显扬我的功业，传给后代。请商议帝号。"丞相王绾、御史大夫冯劫、廷尉李斯等都说："从前五帝的土地纵横各千里，外面还划分有侯服、夷服等地区，诸侯有的朝见，有的不朝见，天子不能控制，现在您兴正义之师，讨伐四方残暴之贼，平定了天下，在全国设置郡县，法令归于一统，这是亘古不曾有，五帝也比不上的。我们恭谨地跟博士们商议说：'古代有天皇、地皇、泰皇，泰皇最尊贵。'我们这些臣子冒死罪献上尊号，王称为

'泰皇'。发教令称为'制书',下命令称为'诏书',天子自称为'朕'。秦王说:"去掉'泰'字,留下'皇'字,采用上古'帝'的位号,称为'皇帝',其他就按你们议论的办。"于是下令说:"可以"。追尊庄襄王为太上皇。又下令说:"我听说上古有号而没有谥,中古有号,死后根据生前品行事迹给个谥号。这样做,就是儿子议论父亲,臣子议论君主了,非常没有意义,我不取这种做法。从今以后,废除谥法。我就叫作始皇帝,后代就从我这儿开始,称二世、三世直到万世,永远相传,没有穷尽。"秦国从秦始皇帝开始正式称帝。他自称始皇帝,还建议废除从西周延续下来的谥法,秦国皇帝以数记,由二世、三世传之万世。里耶秦简"秦更名方"证明,从前的王名都必须改为皇帝名:如,"王游曰皇帝游,王猎曰皇帝猎,王犬曰皇帝犬""王马曰乘御马""王节弋曰皇帝"。皇帝发布的命令称为"诏",皇帝发布的教令称为"制":如"王谴曰制谴,以王令曰以皇帝诏,承令曰承制"。而将秦庄襄王改为太上皇:"庄王为太上皇"。"毋敢曰王父曰泰父"就是说,不敢称"王父",而要称"泰父"①。秦国经历了古国、方国、王国的漫长历史,终于发展为秦帝国,"皇帝"既是帝国政治权力的人格化代表,又是天神上帝神圣权力的神格化代表。

一方面,秦帝国实行中央集权官僚统治的政治体制,"皇帝"代表秦帝国的最高政治权力。中央政府实行三公九卿以及博士议政的制度。三公分别负责行政、军事、监察三种政治权力,三权之间分工制衡。丞相负责中央行政体系,丞相是文官之长。《汉书·百官公卿表》:"相国、丞相,皆秦官,金印紫绶,掌丞天子助理万机。秦有左右。"以左为尊,左丞相为"第一丞相"。秦朝初年,隗状和王绾任左右丞相。太尉负责中央军事行政体系,太尉是武官之长。《汉书·百官公卿表》:"太尉,秦官,金印紫绶,掌武事。"现存史料,有尉屠睢南征百越,但是,为"太尉"还是"都尉"尚不明了。御史大夫负责中央监察体系,御史大夫是诸御史之长。《汉书·百官公卿表》:"御史大夫,秦官,位上卿,银印青绶,掌副丞相。有两丞,

---

① 湖南省文物考古研究所编著:《里耶秦简》(壹),文物出版社,2010,第33页。

秩千石。一曰中丞，在殿中兰台，掌图籍秘书，外督部刺史，内领侍御史员十五人，受公卿奏事，举劾按章。"御史大夫有二丞：一是御史中丞，主要负责监察朝廷百官，承办诏狱；二是监御史，作为中央监察机关监察郡县各级官吏。形成从中央到地方的监察体系。商鞅学派研究了君臣的责权利关系，重视政治权力的相互制衡。《商君书·禁使》指出："上与吏也，事合而利异者也。""吏之与吏，利合而恶同也。夫事合而利异者，先王之所以为端也。"三公中设置御史大夫，体现了政治权力相互制衡的原理，体现了秦始皇对秦朝政治体制的创新。九卿主要有奉常、郎中令、卫尉、太仆、廷尉、典客、宗正、治粟内史、少府。云梦睡虎地秦墓竹简，还发现一些官名，如将作少府、司空、主爵中尉、典属邦等。九卿之间分工负责，各司其职，履行各自行政管理职能。另外，秦朝还设置博士官，负责文化教育以及咨询工作。

秦朝具备了马克斯·韦伯意义上的理性官僚统治的基本特征，这是人类政治文明史上的奇迹。同时，秦朝的中央集权官僚政治体系也属于"历史官僚帝国"的范畴。艾森斯塔德指出，中央集权的"历史官僚帝国"有以下主要特征："第一，尊奉世袭的具有传统—神圣合法性的最高政治领袖，他拥有对统治事务的最高决断权；第二，最高统治者依靠发达的官僚机构实现对广土众民的理性行政，这些官僚在全国范围内选拔，而非世袭贵族；第三，通过有效的地方行政制度，保证中央对地方的有效管理，从而有别于封建制。"① 秦帝国的建立，标志着周王朝宗法封建制的政治体制被消灭了，取而代之的就是中央集权官僚政治体制。秦始皇就是秦帝国官僚政治权力的人格化代表。在里耶秦简"秦更名方"中，凡是与皇帝相关的官爵名称，都作了相应变更。如：将以前的王室、公室都改为县官："王室曰县官，公室曰县官"；将以前二十等军功爵的内侯、彻侯也作了更改："内侯为轮侯，彻侯为列侯"。"骑邦尉为骑郡尉，郡邦尉为郡尉，邦司马为郡司马"。还要求官员的姓名避讳"秦"字："诸官为秦金耿"；日常生活中

---

① ［以色列］艾森斯塔德：《帝国的政治体系》，阎步克译，贵州人民出版社，1992，第3—14页。

事物的名称也要求全国统一："毋敢曰猪曰彘"，就是不敢将猪叫"猪"，而要叫"彘"；"毋曰邦门曰都门"就是说，不要叫"邦门"，而要叫"都门"；"毋曰客舍曰宾饲（sì）"就是说，不要叫"客舍"而要叫"宾饲"。

另一方面，秦帝国实行政教合一的意识形态统治，秦国五帝志业宗教渗透国家政治生活，"皇帝"代表着天神上帝的神圣意志。秦始皇以天神上帝为对象，在泰山、梁父举行封禅仪式。在泰山祭祀"天神"，在梁父祭祀"地神"。根据《史记·封禅书》记载："上自泰山阳至巅，立石颂秦始皇帝德，明其得封也。从阴道下，禅于梁父。其礼颇采太祝之祀雍上帝所用，而封藏皆秘之，世不得而记也。"就是说，秦始皇帝祭祀"天神"的时候，将自己的"功德"刻在石头上，以"德"配"天"，表示取得了"天神"的封赏，具有"天命"的合法性；秦始皇在祭祀"地神"的时候，采用太祝在雍城祭祀"五帝"的時祭方法，祭祀具体内容秘而不宣。秦始皇巡视天下，遍祭名山大川诸神，作为对天下各地民众信仰的尊重。同时，通过巡视祭祀，赢得天下四方对秦朝皇帝神圣性的信仰认同。根据《史记·秦始皇本纪》记载："始皇遂东游海上，行礼祠名山大川及八神，求仙人羡门之属"；"及秦并天下，令祠官所常奉天地名山大川鬼神可得而序也"；"于是自崤以东，名山五，大川祠二"。"自华以西，名山七，名川四。"祭祀完成之后，秦始皇抛弃周朝主张的人王不僭越上帝（"王不僭帝"）的传统，也扬弃商朝主张的活王不称帝（"王死称帝"）的习俗，秦始皇抛弃商周两朝的宗教信仰，独自跨越阴阳两界，赋予秦皇帝以最高神性，以活王称帝，使秦皇帝成为天神、五帝、八主、名山大川诸神的最高统帅。于是，秦始皇成为天神五帝神圣权力的最高神格化代表。

秦始皇改革了以前的庙制，设立了"太极庙""太上皇庙"。根据《史记·秦始皇本纪》《三辅黄图》记载："二十七年，作信宫渭南，已而更命信宫为极庙，象天极。自极庙道骊山，作甘泉前殿，筑甬道，自咸阳属之。"就是说，公元前220年，秦始皇二十七年，在渭河南岸建立了信宫，不久更名信宫叫极庙，象征着北极星。开通了从极庙直达骊山的道路。又修建了甘泉宫的前殿。还修造了从咸阳一直连接到骊山的甬道。"太极庙"

供奉的神主是谁呢？自然是秦始皇。秦始皇死后，秦二世决定增加始皇寝庙的牺牲品及山川百祀之礼品，因为秦国先王的祖庙设在西县、雍城、咸阳，秦二世毁弃了秦襄公以下先王的祖庙，按照古代惯例设立帝者七庙，将秦始皇的极庙定为"帝者祖庙"。根据《史记·秦始皇本纪》记载："二世皇帝元年，年二十一。赵高为郎中令，任用事。二世下诏，增始皇寝庙牺牲及山川百祀之礼。令群臣议尊始皇庙。群臣皆顿首言曰：古者天子七庙，诸侯五，大夫三，虽万世世不轶毁。今始皇为极庙，四海之内皆献贡职，增牺牲，礼咸备，毋以加。先王庙或在西、雍，或在咸阳。天子仪当独奉酌祠始皇庙。自襄公已下轶毁。所置凡七庙。群臣以礼进祠，以尊始皇庙为帝者祖庙。皇帝复自称'朕'。"《北京大学藏西汉竹书·赵正书》也记载了秦二世继位之后，夷其宗族、坏其社稷的行为："因夷其宗族，坏其社稷，燔其律令及故世之藏。"[1] 可见，秦二世毁坏其先人社稷诸庙之后，极庙供奉的就是秦始皇，秦二世只认可了秦始皇极庙的"帝者祖庙"的神圣地位。供奉在极庙中的秦始皇，在活着的时候就是天神、帝子。因为秦始皇用"皇帝"取代了从前的一切"天帝""帝子"的神圣位置，他自己成为天神上帝、里耶秦简"秦更名方"中有"泰上观献曰皇帝，天帝观献曰皇帝，帝子游曰皇帝"。就是说，要将以前给"泰上""天帝""帝子"的供奉祭献，全部更改为给"皇帝"的供奉祭献。同时，将以前僭越冒用"帝"名的，要去掉："毋敢谓巫帝曰巫"，就是说，无敢叫"巫帝"，而只能叫"巫"。秦始皇取代了以往的"天帝""帝子"，登上了至高无上的神位，成为让普天下众生顶礼膜拜的天神上帝的神格化代表。除了在渭河南岸设立极庙供奉秦始皇，而且，各个郡县也要建立庙宇，供奉太上皇以及始皇帝。岳麓秦简记载有"泰上皇庙"，《里耶秦简》记载有迁陵县吏的"行庙"活动。[2] 都与此有密切关系。在秦始皇身上，理性化与宗教化合二

① 北京大学出土文献研究所编：《北京大学藏西汉竹书》（叁）下，上海古籍出版社，2015，第190—191页。

② 湖南省文物考古研究所编著：《里耶秦简》（壹），文物出版社，2010，第17—37页，第八层释文：8-138；8-174；8-522；8-523。

为一。

总之，秦始皇的最高责任"治天下"：秦帝国的无限责任制。秦始皇身上政治权力人格化与神圣权力神格化统一，进而在秦始皇身上秦国责任主体与秦国责任受体也被合二为一：秦帝国的无限责任制。从责任主体来说，秦国从"成秦人""附庸""大夫""西垂大夫""诸侯""秦伯""秦王"，一直都要对秦国责任受体承担责任，从对包括西周的周成王、周孝王、东周的周平王，甚至周显王承担勤王责任，要对诸侯国承担盟友责任，对社稷江山、黎民百姓承担国家责任，对天神五帝承担祭祀信仰责任。可是，秦国消灭了东周王室，消灭了山东六国之后，摆脱了对周王室的勤王责任，摆脱了对诸侯国的盟友责任，他自己成为能够代表天神五帝、江山社稷、黎民百姓的最高神圣责任受体，天下人都要向他承担责任，同时，他自己"治天下"，是最高责任主体，拥有至高无上的权力，又要对天下人承担责任。秦始皇既是人王，又是神王，他作为责任主体，以渺渺之身统一了天下，同时，作为责任受体，天下所有人都要对他一人承担责任，服从于皇帝中央集权官僚统治。所以秦国责任主体与责任受体在他身上合二而一，秦始皇成为"千古一帝"（李贽：《藏书·卷二目录》）。正如公元前219年，秦始皇二十八年琅琊台刻石所记："皇帝之德，存定四极。诛乱除害，兴利致福。节事以时，诸产繁殖。黔首安宁，不用兵革。六亲相保，终无寇贼。欢欣奉教，尽知法式。六合之内，皇帝之土，西涉流沙，南尽北户。东有东海，北过大夏。人迹所至，无不臣者。功盖五帝，泽及牛马。莫不受德，各安其宇。"公元前218年，秦始皇二十九年，之罘刻石还记载对黔首的责任："烹灭强暴，振救黔首，周定四极。"秦始皇垄断了国家军事力量、土地所有权、人民管辖权等，这是一个承担无限责任的皇帝，秦帝国也成为一个承担无限责任的帝国。

秦始皇"治天下"顺应了"自然法"即人类政治法则与历史大趋势。秦始皇东征西讨，南征北战，征服天下，扩大中华版图，实现天下统一，成为"千古一帝"。而秦始皇之所以成为"千古一帝"，其背后原理就是不以人的意志为转移的"自然法"即人类政治法则与历史大趋势。从人类政治法则来说，强大者支配弱小者是一个自然法则。《吕氏春秋·慎势》指出："以大使小，以重使轻，以众使寡，此王者之所以家以完也。"秦始皇之所以成为"千古一帝"就是因为他成为最强大者，成为当时最有权势的人。按照强大者的逻辑，强大者支配弱小者，才能保证人类政治秩序的正常存在与顺利发展，否则，将导致人类政治秩序的动荡与发展的困难。《吕氏春秋·慎势》说："故以大畜小吉，以小畜大灭，以重使轻从，以轻使重凶。"所以，统治者占据尊贵的地位，拥有最高的权势，才能建立合理统治秩序以及对于这种统治秩序的合法性信仰。"位尊者其教受，威立者其奸止，此畜人之道也。故以万乘令乎千乘易，以千乘令乎一家易，以一家令乎一人易。"那么，如何建立这种统治秩序以及合法性信仰，这就是吕不韦提出的问题："则奚以易臣？权轻重，审大小，多建封，所以便其势也。王也者，势也；王也者，势无敌也。势有敌则王者废矣。有知小之愈于大、少之贤于多者，则知无敌矣。知无敌则似类嫌疑之道远矣。故先王之法，立天子不使诸侯疑焉，立诸侯不使大夫疑焉，立适子不使庶孽疑焉。疑生争，争生乱。是故诸侯失位则天下乱，大夫无等则朝廷乱，妻妾不分则家室乱，适孽无别则宗族乱。"这就是一种"封建"时代的天下秩序。可见，秦始皇不仅仅是为秦国承担无限责任，而且是为天下承担无限责任；秦帝国不仅仅为秦朝承担无限责任，而且试图为"传之万世"的子孙后代承担无限责任！没有"帝"的神圣理念，这是很难做到的。我们不能用世俗眼光看秦始皇，而应该用历史眼光看待秦始皇。

二、"郡县"与"分封"：秦帝国"治天下"制度选择

如何实施中央集权的皇帝制统治，落实秦帝国的无限责任？答案是采用郡县制。如果周朝的"王业"选择了分封制，那么，秦朝的"帝业"则必然选择郡县制。秦始皇为什么要废除分封制而实行郡县制？从责任伦理角度来说，在分封制下，无论天子还是诸侯都拥有军事力量、政治权力、土地所有权、对人民的管辖权，都要用自己的身家性命为家国天下承担无限责任。一旦天子权力衰落，诸侯"尾大不掉"，由此造成激烈的争夺，争

夺更多的土地、人民、水利等资源，争取更大的政治疆域，从而在国际体系中获得更大的国家政治权力。于是造成春秋战国天下诸侯混战不休。实行郡县制是在皇帝与郡县之间建立委托代理关系，皇帝要对天下承担无限责任，皇帝作为最高责任主体与责任受体，垄断了全部军事权力、政治权力、土地所有权、人民管辖权；然后由皇帝委托各个郡县具体实施皇帝赋予的权力，并受到皇帝的监督。皇帝与郡县之间、郡县与郡县之间权力界限分明，全国一盘棋，彼此相互协调。避免了分封制下诸侯国之间的争斗。秦朝围绕实行分封制还是郡县制曾经发生过两次大讨论。

第一次关于实行分封制还是郡县制的大讨论，发生在公元前221年，秦始皇二十六年，丞相王绾提出在齐、楚、燕等遥远地区实行分封制，廷尉李斯反对实行分封制，认为分封制是造成天下诸侯苦斗不休的根源，所以主张在全国全面实行郡县制。根据《史记·秦始皇本纪》记载："丞相绾等言：'诸侯初破，燕、齐、荆地远，不为置王，毋以填之。请立诸子，唯上幸许。'始皇下其议于群臣，群臣皆以为便，廷尉李斯议曰：'周文武所封子弟同姓甚众，然后属疏远，相攻击如仇雠，诸侯更相诛伐，周天子弗能禁止。今海内赖陛下神灵一统，皆为郡县，诸子功臣以公赋税重赏赐之，甚足易制。天下无异意，则安宁之术也。置诸侯不便。'始皇曰：'天下共苦战斗不休，以有侯王。赖宗庙，天下初定，又复立国，是树兵也，而求其宁息，岂不难哉！廷尉议是。'分天下以为三十六郡，郡置守、尉、监。更名民曰'黔首'。"意思是，丞相王绾等进言说："诸侯国初次被攻破，燕国、齐国、楚国地方遥远，不设置诸侯王，就无法镇抚。请分封皇子为王，望皇帝恩许。"秦始皇让群臣讨论这项建议，群臣都以为这样便利。廷尉李斯建议说："从前周文王、周武王分封子弟同姓很多，然而后辈疏远，就像仇人一样互相攻击，周天子也无法阻止诸侯之间的征战。现在海内依赖陛下的神灵获得统一，全都变成郡县，诸位皇子功臣用公共赋税重加赏赐，这样既可满足又容易控制。天下没有异议，这是安宁之术。设置诸侯不便利。"秦始皇说："天下都苦于战斗不休，就是因为有侯王。依赖宗庙神灵，天下初步安定，又恢复设立诸侯国，等于树立兵戎，想求得安宁生息，岂不太难了！廷尉建议很对。"于是划分天下为三十六郡。每郡设置守、尉、监。实际上秦国在南征北战中，新占领的地区就设置新郡。如，根据里耶秦简记载，公元前222年，秦始皇二十五年，王翦消灭楚国，"遂定江南地"之后，秦国就在南方设立了洞庭郡、苍梧郡。另外，还有巫郡的记载。里耶秦简又记载"今迁陵廿五年为县"，就是说迁陵县也是在同一年即秦始皇二十五年设置的。秦帝国将天下人民百姓的名字称为"黔首"。在皇帝统治下，"黔首"成为相对于"吏"的一个没有地域、职业、年龄、信仰差别的社会阶层。

第二次关于分封制与郡县制的大讨论，发生在公元前213年，秦始皇三十四年，这次大讨论最后牵扯到了分封制、郡县制这两种政治体制产生的周秦文化根源。因为分封制与儒家继承的周文化有关系，郡县制与法家学派继承的秦文化有关系。在这次大讨论中，代表儒家一派的淳于越再次提出分封制，代表法家一派的李斯则再次捍卫郡县制，并揭示出分封制产生的文化根源，因此提出"焚书"即焚毁《诗》《书》《百家语》的主张。根据《史记·秦始皇本纪》记载，秦始皇设置酒宴在咸阳宫，博士七十人前来敬酒祝寿。仆射周青臣祝贺说："昔日秦国土地不过千里，依赖陛下神灵明圣，平定海内，驱逐蛮夷，日月所照，无不臣服。尤其把诸侯国改设为郡县，人民自由安居乐业，不再害怕遭受战争祸患，可以传之万世。这是从古至今无人能比的威望功德。"秦始皇十分喜悦。博士齐人淳于越进言说："我听说殷周'王天下'一千多年，分封了大量子弟功臣作为王朝的枝叶辅佐。当今陛下拥有了海内，子弟仍然为匹夫，一旦朝廷出现齐国田常、晋国六卿一类的权臣，没有人来辅助与阻挡，怎么相互拯救呢？凡事不吸取古人教训而能长久的，从来没听说过。今天周青臣当面阿谀奉承，加重陛下过失，不是忠臣！"秦始皇把意见下达给群臣讨论。丞相李斯说："五帝的制度不是相互重复，三代的制度不是彼此抄袭，都凭着自己的制度治理得很好，这并非故意彼此相反，只是由于时代变得不同了。当今陛下创大业，建立万世功勋，本来就不是愚儒所能理解的。况且淳于越说三代的事情，哪里值得效法呢？昔日诸侯纷争，招揽游说之士。如今海内平定，法令统一，百姓致力于农工生产，士人则研习法令辟禁。如今诸生不学现代却要效法古代，以此诽谤当世，蛊惑人心。丞相李斯冒死建言：古代天下离散战乱，没有人能够实现统一，诸侯蜂拥而起，说话都是称道古人危害当今，装饰虚言扰乱现实，只欣赏私学教授的学问，指责朝廷建立的制度。当今皇帝统一天下，辨别了黑白而定于一尊。私学者相聚非议法律教化，一有法律下达，就根据所学妄加议论，入则内心非难，出则街谈巷议，在主人面前夸耀以博取名誉，标新立异以自我抬高，率领群众制造诽谤的言论。如此不禁止，在上面君主威势下降，在下面党羽势力形成。还是禁止有利。臣请求，把史官非秦国的史记全烧了。除了有博士官职务的，天下有敢收藏《诗》《书》《百家语》的，全都让郡县守、尉一起烧毁。有敢彼此讨论《诗》《书》的，处以弃市之刑，以古非今的，处以灭族之刑。官吏知情而不举报，以同罪论处。下令后三十天不烧的，处以脸上刺字的黥刑并处罚为城旦四年。所不去除的是医药、占卜、种植之类的书籍。想要学习法律，以官吏为师。"秦始皇下诏说："可。"秦帝国"焚书"事件以后，再也没有人敢于提出在秦国实行分封制了。

秦始皇为什么不惜采用"焚书"来废除分封制，推行郡县制？其实在公元前 219 年，秦始皇二十八年，秦始皇出巡所立《绎山刻石文》[①] 中秦始皇对分封制的危害已经作了深入分析。"追念乱世，分土建邦，以开争理，攻战日作，流血于野。自泰古始，世无万数。陀及五帝，莫能禁止。乃今皇帝，一家天下。兵不复起，燔害灭除，黔首康定。利泽长久，群臣诵略。刻此乐石，以著经纪。"秦始皇以石刻皇帝令的形式，剖析了实施分封制的悲惨结局，就是周天子分割土地建立邦国，由此开启了争霸理念，诸侯们相互攻击的战斗每天都在发生，战争的鲜血流遍了山川原野，给普天下人民造成巨大危害；郡县制的巨大优越性，就是当今的皇帝缔造的普天下就

---

① 李斯著，张中义、王宗堂、王宽行辑注：《李斯集辑注》，中州古籍出版社，1991，第 30 页。《绎山刻石文》刻辞《史记》未载，原石也早已不存。五代时南唐徐铉有摹本，宋淳化四年（993）郑文宝根据徐铉摹本重刻于长安，其拓本世称长安本。郑碑今存于西安碑林中。

像一家人一样，再也不用拿起兵戈彼此残酷厮杀，将诸侯国挑起的战火全部灭除，普天下人民从此安康太平。公元前 219 年，秦始皇二十八年，在《琅琊台刻石》中，秦始皇强调实行郡县制的根本目的，就是为了实现天下和平："今皇帝并一海内，以为郡县，天下和平。"如果从秦朝中央王朝的观点看，实施中央集权郡县制，最关键的是杜绝了各国地方封君势力凭借军事、政治、经济势力抗衡中央王朝事态的出现。避免了类似"三桓""六卿""田氏"等宗法和军功分利集团的代表人物弑杀国君，如"三桓篡鲁""三家分晋""田氏代齐"等东周历史悲剧的重演。

中央集权的郡县制具有独特的责权利结构。首先，中央集权的郡县制赋予皇帝至高无上的权力，同时又让皇帝承担名义上的无限责任。其次，皇帝通过委托—代理机制将无限权力与无限责任，转化为郡县官吏的有限权力与有限责任。最后，由皇帝监督庞大的官僚体系，无论是中央官僚体系，还是郡县官僚体系，都要受到皇帝的监督与主宰，皇帝通过政治、军事、经济、宗教、文化等手段，以维持帝国的安全与发展。由此可见，一方面，秦始皇既是中央集权政治人格化代表，又是天神上帝的神格化代表，他既代表上帝，又代表社稷，作为责任受体，秦帝国人民都要向秦始皇承担缴纳军赋租税责任。另一方面，他既是一国之主，又是华夏嬴姓一员，作为责任主体，他又要向秦帝国人民承担安全与发展责任。所以，责任受体与责任主体在皇帝身上合二而一。国家社稷的兴衰存亡、秦帝国人民的生死安危，都系于皇帝一人，用皇帝的身家性命作担保。所以，皇帝承担无限责任。从中央到郡县的各级官吏，则是皇帝与人民之间的委托代理人，他们将皇帝委托的无限责任加以切割分解变成有限责任，落实到官僚机构的分工授权体系之中，他们替皇帝承担征收军赋租税，负责治安管理、保卫边界安宁、建设公共设施、教化子民百姓的各种责任。无论是通过功勋制、恩赐制、举荐制，还是以后的九品中正制、科举取士制，其实每一位官吏只是对自己所管辖的范围承担有限责任。秦始皇建立的中央集权郡县制将中华政治文明提高到了一种比分封制更为高级的政治形态，是人类政治史上的奇迹。

三、南征百越，北战匈奴：秦始皇"治天下"的沉重责任

如果说秦王政消灭关东六国，是由西向东进行征服，最终消灭了六国，实现了基本统一，那么，秦始皇消灭匈奴和百越，则是由南到北两面用兵，实现完全统一。公元前 215 年，派遣尉屠睢南征百越。因为，楚国灭越，越国虽然名义上归于楚国，可是，疆界只在五岭以北，五岭以南的珠江流域乃是蛮荒之地。所以，秦始皇在统一之初，就派出五十万大军南征百越。公元前 215 年，派遣蒙恬北征匈奴。因为，赵国抗击匈奴，秦国灭赵之后，匈奴失去了抗衡力量，成为秦国的后患，所以，秦始皇派蒙恬征伐匈奴。秦始皇南征北战，实现秦帝国天下统一的理想，履行统一天下的神圣责任。可是，承担责任是要花费成本的！南征北战的用兵压垮了秦帝国！

公元前 215 年，秦始皇三十二年，在碣石门刻石发布南征北战的命令："遂兴师旅，诛戮无道"。根据《史记·秦始皇本纪》记载："三十二年，始皇之碣石，使燕人卢生求羡门、高誓。刻碣石门。坏城郭，决通堤防。其辞曰：'遂兴师旅，诛戮无道……决通川防，夷去险阻……'"就是说，公元前 215 年，秦始皇三十二年，秦始皇到达碣石门，派遣燕人卢生探访方士羡门和高誓。在碣石门立下刻石。并发布命令：拆除以前各国遗留的城郭，决通以前各国修筑的堤防。这是为了即将发动的南征北战运送军需物资的方便。秦始皇以刻石发布南征北战命令的文辞是："皇帝发动军事行动，诛戮天下无道之君……决通以前各国以邻为壑的堤防，夷平以前各国修建的险关要塞。"郭伟川先生认为，秦始皇"遂兴师旅，诛戮无道"发动北战匈奴与南征越人的战争，皆始于公元前 215 年，即秦始皇三十二年。①

1. 南征百越、扫平西南夷：公元前 215 年，秦始皇三十二年，利用王翦消灭楚国的余威，秦始皇派遣尉屠睢率领五十万大军，发动了对百越和西南夷的战争。最终平定百越、徙民岭南，设置闽中、南海、桂林、象郡，将秦帝国版图扩展到大海之上。公元前 223 年，秦始皇二十四年，王翦消灭

---

① 郭伟川：《秦平百越与五岭考论——兼论揭岭及古揭阳县治的相关问题》，《历史文献研究》总第 30 辑，第 137—138 页。

楚国之后，"秦始皇并楚，百越叛去"（《越绝书·外传记吴地传》）。于是王翦开始征伐五岭以北的扬越，即桂阳之地（在今湖南省郴州一带）。这就是杜佑《通典》第184卷所说的，王翦"略定扬越，谪戍五方，南守五岭"。王翦戍守五岭，筹集粮草兵员，是为以后尉屠睢率领秦军越过五岭，南征百越作战略准备。① 根据《淮南子·人间训》记载："秦皇挟《录图》，见其传曰：'亡秦者胡也。'因发卒五十万，使蒙公、杨翁子将，筑修城。西属流沙，北击辽水，东结朝鲜，中国内郡挽车而饷之。又利越之犀角、象齿、翡翠、珠玑，乃使尉屠睢发卒五十万，为五军，一军塞镡城之岭，一军守九嶷之塞，一军处番禺之都，一军守南野之界，一军结余干之水，三年不解甲弛弩，使监禄无以转饷，又以卒凿渠而通粮道，以与越人战，杀西瓯君译吁宋。而越人皆入丛薄中，与禽兽处，莫肯为秦虏。相置桀骏以为将，而夜攻秦人，大破之，杀尉屠睢，伏尸流血数十万。乃发适戍以备之。"就是说，秦始皇从方士那里得到了篆图之书，上面写着"亡秦者胡也"。于是命令蒙恬、杨翁子率领三十万大军讨伐匈奴，修筑了万里长城，西面到达沙漠地带，北面到达辽河流域，东面与朝鲜连接，中国内部郡县人民挽车运送粮饷。为了获得犀角、象齿、翡翠、珠玑，秦始皇又命令尉屠睢率领五十万大军讨伐百越。尉屠睢将部队分为五军：一军在镡城之岭，即今湖南省靖州一带，修建要塞安营扎寨；一军在九嶷山之塞，九嶷山又名苍梧山，在今湖南省宁远一带，实施军事防守；一军在番禺之都，古称都山，即今广东省大锣岭，设防驻扎；一军在南野之界，即今江西省南康县一带，严密防守；一军在余干之水，即在今江西省东北一带，进行军事集结。三年间秦军不敢解下甲胄，放下弓弩，秦军监禄的后勤粮饷无法及时运送，又让士兵们开凿山石，修造了人工运河即灵渠。灵渠长约三十公里，沟通了湘水与漓水，将长江水系与珠江水系连接在一起，打通了运往前线的粮道，秦军开始与越人战斗，杀死了名叫译吁宋的西瓯君主。此时，

① 关于百越，因为古代"越"与"粤"相通，所以也称百粤。百越包括吴越、扬越、东瓯、闽越、南越、瓯越、骆越等越族支系。关于五岭，有不同说法，裴渊《广州记》说："大庾、始安、临贺、桂阳、揭阳，是为五岭。"多为史家所认同。

越人纷纷潜入丛林之中，宁肯住在野兽出没的地方，也不肯做秦人的俘虏。他们相互推举桀骏的人做将军，趁着黑夜袭击秦人，大破秦军，杀死了尉屠睢，数十万秦军伏尸遍野、流血满地。秦国只得征发谪戍以警备越人。尉屠睢率领的五路大军征伐百越，其他四路分别征服了东越、闽越、南越，而他本人率领的一路由零陵进入桂林，在征服瓯越过程中，反而被瓯越人所杀。

公元前 214 年，秦始皇三十三年，派遣任嚣和赵佗率领秦军攻击百越，征服了岭南，设置闽中、南海、桂林、象郡，并征发谪戍充边戍守。根据《史记·秦始皇本纪》记载，在秦始皇三十三年，征发了曾经逃跑过的犯人、入赘为婿的人、贩卖货物的商人，攻取了陆梁地区（在今广东省、广西壮族自治区南部一带），设置了桂林（在今广西贵县一带）、象郡（在今越南广南一带）、南海（在今广东广州市一带）三郡，迁徙了五十万人来这里戍守五岭，与越人杂居共处。由于南北两线战争的需要，公元前 213 年，秦始皇三十四年，秦始皇又发配那些滥用职权、贪赃枉法、司法不直的狱吏，让他们到北方修筑长城，去南方戍守南越。根据《史记·秦始皇本纪》记载："三十四年，谪治狱吏不直者，筑长城及南越地。"秦始皇让断狱不直的狱吏去戍边，既彰显了秦国公正司法的精神，又补充了南征北战的人力资源。为了巩固秦国占领的百越土地，秦始皇还批准让内地大批女子迁徙到南方与讨伐越人的士卒婚配。根据《史记·淮南衡山列传》记载，任嚣、赵佗跨越五岭，讨伐百越，此时中原大地人民疲惫到了极点，赵佗就在百越称王，并派人向秦始皇上书："求女无夫家者三万人，以为士卒衣补。秦皇帝可其万五千人。"就是说，请求迁徙还没有夫家的女子三万人，来南方为这里的士卒缝补衣裳，秦始皇批准了一万五千人，这些未婚女子与南方军队的士卒婚配，在南方繁衍生息，促进了中原文化与百越文化的融合发展。

从公元前 215 年，秦始皇三十二年至公元前 213 年，秦始皇三十四年，派遣军队南征百越，在南方疫瘴流行的丛林环境作战，其战斗的惨烈不亚于秦始皇扫平六国的程度；设置闽中、南海、桂林、象郡，包括了今福建、广东、广西、贵州的一部分，越南的一部分。正如林岗先生所言，其土地面积相当于"公元前一世纪恺撒征高卢取今法国面积的全部"，"黄河、长江、西江三大河流域由此在政治上连为一体"①。实现了秦始皇"南尽北户"的雄心，对华夏文明的发展具有深远意义。可是，南征百越使大量人力、财力、物力资源流向南方，中央资源相对削弱，关中军事防守空虚，顾此失彼造成反叛势力乘虚而入。这是导致秦帝国迅速灭亡的原因之一。

2. 北逐匈奴，修建长城：公元前215年，秦始皇三十二年，北击匈奴，收复战国末年匈奴侵占的领土。根据《史记·秦始皇本纪》记载："三十二年……始皇巡北边，从上郡入。燕人卢生使入海还，以鬼神事，因奏录图书，曰'亡秦者胡也'。始皇乃使将军蒙恬发兵三十万人北击胡，略取河南地。"就是说，公元前215年，秦始皇三十二年，秦始皇巡游北部边关，从上郡进入咸阳。此时，燕人卢生从海上探访方士回来了，以鬼神名义，上奏图箓之书，上面写着："亡秦者胡也。"（郑玄认为："胡，胡亥，秦二世名也。秦见图书，不知此为人名，反备北胡。"）秦始皇派遣将军蒙恬率领三十万大军，向北方打击胡人，夺取被胡人占领的黄河以南的土地。可见，公元前215年，秦始皇三十二年，秦始皇发布命令，"遂兴师旅，诛戮无道"，同时发动了南征百越、北战匈奴的两场战争。

就北方匈奴的军事形势而言，在战国末年，正当华夏各国发生战争之时，北方匈奴人乘机南下，侵占处于北方的秦国、赵国、燕国三国土地。华夏各国积极抗击外部来犯之敌，修筑长城拒敌于国门之外。根据《汉书·匈奴传》记载："秦昭王时，义渠戎王与宣太后乱，有二子。宣太后诈而杀义渠戎王于甘泉，遂起兵伐灭义渠。于是秦有陇西、北地、上郡，筑长城以距胡。而赵武灵王亦变俗胡服，习骑射，北破林胡、楼烦，自代并阴山下至高阙为塞，而置云中、雁门、代郡。其后燕有贤将秦开，为质于胡，胡甚信之。归而袭破东胡，东胡却千余里。与荆轲刺秦王秦舞阳者，开之孙也。燕亦筑长城，自造阳至襄平，置上谷、渔阳、右北平、辽西、

---

① 林岗：《秦征南越论稿》，南方出版传媒、广东人民出版社，2017，第1页。

辽东郡以距胡。"就是说，秦昭襄王时期，为了防御胡人入侵，在消灭义渠之后，设置了陇西、北地、上郡，修筑"距胡长城"；赵武灵王时期，胡服骑射，攻破胡人，设置了云中、雁门、代郡，修筑了城塞；燕国也将东胡人驱逐千里之外，设置了上谷、渔阳、右北平、辽西、辽东郡，修建长城以距胡人。

秦始皇消灭六国之后，派遣蒙恬打击匈奴，将以前秦国、赵国、燕国的长城和要塞连接起来，修筑了"万里长城"。根据《史记·匈奴传》记载，蒙恬率领数十万秦军征讨胡人，收复了河南地即内蒙古河套地区一带，沿着黄河修建边塞，建筑了四十四座临河的县城，迁徙谪戍全都加以充实。修建了从九原（在今内蒙古包头市西北一带）直通云阳（在今陕西省淳化县西北一带）的直道。充分利用险要的山边，以及河流的岸堑，可以修缮加固的就修缮加固，将以前秦、赵、燕三国修筑的长城连接起来，形成了西起临洮（在今甘肃省岷县一带）、东到辽东的完整军事防线"万里长城"。又渡过黄河占据了阳山（即今内蒙古境内的狼山）、北假（即今内蒙古河套以北、阴山以南的区域）。当时，东胡强大，月氏炽盛。匈奴单于名叫头曼，头曼不能战胜秦国，向北方逃跑了。又据《史记·秦始皇本纪》记载，公元前214年，秦始皇三十三年，从内地迁徙被贬谪的人，充实设置的新县，命令他们不得祭祀宗祠、社稷。① 此年有明星出现在西方。公元前213年，秦始皇三十四年，将那些执法不直的法官贬谪去北方修筑长城，去南方戍守南越地区。

秦始皇派遣蒙恬驱逐匈奴，修筑"万里长城"，为中央集权的皇帝，以及天神、五帝、社稷承担长久责任，保护华夏民族文化。但是，修筑长城的直接责任主体是劳苦大众，他们承担了攻击匈奴、修筑长城的沉重成本。根据《盐铁论·伐功》记载，大夫说："蒙公为秦击走匈奴，若鸷鸟之追群

---

① 胡文辉：《〈史记〉"禁不得祠明星出西方"问题再议》，《中国文化》2014年第2期。日本藤田丰八先生在《东洋学报》第16卷第2号将"禁不得祠"中的"不得"解释为"浮屠"（Buddha），认为在秦朝已经有佛教祭拜了。辛德勇先生等对此提出否定，并重新断句为"禁不得祠明星出西方"。胡文辉先生不同意上述观点，认为"禁不得祠"是指对那些被流放到边疆的罪人而言的，意思是禁止他们进行或参与祭祀活动。

雀。匈奴势慑，不敢南面而望十余年。及其后，蒙公死而诸侯叛秦，中国扰乱，匈奴纷纷，乃敢复为边寇。"由于蒙恬修筑长城，保障了秦帝国十年边境安宁。可是，秦国繁重的劳役加重了劳动人民负担，堡垒最先从内部崩溃。根据《汉书·主父偃列传》记载，主父偃说：秦始皇修筑长城，"又使天下飞刍挽粟，起于黄、腄、琅邪，负海之郡，转输北河，率三十钟而致一石。男子疾耕不足于粮饷，女子纺绩不足于帷幕。百姓靡敝，孤寡老弱不能相养，道死者相望，盖天下始叛也"。长城作为一项保卫华夏文明的伟大工程，同时又是造成秦帝国灭亡悲剧的原因之一。

秦帝国南征北战付出的成本，大大超过了所能取得的收益。对当时的秦帝国来说，巨大的资源耗费变成了难以收回的沉没成本，天下百姓痛苦难耐。汉代思想家伍被指出，秦帝国灭亡源于五大战略失误。根据《汉书·伍被列传》记载，秦始皇的战略失误有以下五个方面：其一，秦帝国价值选择的道路失误。秦始皇抛弃了中国传统《诗》《书》及其儒家术士所倡导的礼义价值观，而信任法家所倡导的刑法价值观，背离了人民的期待。其二，北战匈奴，修筑长城，耗费民力的失误。北战匈奴，修筑长城，将东方的粮食运往西河地区，民力耗费巨大，老百姓怨声载道；修筑长城的数十万人，常年露营在外，在酷暑寒冬中，因劳累疾患而死者不可胜数，十家有五家都想造反。其三，迷信长生不老之术的失误。秦始皇为了长生不老，派遣徐福到东海求取仙药，送给他大量珍宝，让他率领三千童男女，带着五谷之种以及百工匠人。徐福在那里发现了平原大湖，在那里自己称王，再也不回来了。造成这些儿童的父母悲痛愁思，十家有六家都想造反。其四，南征百越，戍守五岭，耗费民力的失误。秦始皇又派遣尉屠睢、赵佗南征百越，征调曾经逃亡的犯人、赘婿、贾人、判狱不直者服徭役，又征调一万五千没有夫家的女子去"补衣"远嫁，赵佗知道中央政府疲惫无力，自己在南越称王，派往南方的人，再也没有返回，造成老百姓离心离德，十家有七家都想造反。其五，修建宫殿，大兴土木，劳民伤财的失误。秦始皇征用万乘之驾，建造阿房宫，征收农民收成大半的赋税，征发住在闾左的贫民服戍役，搞得父子兄弟不得安宁，政策苛刻，刑罚残酷，搞得人民痛苦不堪，十家有八家都想造反。秦帝国的五大战略失误，透支了国力，大量资源变成了沉没成本，给国家带来的当期收益非常有限。所以，秦帝国不能逃脱扩张成本与扩张收益的经济规律——历史上任何一个世界性的帝国当它扩张的成本大于它扩张的收益时，就必然走向衰落。秦始皇北战匈奴，修筑长城，南征百越，戍守五岭，承担了"治天下"的责任。对于当时的秦帝国来说，本来是为了防守越人与胡人，然而却失去了防守越人与胡人的人——本来是为了巩固秦帝国政权，然而却导致了秦帝国政权的危机——这就是秦国责任伦理自我异化的逻辑。

第二节　"政治巫术"：秦国术治责任伦理的歧路

帝国阶段，秦国宗教前提发生异化，五帝志业宗教异化为五德终始之说。秦国公利哲学前提发生异化，国家公利价值观异化为个人私利价值观。秦国责任伦理的本质发生异化，责任主体嬗变，秦始皇追求长生不老，国家决策逐步脱离理性轨道蜕变成了"政治巫术"。

一、秦国五帝志业宗教异化为五德终始之说

秦国五帝志业宗教异化为五德终始之说，即秦国统一之前的志业宗教异化为秦国统一之后的信念宗教，于是，积极考虑结果与手段关系的理性思维，变成了一切都从"水德"信念出发的政治巫术思维。秦始皇抛弃了秦国五帝志业宗教，信奉了齐国人邹衍（约生于公元前 324 年，死于公元前 250 年）"五德终始之说"，把秦国从秦襄公开始建立的五帝志业宗教，变成了崇拜"水德"的信念宗教。于是，秦国统一之前从志业出发，运用理性分析计算行动手段与行动结果之间的关系，按照理性手段实现政治志业的理性思维，在秦国统一之后变成了从"水德"信念出发，不顾行动手段与行动结果之间的现实关系，按照"水德"信念行动的政治巫术。秦始皇受到齐、燕方士的蛊惑，听信齐人徐福之言，让徐福入海求长生不老之药；听信燕人卢生的图书谶语，发动北战胡人与匈奴的战争："燕人卢生使

入海还，以鬼神事，因奏录图书，曰'亡秦者胡也'。始皇乃使将军蒙恬发兵三十万人北击胡，略取河南地。"甚至听信卢生之言，为了求得仙药，不用皇帝的自称"朕"，而自称"真人"，自匿行踪，不让外人知晓。秦始皇受方士的政治巫术欺骗，被方士玩弄于股掌之中。秦始皇抛弃了秦国五帝志业宗教，所以，为实现政治志业而进行理性计算的传统也被抛弃了。如商鞅变法曾经计算的"十三数"，计算人口、土地几何，粮食、草料几何，这一系列理性计算在秦国统一之后淡出了秦始皇、秦二世的思想视野。

秦国五帝志业宗教嬗变为秦帝国五德信念宗教，按照邹衍的五德终始之说，秦国在"五德"中的理论排序是"水德"。似乎秦国的一切大事，只要按照邹衍的"水德"信念推导，就可以万事大吉了。比如，秦始皇信仰"水德"，而"水德"在政治上的抉择就是重法治而不讲仁义。于是，秦始皇统一六国之后，秦国统治集团"以为水德之始，刚毅戾深，事皆决于法，刻削毋仁恩和义，然后合五德之数。于是急法，久者不赦"。由此可见，秦国五帝志业宗教中主宰中央四方的神圣志业嬗变成了邹衍五德终始说中的"水德"信念，秦国五帝志业宗教的志业理想蜕变为邹衍、卢生等人的政治巫术。这对秦国责任伦理的宗教前提是一次重大颠覆。

邹衍的五德终始之说直接影响到秦国的重大政治决策。吕不韦执政时期，邹衍的五德终始之说就被秦国统治集团接受，在《吕氏春秋·应同》中，吕不韦指出："凡帝王之将兴也，天必先见祥乎下民。黄帝之时，天先见大螾大蝼。黄帝曰：'土气胜。'土气胜，故其色尚黄，其事则土。及禹之时，天先见草木秋冬不杀。禹曰：'木气胜。'木气胜，故其色尚青，其事则木。及汤之时，天先见金刃生于水。汤曰：'金气胜。'金气胜，故其色尚白，其事则金。及文王之时，天先见火，赤鸟衔丹书集于周社。文王曰：'火气胜。'火气胜，故其色尚赤，其事则火。代火者必将水，天且先见水气胜。水气胜，故其色尚黑，其事则水。"邹衍"代火者必将水"，已经被秦国统治集团在信仰上所认同，"五德终始之说"已对秦国宗教信仰发生了影响。秦帝国建立之后，齐国方士再次向秦始皇推销"五德终始之说"。《史记·封禅书》说："邹子之徒论著终始五德之运，及秦帝而齐人奏之,故始皇采用之。"秦始皇不仅信奉邹衍五德终始之说,而且是邹衍五德终始之说政治巫术的第一个实践者。按照邹衍土、木、金、火、水五德相生相克的理论推演,周朝是"火德",秦朝是"水德",秦朝取代周朝,取的就是水能灭火这一根本德性。秦始皇按照邹衍"以水德代替周人火德"的观点,认定秦文公获得黑龙就是秦国"水德"的符瑞,此后秦国消灭了周朝,就是用"水德"代替了周朝的"火德"。秦始皇将秦国的国运界定为"水德",一方面为秦国统治的合法性寻找了理论根据,另一方面,"水德"也成为指导秦帝国统治集团政治决策的信念宗教。

秦帝国将消灭六国、统一天下的秦始皇二十六年,即公元前 221 年,认定为"水德"正式开始之年。于是更改每年的起始时间,朝贺都要从每年十月初一开始,衣服旄旌节旗都崇尚黑色,计数都以六为单位,符节和法冠都定为六寸,而车子的宽度定为六尺,六尺为一步,一乘车用六匹马。林剑鸣先生指出:"为使统治者的一切活动都神秘化,秦代统治阶级的行事也均尽可能地与六相配合,如迁天下豪富于咸阳的数目为'十二万户,秦始皇令咸阳二百里内所修的宫观数目为'二百七十'(《史记·秦始皇本纪》)。十二万为六的两万倍,二百七十为六的四十五倍。就连写字作文也要与六相符,如秦代的刻石,以三句为一韵,一句四字,三句共十二字,为六年版的倍数。"[1] 另外,"收天下兵,聚之咸阳,销以为钟鐻,金人十二,重各千石,置廷宫中"。收缴天下兵器到咸阳,铸造的金人也是十二个,为六的二倍。秦朝更名黄河为德水,以表示"水德"的开始。秦始皇的陵墓"以水银为百川江河大海,机相灌输,上具天文,下具地理"。秦始皇陵墓以水银为百川江河大海,就是以水银为水德的标志。1983 年和 2003年秦始皇陵墓封土的两次探测也证实,地宫封土含有大量水银。[2] 关键在于,按照"水德"的理数,秦国在行政风格上,刚毅严厉,一切事都依法决定,刻薄陡峭而不讲仁恩情义,如此才能合乎"水德"在终始五德中的理数。于是,执法者行事急猛,犯法者久不赦免。邹衍五德终始说中的

[1]　林剑鸣:《秦史稿》,上海人民出版社,1981,第 370 页。
[2]　段清波:《秦始皇帝陵园考古研究》,北京大学出版社,2011,第 103 页。

"水德",作为秦国的信念宗教,成了指导秦国所有社会行动的核心价值观,抛弃秦国五帝志业宗教,把"水德"变成了秦国政治巫术中的魔咒。

二、秦国公利哲学异化为个人政治巫术

秦国消灭六国、统一天下之后,国家公利价值观异化为个人私利价值观。战国初期,秦孝公用商鞅变法,倡导国家公利哲学,追求国家公利价值,"尽公而不顾私"是法家哲学的基本理念。根据《史记·范雎蔡泽列传》记载,应侯范雎说:公孙鞅侍奉秦孝公,终其一生没有二心,一心为公不顾自身;设置刀锯之刑,以禁绝奸诈邪恶,执行政策赏信罚必,国家得以大治;披露忠心,昭示真情,蒙受怨恨咎殃;欺骗老朋友,俘获魏公子卬,社稷安定,百姓受益;最终为秦国擒将破敌,开拓千里疆域。商鞅可谓身体力行国家公利哲学的楷模人物。商鞅变法之后,秦国统一之前的历代秦国君主,都能够从国家公利出发,励精图治,富国强兵,使得秦国综合国力远远超出六国之上。秦国在消灭六国、统一天下之后,秦始皇就把国家社稷、众民百姓的"公利"放在了一边,皇帝个人自私价值观取代了国家社稷公利价值观。

秦始皇迷信方士的政治巫术,分别派遣齐人徐福、燕人卢生,花费国家巨大人力、物力、财力,先后有两次大规模行动,求仙寻找长生不老之药。秦始皇无限的贪欲湮灭了正常的智慧,即使方士使用欺诈蒙蔽的方法愚弄他,可是秦始皇求仙、拜神、求奇药的虔诚却如痴如醉。

第一次,派遣徐福在大海中寻求长生不老之药。公元前219年,秦始皇二十八年,秦始皇东巡郡县,登上邹峄山,树立了大石碑,并与诸位儒生商议,刻石颂秦德,商议封禅望祭山川之事。秦始皇登上泰山,举行了"封泰山"的祭天之礼。下山的时候,遇到大风暴雨,休息于一棵树下,于是,封这树为五大夫爵位。然后登上梁父山,举行了"禅梁父"的祭地之礼。封禅仪式之后,齐人徐福等给秦始皇上书,告诉他海中有三座神山,名叫蓬莱、方丈、瀛洲,有仙人居住,山上有延年益寿之药。徐福希望按照仙人的要求沐浴斋戒,派遣童男童女以及五谷种子和百工匠人去求取仙

人的长生不老之药。于是，秦始皇派遣徐福让他携带赠送仙人的珍宝，率领三千童男女，还有五谷之种以及百工匠人，入大海求仙人。徐福在大海中发现了平原大湖，在那里自己称王，不再回来了。

公元前210年，秦始皇三十七年，秦始皇最后一次巡游，也没有得到长生不死之药。此年十一月，秦始皇一行走到云梦，在九嶷山遥祭了虞舜。然后，乘坐游船沿长江而下，观览了籍柯，又渡过海渚，从丹阳到达钱塘江。在浙江岸边，由于水波凶险又向西行走一百二十里渡江。登上会稽山祭祀大禹，遥望南海。立碑刻石，颂扬秦德。秦始皇返回的时候，途经吴地从江乘县渡江。沿着海岸北上到达琅琊台。此时，距离齐人徐福等人入海求取仙人长生不死之药，已经相隔了七八年也没有丝毫音讯。徐福等人花费了国家大量钱财，害怕遭受秦始皇的谴责惩处，就派使者欺骗秦始皇说："蓬莱山上的仙药本来可以找到，但是苦于大鲨鱼困扰，难以到达。恳切希望派遣善于射箭的人一起去，看见大鲨鱼就用连弩射击它。"秦始皇做梦与海神战斗，海神形状像人。占梦博士说："水神本来看不见，以大鱼蛟龙为使者。今天皇上祈祷祭祀恭敬，然而出现这种恶神，应先除掉恶神而后善神就能找到。"于是，秦始皇命令入海的人带着大渔具，而自己带着连弩随时准备射击。可是，从琅琊向北直到荣成山，都不曾遇见大鱼。最后在之罘遇见了大鱼，射死了一条。接着又向西进发，秦始皇到达平原津的时候就病倒了。

第二次，派遣卢生拜访仙人寻求长生不老之药。公元前215年，秦始皇三十二年，秦始皇再次东巡到达碣石，派遣燕人卢生向仙人羡门、高誓求取长生不老之药。在从上郡返回咸阳之前，秦始皇又派遣韩终、侯公、石生求取长生不死之药。三年之后，即公元前212年，秦始皇三十五年，卢生等人无法获得长生不死之药，于是就欺骗秦始皇说："希望皇上要像'真人'一样，随时隐匿行踪，以'恬淡'治理天下，才能得到仙药。"卢生还欺骗秦始皇说："我们总是见不到灵芝、仙药、仙人，因为有同类东西受到了伤害。最好的办法，是要皇帝微服出行以避开恶鬼。只有避开了恶鬼，真人才会降临。皇帝的居处如果让臣僚知道了，则有害于神仙。什么是真人？真人入水不溺，入火不焚，凌驾云气，并能长寿如天长地久。今天皇帝治理天下，未能虚静恬淡。希望皇帝居处不要让人知道，然后长生不死之药就可以得到了。"秦始皇相信了卢生的话，告诉他说，"我羡慕真人，从今天开始，我自称'真人'，不称'朕'了。"于是，命令咸阳周围二百里的宫殿楼观全部用天桥和甬道连接起来，在里面安置帷帐、钟鼓、美人，各处备案登记不能迁移。皇帝行幸之处，如果有人说出处所者，以死罪论处。有一次，秦始皇在梁山宫行幸，从山上看到丞相的车骑众多，很不乐意。宫中或许有人告诉了丞相，丞相就减少了车骑。秦始皇知道后发怒说："这是宫中人泄露了我的话。"于是立案审问，可是没有人出面承认。这时，秦始皇下诏，抓捕当时在旁边的人，全部处死。从此以后，宫外没有人能知道皇帝的行踪。凡是秦始皇听取汇报、群臣接受决策，全都在咸阳宫。

公元前212年，秦始皇三十五年，卢生求奇药不得而用方术干预秦国政治并且诽谤皇上的事情，最终被秦始皇发觉了。于是，秦始皇与方士的矛盾，导致了"坑儒"惨案的发生。由于秦朝当时招徕了大批方士负责为秦始皇炼制仙药，还有大批观测星象的人负责为朝廷占卜吉凶。其中，卢生、侯生等人在背后非议朝廷并且韩终等人相约结伴潜逃。秦始皇知道之后，顿时大怒并斥责卢生等人说："我前次集中焚烧了天下不适用的《诗》《书》，征召了大批文学方术之士，想让他们振兴天下太平，还想要方士通过炼制以求得奇药。今天听说韩终潜逃不报，徐市（fú，即徐福）等花费金钱数以万计，最终没有得到奇药，只是他们耍奸谋利、相互告发，不时让我耳闻。卢生等人我尊重他们，赏赐甚厚，如今竟然诽谤我，妄图加重我的无德。诸生在咸阳的人，我派人查问，竟然散布妖言惑乱黔首。"于是，派遣御史立案审查诸生，诸生相互告发，最后，秦始皇亲自从名籍上除掉犯禁者四百六十余人，全部坑杀于咸阳。使天下人都知道，以告诫以后的人。同时，还增加了许多人征发他们去谪戍边疆。秦始皇的长子扶苏进谏说："天下初步安定，远方黔首还未凝聚，诸生诵读效法孔子，今天皇上一律绳之以重法，臣下害怕天下不安。希望皇上明察。"秦始皇听到扶苏的进谏很生气，指使扶苏到北方上郡去监督蒙恬的军队。

秦始皇迷信方士，为了求取长生不死之药，把个人私利凌驾于国家公利之上，结果仙药没有得到，反被方士的欺骗所激怒，于是制造了震惊天下的"坑儒"惨案，给秦帝国的人才政策造成消极影响；秦始皇个人私利第一，私心自用，不顾国家社稷公利，不听苦心劝谏，将皇室长子扶苏调遣去上郡监军，给秦帝国继承人选择留下了隐患，最后造成皇位继承权的合法性信任危机，导致秦帝国迅速毁灭。秦始皇还追求个人私欲享乐，动用全国力量修建宫殿、陵墓、甬道等非生产性工程，动摇了秦国法治责任伦理的根基：耕战价值观。

三、秦国的奖励耕战政策嬗变为大兴宫殿陵墓

秦始皇动摇了秦国法治责任伦理的根基：耕战价值观。秦国统一之后，秦始皇淡化了以军爵、粟爵、治爵的选择性激励措施奖励耕战的政策，边缘化了富国强兵的国家目标，把大量人力、物力、财力投入到修筑宫殿台阁、骊山陵墓、甬道直道上面。消灭六国之后，收缴天下兵器，铸成了十二金人，剥夺了敌人武装；毁坏了六国修建的城郭，拆除其防御工事；决通了各国以邻为壑修筑的堤防；征调大批工匠修建陵墓、宫殿、甬道。从公元前221年，秦始皇二十六年，一直到公元前207年，秦二世三年，先后修建了数个大工程：一是每消灭一个诸侯国，就仿照其宫殿的模样，在咸阳北阪修建同样的宫殿。二是修建极庙，用天桥、楼阁、甬道连通骊山、甘泉宫殿直至咸阳。三是修建了琅琊台以及碣石门，以作为秦帝国东大门。四是修建阿房宫和骊山陵墓。这些工程耗费了大量人、财、物力。同时，给战争提供粮食草料等战略物资的农耕生产也被忽视了。秦始皇为了修建琅琊台，免除五万户的农业税赋，为修直道与骊山陵墓，"因徙三万家丽邑，五万家云阳，皆复不事十岁"。一共免除了八万家十年的农业赋税。司马迁《史记·秦始皇本纪》对此作了具体记载。

其一，秦始皇每消灭一个诸侯国，就仿照其宫殿的模样，在咸阳北阪修建同样的宫殿。公元前221年，秦始皇二十六年，天下初步统一，根据《史记·秦始皇本纪》记载：秦始皇划分天下为三十六郡，设置了各郡的

守、尉、监，称呼众民百姓为黔首，全国聚餐欢饮以示庆祝；收缴了天下兵器，全部聚集在咸阳，销熔以后制作成钟镰，铸造了十二具金人，每个重量一千石以上，放置在宫殿中；全国统一了度量衡，车同轨、书同文字；秦国的地域东面到达大海和朝鲜，西面到达临洮和羌中，南面到达北向户，北面依托黄河岸边设立了要塞，从阴山山脉一直延续到辽东半岛。迁徙天下富豪于咸阳，一共有十二万户。由于秦国的诸多庙宇以及章台宫、上林苑都在渭河以南，于是，开始在咸阳北阪大兴土木，仿照被消灭诸侯国宫殿的样式，在咸阳北阪修建了规模庞大的宫殿群。南面濒临渭河，从雍门以东直到泾河、渭河交汇处，全部的宫殿都用天桥、阁楼、长廊连接在一起，将获得的各个诸侯国的歌舞美女、钟鼓乐器全部放置在里面。

其二，修建极庙，用天桥、长廊连通骊山、甘泉宫殿直至咸阳，并修建连通全国的九条驰道。公元前220年，秦始皇二十七年，修建极庙，用天桥、长廊将极庙与骊山、甘泉前殿与咸阳连接在一起，并且，修建了以咸阳为中心通往全国的九条驰道，以利于皇帝巡游天下。《汉书·贾山列传》指出："为驰道于天下，东穷燕齐，南极吴楚，江湖之上，濒海之观毕至。道广五十步，三丈而树，厚筑其外，隐以金椎，树以青松。为驰道之丽至于此，使其后世曾不得邪径而托足焉。"

其三，修建了琅琊台以及碣石门，以作为秦帝国东大门。根据《史记·秦始皇本纪》记载："二十八年，始皇东行郡县，上邹峄山。""南登琅邪，大乐之，留三月。乃徙黔首三万户琅琊台下，复十二岁。作琅琊台，立石刻，颂秦德，明得意。"秦始皇防范六国，将六国防御工事全部拆除。根据《史记·秦始皇本纪》记载：三十二年，"堕坏城郭，决通川防，夷去险阻。地势既定，黎庶无繇，天下咸抚。男乐其畴，女修其业，事各有序。惠被诸产，久并来田，莫不安所"。三十五年，"于是立石东海上朐界中，以为秦东门"。

其四，修建阿房宫和骊山陵墓。将大量劳动力用于修建宫殿、台阁、陵墓。根据《史记·秦始皇本纪》记载：三十五年，"作宫阿房，故天下谓之阿房宫。隐宫徒刑者七十余万人，乃分作阿房宫，或作丽山。发北山石椁。乃写蜀、荆地材皆至。关中计官三百，关外四百余。"

秦始皇忽视了农业生产，放弃了对六国反叛势力的警惕，秦帝国基础动摇。公元前 215 年，秦始皇三十二年，北征匈奴，南征百越，军事力量分散，甚至沉没陷入死地，极大地消耗了国力。同时他又大兴土木，劳民伤财，本业凋敝使秦帝国基础动摇，不堪重负。

第三节　"督责之术"：秦国术治责任伦理的末路

秦国法治责任伦理的本质发生变化：责任主体与责任受体发生翻转；责权利对称的君臣"市道"异化为责权利失衡的"督责之术"。最终，秦国法治责任伦理异化，导致政治统治合法性信仰危机。陈胜、吴广起义以及秦帝国官僚机构"自噬"，导致秦帝国土崩瓦解。

一、秦国责任主体与责任受体发生翻转

秦国法治责任伦理中的责任主体与责任受体关系发生翻转，使得秦始皇成为拥有绝对权力的最高主宰者。在秦国统一之前，秦国要在六国合纵，虎视鹰扬的战国丛林中求得生存，作为秦国法治责任伦理中的责任主体，秦国就要向影响甚至决定其命运的责任受体五帝、周王室、社稷、庶民承担责任，才能保障自身的生存。在秦国统一之后，六国被消灭了，周王室被消灭了，皇帝凌驾于五帝的神位之上，江山社稷成了皇帝一人的家产，而三公九卿、郡县官吏、百姓黔首，全部都成了皇帝的臣民，不是皇帝要向他们负责，而是他们都要向皇帝负责。皇帝作为最高统治者，拥有最高立法权，法律反映皇帝的意志；拥有最高军事权，皇帝凭借虎符和印玺掌握调兵权；拥有最高行政权，皇帝控制丞相班子，丞相班子为皇帝服务；拥有最高监督权，皇帝领导监察御史，通过监察御史监督各级官吏，形成权力制衡机制，维护君主绝对权力。秦始皇将立法权、军事权、行政权、监督权集于一身，成为具备排他性、唯一性国家权力的人格化代表，同时，又是精神信仰世界至高无上的上帝的人格化代表，秦帝国为秦始皇以及太

上皇建立太极庙，接受天下官吏和黔首的祭祀以及顶礼膜拜。于是，统一之后的秦帝国皇帝从秦国法治责任伦理中的最高责任主体嬗变为最高责任受体，成为拥有绝对权力的最高主宰者。

秦帝国皇帝成为拥有绝对权力的最高主宰者，并不纯粹是秦始皇个人意志的产物，而是从夏商周三代到春秋战国的历史演变中，天子与诸侯、君主与臣民之间，在政治、经济、军事、文化的复杂博弈中，通过无数次的妥协和斗争逐步形成的制度选择。其中，政治学的一般规律发挥着重要作用。《韩非子·爱臣》指出："爱臣太亲，必危其身；人臣太贵，必易主位；主妾无等，必危嫡子；兄弟不服，必危社稷。臣闻千乘之君无备，必有百乘之臣在其侧，以徙其民而倾其国；万乘之君无备，必有千乘之家在其侧，以徙其威而倾其国。"正是汲取历史的经验教训，秦始皇在统一之后，选择了集立法权、军事权、行政权、监察权，甚至五帝神权于一身的中央集权郡县官僚制，成为拥有四美——"身之至贵也，位之至尊也，主威之重，主势之隆也"的秦帝国绝对权力的最高主宰者。

秦始皇拥有了绝对权力（势），会给国家带来什么结果呢？《韩非子·难势》指出，所谓权力（势），既能治理天下，也能搞乱天下。所以，《周书》说："不要为虎添翼，它将飞进城邑，随便抓人噬食。"让不肖之徒获得权力，就是为虎添翼。夏桀王、商纣王修筑高台深池而耗尽民力，设置炮烙之刑而伤人性命，夏桀王、商纣王之所以行动放肆，因为天子之势为之添翼。假如夏桀王、商纣王是普通人，那么，还没等干完一件坏事就会被处以刑罚了。权力的潜在作用，就是滋养虎狼之心，而酿成暴乱之事，这就是天下大患。可见，一方面，君主拥有绝对权力（势），可以集中调配国家资源，集中力量办大事，使得国家得到有效治理，天下大治；另一方面，君主拥有绝对权力（势），就会超越甚至抛弃国家法律约束，按照个人意志，滥用国家资源，打着国家旗号为个人及其家族谋取私利，导致国家无效治理，天下大乱。秦始皇统一天下之后，在公元前215年，即秦始皇三十二年调动全国资源，北战匈奴，南征百越，彰显了秦帝国的威风，扩大了秦帝国的版图；同时，也极大透支了人财物力，给秦帝国带来灾难性后果。阿克顿《自由与权力》中有名言:"权力导致腐败,绝对权力导致绝对腐败。"①秦始皇的绝对权力,导致了秦帝国法律制度、政治制度的腐败。

秦始皇作为秦帝国绝对权力的最高主宰者,他的所作所为,方士侯生、卢生评论道:"始皇为人,天性刚戾自用,起诸侯,并天下,意得欲从,以为自古莫及己。专任狱吏,狱吏得亲幸。博士虽七十人,特备员弗用。丞相诸大臣皆受成事,倚辨于上。上乐以刑杀为威,天下畏罪持禄,莫敢尽忠。"于是方士们相约潜逃而去。可是,侯生、卢生等人难逃秦始皇布下的天罗地网,秦国御史最后将四百六十余位方士、儒生捉拿归案,发生了震惊世人的"坑儒案"。秦始皇甚至随意超越法律,反而对犯了重罪、已经被法律判处死刑的赵高法外开恩,结果姑息养奸,造成赵高、胡亥、李斯三人的"沙丘之谋",给秦帝国埋下灭亡祸根。秦始皇还滥用法律,处死冒犯皇帝的人。除了上述"坑儒案",还有"车骑案"——"始皇帝幸梁山宫,从山上见丞相车骑众,弗善也。中人或告丞相,丞相后损车骑。始皇怒曰:'此中人泄吾语。'案问莫服。当是时,诏捕诸时在旁者,皆杀之"。以及"陨石案"——"三十六年,荧惑守心,有坠星下东郡,至地为石,黔首或刻其石曰:'始皇帝死而地分。'始皇闻之,遣御史逐问,莫服,尽取石旁居人诛之"。

二、秦国法治责任伦理的解构与"督责之术"的登场

秦二世继位之后,虽然颁布了一些改良帝国弊病的政策,由于帝国的弊病积重难返,秦国法治责任伦理逐渐被颠覆解构,秦国军功赏爵制度、责权利对称的君臣"市道"异化为由御史督察问责官吏、黔首的"督责之术"。皇帝依靠绝对权力以及苛刻的法律,追究公卿、官吏、黔首的过失,轻罪重罚,断绝了仁义之途。最终导致陈胜、吴广起义,以及六国贵族反叛,反秦浪潮风起云涌。

2013年湖南益阳兔子山出土《秦二世元年文书》,表明秦二世即位之

---

① [英]阿克顿:《自由与权力》,侯建、范亚峰译,冯克利校,商务印书馆,2001,第342页。

后，颁布了一些改良秦帝国弊病的政策。贾谊《新书·过秦》曾指出，秦二世即位之后，天下人莫不伸长脖子观察他的政策。因为，受冻的人穿上粗布衣服也就满足了，饥饿的人有糟糠吃也觉得甘甜，天下人的饥饿不安，正是新主施政的机会。就是说，对劳苦的民众容易实行仁政。那么，秦二世继位之后到底做了些什么？根据湖南益阳兔子山遗址 9 号井出土简牍《秦二世元年文书》记载："天下失始皇帝，皆遽恐悲哀甚，朕奉遗诏，今宗庙吏及箸以明至治大功德者具矣，律令当除定者毕矣。以①元年与黔首更始，尽为解除故罪，令皆已下矣。朕将自抚天下，吏、黔首其具行事，毋以繇赋扰黔首，毋以细物苛劾县吏。亟布。以元年十月甲午下，十一月戊午到守府。"② 秦二世诏书叙述了秦始皇去世之后秦二世的惊恐悲哀之情，遵照秦始皇遗诏继位的合法性；讲到已经安排好了宗庙官吏以及能为国家建立功德的官吏，修订了有关法律条令。表示从秦二世元年开始更新政策：在司法上，全部解除以前的刑罚，赦罪的命令已经下达了；从经济上，不再以徭赋打扰百姓；在行政上，不再以小的过失苛刻惩罚官吏。可是，秦二世的这份诏书，没有从根本上纠正秦始皇的政策弊端，离解除百姓倒悬之苦的差距还很大。更没有重大的政策调整或者战略部署。所以，秦二世元年正月颁布诏令，到秦二世元年七月就爆发了陈胜、吴广起义。

陈胜、吴广起义爆发之后，李斯向秦二世进言治国之策，提出"督责之术"，其用意在于阿谀奉承，求得秦二世对他的宽容。根据《史记·李斯列传》记载，李斯的长子李由担任三川郡守，在吴广起义军经过三川郡向西方扩张地盘的关键时刻，李由只是固守城池，而未能出兵阻止。章邯军队击破并驱逐吴广等的起义大军之后，派遣使者立案调查三川郡守李由的失职情况，朝廷便责备李斯身居三公高位，竟然令盗贼如此猖狂。李斯很害怕，害怕失去爵位俸禄，不知如何应对，于是投合秦二世的心意，希望求得宽容，上书《督责之术》。什么是督责之术？"督"就是督察官吏、黔

① 蒋伟男：《益阳兔子山遗址九号井简牍文字补释》，《中国文字学报》2017 年 12 月 31 日。

② 何有祖：《秦二世元年诏书解读》，《文献》2020 年第 1 期，第 49—55 页。

首的罪过，“责”就是对官吏、黔首问责并实施刑罚惩处。“督责”就是专门由御史机构对官吏、黔首进行督察问责，追究犯有过失官吏、黔首的刑事责任。督责之术是秦国法治责任伦理的异化形态，将从前注重奖赏的选择性激励机制变成了注重惩罚的选择性约束机制。督责之术的实质就是统治集团为了保证皇帝肆欲享乐而实行独断专制；实行轻罪重罚，并逐级放大；不讲仁爱恩德，专门督察官吏、黔首罪过，掠夺更多税赋的官吏被称为明吏，刑杀更多犯人的官吏被称为忠臣，这是一种片面注重惩罚机制选择性约束的术治管理方法。“督责之术”主要有以下特点：

其一，实施督责之术的目的，是让皇帝肆欲享乐，实施个人独断专制。秦二世继位之后，成为第二个处于秦帝国绝对权力之巅的最高主宰者，实行独断专制。秦二世拥有绝对权力，同秦始皇一样，朝中的三公九卿、郡县官吏、百姓黔首都要向他负责，皇帝成为最高责任受体；可是秦二世追求个人享乐，肆欲恣睢，骄奢淫逸，他要“赐志广欲，长享天下”，最终陷入“欲望陷阱”。而六国贵族的怨恨，已经如火山在地下运行。所以，秦二世对江山社稷的安危、百姓黔首的死活置若罔闻。其实，秦国最高责任主体处于缺位状态。秦二世做了皇帝之后，就问李斯做皇帝有什么意义。他说：“唐尧、夏禹为了治理水患，吃大苦耐大劳累死在外，俘虏奴隶的劳役也没有他们的结局惨烈，如此做天子有什么意义？”所以，他不要像唐尧、夏禹那样承担天下无限责任充当最高责任主体的角色，为天下人去服劳役；他不愿意为江山社稷、百姓黔首承担任何责任，相反，要让天下所有的官吏、黔首承担为皇帝服务的责任；他要当最高责任受体，享受人生的极大快乐。秦二世的肆欲享乐思想，是对大禹治水精神的背叛，也是对秦人祖先的背叛。因为嬴秦的起源正是伯益追随尧舜禹治水有功，被舜帝赐为嬴姓而封土建邦的。秦二世公开背叛祖先，颠覆了华夏文明的大禹治水精神。

秦二世给李斯等人提出了一个奇怪的问题：“故吾愿赐志广欲，长享天下而无害，为之奈何？”李斯告诉他说，天子既要掌握绝对权力，“独制于天下”，还要“穷乐之极”享受人生快乐，就要让三公九卿、郡县官吏、百姓黔首全都“尽力竭任”为天子的人生快乐服务。唐尧、夏禹以自己的身体为天下老百姓辛苦劳神，就像背负着沉重脚镣手铐的囚犯，成了天下老百姓的忠实奴隶。这都是因为他们不懂得使用"督责之术"的缘故。天子如果有了"督责之术"，个人就能对普天下老百姓实行独断专制，同时，天子就能享受身体的快乐，肆欲恣睢，"穷乐之极"！

其二，督责之术运用的手段，就是轻罪重罚，逐级放大，最后将所有责任都转变成法律责任：死罪。李斯不顾商鞅军功爵制度奖励机制的"选择性激励"重赏有功之臣，片面强调商鞅二柄中"严刑峻罚""以刑去刑"惩罚机制的一面，使得"督责之术"走向滥用刑罚"轻罪重罚"的极端，甚至动辄处死官吏、黔首。

在商鞅变法时期，商鞅为了以耕战富国强兵，鼓励人们在战场上勇猛杀敌，在田地里辛勤耕耘。《商君书·外内》指出，民众面对的外事，没有比战争更危险的了，民众面临的内事，没有比农耕更苦的了，如何激励人们去耕战？那就是，将战争的利益全部归于士兵，将市场的利益全部归于农民，如此，人们就能积极从事耕战，就能够实现富国强兵，帝王之道才可以实现。商鞅鼓励耕战，采取了选择性激励的赏罚二柄手段，而且使用赏罚二柄的时候，要遵循诚信原则，做到赏信罚必。一方面是重赏，商鞅采取军爵制、粟爵制等选择性激励的办法，鼓励人们投身农耕与军战。从而获得爵位和财富。另一方面是重罚。商鞅提出：实施刑罚，对犯了轻罪的给以重罚，轻罪也不会发生，犯重罪的也不会到来。这就叫以刑罚去除刑罚，去除刑罚了，事业就能够成功。

李斯对秦二世进言的督责之术，则片面夸大商鞅赏罚二柄中使用重罚的一面。李斯对秦二世说，韩先生告诉我们，慈母会养出败家子，严厉的主人家没有强悍的仆人，这是为什么？这是因为够得上惩罚的事，惩罚必然加在他身上。所以，商君的法律，在道路上倒灰的人要判刑。倒灰是轻罪，而判刑是重罚。只有贤明的君主能够督察轻罪，对于罪行轻微的尚且督察深刻，何况对于犯重罪呢？所以，民众不敢触犯法律。李斯的督责之术，不讲对民众的奖赏，而片面强调用轻罪重罚的方法惩处触犯法律的民众，走向了滥用法律的极端，甚至动辄处死官吏、黔首。

例如，陈胜、吴广起义。按照睡虎地秦墓竹简对"失期"的处罚："御中发征，乏弗行，赀二甲。失期三日到五日，谇；六日到旬，赀一盾；过旬，赀一甲。"看来失期只是训斥与罚金而已。可是按照《尉缭子》以及银雀山汉墓竹简中《兵令下》的规定，"内卒出戍，令将吏授旗鼓戈甲。发日，后将吏乃出县封界者，以坐后戍法。兵戍边一岁，遂亡不候代者，法比亡军，父母妻子知之，与同罪；弗知，赦之"。此实含两条律文，一条即"后戍法"，内地卒应征戍边，不按期抵达目的地就要定罪服刑。《史记·陈涉世家》中陈胜、吴广等谪戍渔阳，"度以失期。失期，法皆斩"。陈、吴所犯之法正是"后戍法"①。看来，秦国在秦始皇时代的法律已经修改，而修改法律的人，可能与尉缭子等人有关。这也说明秦国对谪戍责任的要求更为严格，乃至秦二世时期，法吏们实行李斯的督责之术，造成官逼民反。陈胜起义后建立"张楚"政权。2013年湖南益阳兔子山遗址八号井发现了一个六角形瓴，上面书写"张楚之岁"，这是近年出土的张楚政权的第一件物证。

其三，不讲仁爱恩德，专门督察官吏、黔首罪过，把掠夺更多税赋的官吏称为明吏，把刑杀更多犯人的官吏称为忠臣。秦国法治责任伦理的原则，主要是责权利平等原则，这在韩非子"市道"中得以系统表述。《韩非子·难一》中认为，"市道"就是君主与臣民按照市场交易原则，进行平等交换，君主出卖官爵，臣民出卖智力，双方遵循市场等价交换原则，君主就可以实现霸王之业，臣民则可以发家致富。《韩非子·六反》指出，实现霸王之业是君主的最大利益，君主为了实现最大利益，任用官吏的时候要看能力，使用赏罚的时候要公正无私。要让战士和民众明白竭尽全力去拼命，就可以建立功勋从而获得爵禄，获得了爵禄，那么就能够成就富贵之业。实现富贵之业是臣民的最大利益，臣民为了实现最大利益，在行动的时候就敢于冒险拼命，竭心尽力不回头。这就叫作君主不讲仁爱，臣民不讲忠诚，只讲"市道"，就能够成就霸王之业。

---

① 陈伟武：《简帛所见军法辑证》，《简帛研究》（第二辑），法律出版社，1995，第89页。

　　李斯给秦二世进言的督责之术，完全抛弃了君臣利益平等交换的"市道"原则，只是把皇帝一人的肆欲享乐作为最大利益，让皇帝享受"荒肆之乐""流漫之志""淫康之虞"；而在朝廷妨碍皇帝享受的有三种人，这三种人是"仁义之人""谏说论理之臣""烈士死节之行"，必须清除掉。除掉了这三种人，"灭仁义之涂，掩驰说之口，困烈士之行"，君主身边没有噪音的干扰，君主才能一人独断，权不在大臣。一人自由地放飞"恣睢之心"，没有人敢于阻止。此时，君主就可以操作"督责之术"，专门"找碴子"寻找他们的过失，驾驭天下臣民了。所以，帝王之道简单而容易操作。李斯说："故督责之术设，则所欲无不得矣。群臣百姓救过不给，何变之敢图？若此则帝道备，而可谓能明君臣之术矣。"就是说，施行督责之术，君主肆欲享乐全都满足了。群臣和百姓弥补改正他们的过失还来不及，哪里还敢乱说乱动？这才是完备的帝王之道，真正明了处理君臣关系的方法。于是秦帝国执行督察问责日益严格，征收民众税赋多的被称为明吏。秦二世说："只有这样可以称得上能够督察问责。"受到刑罚处罚的人在街道上占了一半，判处死刑的人每天成批集中在城市，诛杀罪人多的被称为忠臣。秦二世说："只有这样可以称得上能够督察问责。"

　　《汉书·蒯通列传》记载，蒯通曾为赵地反叛起义的武信君去游说范阳令徐公，他说："臣下是范阳百姓蒯通，暗自怜悯先生死期将至，所以前来吊唁。虽然如此，祝贺先生得到我蒯通而能幸免于难。"范阳令徐先生说："凭什么吊唁我？"蒯通说："足下徐先生当范阳令十余年了，斩杀人家的父亲，把人家的孩子变成孤儿，砍断人家的脚，给人家脸上刺字，多不胜数！慈父孝子之所以不敢把刀刃加在先生的肚子上，只是畏惧秦法。"然而可以祝贺的是，经过蒯通苦心劝解，范阳令徐先生愿意向武臣君投诚。最后，武臣君以军车一百乘，骑兵二百人，封侯的大印，欢迎徐先生弃暗投明。燕地、赵地郡县的官吏听说了，投降的有三十多个城，就像蒯通策划的一样。可见，蒯通之所以能够策反范阳令徐先生，关键是督责之术在郡县的推行，也是积怨甚深，更是不得人心。

三、秦朝官僚机构"自噬"，帝国在"督责"中土崩瓦解

秦国统一之后，秦帝国皇帝拥有了至高无上的绝对权力，秦国法治责任伦理中责权利对称原则，君臣"市道"的平等交易原则，发生了倾斜甚至颠覆，不对称的责权利关系，不平等的君臣关系变成了秦帝国的常态。皇帝享有最大化的权力和利益，却不承担任何责任；臣民承担绝大部分沉重的责任，却难以享受应得的权力与利益。秦国皇帝的绝对权力，使得他能够肆无忌惮地对天下官吏、黔首实施"超经济压迫剥削"，把天下绝大部分的人、财、物资源，集中在自己手中。

公元前 210 年，秦始皇三十七年，在第五次巡游中，秦始皇南巡北还，于当年七月，病死于沙丘宫。在秦国统治集团再生产过程中，爆发了秦国政权合法性的信仰危机。《史记·秦始皇本纪》记载了"沙丘之谋"，讲到秦始皇"病益甚，乃为玺书赐公子扶苏曰：'与丧会咸阳而葬'"。赵高、李斯、胡亥篡改了秦始皇的诏书。《北京大学藏西汉竹书·赵正书》也记载秦始皇病危，让李斯等议所立，"丞相臣斯、御史臣去疾昧死顿首言曰：'今道远而诏期群臣，恐大臣之有谋，请立子胡亥为代后。'王曰：'可。'"[1] 可是，秦二世继承了秦始皇统治集团的既定政策，却没有形成适应时势的国家新战略。弱化了秦国法治责任伦理对农战的选择性激励，即奖赏军爵、粟爵；强化了中央集权官僚制的督察问责制度，即严厉惩罚有罪过的官吏和黔首。这套苛刻的管理方法被李斯归纳为"督责之术"，即实行君主独断，轻罪重罚，并有诸多忌讳之禁，使人敢怒不敢言而服从其统治。

秦二世继位之后，以"督责之术"治理天下，滥用法律，诛杀无辜。正如徐进先生所言："'言必称韩子'的二世胡亥可算精于用术。因恐'大臣'、'官吏'、'诸公子'不服，便采用了远比'行饮食'更赤裸的手段，'灭大臣而远骨肉'，'尽除去先帝之故臣，更置亲信者'。他的'令有罪者相坐诛'，'贫者富之，贱者贵之'之计；他借出巡'案郡县守尉有罪者诛

① 北京大学出土文献研究所编：《北京大学藏西汉竹书》（叁）下，上海古籍出版社，2015，第 190 页。

之'，以'除去''生平所不可者'的术，堪称出于韩子而胜于韩子。"① 秦
二世按照"督责之术"行事，要求所有人对皇帝"极忠"，并以"不忠"
的罪名，肆意处死公子、公主及嬴氏宗族成员；追究三公九卿、郡县官吏、
百姓黔首的责任，通过层层督察问责，专门"找碴儿"惩罚公卿、官吏、
黔首的过失——滥杀无辜，把杀人多、税收重看成是尽职尽责，将秦帝国
变成了囚禁犯人的巨大监狱和拘禁民众的巨大牢笼。秦二世运用"督责之
术"肆无忌惮，然而，"督责之术"的运用，迅速激化了秦帝国内部的矛
盾。激化了君臣关系、君民关系，造成秦帝国内外"双杀"的悲剧：

其一，秦二世运用督责之术，以"不孝""不忠""不臣"等罪名诛杀
秦始皇长子扶苏，诛杀诸公子、公主，"自夷宗族，坏其社稷"，导致宗族
空虚。秦二世继位之后，篡改秦始皇遗诏，以"扶苏为人子不孝，其赐剑
以自裁！"。紧接着，秦二世开始诛杀其他兄弟姐妹，将"公子十二人僇死
咸阳市，十公主矺死于杜，财物入于县官，相连坐者不可胜数"。"公子高
欲奔，恐收族，乃上书"，"请从死"，"胡亥大说"，"赐钱十万以葬"。秦
二世仍然害怕"诸公子必与我争"，又将诸公子"无得立者，而六公子戮死
于杜"。最后，还把"公子将闾昆弟三人囚于内宫"，然后下令说："公子不
臣，罪当死，吏致法焉。""昆弟三人皆流涕拔剑自杀"。秦二世先后诛杀了
包括扶苏在内的二十三位公子、十位公主，一共有三十三人之多。秦二世
的暴行，搞得"宗室振恐。群臣谏者以为诽谤，大吏持禄取容，黔首振
恐"。李斯在死前谴责说："臣闻之曰：'变古乱常，不死必亡。'今自夷宗
族，坏其社稷，燔其律令及故世之藏，所谓变古而乱常者也！""夫逆天道
而背其鬼神，社稷之神零福！"② 此时，秦王朝得以存在的嬴氏宗族社稷基
础绝大部分已经丧失了。

其二，秦二世运用督责之术，诛杀郡县官吏；诛杀李斯、冯劫、冯去

① 徐进：《韩子亡秦论——商鞅、韩非法律思想之比较》，《法学研究》1994 年第 4
期，第 82 页。
② 北京大学出土文献研究所编：《北京大学藏西汉竹书》（叁）下，上海古籍出版
社，2015，第 190 页。

疾等朝廷将相,导致中央和郡县政权组织崩溃,朝廷无贤能人可用。公元前209年,秦二世元年,秦二世巡游从辽东回到咸阳,赵高与秦二世密谋说,朝中大臣都是功勋卓著的累世名人、贵人,"大臣鞅鞅,特以貌从臣,其心实不服"。所以,希望此时对朝中大臣和郡县中有罪过的守、尉立案诛杀,上可以威震天下,下可以除去持不同政见者。于是,秦二世开始执行诛杀大臣与近侍的计划,以各种罪过逮捕处置人,连小臣近侍三郎即中郎、外郎、散郎,也无一幸免。公元前208年,秦二世二年,右丞相去疾、左丞相斯、将军冯劫进谏说:"关中以东大群盗匪蜂拥而起,派遣军队大举镇压仍然不能制止。之所以盗匪众多,都是因为戍边、运输、劳作的徭役太苦了,征收的赋税太重了。请求停止修建阿房宫,减省四边戍守、运输的徭役。"秦二世不听,反而向他们问责说:"我即位两年之间,大群盗匪蜂拥而起,你们不能禁止,还想终止先帝未竟的宫殿,这是一不能报答先帝之恩,二不能为我尽忠、尽力,凭什么占据在位?"于是,将右丞相去疾、左丞相斯、将军冯劫交给狱吏,立案问责其罪行,右丞相冯去疾、将军冯劫不愿受辱而自杀,左丞相李斯被囚,被五刑处死。秦二世诛杀郡县官吏乃至宫中小臣,杀害进谏修宫殿、减戍役的三位将相,此时,秦帝国得以存在的政治上层建筑已经垮塌瓦解了。

其三,秦二世运用督责之术,杀蒙恬、绝赵佗、疑章邯,导致朝廷无兵可派,无将可选。公元前215年,秦始皇三十二年,秦始皇派遣蒙恬北战匈奴,"将军蒙恬将师数十万以屯边"。在沙丘之谋中,秦二世、赵高篡改秦始皇诏书,指责蒙恬"为人臣不忠,其赐死,以兵属裨将王离"。接到诏书,"蒙恬不肯死,使者即以属吏,系于阳周"。子婴等劝谏毋杀功臣,秦二世不听,遂杀大臣蒙毅及将军蒙恬。公元前214年,秦始皇三十三年,秦始皇派遣任嚣、尉佗南征百越,秦始皇死后,尉佗得知秦二世无道,老百姓受苦,于是发布命令封闭道路,让军队防守不出:"盗兵且至,急绝道聚兵自守!"得知"秦已破灭,佗即击并桂林、象郡,自立为南越武王"。公元前208年,秦二世二年冬,陈胜派遣周章率领数十万起义军逼近临潼,少府章邯请求赦免骊山刑徒组成军队杀死周章并击溃起义军,其后章邯与长史司马欣、董翳共同镇压起义军，"杀陈胜城父，破项梁定陶，灭魏咎临济"，"击赵王歇等于钜鹿"，逐步稳住了东方局势。次年，楚上将军项羽率军救钜鹿。冬天，赵高做了丞相，杀死李斯等人；夏天，交战中章邯失利退却，秦二世派人来指责，章邯恐惧被诛，让司马欣到朝中汇报战况，赵高不见且不信任他，并派人捉拿。司马欣很恐惧，返回见到章邯说："赵高用事于中，将军有功亦诛，无功亦诛。"项羽率军迅速攻击秦军，俘虏了王离，章邯等率军投降了项羽。此时，秦王朝得以存在的军事基础大部分也已经丧失了。

其四，秦二世运用督责之术，控制了天下"话语权"，秦帝国的"忌讳之禁"使人们不敢讲真话，真相被谎言遮蔽。"忠臣不敢谏，智士不敢谋"，朝廷丧失改错机制。叔孙通说谎得奖，赵高"指鹿为马"，秦二世完全丧失判断能力和决策权力，只能作"人首兽鸣"，最终难逃被赵高处死的噩运。贾谊《过秦论》指出："当此时也，世非无深虑知化之士也，然所以不敢尽忠拂过者，秦俗多忌讳之禁，忠言未卒于口，而身为戮没矣。故使天下之士，倾耳而听，重足而立，拑口而不言。是以三主失道，忠臣不敢谏，智士不敢谋，天下已乱，奸不上闻，岂不哀哉！"秦始皇忌讳谈论"死"，更不愿意立太子。派遣徐福、卢生等方士求取长生不老之药。为了消除方士"今年祖龙死"的诅咒，第五次巡游天下，结果病死沙丘宫，酿成"沙丘之谋"。山东爆发陈胜起义，使者报告了消息。秦二世召集博士商量对策，众人提出，让朝廷派兵镇压造反的起义军。按照秦国法律规定，郡县官吏没有调兵权，如果私自调兵以谋反论处，建议秦二世利用皇帝的调兵权出兵镇压这些造反的起义军。秦二世大不以为然，忌讳"造反""盗贼"之类的话，认为在英明皇帝领导下的秦帝国，天下平安无事，怎么会有造反、盗贼这些事情。所以"二世怒，作色"。叔孙通上前说："诸位说得都不对。普天下已经合为一家人了，毁坏了各个郡县的城郭，销毁了他们的兵器，表示天下不再动用兵器了。而且上有英明皇帝的统帅，下有严密法令的约束，使得人人奉于职守，天下东、西、南、北像车轮的辐条一样聚合并围绕着帝国轴心一齐运转，哪里敢有造反者！这只是一群鼠窃狗盗之辈，何足挂齿。今天让郡守、郡尉将他们抓捕归案就行了，不用担忧！"秦二世听了喜悦，说"好"。将诸儒生说"造反"的下狱，说"盗贼"的罢免，唯独奖励叔孙通"帛二十匹，衣一袭，拜为博士"。其实，叔孙通是为了马上脱离虎口，故意阿谀逢迎才说这番话的，叔孙通回家后就逃跑了，几经周折投奔了项羽。

秦二世的忌讳之禁，造成忠臣三缄其口、奸臣上蹿下跳的局面。公元前207年，秦二世三年，赵高为了发动叛乱，篡夺秦二世权力，又害怕群臣不听从命令，就先做了一个小试验，赵高牵着一只鹿献给秦二世，说这是一匹马。秦二世笑着说："丞相搞错了，指鹿为马了。"赵高询问左右的大臣，有的沉默，有的说马故意阿谀，有的说鹿。后来，赵高就将说鹿的人，假借法律名义予以陷害。此后众大臣都非常畏惧赵高。赵高以前多次蒙骗秦二世说，关东盗匪成不了什么事。然而事实是项羽在巨鹿城下俘虏了秦将王离而乘胜前进，章邯率领的秦军多次败退而请求援助，昔日燕、赵、齐、楚、韩、魏等诸侯的残余势力全都自立为王，函谷关以东的民众全都反叛秦国官吏，响应诸侯号召，诸侯率领着民众向西进发。沛公刘邦率领数万人已经杀进武关，派人与赵高秘密接触。赵高害怕秦二世发怒诛杀他，便装病不朝见。

秦二世做了噩梦，在望夷宫斋戒准备去祭祀泾河之神，又派遣使者向赵高责问起义军的事。赵高非常惶恐，害怕被灭族。便暗中与他的女婿阎乐、弟弟赵成密谋，准备除掉秦二世，让子婴取而代之。于是派遣一千吏卒，以捉贼的名义与望夷宫的郎中令里应外合，除掉秦二世。士兵包围了望夷宫，斩杀了卫令，打死抵抗的宦官数十人。郎中令和阎乐冲进宫中，用箭射中秦二世的幄帏。秦二世很生气，呼叫左右宦官，左右宦官惶恐都不敢轻举妄动。旁边一个宦官侍奉秦二世不敢离开，秦二世带他进入内宫，问道："为什么早不告诉我，以致事到如今！"宦官说："臣不敢言，得以保全；假若敢言，早被您杀了，哪能等到如今？"阎乐上前数落秦二世说："足下骄横恣睢，肆意诛杀，丧失道义，天下全都反叛了，你看怎么处置你自己！"（注意：阎乐称秦二世"足下"，而不是"陛下"，何其卑贱！）秦二世要见丞相赵高，阎乐告诉他不可以。秦二世乞求："我愿做一郡为王。"不许。又说："愿为万户侯。"不许。说："愿与妻、子做黔首，跟诸公子一样。"阎乐说："我受命于丞相，为天下诛杀足下，你即使说的话再多，我也不敢替你回报。"阎乐指挥士兵进入内宫。秦二世自杀了。

其五，秦二世运用督责之术，毁灭了秦帝国以及皇帝自身得以生存的基础；秦子婴诛杀赵高，项羽诛杀秦子婴，秦帝国灭亡。秦二世滥用督责之术，以不孝、不忠、不臣之名，诛杀了秦始皇长子扶苏以及公子、公主，毁灭了嬴氏宗族的基础；诛杀李斯、冯劫、冯去疾等朝廷三公九卿、郡县官吏，破坏了秦帝国的政权组织机构；诛蒙恬、绝赵佗、疑章邯，毁坏了秦帝国得以存在的军事基础；秦帝国的"忌讳之禁"使人们不敢讲真话，真相被谎言遮蔽，赵高指鹿为马，秦二世人首兽鸣，秦帝国从上到下已经被督责之术毁坏殆尽，不仅秦二世丧失了生存理由，赵高丧失了生存理由，连秦子婴也丧失了生存理由，秦帝国只有彻底灭亡的命运。

公子婴被立为秦王。望夷宫政变之后，赵高"引玺而佩之，左右百官莫从，上殿，殿欲坏者三。高自知天弗与，群臣弗许"（《史记·李斯列传》）。于是召集大臣与公子，通报了秦二世自杀的情况。并且宣布说："秦国过去是王国，始皇帝统一天下，所以称帝国。今天关东六国全部复国自立为王，秦国地域日益缩小，仍然以空名为帝国，已经不适合了。宜用过去王国的称号更为便利。"于是，"乃召始皇弟，授之玺"（《史记·李斯列传》），"立二世之兄子公子婴为秦王"（《史记·秦始皇本纪》）。以黔首的身份将秦二世埋葬在杜南宜春苑中。

赵高与楚军密谋反叛，子婴诛杀了赵高。一种观点是《史记》的记载，赵高下令让子婴斋戒，准备在宗庙会见，接受传国玉玺。子婴居斋宫五日，与宦官韩谈以及两个儿子谋划说："丞相赵高把秦二世杀死在望夷宫，害怕大臣诛杀他，假装着以道义立我为王。我闻知赵高与楚军已经有秘密约定，消灭了嬴秦宗室，就让他在关中称王。今天让我斋戒后去宗庙，就是安排在宗庙中杀害我。我装病不能前行，赵高必然亲自来请我，他来了就杀了他。"赵高派人邀请子婴多次，子婴不肯出行，赵高果然亲自登门邀请，并说："宗庙的重大事情，秦王为什么不能出行？"子婴遂命令韩谈刺杀赵高于斋宫，诛灭了赵高三族，并在咸阳示众。另一种观点是《赵正书》的记载：秦王胡亥不听子婴的劝谏，杀死了丞相李斯等大臣，让赵高担任丞相、御史的职务，还不到一年，赵高就杀死了胡亥。将军章邯率领军队平定了秦国，杀死了赵高。在谁杀死了赵高的问题上，《史记》和《赵正书》记载存在差异。

项羽杀死子婴，秦国灭亡。子婴做了四十六天秦王，楚国将领沛公刘邦击破秦军进入武关，遂驻军霸上，派人招降子婴。于是，子婴用丝带系着脖子，驾着白马素车，手捧天子玉玺与符节，投降于轵道旁。沛公率军进入咸阳，箴封了宫室府库，军队返回霸上驻扎。一个月之后，项羽作为诸侯合纵长带领的军队到了，杀害了子婴以及秦国诸位公子和其他宗室成员。接着在咸阳屠城，烧毁宫殿，掳掠男侍宫女，没收珍宝、货物、钱财，一同分给诸侯了。消灭了秦国之后，将秦国土地一分为三，封给三个王，命名为雍王、塞王、翟王，号称三秦。项羽自称为西楚霸王，主持分封了天下诸侯王，秦帝国彻底灭亡。五年以后，刘邦消灭了西楚霸王项羽，汉帝国平定了天下。

参考文献

（按照书名拼音字母首字排序）

B

［1］北京大学出土文献研究所. 北京大学藏西汉竹书（叁）. 上海：上海古籍出版社，2015.

C

［2］春秋三传. 上海：上海古籍出版社，1987.

［3］何休 注，徐彦 疏，李小龙 整理. 春秋公羊传注疏. 上海：上海古籍出版社，2014.

［4］童书业. 春秋史. 北京：商务印书馆，2014.

［5］杨伯峻 编著. 春秋左传注（修订本）. 北京：中华书局，1990.

［6］顾德融、朱顺龙. 春秋史. 上海：上海人民出版社，2001.

［7］王震中. 重建中国上古史的探索. 云南：云南人民出版社，2015.

［8］［法］勒内·格鲁塞. 草原帝国. 蓝琪 译，商务印书馆，1999.

D

[9] 叶自成. 地缘政治与中国外交. 北京：北京出版社，1998.

[10] 赵鼎新. 东周战争与儒法国家的诞生. 夏江旗 译，上海：华东师范大学出版社，2006.

[11] ［美］卡尔. A. 魏特夫. 东方专制主义——对于极权力量的比较研究. 徐式谷 等译，中国社会科学出版社，1989.

[12] ［以］S. N. 艾森斯塔德. 帝国的政治体系. 阎步克 译，贵阳：贵州人民出版社，1992.

G

[13] 李零. 郭店楚简校读记（增订本）. 北京：中国人民大学出版社，2007.

[14] 方诗铭，王修龄. 古本竹书纪年辑证. 上海：上海古籍出版社，1981.

[15] 谢浩范，朱迎平. 管子全译. 贵阳：贵州人民出版社，1996.

[16] 王国维. 观堂集林（外二种）. 石家庄：河北教育出版社，2001.

[17] 陈平. 关陇文化与秦赢文明. 南京：江苏教育出版社，2005.

[18] ［美］亚历山大·温特. 国际政治的社会理论. 秦亚青 译，上海：上海人民出版社，2000.

[19] 赵鼎新. 国家、战争与历史发展——前现代中西模式的比较. 杭州：浙江大学出版社，2015.

[20] 陈桐生 译注. 国语. 北京：中华书局，2013.

[21] 黄永堂. 国语全译. 贵阳：贵州人民出版社，1995.

[22] 陈来. 古代宗教与伦理. 北京：三联书店，2009.

[23] 刘钊. 郭店楚简校释. 福州：福建人民出版社，2005.

[24] ［美］曼瑟·奥尔森. 国家的兴衰. 李增刚 译，上海：上海人民出版社，2007.

H

［25］苏秉琦. 华人·龙的传人·中国人——考古寻根记. 沈阳：辽宁大学出版社，1994.

［26］周勋初 修订，《韩非子》校注组编写. 韩非子校注［修订本］. 南京：凤凰出版社，2009.

［27］鹖冠子 原著，黄怀信 注. 鹖冠子汇校集注. 北京：中华书局，2004.

［28］刘安. 淮南子. 许匡一 译注. 贵阳：贵州人民出版社，1995.

［29］班固 撰. 颜师古 注. 汉书. 北京：中华书局，2005.

［30］班固 撰，王继儒 主编. 汉书今注. 南京：凤凰出版社，2013.

［31］李零. 何枝可依. 北京：生活·读书·新知三联书店，2009.

J

［32］朱绍侯. 军功爵制研究. 上海：上海人民出版社，1990.

［33］李学勤. 简帛佚籍与学术史. 江苏教育出版社，1993.

［34］［美］道格拉斯·C. 诺思. 经济史中的结构与变迁. 陈郁 罗华平 译，上海：上海人民出版社，1994.

L

［35］陈鼓应. 老子注译及评介. 北京：中华书局，1984.

［36］杨天宇. 礼记译注. 上海：上海古籍出版社，2007.

［37］吕不韦. 吕氏春秋. 北京：中华书局，2011.

［38］吕不韦 原著，张双棣 等译注. 吕氏春秋译注. 长春：吉林文史出版社，1986.

［39］李斯著，张中义、王宗堂、王宽行 辑注. 李斯集辑注. 郑州：中州古籍出版社，1991.

［40］列御寇. 列子. 上海：上海古籍出版社，1989.

［41］湖南省文物考古研究所编著. 里耶秦简（壹）. 北京：文物出版社，2010.

［42］柳宗元. 柳宗元集. 北京：中华书局，1979.

［43］林沄. 林沄学术文集. 北京：中国大百科全书出版社，1989.

M

［44］墨翟. 墨子. 上海：上海古籍出版社，1986.

［45］［美］约瑟夫·奈. 美国霸权的困惑. 北京：世界知识出版社，2002.

N

［46］聂新民 著，聂莉 整理. 聂新民文稿. 西安：西北大学出版社，2013.

Q

［47］林剑鸣. 秦史稿. 上海：上海人民出版社，1981.

［48］张金光. 秦制研究. 上海：上海古籍出版社，2004.

［49］安作璋、熊铁基. 秦汉官制史稿. 济南：齐鲁书社，1984.

［50］王辉. 秦出土文献编年. 台北：新文丰出版公司，2000.

［51］王辉、王伟. 秦出土文献编年补订. 西安：三秦出版社，2014.

［52］陈伟 主编. 秦简牍合集. 武汉：武汉大学出版社，2014.

［53］栗劲. 秦律通论. 济南：山东人民出版社，1985.

［54］黄留珠. 秦汉仕进制度. 西安：西北大学出版社，1985.

［55］祝中熹. 秦史求知录. 上海：上海古籍出版社，2012.

［56］王兴尚. 秦国责任伦理研究. 北京：人民出版社，2011.

［57］孙楷 著，杨善群 校补. 秦会要. 上海：上海古籍出版社，2004.

［58］郭淑珍、王关成. 秦军事史. 西安：陕西人民教育出版社，2000.

［59］杨英. 祈望和谐. 北京：商务印书馆，2009.

［60］林岗. 秦征南越论稿. 广州：南方出版传媒、广东人民出版社，2017.

［61］清华大学出土文献研究与保护中心编，李学勤 主编. 清华大学藏战国竹简（贰）. 上海：中西书局，2011.

［62］清华大学出土文献研究与保护中心编，李学勤 主编. 清华大学藏战国竹简（陆）. 上海：中西书局，2016.

R

［63］史党社. 日出西山——秦人历史新探. 西安：陕西人民出版社，2013.

S

［64］司马迁 撰，韩兆琦 评注. 史记. 长沙：岳麓书社，2012.

［65］商鞅. 商君书，北京：中华书局，2009.

［66］高亨. 商君书注译. 北京：中华书局，1974.

［67］张觉. 商君书校注. 长沙：岳麓书社，2006.

［68］王世舜、王翠叶 译注. 尚书. 北京：中华书局，2012.

［69］陈子展. 诗经直解. 上海：复旦大学出版社，1983.

［70］睡虎地秦墓整理小组. 睡虎地秦墓竹简. 北京：文物出版社，1978.

［71］刘向. 说苑. 王锳、王天海 译注，贵阳：贵州人民出版社，1993.

［72］何清谷 校注. 三辅黄图校注，西安：三秦出版社，2006.

W

［73］［德］马克斯·韦伯：韦伯作品集. 康乐、简惠美 译，桂州：广西师范大学出版社，2004.

［74］赵晔. 吴越春秋. 张觉 译注, 贵阳: 贵州人民出版社, 1993.

［75］李零. 我们的中国（全四册）. 北京: 生活·读书·新知三联书店, 2016.

X

［76］方勇、李波 译注. 荀子. 北京: 中华书局, 2014.

［77］贾谊. 新书. 上海: 上海人民出版社, 1976.

［78］李峰. 西周的灭亡. 上海: 上海古籍出版社, 2007.

［79］李峰. 西周的政体. 吴敏娜、胡晓军、许景昭、侯昱文 译, 北京: 生活·读书·新知三联书店, 2010.

［80］［德］马克斯·韦伯. 学术与政治. 冯克利 译, 北京: 三联书店, 1998.

［81］［美］伊恩·莫里斯著. 西方将主宰多久: 从历史的发展模式看世界的未来. 钱峰 译, 北京: 中信出版社, 2011.

Y

［82］桓宽. 盐铁论. 王利器 校注, 北京: 中华书局, 1989.

［83］李学勤. 殷代地理简论. 北京: 科学出版社, 1958.

［84］胡厚宣、胡振宇. 殷商史. 上海: 世纪出版集团、上海人民出版社, 2003.

［85］黄怀信. 逸周书校补注译（修订本）. 西安: 三秦出版社, 2006.

［86］杨宽. 杨宽古史论文选集. 上海: 上海人民出版社, 2003.

［87］高敏. 云梦秦简初探, 郑州: 河南人民出版社, 1981.

Z

［88］李申 主编. 周易经传译注. 王博 等译注, 长沙: 湖南教育出版社, 2004.

［89］吕友仁．周礼译注．郑州：中州古籍出版社，2004.

［90］徐正英、常佩雨 译注．周礼．北京：中华书局，2014.

［91］左丘明．左传．上海：上海古籍出版社，1997.

［92］左丘明 著，李梦生 注．左传今注．长沙：凤凰出版社，2008.

［93］张玉春．竹书纪年译注．哈尔滨：黑龙江人民出版社，2003.

［94］刘向．战国策．缪文远 等译注，北京：中华书局，2006.

［95］诸祖耿．战国策集注汇考（增补本）．南京：凤凰出版社，2008.

［96］杨宽．战国史（增订本）．上海：上海人民出版社，1998.

［97］杨宽．战国史料编年辑证．上海：上海人民出版社，2016.

［98］彭曦．战国秦长城考察与研究．南京：江苏凤凰科学技术出版社，2017.

［99］司马光 编撰，沈志华、张继儒 主编．资治通鉴．北京：中华书局，2015.

［100］陈鼓应．庄子今注今译．北京：中华书局，2009.

［101］［德］马克思．资本论．北京：人民出版社，1975.

［102］侯外庐．中国思想通史．北京，人民出版社，1961.

［103］苏秉琦．中国文明起源新探．北京：生活·读书·新知三联书店，2000.

［104］王震中．中国古代国家的起源与王权的形成．北京：中国社会科学出版社，2013.

［105］翦伯赞 主编，齐思和、刘启戈、聂崇岐 合编．中外历史年表．北京：中华书局，1961.

［106］［美］弗朗西斯·福山．政治秩序的起源：从前人类时代到法国大革命．毛俊杰 译，桂林：广西师范大学出版社，2014.

［107］蒋劲松．责任政府新论．北京：社会科学文献出版社，2005.

［108］［加］秦家懿、［瑞士］孔汉思．中国宗教与基督教．吴华 译，北京：生活·读书·新知三联书店，1990.